江苏档案精品选编纂委员会

江苏省明清以来档案精品选

常州卷

江苏人民出版社

《江苏省明清以来档案精品选》

编 委 会

总目

序

谢 波

档案馆作为永久保管档案的基地，是人类文化传承的重要载体和思想文化创新的重要源泉。

编纂《江苏省明清以来档案精品选》，是全省档案系统共同开展的一项档案文化建设重点工程，是我省档案部门履行“为党管档、为国守史、为民服务”使命要求，围绕中心、服务大局的一项重要举措，根本目的是整合全省档案精品资源，集中公布江苏档案资源建设的丰硕成果，展示江苏历史、人文的丰厚底蕴，服务社会主义文化大发展大繁荣。

江苏物华天宝，人杰地灵，养育了一代又一代勤劳智慧、心灵手巧的人民，创造出了辉煌灿烂的物质文明和精神文明。自明清以来，江苏的综合实力在中国的省级政区中就一直居于前列。新中国成立后特别是改革开放以来，江苏各项事业高速发展，在经济、政治、社会、文化等各方面均处于全国领先位置，积累了雄厚的经济文化实力。这一领先的进程，真实地定格于档案中，保存于全省各级各类档案馆里。

这些档案，浩如烟海。丰富翔实的档案史料，客观记载了江苏各项事业发展演化的脉络，反映了历史发展变化的内在规律，是我们今天多角度深入了解和研究明清以来江苏政治、经济、军事、文化以及社会情况的第一手珍贵资料。特别是中国共产党成立以来形成和保存下来的大量珍贵档案，再现了江苏人民在党的领导下开展革命斗争、社会主义建设和改革开放，全面建设小康社会、建设美丽江苏的光辉历程，这是国家珍贵的文化财富、民族的宝贵遗产，是我们今天开展党史研究的宝贵资源和党史教育的重要素材。

前事不忘，后事之师。记载着历史真实面貌的档案资料，是续写江苏更加辉煌灿烂历史新篇章的重要参考和借鉴。编纂档案文献资料，留存社会发展的足迹，服务今天的经济社会各项事业，是我国档案界、史学界的优秀传统，是中华文明生生不息、不断进步的重要源泉。也正是这一优秀传统，使得中华文明能够随着历史的发展、社会的进步而不断充实新的内容。通过档案工作者有选择地编纂加工，使海量的档案资源更加有序化，为党和政府重大决策提供参考，为人民群众接触档案、了解档案、利用档案提供便利，是档案工作者的职责所在。正是基于这一要求，全省档案部门集中力量，对各级档案馆中的档案进行梳理，编辑出版了《江苏省明清以来档案精品选》。通过本书的编纂出版，整合全省档案精品资源，发挥规模效应，使江苏历史、人文的丰厚底蕴得到集中展示，使档案存史、资政、育人功能得到更好的发挥，同时为我们大力开展爱党、爱国、爱家乡教育提供丰富的第一手教材。这是我省档案部门围绕中心、服务大局的一项重要工作创新，也是档案部门贯彻落实党的十八大精神、服务文化强省建设的具体举措。同时，《江苏省明清以来档案精品选》的编纂出版，定能为学术界开发利用档案创造便利的条件。通过对明清以来历史档案的开发利用，探寻我省近代以来各项事业发展演化的脉络，把握历史发展变化的内在规律，为当代经济社会各项事业发展服务，为建设美丽江苏书写更加辉煌灿烂的新篇章。

2013年7月

《江苏省明清以来档案精品选·常州卷》

编 委 会

前言

春秋末期（公元前547年），吴王寿梦第四子季札封邑延陵，常州开始了长达两千五百多年有准确纪年和确切地名的历史。常州，别称“龙城”，是一座拥有两千五百多年文字记载史的历史文化古城，南朝齐梁故里；同时，又是一座充满现代气息、经济较为发达的新兴工业城市；历史底蕴深厚，经济发达，民生富庶，是著名的鱼米之乡。

常州是长江文明和吴文化的发源地之一，物华天宝，人杰地灵，崇文重教，英才辈出，自古以来就是历史文化古城，享有“天下名士有部落，东南无与常匹俦”之誉。自隋唐开科取士以来，常州出过9名状元，1546名进士。明清之际，“五大学派”横空出世：常州学派、常州词派、阳湖文派、孟河医派和常州画派，对当时及后世的中国政治、经济、文化均产生了深远的影响。常州解放后，在中国科学院和中国工程院的常州籍院士有六十余名。

常州是近代中国民族工商业的发祥地之一，经济传统悠远绵长，有“三吴重镇、八邑名都”之称。晋代的常州宫梳名篦，明代的常州留青竹刻，驰名中外；清代的常州手工业、近现代常州的工商业十分发达，闻名遐迩；二十世纪八十年代，常州与苏州、无锡一起，共同创造了著名的“苏南模式”；进入新世纪后，常州成为科教创新、文化创意、旅游观光以及公益慈善名城。

厚重的历史，崇文重教的儒风，发达的工商业，使常州产生并形成了众多档案资料。早在清代，常州的档案由县丞或主簿负责掌理。民国时期，由县政府设档案室。近现代一些工商企业建有档案室。常州解放后，军管会接管了民国时期的各种档案，陆续颁布了档案收发文、归档、管理、公文处理等规则、办法。建国后，常州市、武进县、金坛县、溧阳县等档案局（馆）先后成立，初步建立了常州的档案工作管理体系和管理机制。全市各级档案馆不辱使命，认真履行职责，广泛开展档案资料征集接收活动，馆藏内容不断丰富，馆藏数量不断增加，馆藏精品不断增多。目前，全市各级档案馆保管有从明朝至今各类档案2069462卷（件），反映常州地区文化历史的资料80984册。这些档案资料在常州的政治建设、经济发展、科学研究、民生保障等领域发挥了重要的作用。进入新世纪，常州市档案局（馆）的各项工作有了长足进步和发展。2007年6月，被江苏省委宣传部、省档案局命名为“江苏省青少年爱国主义教育基地”；2007年12月，被国家人事部、国家档案局评为“全国档案系统先进集体”；2008年6月，首家晋升为全国地级市“国家一级档案馆”；2011年12月，被教育部、国家档案局首批命名为“全国中小学档案教育社会实践基地”；2012年1月，被江苏省人力资源和社会保障厅、江苏省档案局评为“全省档案系统先进集体”。

全市各级综合（专业）档案馆（室）保管的档案资料，是近代以来常州历史发展的见证和缩影，不乏有一些或记录了特殊时期的重大事件、或反映了一个阶段的社会变革、或代表一个时期的特定文化的珍贵档案史料。循着这些档案史料，可以找出常州历史发展的轨迹；利用这些档案资料，可以让其发挥存史、资政和育人的作用。为了凸显档案资料在社会发展进程中的重要地位和价值，彰显档案资料在文化强市、文化强省工作中的重大作用，让更多的人走进档案、了解档案，温故知新，创造未来，按照省档案局的统一部署，常州市档案局从全市各级综合档案馆（室）中精选了一部分珍贵的档案资料编纂成书，希望借此发挥好档案“记录历史、传承文明、服务社会、造福人民”的特殊用途，使档案存史、资政和育人的功能得到更好的发挥，为常州乃至全省各项事业的全面发展尽一点绵薄之力。

编　者

2013年7月

凡例

一、本书选用的档案资料，是保存在常州市地域范围内的原始档案资料（有说明的除外），一般不注明出处。起止时间为：上自清代同治时期的1866年，下至2012年。按档案和资料分类，以档案资料形成时间的先后顺序排列。

二、历史纪年：清代以前的，先写朝代纪年，后括注相应的公元纪年；民国及以后的，一律用公元纪年。原文中的历史纪年不括注公元纪年。为表述简便，书中的“建国”是指中华人民共和国成立的1949年10月1日；“常州解放”是指常州解放日1949年4月23日。

三、原文数字和计量单位：表述清楚的，原文照录；表述不清楚或无计量单位的，用“〔 〕”括注增补。

四、原文地名：表述准确的，用原地名；表述不准确或有新地名的，用“〔 〕”括注增补。

五、原文文字：原文为简化字或繁体字的，改为简体字；简体字库中没有的繁体字，用原繁体字；字库中没有的字或无法辨认的字，用“¤”代替。原文中的错字，原文照录，用“[ ]”括注正确的文字。原文中缺失的文字，用“□”代替。原文空缺处，用“◇”代替。原文录入时省略的文字，省略一小段的，用“……”表示；整段省略的，另起一行，用“…………”表示。

六、原文标点符号：有标点符号的，用原标点符号；无标点符号的，加注标点符号。

七、编者加入的文字，用“〔 〕”括注。其余的执行现行国家标准。

目录

Contents

清代档案
Archives of Qing Dynasty

民国档案
Archives of the Republic of China

革命历史档案
Archives of the Revolutionary History

中华人民共和国成立后档案
Archives after the Founding of PRC

婚姻登记档案
Archives of Marriage Registration

文化遗产档案
Archives of Cultural Heritage

志书典籍
Ancient Books and Records

报纸杂志
Newspapers and Magazines

碑铭书画
Inscription, Calligraphy and Painting

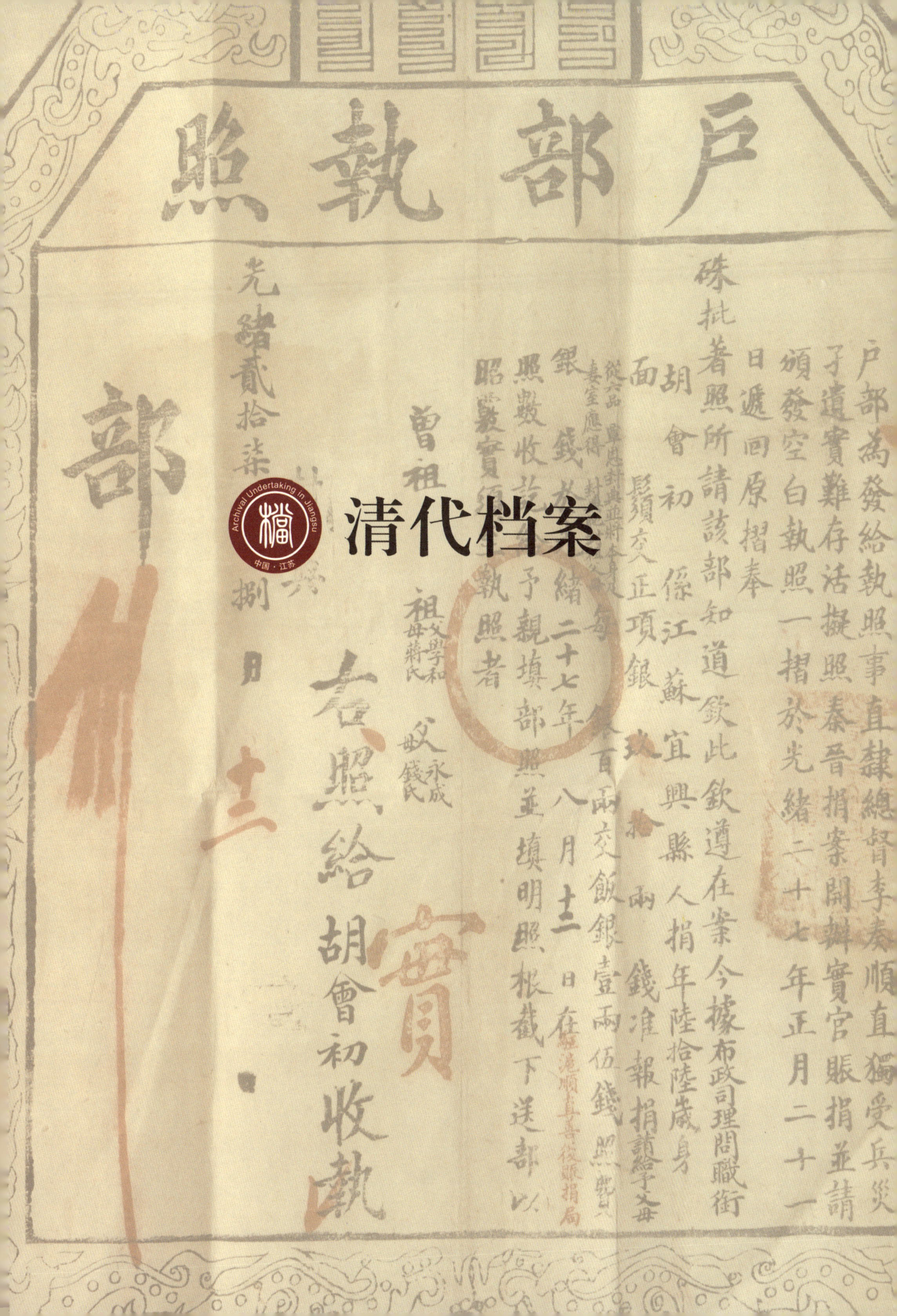

戶部執照

戶部為發給執照事直隸總督李奏順直獨受兵災
孑遺實難存活擬照秦晉捐案開辦實官賑捐並請
頒發空白執照一摺於光緒二十七年正月二十一
日遞回原摺奉
硃批著照所請該部知道欽此欽遵在案今據布政司理問職銜
胡會初係江蘇宜興縣人捐年陸拾陸歲身
面[illegible]鬚交正項銀玖拾[illegible]兩[illegible]錢准報捐請給予父母
從六品覃恩封典並將本身及妻室應得封典[illegible]每[illegible]百兩交飯銀壹兩伍錢照費
銀[illegible]錢於光緒二十七年八月十二日在[illegible]順直等[illegible]賑捐局
照數收訖予親填部照並填明照根截下送部以
昭覈實須至執照者

曾祖
祖父學和 祖母蔣氏
父永成 母錢氏

右照給胡會初收執

光緒貳拾柒年捌月十二日

部

實

清代档案

清同治《清厘田粮鱼鳞丘册》

保管单位：常州市档案馆

内容及评价：

《清厘田粮鱼鳞丘册》是《鱼鳞图册》之一种，是明清时期为征收赋役和保护封建土地所有权而编制的土地登记簿。其主要功能是通过图册来保护和管理土地，并根据土地的多寡、好坏来征收赋税。具有地籍性质。《鱼鳞图册》将每块田地、山塘进行分号，按其形状绘制成图，详列其面积、地形、四至、土质、业主姓名等信息，并将田地、山塘按号依次排列，逐段连缀地绘制在一起，加上每册前面绘有土地的综图，仿佛鱼鳞一般，因此称为“鱼鳞图册”，亦称“鱼鳞册”“鱼鳞图”“鱼鳞图籍”“鱼鳞簿”“鱼鳞丘册”等。《鱼鳞图册》一式四份，由各级分别保存，各级政府通过图册来保护和管理土地，并根据图册来逐级征收赋税。在土地核查、所有权质证、促进土地流转和遏制规避赋税等方面发挥了重要作用。

《鱼鳞图册》最早出现在宋朝农业经济较为发达的浙江、福建等地，似未广泛推行。元朝末年，朱元璋初入徽境，发现由于土地的隐匿给国家税收造成了重大损失，于明洪武十四年（1381）开始编造完整、详细的《鱼鳞图册》，在一定程度上摸清了当时全国的地权，较好地清理了土地的隐匿，极大地增加了国家的税收，从而为《鱼鳞图册》的普及和完善奠定了坚实的基础。明中叶至清代经常修订，清咸丰时期损毁较多。清同治五年（1866），苏南地区曾重造。馆藏的《清厘田粮鱼鳞丘册》即为是年重造的产物。

清同治五年（1866），武进县土地管理部门对怀北乡二都三图的田地、山塘重新清丈、厘定田粮后，编造了《武进县怀北乡二都三图清厘田粮鱼鳞丘册》，共4册，属古籍善本，除具有文物价值外，还可以利用其进行诸如土地制度、赋税征收等问题的研究，因而还具有较高的史料价值。

清同治五年（1866），武进县怀北乡二都三图《清厘田粮鱼鳞丘册》合订本。

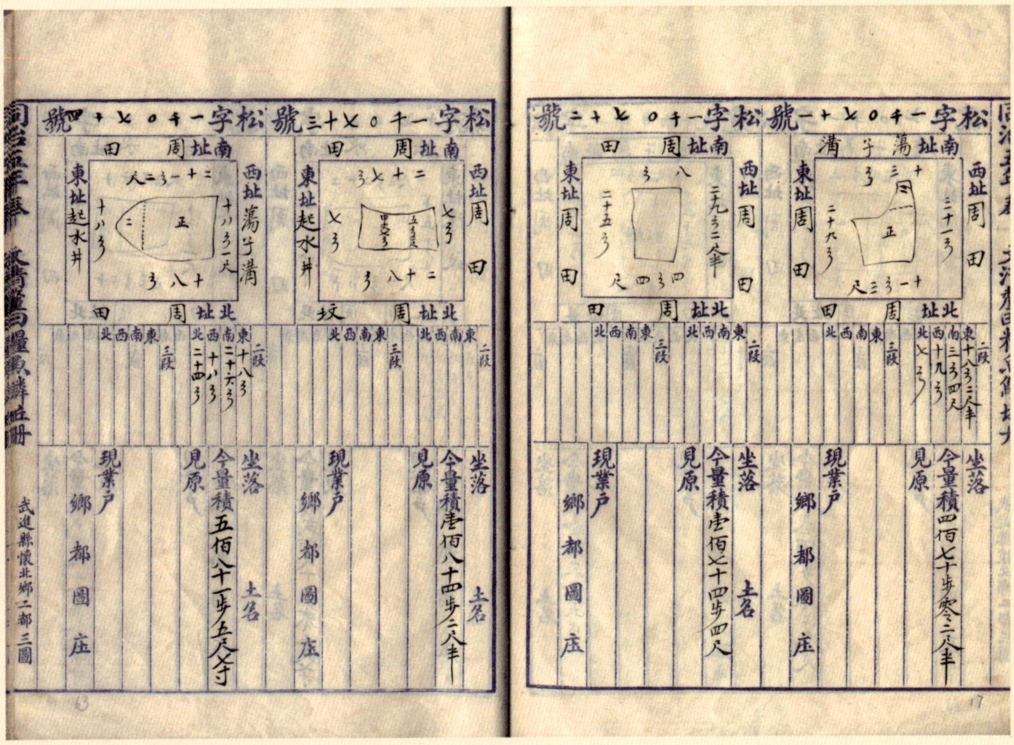

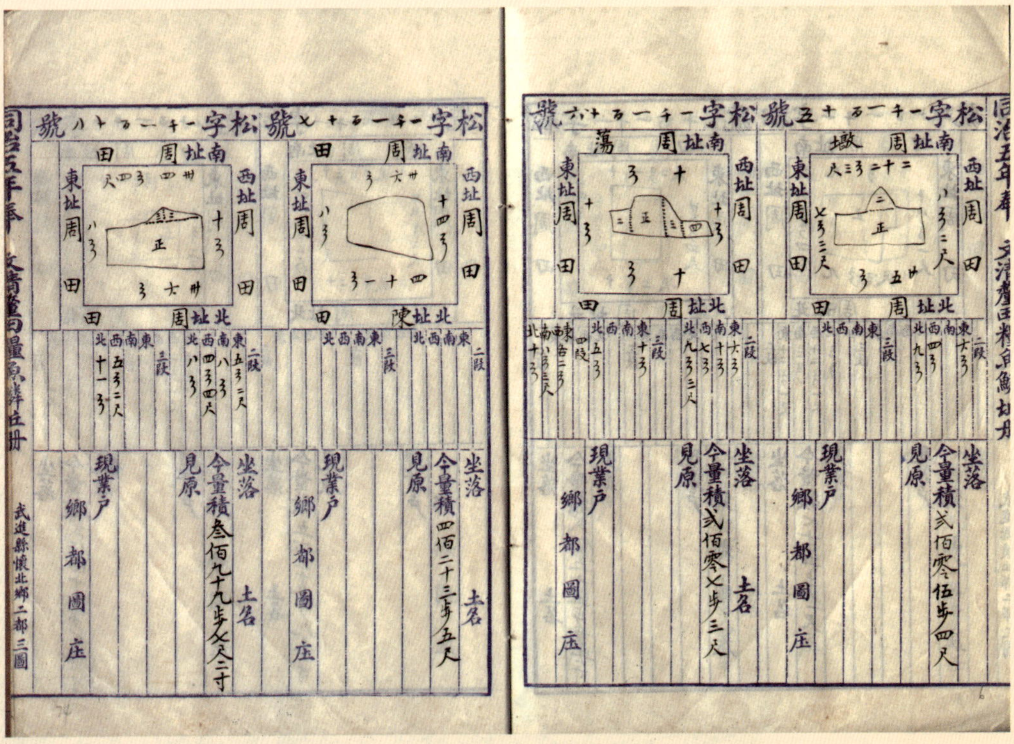

《清厘田粮鱼鳞丘册》·分户土地登记图册原图

清同治《清厘田粮给业细号执照联单》

保管单位：常州市武进区档案馆

内容及评价：

《清厘田粮给业细号执照联单》为粮食票证，是清朝统治者向业户征收粮食的主要依据。清同治年间，武进、阳湖两县的业户必须按照自家拥有田地产的面积向官府交纳粮食或赋税。清同治五年（1866），武进、阳湖两县的土地管理部门对县域内的所有土地重新进行了清丈，厘定了田粮，并编造了《清厘田粮鱼鳞丘册》。之后，为清厘田粮归正的业户完粮（即交纳粮食）事，给业户核发了《清厘田粮给业细号执照联单》。执照联单上清晰地标明了业户拥有田地产的位置、坐落土名（即地名）、田地字号、现业户姓名、住址等情况，而且规定业户必须凭此单交纳粮食或赋税，不准私自推付划粮，以杜重叠盗卖之弊。

馆藏的《清厘田粮给业细号执照联单》由武进人周纪良捐赠，虽然今天没有实际的凭证价值，但它却是社会发展的见证。从这些执照联单可以看到，虽然当时武进、阳湖两县已经分家（清雍正四年<1726>，析武进县东部，分立阳湖县），但粮食管理制度却完全一样。通过这些执照联单，可以了解常州地区在清朝时期的粮食管理制度，并可以利用这些执照联单对清朝的经济发展状况和地方粮食志进行研究，因而具有较高的史料价值。

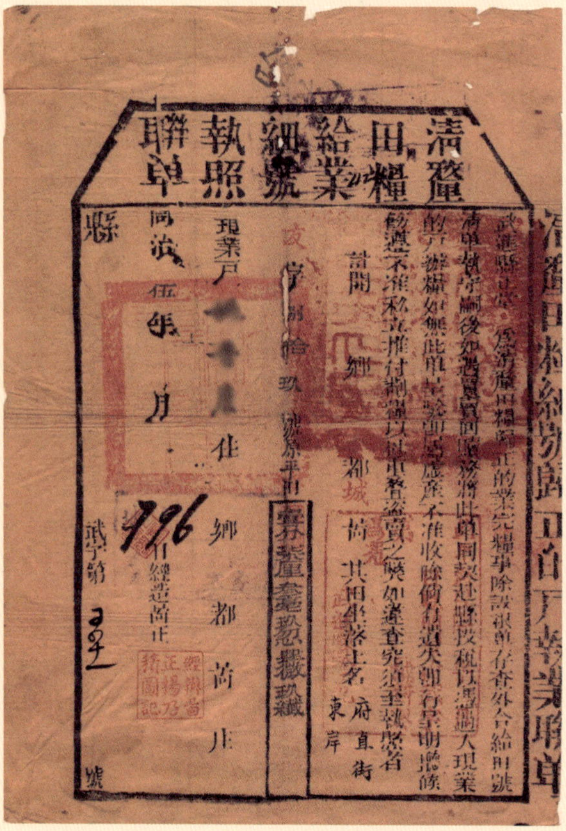
清釐田糧給業細號執照聯單

清同治五年（1866），武进县核发的《清厘田粮给业细号执照联单》。

全文：

清厘田粮给业细号执照联单

武进县正堂◇为清厘田粮归正的业完粮事。除设根单存查外，合给田号清单执守。嗣后，如遇买卖回赎，务将此单同契赴县投税，以凭过入现业的户办粮。如无此单呈验，即属虚产，不准收除。倘有遗失，即行呈明，听候饬遵。不准私立［自］推付划粮，以杜重叠盗卖之弊。如违查究。须至执照者。

计开◇乡◇都城图。其田坐落土名府直街东岸。

友字捌拾玖号。原平¤壹分柒厘叁毫玖忽肆微玖纖。

现业户¤¤¤，住◇乡◇都◇图◇庄。

同治五年◇月796日。经造图正：经办图正杨乃积图记。

县◇武字第¤四十一号。

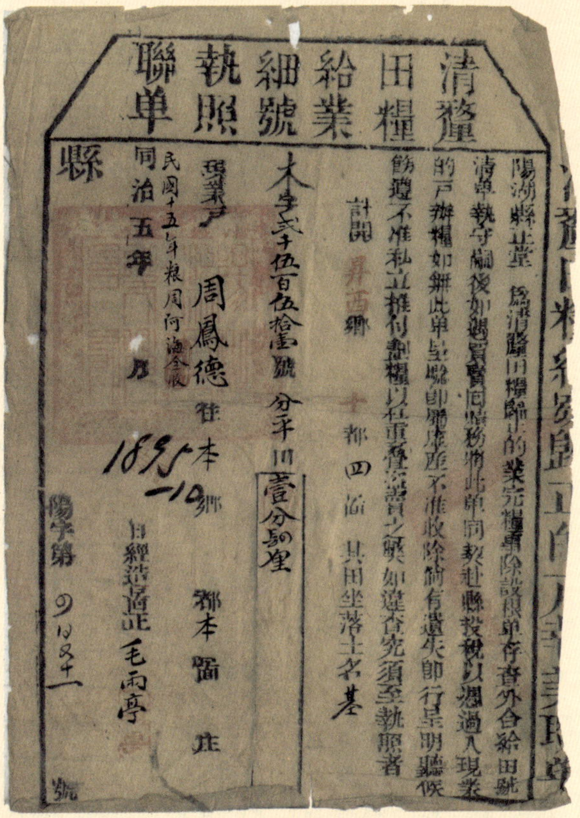
清釐田糧給業細號執照聯单

清同治五年（1866），阳湖县核发的《清厘田粮给业细号执照联单》。该联单上标有“民国十五年粮周阿海全收”字样，说明民国政府也是按此联单来收取业户的粮食。

全文：

清厘田粮给业细号执照联单

阳湖县正堂◇为清厘田粮归正的业完粮事。除设根单存查外，合给田号清单执守。嗣后，如遇买卖回赎，务将此单同契赴县投税，以凭过入现业的户办粮。如无此单呈验，即属虚产，不准收除。尚有遗失，即行呈明，听候饬遵，不准私立［自］推付划粮，以杜重叠盗卖之弊。如违查究。须至执照者。

计开升西乡十都四图。其田坐落土名基。

木字贰千伍百伍拾壹号。分平¤壹分肆厘。

现业户周凤德，住本乡◇都本图◇庄。

民国十五年粮周阿海全收。

同治五年◇月1895-10日。经造图正：毛雨亭。

县◇阳字第四¤¤十一号。

清光绪《户部执照》

保管单位：金坛市档案馆

内容及评价：

清光绪二十七年（1901），江苏宜兴县人胡会初在“顺直独受兵灾、孑遗实难存活”而清政府开办实官赈捐的情况下，捐银九十两为父母买到从六品官衔封典，因而获颁户部执照。清代晚期，朝廷腐败，国库虚亏，因而按照秦晋时期的捐案广开捐例，出卖官职，把捐官的款项列入财政的正项收入之中，从而增强国库的实力，并且还对捐官行为制定了相应的章程、规则和价格等制度。清政府准许京官自郎中以下，外官自道台以下，均可按等级定价捐纳。更有甚者，各地方政府还经常借赈灾或兴办工程等名义，降价出售官职。而且，清政府的捐纳制度与科举制度互为补充，一部分人通过科举考试做官，一部分人通过捐纳制度做官。而对于买官的人，没有任何限制，且不说地主、商贾可以捐纳买官，就连流氓、盗贼等也无一例外，都可以通过捐纳买官。这充分说明清代晚期朝廷的腐败和无能。

馆藏的户部执照既是清代官员任用制度中公开捐官这一史实的一个实物佐证，也是中国几千年封建社会官本位现象和“金钱至上”现象的一个典型缩影，具有珍贵的史料价值。

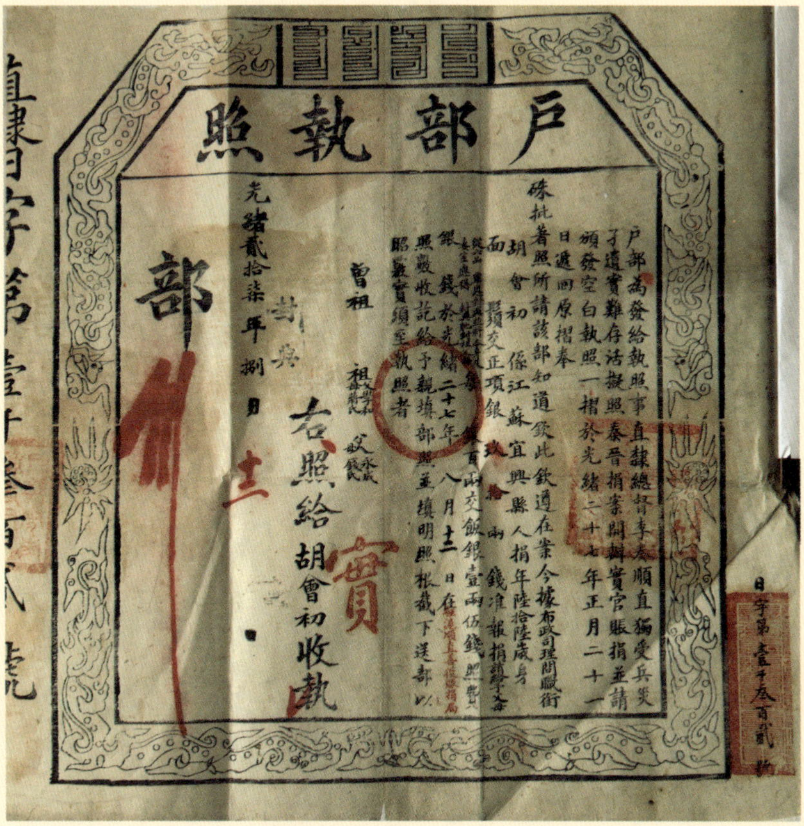
戶部執照

戶部爲發給執照事直隸總督李奏順直獨受兵災孑遺實難存活擬照秦晉捐案開辦實官賑捐並請頒發空白執照一摺於光緒二十七年正月二十一日遞回原摺奉硃批著照所請該部知道欽此欽遵在案今據布政司理問職銜胡會初係江蘇宜興縣人捐年陸拾陸歲身面……照數收訖給予親填部照並填明照根截下送部以昭覈實須至執照者

曾祖 祖 父

右照給胡會初收執

光緒貳拾柒年捌月 日

日字第壹千叁百貳號

光绪二十七年（1901）颁给江苏宜兴县人胡会初的户部执照，
右下角标注有该执照的编号：“日字第壹仟叁百贰号”。

全文：

户部执照

户部为发给执照事。直隶总督李，奏顺直独受兵灾，孑遗实难存活，拟照秦晋捐案，开办实官赈捐，并请颁发空白执照一折，于光绪二十七年正月二十一日递回原折。奉

朱批著照，所请该部知道，钦此。钦遵在案。今据布政司理问职衔：

胡会初，系江苏宜兴县人，捐年陆拾陆岁，身◇面◇须，交正项银玖拾两钱，准报捐请给予父母从六品◇覃恩封典，并将本身及妻室应得◇封典¤封祖父母，每◇银百两，交饭银壹两伍钱。照费银◇钱于光绪二十七年八月十二日，在驻沪顺直善后赈捐局照数收讫，给予亲填部照，并填明照根截下送部，以昭敫[缴]实。须至执照者。

曾祖◇；祖父学和，祖母蒋氏；父永成，母钱氏。实

右照给胡会初收执

封典

光绪贰拾柒年捌月十二日

部

清光绪《清丈执业印单》

保管单位：溧阳市档案馆

内容及评价：

清光绪二十七年（1901），溧阳县正堂曹给沈瑞柏核发《清丈执业印单》，共计38张。这些印单上清晰地标注了重新清丈审核各户田地产的原因，标明了清丈审核后每块田地的编号、业户姓名、四至、土名（即土地的名称）以及审核后的亩数等内容，绘制了几何图形来显示每块田地的形状，在图上标注了各段的具体尺寸，并且对田地产的买卖作了具体规定，比较详细地反映出每块田地的基本状况。

《清丈执业印单》与明清时期通行的《鱼鳞图册》相似，是清朝末期土地所有者持有土地的凭证，其功能与现在的《土地证》类似。《清丈执业印单》是研究晚清时期溧阳地区田地产变化情况以及经济发展状况的重要资料，具有较高的文物价值和参考价值。

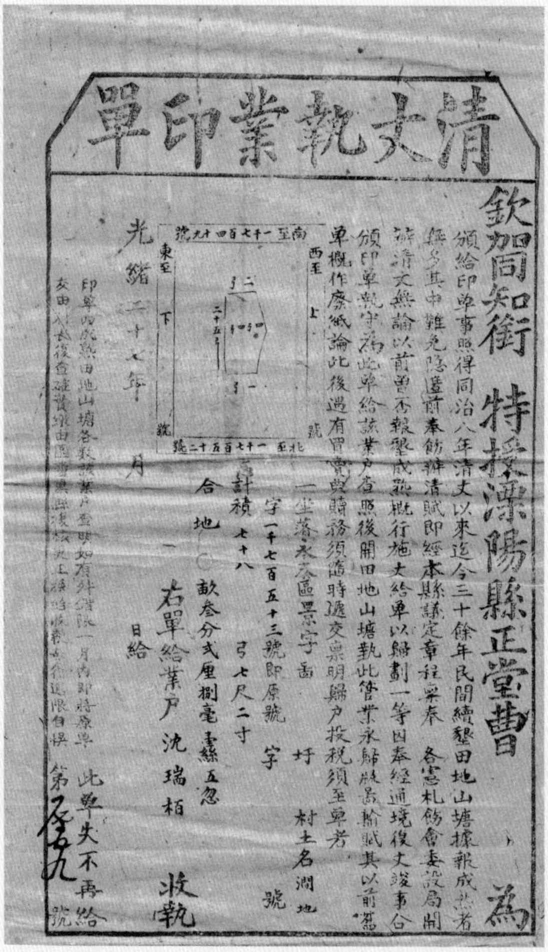
清丈執業印單

欽加同知銜 特授溧陽縣正堂曹 為

右單給業戶沈瑞柏 收執

光緒二十七年 月 日給

此單失不再給

清光绪二十七年（1901），溧阳县正堂曹核发给沈瑞柏的《清丈执业印单》。

全文：

清丈执业印单

钦加同知衔◇特授溧阳县正堂曹◇为

颁给印单事照。得同治八年清丈以来，迄今三十余年，民间续垦田地、山塘，据报成熟者无多，其中难免隐匿。前奉饬办清赋，即经本县议定章程，禀奉◇各宪札饬会委设局，开办清丈。无论以前曾否报垦成熟，概行施丈给单，以规划一等。因奉经通境复丈竣事¤，颁印单执守。为此，单给该业户查照后，开田地、山塘执。此管业永归版图输赋。其以前旧单，概作废纸论。此后，遇有买卖典赎，务须随时递交，禀明归户投税须至单者。

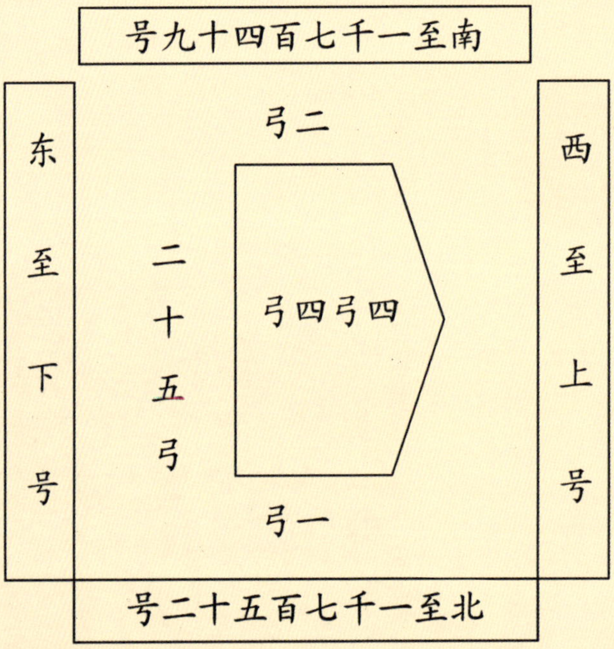

一坐落永泰区景字图◇圩◇村，土名润地。

◇字一千五百五十三号，即原号◇字◇号。

¤计积七十八弓七尺二寸。

合地零亩叁分贰厘捌毫壹丝五忽。

右单给业户沈瑞柏收执。

光绪二十七年◇月◇日给

印单内成熟田地、山塘各数，该业户查明。如有舛错，限一月内即将原单交由村长复查确实，缴由区董禀县复核更正，换给收执。毋得逾限自误。

此单失，不再给。第¤¤九号。

江蘇省行政公署任命狀 第貳百五十三號

任命劉振鵬為贛榆縣縣視學此狀

中華民國三年二月二十六日

江蘇民政長 韓國鈞

民国徽章

保管单位：常州市档案馆

内容及评价：

徽章是表示身份、职业、荣誉等特殊事物的标识，是某个时代或某种事物的代表或象征，具有丰富的历史内涵。徽章种类繁多，包括证章、领章、帽徽、肩章、袖章、臂章、勋章、奖章、纪念章、像章等。据史料记载，佩戴徽章的做法始于我国宋代。徽章的最初用途是凭证作用，用来识别一个人的身份，后来其功能扩展到用于组织机构的标识、某种奖励或某种纪念等方面。

馆藏的62枚民国时期的各类徽章，是常州解放初期市军管会公安处从敌特机关和一些社团组织中收缴而来，并随民国武进旧政权档案一并移交给常州市档案馆的。这批徽章以武进地区为主，也包括武进地区以外的社团组织及政府机构的徽章。这些徽章为研究和了解民国时期江苏省特别是常州、武进地区社团组织及政府机构的设置提供了直接的佐证，具有重要的参考和鉴赏价值。

江苏省政府——财

江苏省土地局

常州市畚箕业工会证章

常州市生产自救联合工厂

武进县党部证章

武进税捐稽征处

京沪区铁路工会

国防部青年救国团干训班毕业证章

戚墅堰材料厂——121

纪念章——铁字第195号

同舟共济——武进县第一区区长刘月如谨赠

特工总部警卫第十二大队证章

胜利

荣誉

中美C.A.N.T.

喜-王道生先生毛□□女士结婚纪念

上海特别市西式女衣业职业工会第三区会员证

上海印刷工会

大成纺织染股份有限公司档案

保管单位：常州市档案馆

内容及评价：

大成纺织染股份有限公司（简称大成公司，下同）于1932年在常州成立。1916年，刘国钧与人合资在常州东下塘开办大纶布厂。1918年，独资创办广益布厂。1923年，将广益布厂更名为“广益染织一厂”，并创办广益染织二厂。1927年，将两家广益厂合并，更名为广益染织厂。1930年，接收当时常州最大的大纶纱厂（由蒋盘发于1921年创办、1925年更名为大纶久记纱厂），由广益染织厂和大纶纱厂组建大成纺织股份有限公司。1932年，将大纶纱厂定名为大成一厂，以纺纱为主；将广益染织厂更名为大成二厂，以织布为主，兼营印染，在此基础上成立了“大成纺织染股份有限公司”，从而初步形成了纺、织、染一条龙生产线。1934年，大成公司筹建大成三厂，并于1947年春陆续投产；1949年，意诚布厂并入大成三厂。由于大成公司引进了国外的先进设备，并采用了科学的管理方式，其生产的产品质量上乘，花式品种繁多，深受老百姓喜爱，并远销东南亚。在抗战时期，虽然大成公司的厂房和设备遭到日军的轰炸而受到重创，但仍然在艰苦的环境中生存下来，并得到了发展，其工厂遍布常州、上海、重庆、汉口、香港、台湾等地。在整个民国时期，虽然全国的经济形势十分萧条，但大成公司却突破种种篱障飞速发展，并创下了八年产值增长八倍的惊人奇迹。这主要归功于刘国钧成功地将西方的先进经营管理理念与中国传统文化相结合，创新了大成公司的生产和管理模式，开辟了具有大成特色的发展道路。建国前，刘国钧长期旅居香港并经营和掌控大成公司。建国后，刘国钧毅然回到常州主持公司业务，并于1954年率先实行公私合营。1966年，大成一、二、三厂更名为国营常州第一、二、三棉纺织厂。

抗战时期的刘国钧

馆藏的大成公司档案，起始时间为创办成立大成纺织股份有限公司的1930年，终止时间为大成公司接受社会主义改造后的1960年，共计2336卷（件）。主要有文书档案、会计档案、产品样品档案、照片档案及刘国钧先生的自传等，比较全面地反映了大成公司的兴衰历史，在不同程度上也反映出了常州及相关地区纺织工业的创办及发展过程。通过这些档案，我们不难看到民国时期社会的动荡、政治的腐败、工商业发展的艰辛，还可以看到刘国钧等民族工商业者“实业救国”的朴素情怀，更可以看到新中国对民族工商业的扶持和改造。

大成公司的兴亡，是常州乃至整个旧中国民族工业形成和发展的一个缩影，更是一个典范。其档案对研究中国近现代民族工业、特别是常州纺织工业的发展历程、经营理念、创新举措以及民族工商业者“实业救国”的思想，具有十分宝贵的参考价值。

晚年刘国钧

刘国钧（1887~1978），原名金生，原籍江苏靖江（清朝末期属常州府管辖）人，中国现代杰出的实业家，著名的民族工商业者。刘国钧和他创办的大成纺织染股份有限公司，是民国时期民族工业的骄子，与南通的张謇、无锡的荣德生一起，成为民国时期纺织业三大巨头，名震海内外。历任大成纺织染股份有限公司总经理兼董事长、安达公司副总经理兼副董事长、江苏省副省长、江苏省人大常委会常务委员等职；是中国民主建国会第一至三届中央委员，江苏省民建、省工商联主任委员，全国工商联副主任委员，第一至五届全国人大代表，江苏省政协第四届副主席，全国政协第五届委员。

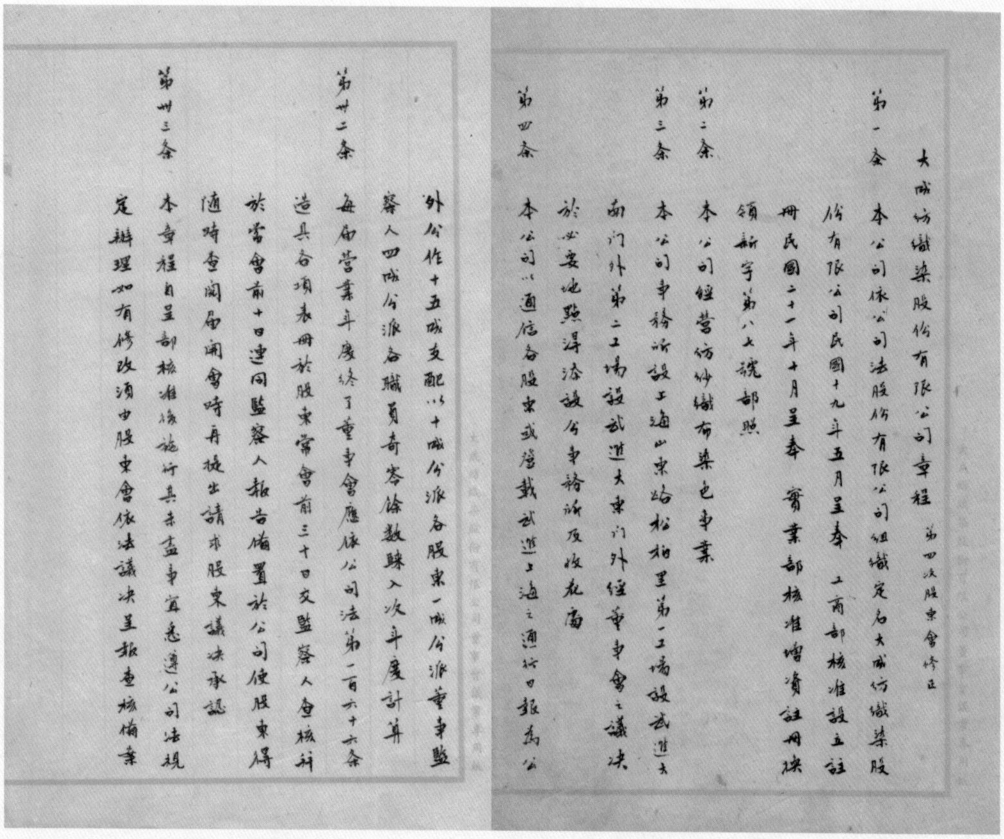
大成纺織染股份有限公司章程 第四次股東會修正

第一条 本公司依公司法股份有限公司組織定名大成紡織染股份有限公司民國十九年五月呈奉 工商部核准設立註冊民國二十一年十月呈奉 實業部核准增資註冊換領新字第八七號部照

第二条 本公司經營紡紗織布染色事業

第三条 本公司事務所設上海山東路松柏里第一工場設武進大南門外第二工場設武進大東門外經董事會之議決於必要地點得添設分事務所及收花處

第四条 本公司以通信各股東或登載武進上海之通行日報為公告方法

外公作十五成支配以十成分派各股東一成分派董事監察人四成分派各職員奇零餘數轉入次年度計算

第卅二条 每屆營業年度終了董事會應依公司法第一百六十六條造具各項表冊於股東常會前三十日交監察人查核并於常會前十日連同監察人報告備置於公司俾股東得隨時查閱屆開會時再提出請求股東議決承認

第卅三条 本章程自呈部核准後施行其未盡事宜悉遵公司法規定辦理如有修改須由股東會依法議決呈報查核備案

大成纺织染股份有限公司章程

全文：

大成纺织染股份有限公司章程

（第四次股东会修正）

第一条，本公司依《公司法》，股份有限公司组织定名为大成纺织染股份有限公司，民国十九年五月呈奉◇工商部核准设立注册。民国二十一年十月呈奉◇实业部核准增资注册，换领新字第八七号部照。

第二条，本公司经营纺纱、织布、染色事业。

第三条，本公司事务所设上海山东路松柏里；第一工场设武进大南门外；第二工场设武进大东门外。经董事会之议决，于必要地点，得添设分事务所及收花处。

第四条，本公司以通信各股东或登载武进、上海之通行日报为公告方法。

第五条，本公司股份定为国币壹百四拾万元，分作壹万四千股，每股国币壹百元，一次缴足。

第六条，本公司股东以中华民国国籍者为限。

第七条，本公司股票概用记名式，附有息单，由董事五人以上签名、盖印。

第八条，本公司股票如有转让情事，应向本公司声明，填写转股证书，以凭过户，另换新股票。

第九条，本公司股票及息单如有遗失，得觅妥实保人，将户名、号数通知本公司挂失，并自行登载本公司指定之报纸两种。满两月，如无异议，再行填发新股票。倘以后发生纠葛，仍由保人及失主负责清理。

第十条，本公司股票过户或遗失补发，每张收手续费银一元，并照收应贴之印花税费。

第十一条，本公司每届股东会自通告日起，至开会日止，一律停止股票过户。

第十二条，各股东住址、通讯处及印鉴，应通知本公司存记。其用堂名或记名者，并须将姓名或代表名注明。

各股东住址、通讯处及印鉴有变更时，悉照前项办理。

第十三条，各股东领取股息及过户挂失等事，概凭印鉴。如有遗失，应即时向本公司声明作废，并一面为新印鉴之存记。在旧印鉴未经本公司注销以前，仍由失主自行负责。

第十四条，本公司每年春季开股东常会一次，由董事会于一月前通告召集之。遇必要时，得由董事监察人或股东依法请示董事召集临时股东会，均于十五日前通告召集之。

第十五条，本公司每届股东会，各股东如因事不克出席，得委托他股东代表，但须出具签名并盖有印鉴之委托书送交本公司查核。

第十六条，股东所有股份在十股以下者，每股一权一股东；而有十一股以上者，其超过十一股之股份，其表决权按九折计算；超过一百零一股之股份，其表决权按八折计算。折合之零数不计。但每一股东之表决权及其代表他股东行使之表决权，合计在二千八百权以上者，只照二千八百权计算（即全体股东表决权五分之一）。

第十七条，本公司股东会之决议，除照《公司法》特别规定外，以出席股东表决权之过半数行之。

第十八条，本公司股东会之议决事项，应作《决议录》，由主席签名盖章，连同《出席签名薄》《代表出席委托书》一并封存于公司，并将《决议录》印送各股东。

第十九条，本公司董事，额设九人，由股东会用记名投票法就股东中选任之。其被选举资格，遵照《公司法》施行。法有本公司资本总额千分之三之股份（即有本公司股份四十二股）。二年改选一次。续被选者，仍得连任。在新董事未就职前，旧董事不得退职。

第二十条，本公司监察，额设二人，由股东会用记名投票法就股东中选任之。其被选举资格，遵照《公司法》施行。法有本公司资本总额千分之一之股份（即有本公司股份一十四股）。每年改选一次。续被选者，仍得连任。

第二十一条，董事就任后，应将本章程所定被选合格之股票交由监察人于公司中保存之。

第二十二条，本公司董事会互选常务董事二人。

第二十三条，董事会议每月举行一次。遇必要时，得举行临时会议，均以董事过半数之议决行之。

第二十四条，董事、监察人遇有缺额时，以次多数依次递补；董事缺额至三人以上时，应召集临时股东会补选之。

第二十五条，本公司设经理一人，副经理一人，由董事会选任之。其他职员，由经理进退之。但工务长、厂长、场长之任用，须得董事会同意。

第二十六条，董事会得聘富有经验之股东辅助营业进行。遇必要时，得邀股东或职员出席，征求意见，但不得加入表决数。

第二十七条，本公司办事职员，概须觅有殷实保人，并不得自营与本公司相同之事业。

第二十八条，本公司无论何人，不得以公司名义为他人担保事项。

第二十九条，本公司每年一月一日至十二月三十一日为一年度，结账一次。收入利益除去各项开支外，先提十份[分]之一为法定公积，再发官利，其余均作红利，但得斟酌情形提存特别公积。

第三十条，本公司股东官利，周年一分，于股东常会后，由董事会定期通知。各股东持印鉴、凭本公司股票息单支付。

第三十一条，本公司红利，除照提在厂全年工作并无过失之工人奖励外，分作十五成支配。以十成分派各股东，一成分派董事、监察人，四成分派各职员。奇零余数，纳入次年度计算。

第三十二条，每届营业年度终了，董事会应依《公司法》第一百六十六条造具各项表册，于股东常会前三十日交监察人查核，并于常会前十日，连同监察人报告，备置于公司，使股东得随时查阅。届开会时再提出请求，股东议决承认。

第三十三条，本章程自呈部核准后施行，其未尽事宜，悉遵《公司法》规定办理。如有修改，须由股东会依法议决，呈报查核备案。

大成公司商标——大成殿

大成公司商标——蝶球牌

大成公司商标——恭喜发财

大成公司商标——双童聚宝

大成公司商标——白太少狮

大成公司商标——精忠报国

大成公司商标——无牌

大成公司商标——鹤鼎

大成公司商标——双兔

大成公司商标——猫雀

大成公司商标——英雄

大成公司商标——征东图

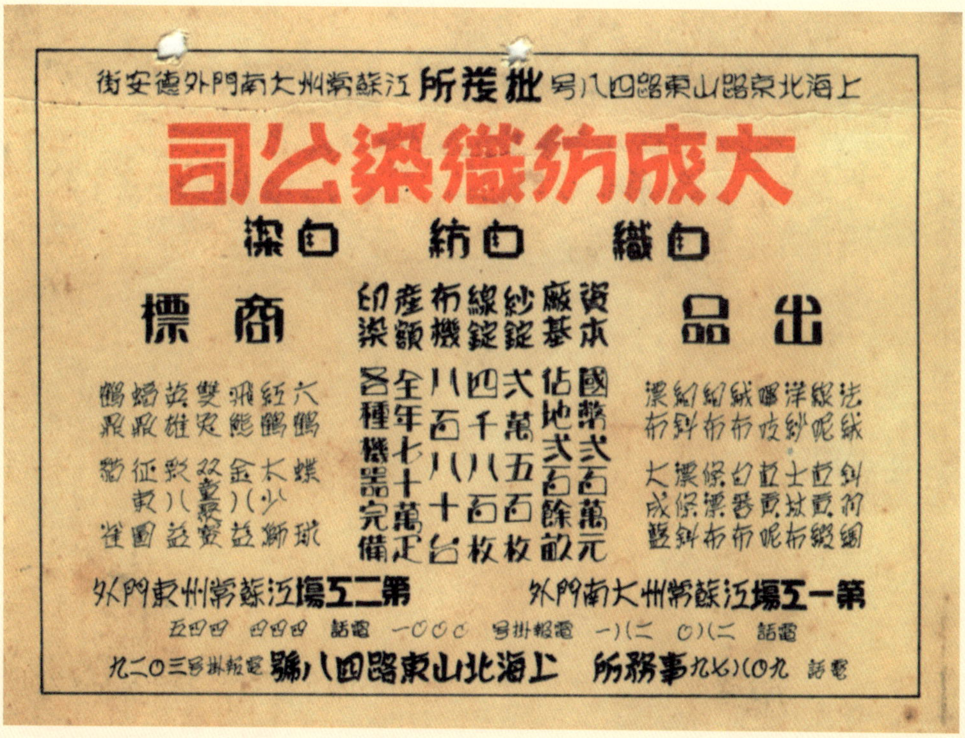
上海北京路山東路四八號 批發所 江蘇常州大南門外德安街

大成紡織染公司

自織 自紡 自染

出品 商標

資本 國幣弍百萬元
廠基 佔地弍百餘畝
紗錠 弍萬五百枚
線錠 四千八百枚
布機 八百八十台
產額 全年七十萬疋
印染 各種機器完備

第一工場 江蘇常州大南門外
電話 二八〇 二八一 電報掛號 〇〇〇一
第二工場 江蘇常州東門外
電話 四四四 四四五
上海北山東路四八號 事務所 電話 九〇八七九 電報掛號 三〇二九

大成公司宣传单

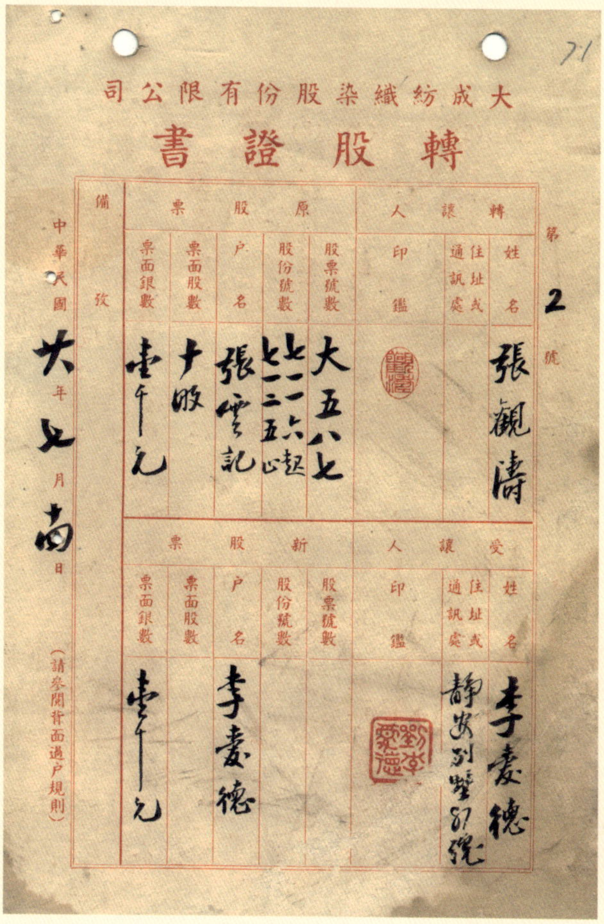
大成紡織染股份有限公司
轉股證書
第 2 號

轉讓人 姓名	住址或通訊處	印鑑	原股票 股票號數	股份號數	户名	票面股數	票面銀數
張觀濤		[seal]	大五八七	七一一二五一六〇起	張雲記	十股	壹千元

受讓人 姓名	住址或通訊處	印鑑	新股票 股票號數	股份號數	户名	票面股數	票面銀數
李麥德	靜安別墅?號	[seal]			李麥德		壹千元

備攷

中華民國 大 年 又 月 南 日

（請參閱背面過户規則）

1939年7月14日，大成公司发放的转股证书。

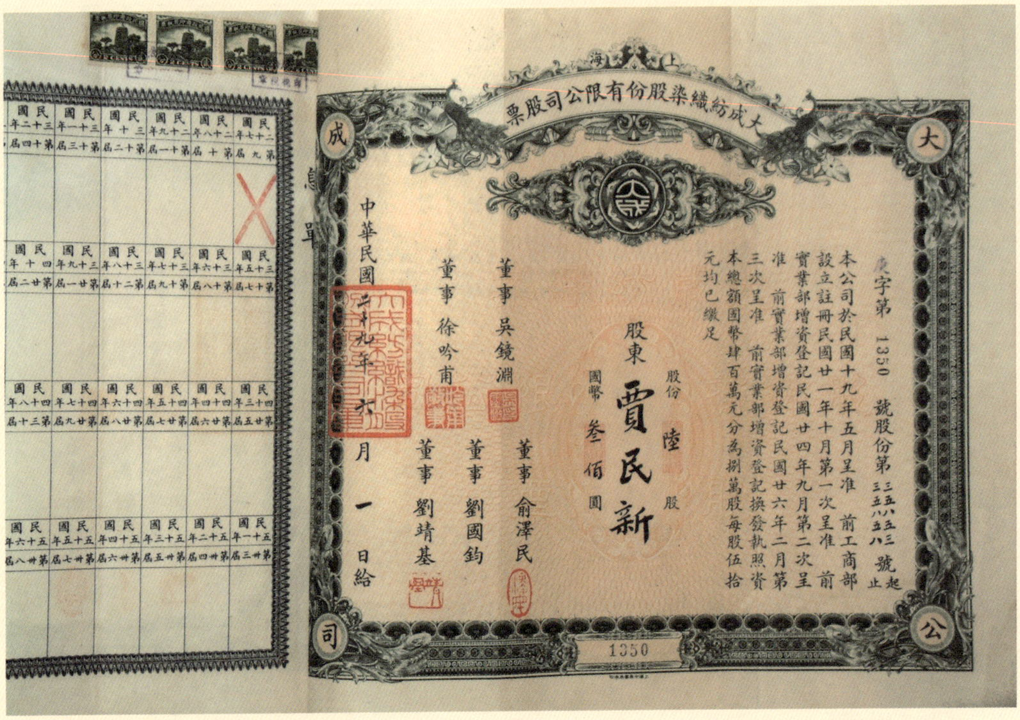
大成紡織染股份有限公司股票
上海
大 成 公 司
庚字第 1350 號股份第三三五八五三號起 三三五八五八止
本公司於民國十九年五月呈准 前工商部設立註冊民國廿一年十月第一次呈准 前實業部增資登記民國廿四年九月第二次呈准 前實業部增資登記民國廿六年二月第三次呈准 前實業部增資登記換發執照資本總額國幣肆百萬元分為捌萬股每股伍拾元均已繳足
股東 賈民新
股份 陸 股
國幣 叁佰 圓
董事 吳鏡淵
董事 徐吟甫
董事 俞澤民
董事 劉國鈞
董事 劉靖基
中華民國二十九年六月 一 日給
1350

1940年6月1日，大成公司发行的股票。

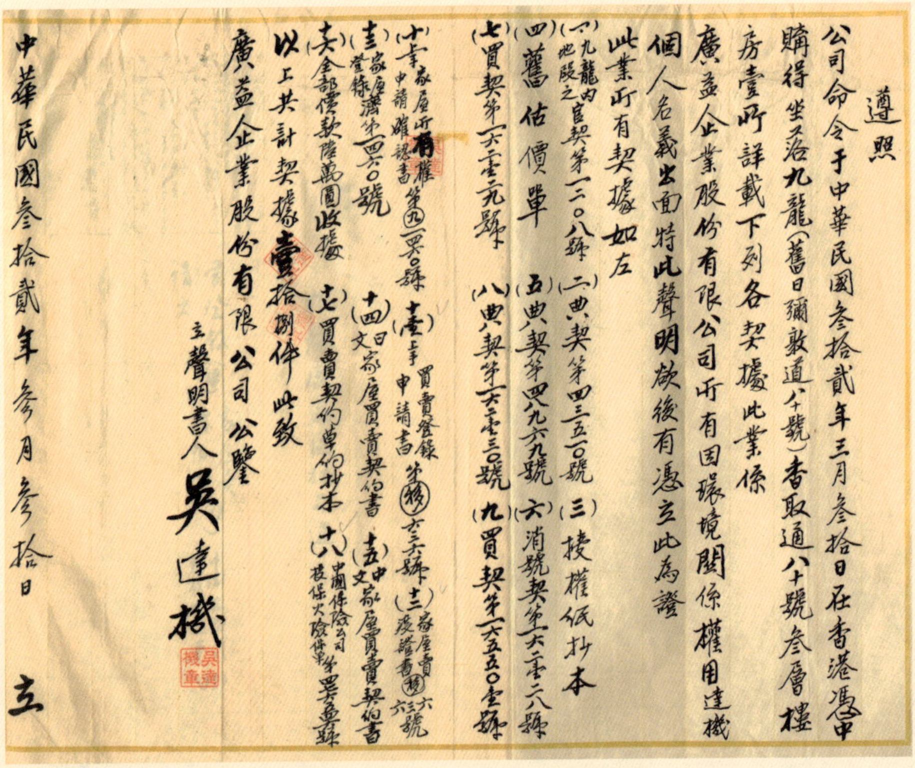
遵照
公司命令于中華民國叁拾貳年三月叁拾日在香港憑中購得坐落九龍(舊日彌敦道八十號)香取通八十號叁層樓房壹所詳載下列各契據此業係廣益企業股份有限公司所有因環境關係權用達機個人名義出面特此聲明嗣後有憑立此為證
此業所有契據如左
(一)九龍內地段之官契第一二〇八號 (二)典契第四三五〇號 (三)樓權紙抄本
(四)舊估價單 (五)典契第四九六九號 (六)消號契第六一二八號
(七)買契第一六一一九號 (八)典契第一六一二三號 (九)買契第一六五五〇壹號
(十)家屋所有權申請確認書第(五)一六三號 (十一)買賣登錄申請書第六三六號 (十二)家屋登錄書第六三六號
(十三)家屋登錄第四五〇號 (十四)日文家屋買賣契約書 (十五)中文家屋買賣契約書
(十六)全部價款陸萬圓收據 (十七)買賣契約草約抄本 (十八)中國保險公司火險保單
以上共計契據壹拾捌件此致
廣益企業股份有限公司 公鑒
立聲明書人 吳達機
中華民國叁拾貳年叁月叁拾日 立

1943年3月30日，广益企业股份有限公司向大成公司报告在香港购置房产情况。

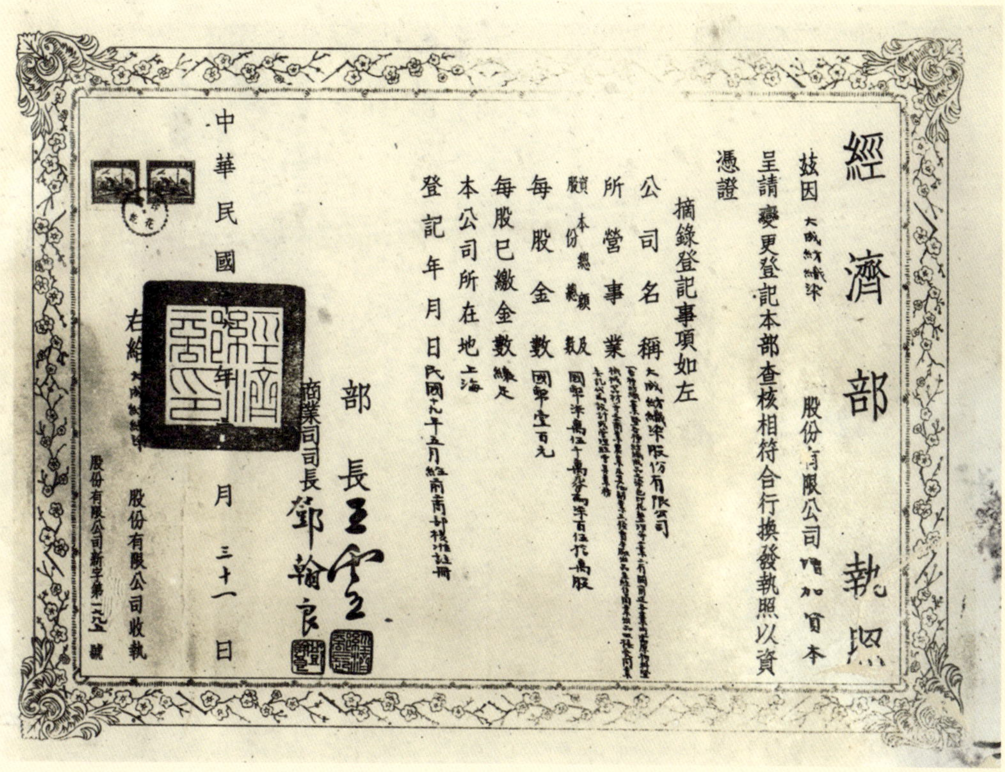
經濟部執照
茲因大成紡織染股份有限公司增加資本
呈請變更登記本部查核相符合行換發執照以資
憑證
摘錄登記事項如左
公司名稱 大成紡織染股份有限公司
所營事業 [illegible]
資本總額 國幣[illegible]
每股金數 國幣壹百元
每股已繳金數 繳足
本公司所在地 上海
登記年月日 民國十九年五月經前工商部核准註冊
部長 王雲五
商業司長 鄧翰良
中華民國 年 月 三十一 日
右給大成紡織染股份有限公司收執
股份有限公司新字第[illegible]號

1947年3月31日，经济部发给大成公司的执照。

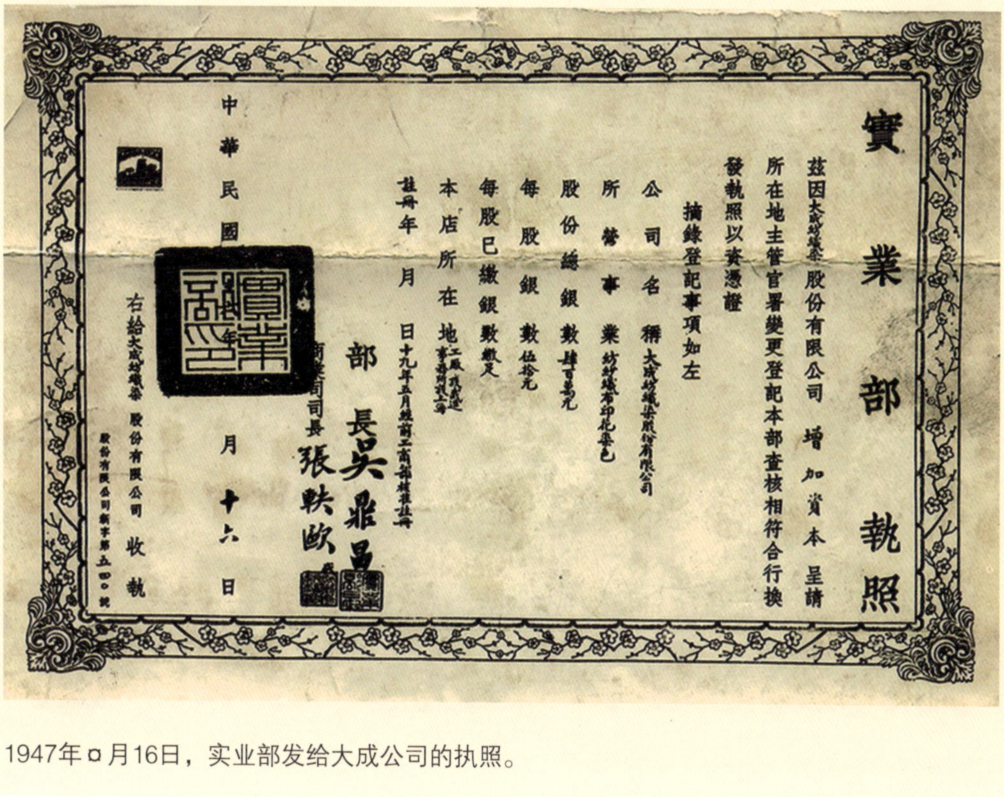
實業部執照
茲因大成紡織染股份有限公司增加資本呈請
所在地主管官署變更登記本部查核相符合行換
發執照以資憑證
摘錄登記事項如左
公司名稱 大成紡織染股份有限公司
所營事業 紡織染印花等
股份總銀數 肆百萬元
每股銀數 伍拾元
每股已繳銀數 繳足
本店所在地 工廠武進 事務所上海
註冊年月日 十九年五月經前工商部核准註冊
部長 吳鼎昌
商業司長 張軼歐
中華民國 年 月 十六 日
右給大成紡織染股份有限公司收執
股份有限公司新字第五四〇號

1947年□月16日，实业部发给大成公司的执照。

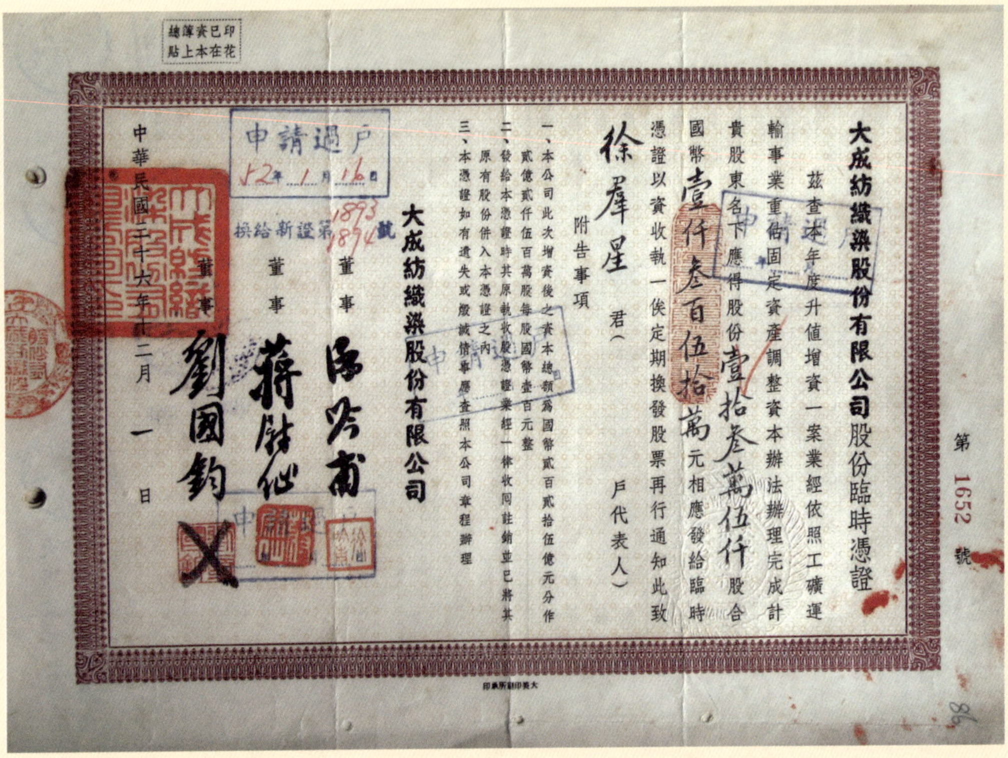

印花已貼在本存根上

大成紡織染股份有限公司股份臨時憑證

第 1652 號

茲查本年度升值增資一案業經依照工礦運輸事業重估固定資產調整資本辦法辦理完成計貴股東名下應得股份壹拾叁萬伍仟股合國幣壹仟叁百伍拾萬元相應發給臨時憑證以資收執一俟定期換發股票再行通知此致

徐犀星 君（戶代表人）

附告事項

一、本公司此次增資後之資本總額為國幣貳百貳拾伍億元分作貳億貳仟伍百萬股每股國幣壹百元整

二、發給本憑證時共原執收股憑證業經一併收回註銷並已將其原有股份併入本憑證之內

三、本憑證如有遺失或毀損情事應查照本公司章程辦理

大成紡織染股份有限公司

董事

董事

董事 劉國鈞

中華民國三十六年十二月一日

申請過戶 52年1月16日

換給新證第1893 1894號

1947年12月1日，大成公司发行的股份临时凭证（该凭证于1952年1月16日申请过户）。

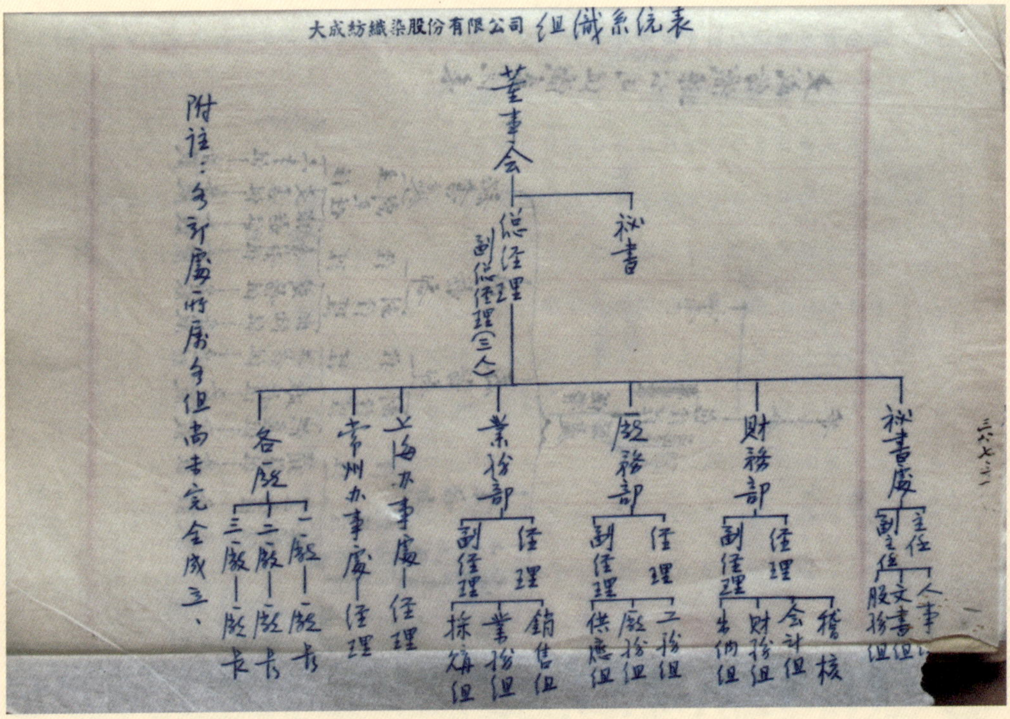

大成紡織染股份有限公司 組織系統表

董事会

总经理 副总经理（三人）

秘书

各厂：一厂—厂长；二厂—厂长；三厂—厂长

常州办事处 经理

上海办事处 经理

业务部：经理、副经理；採购组、业务组、销售组

厂务部：经理、副经理；供应组、厂务组、工务组

财务部：经理、副经理；出纳组、财务组、会计组、稽核

秘书处：主任、副主任；人事组、文书组、总务组

附注：各新厂所属各组尚未完全成立。

1949年7月31日，大成公司拟定的组织系统表。

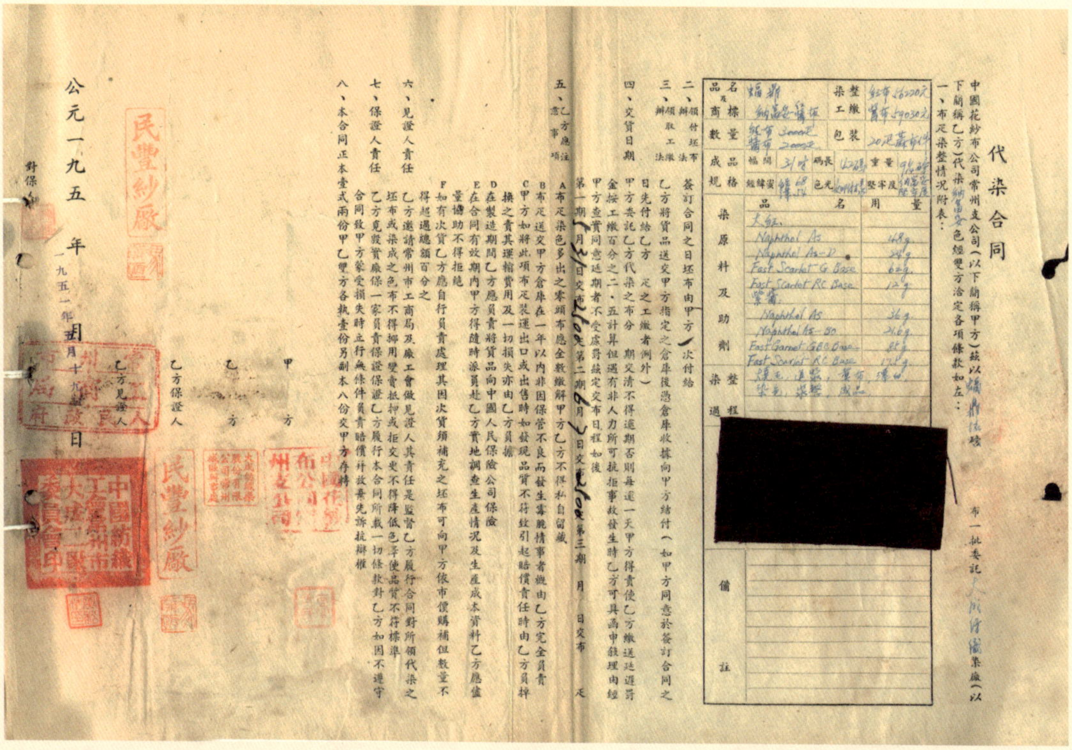

代染合同

1951年5月19日，大成公司常州城区办事处与中国花纱布公司常州支公司签订的代染合同。

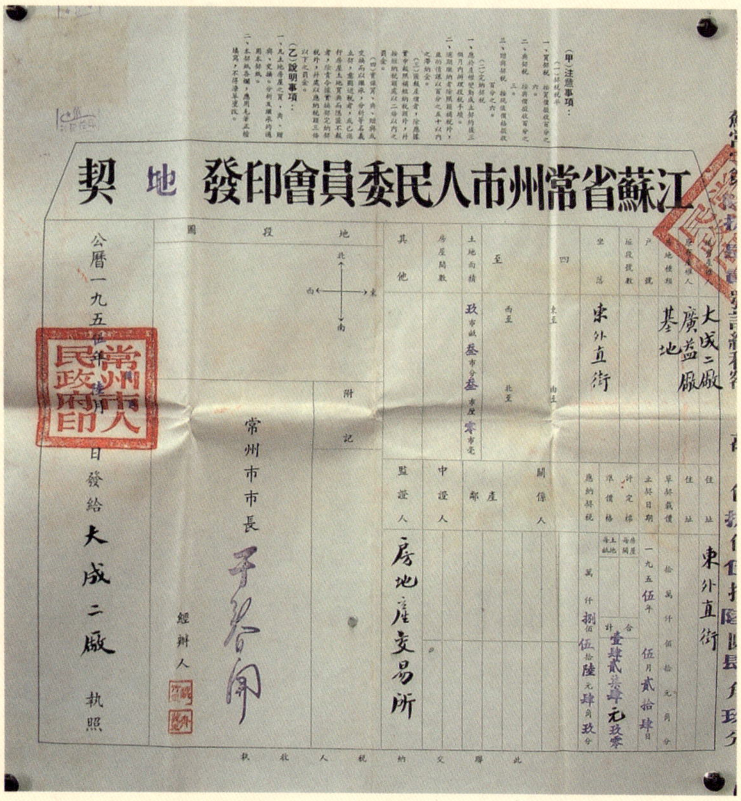

江蘇省常州市人民委員會印發 地契

1955年6月，常州市人民委员会发给大成公司二厂的地契。

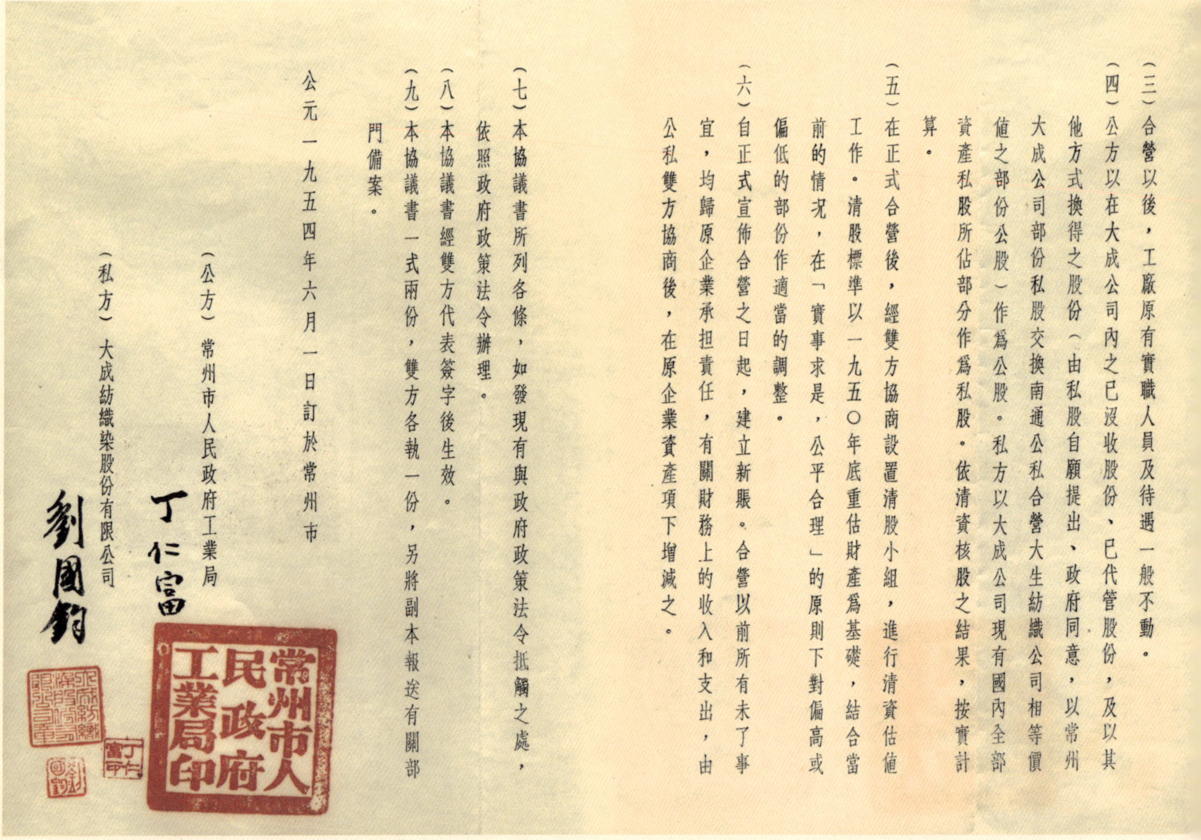

（三）合營以後，工廠原有實職人員及待遇一般不動。

（四）公方以在大成公司內之已沒收股份、已代管股份，及以其他方式換得之股份（由私股自願提出、政府同意，以常州大成公司部份私股交換南通公私合營大生紡織公司相等價值之部份公股）作爲公股。私方以大成公司現有國內全部資產私股所佔部分作爲私股。依清資核股之結果，按實計算。

（五）在正式合營後，經雙方協商設置清股小組，進行清資估值工作。清股標準以一九五〇年底重估財產爲基礎，結合當前的情況，在「實事求是，公平合理」的原則下對偏高或偏低的部份作適當的調整。

（六）自正式宣佈合營之日起，建立新賬。合營以前所有未了事宜，均歸原企業承担責任，有關財務上的收入和支出，由公私雙方協商後，在原企業資產項下增減之。

（七）本協議書所列各條，如發現有與政府政策法令抵觸之處，依照政府政策法令辦理。

（八）本協議書經雙方代表簽字後生效。

（九）本協議書一式兩份，雙方各執一份，另將副本報送有關部門備案。

公元一九五四年六月一日訂於常州市

（公方）常州市人民政府工業局　丁仁富

（私方）大成紡織染股份有限公司　劉國鈞

常州市人民政府工業局印

1954年6月1日，常州市人民政府工业局与大成公司签订的《公私合营协议书（副本）》。

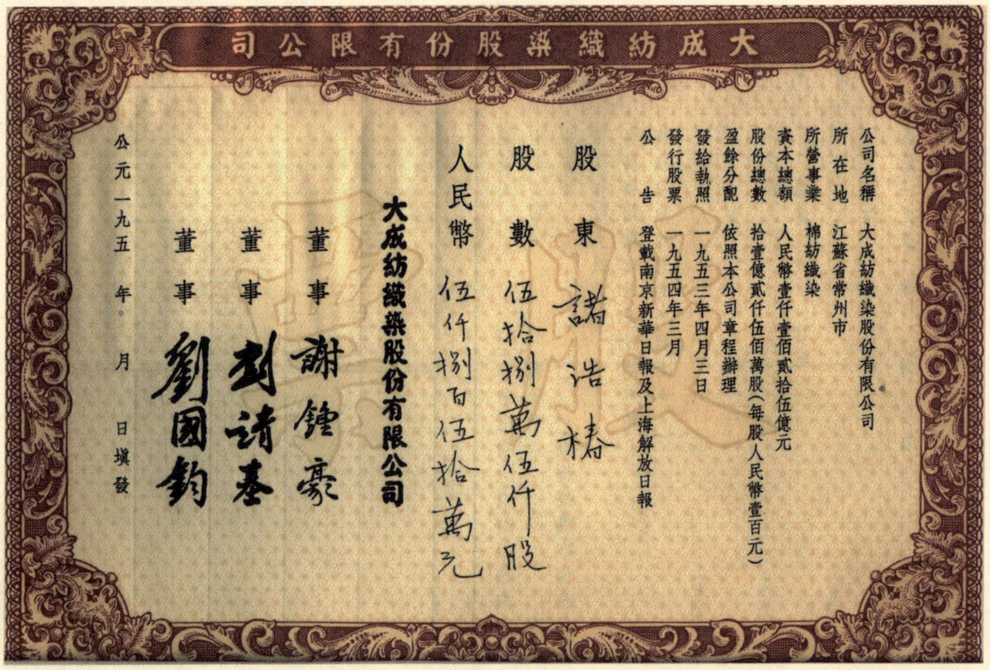

大成紡織染股份有限公司

公司名稱　大成紡織染股份有限公司
所在地　江蘇省常州市
所營事業　棉紡織染
資本總額　人民幣壹仟壹佰貳拾伍億元
股份總數　拾壹億貳仟伍佰萬股（每股人民幣壹百元）
盈餘分配　依照本公司章程辦理
發給執照　一九五三年四月三日
發行股票　一九五四年三月
公告　登載南京新華日報及上海解放日報

股東　諸浩椿
股數　伍拾捌萬伍仟股
人民幣　伍仟捌百伍拾萬元

大成紡織染股份有限公司
董事　謝鍾豪
董事　劉靖基
董事　劉國鈞

公元一九五　年　月　日塡發

解放以后大成公司发行的股票

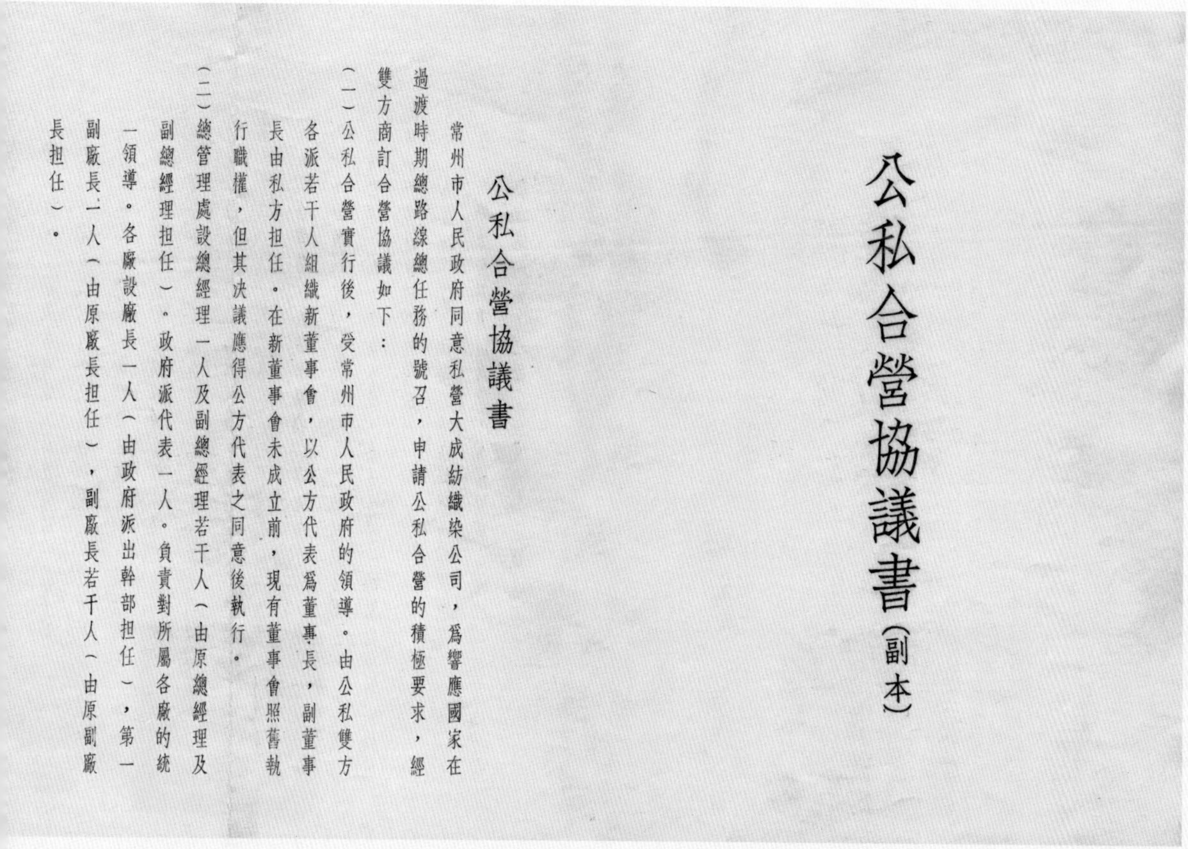

公私合營協議書（副本）

公私合營協議書

常州市人民政府同意私營大成紡織染公司，爲響應國家在過渡時期總路線總任務的號召，申請公私合營的積極要求，經雙方商訂合營協議如下：

（一）公私合營實行後，受常州市人民政府的領導。由公私雙方各派若干人組織新董事會，以公方代表爲董事長，副董事長由私方担任。在新董事會未成立前，現有董事會照舊執行職權，但其決議應得公方代表之同意後執行。

（二）總管理處設總經理一人及副總經理若干人（由原總經理及副總經理担任）。政府派代表一人。負責對所屬各廠的統一領導。各廠設廠長一人（由政府派出幹部担任），第一副廠長一人（由原廠長担任），副廠長若干人（由原副廠長担任）。

全文：

公私合营协议书（副本）

常州市人民政府同意私营大成纺织染公司，为响应国家在过渡时期总路线总任务的号召，申请公私合营的积极要求，经双方商订合营协议如下：

（一）公私合营实行后，受常州市人民政府的领导。由公私双方各派若干人组织新董事会，以公方代表为董事长，副董事长由私方担任。在新董事会未成立前，现有董事会照旧执行职权，但其决议应得公方代表之同意后执行。

（二）总管理处设总经理一人及副总经理若干人（由原总经理及副总经理担任）。政府派代表一人，负责对所属各厂的统一领导。各厂设厂长一人（由政府派出干部担任），第一副厂长一人（由原厂长担任），副厂长若干人（由原副厂长担任）。

（三）合营以后，工厂原有实职人员及待遇一般不动。

（四）公方以在大成公司内之已没收股份、已代管股份，及以其他方式换得之股份（由私股自愿提出、政府同意，以常州大成公司部份[分]私股交换南通公私合营大生纺织公司相等价值之部份[分]公股）

作为公股。私方以大成公司现有国内全部资产私股所占部分作为私股。依清资核股之结果，按实计算。

（五）在正式合营后，经双方协商设置清股小组，进行清资估值工作。清股标准以一九五〇年底重估财产为基础，结合当前的情况，在“实事求是，公平合理”的原则下对偏高或偏低的部份[分]作适当的调整。

（六）自正式宣布合营之日起，建立新账。合营以前所有未了事宜，均归原企业承担责任，有关财务上的收入和支出，由公私双方协商后，在原企业资产项下增减之。

（七）本协议书所列各条，如发现有与政府政策法令抵触之处，依照政府政策法令办理。

（八）本协议书经双方代表签字后生效。

（九）本协议书一式两份，双方各执一份，另将副本报送有关部门备案。

公元一九五四年六月一日订于常州市

（公方）常州市人民政府工业局 丁仁富

（私方）大成纺织染股份有限公司 刘国钧

大成公司产品——蝠鼎牌纳富妥红布

大成公司产品——蝠鼎牌纳富妥紫布

大成公司产品——蝠鼎牌元斜布

大成公司产品——叙宝牌190#士林布

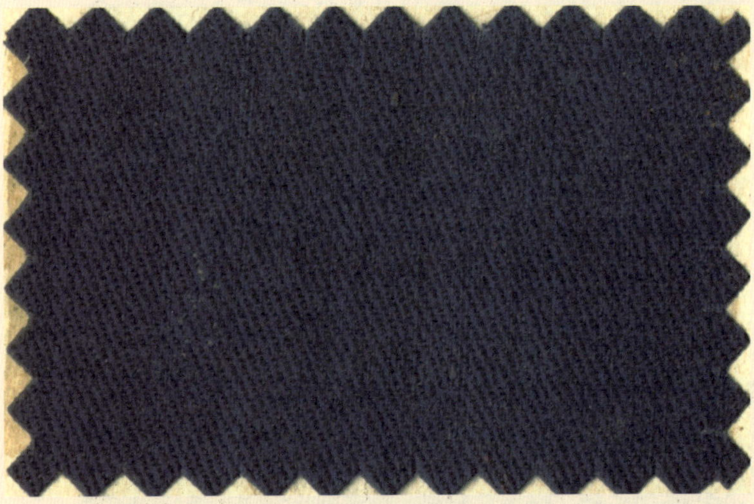

大成公司产品——征东牌大成兹

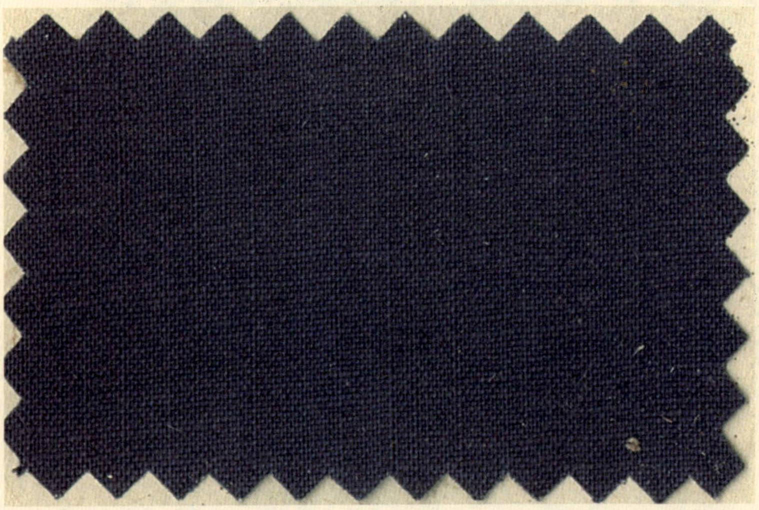

大成公司产品——征东牌兹卡其布

武进商会档案

保管单位：常州市档案馆

内容及评价：

清光绪三十一年（1905）四月，江苏阳湖县（今江苏省常州市武进区）人恽祖祁发起筹建武进商会。光绪三十二年（1906），清朝政府正式颁布护商令和商会组织章程，容许并推动全国各地的商会组织发展。武进商会筹备处即参照清政府颁布的组织章程制订会章，于同年三月成立武进县商会。会员入会带有强制性，分两种情况：一是同行业满7家（户）应组织同业公会，各同业公会推选代表入会，称为行业会员；二是同行业不满7家（户）者，则以家（户）为单位入会，称为单独会员或商店会员。商户如果不加入商会，则勒令其停业。1912年，武进县商会改称武进商会。1927年，武进商会下设商团、教育委员会、国货推广委员会、商事评议委员会、总务处等部门。1937年11月，日军占领常州，城区遭到严重破坏，武进商会处于瘫痪状态。1940年6月，民国武进县商会筹备委员会成立，次年4月改称武进县商会整理委员会。1942年10月成立武进县商会，下辖68个同业公会。抗战胜利后，武进县商会解散，武进县政府派李杏卿等为商会整理委员，于1946年1月组成商会筹备委员会。同年3月，武进县商会成立，下辖67个同业公会。常州解放前后，武进县商会为维护地方经济秩序、支前、救灾、献粮和恢复生产、维持经营等方面做出了一定贡献。1949年底，常州市工商联筹委会成立，武进县商会的使命结束。

武进县商会的命运在民国时期几番沉浮，其档案也命运多舛，但仍有222卷档案保存至今。档案的起止时间为1934年至1949年，主要包括商会的筹备文书、选举文书、证书证章、各行业分会的章程、各类会议记录和公函、政府训令、各行业调查表以及会员名册、人员名录、照片等，比较全面地反映了民国时期武进地区工商业的发展状况和组织管理情况，是研究民国时期武进地区工商业各类组织机构和工商企业发展历程的第一手资料。

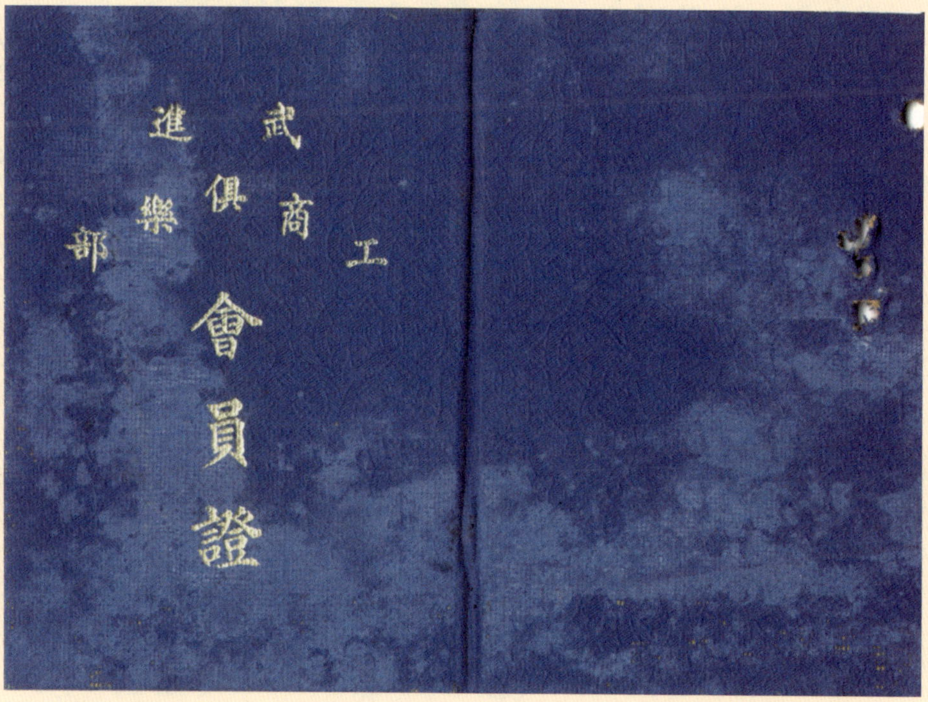

武进工商俱乐部会员证

1942年10月5日，武进商会成立时的合影。

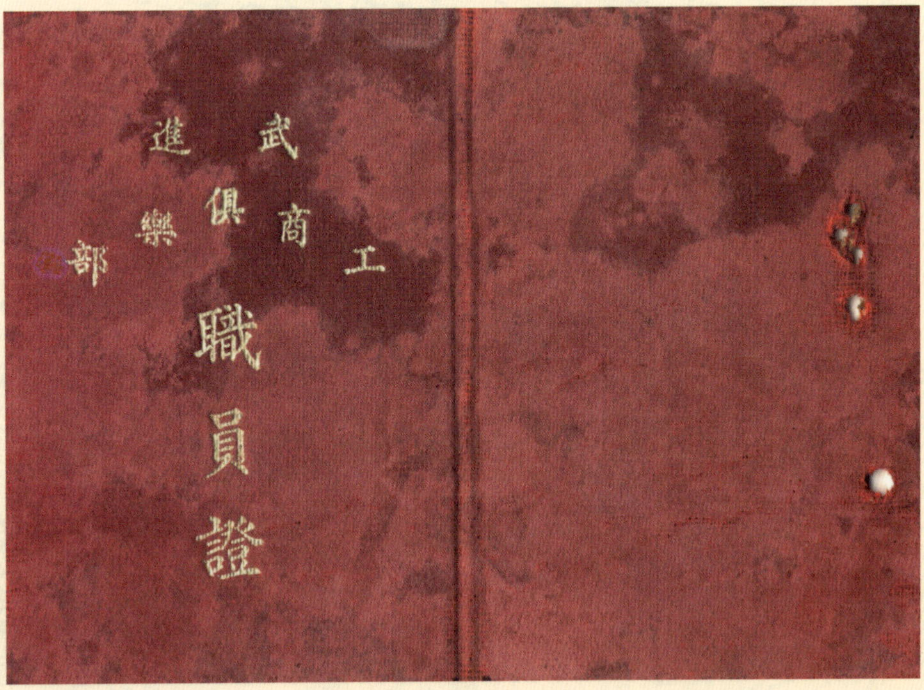

武进工商俱乐部职员证

武进工商俱乐部徽章

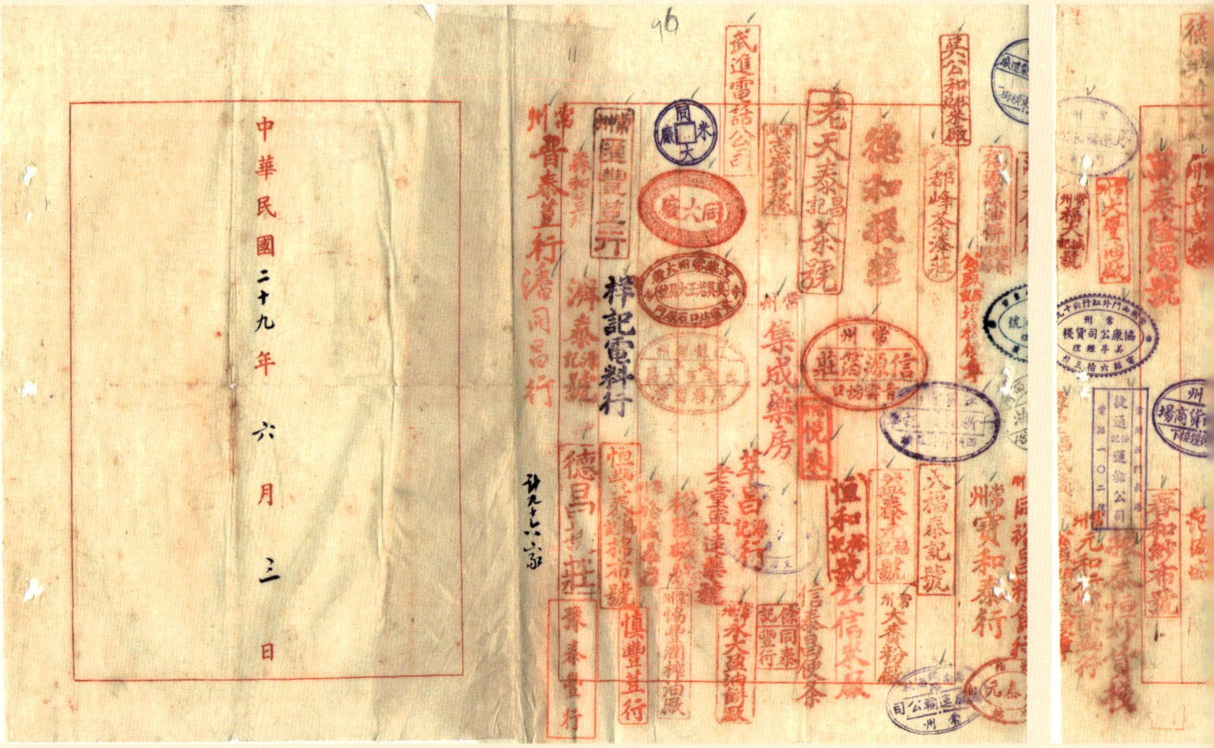

中華民國二十九年六月三日

1940年6月3日，请设武进县商会推定筹备员的请示。

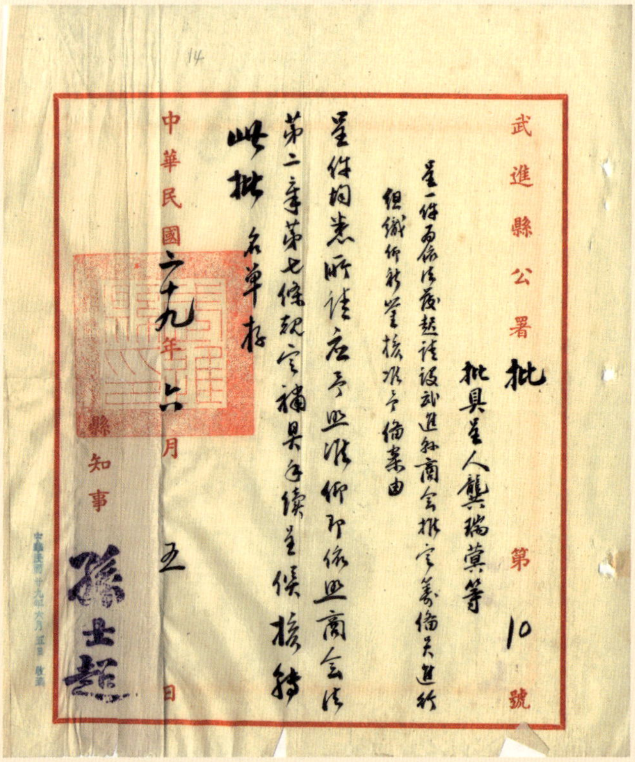

武進縣公署 批 第10號

批具呈人龔瑞萁等

呈一件為依法發起請設武進縣商會推定籌備員進行組織仰祈鑒核准予備案由

呈件均悉，所請應予照准，仰即依照商會法第二章第七條規定補具手續呈候核轉。此批。名單存。

中華民國二十九年六月五日

縣知事 孫

1940年6月5日，请设武进县商会推定筹备员的批复。

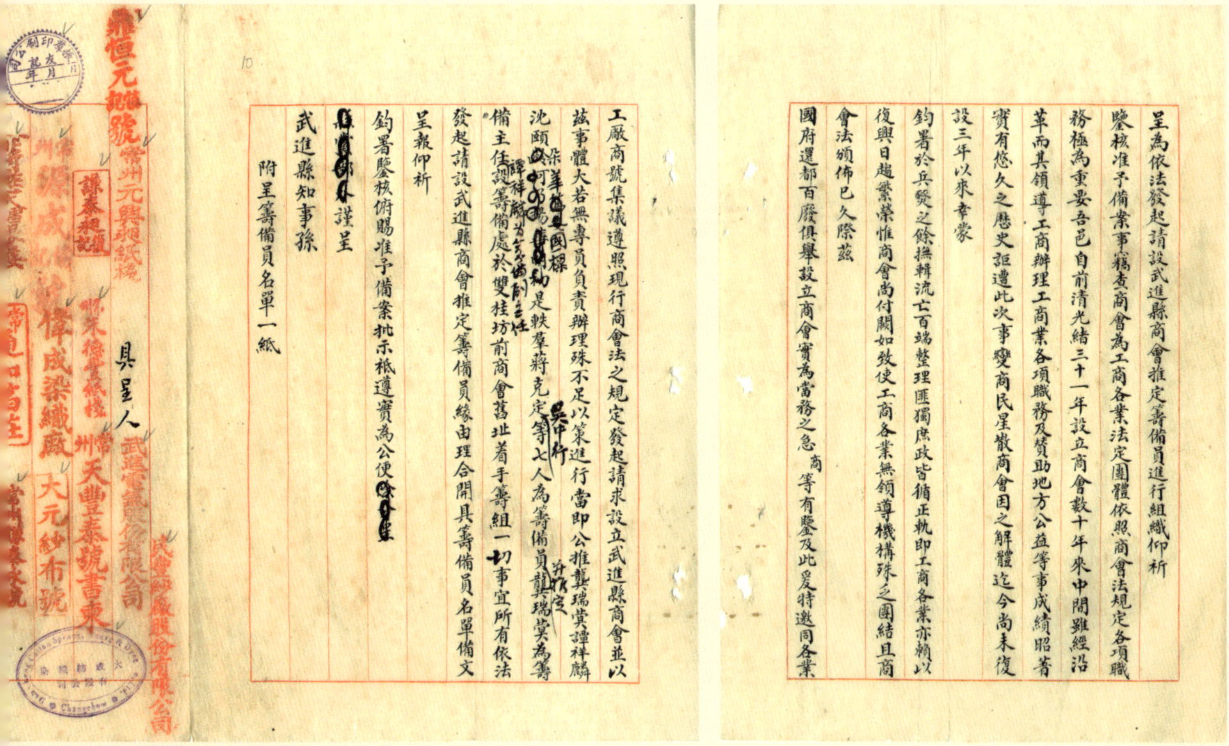

呈為依法發起請設武進縣商會推定籌備員進行組織仰祈
鑒核准予備案事竊查商會為工商各業法定團體依照商會法規定各項職
務極為重要吾邑自前清光緒三十一年設立商會數十年來中間雖經沿
革而其領導工商辦理工商業各項職務及贊助地方公益等事成績昭著
實有悠久之歷史詎遭此次事變商民星散商會因之解體迄今尚未復
設三年以來幸蒙
鈞署於兵燹之餘撫輯流亡百端整理匪獨庶政皆循正軌即工商各業亦賴以
復興日趨繁榮惟商會尚付闕如致使工商各業無領導機構殊之團結且商
會法頒佈已久際茲
國府還都百廢俱舉設立商會實為當務之急商等有鑒及此爰特邀同各業
工廠商號集議遵照現行商會法之規定發起請求設立武進縣商會並以
茲事體大若無專員負責辦理殊不足以策進行當即公推龔瑞冀譚祥麟
沈頤[illegible]是軼羣蔣克定等七人為籌備員龔瑞冀為籌
備主任設籌備處於雙桂坊前商會舊址着手籌組一切事宜所有依法
發起請設武進縣商會推定籌備員緣由理合開具籌備員名單備文
呈報仰祈
鈞署鑒核俯賜准予備案批示祗遵實為公便
[illegible]謹呈
武進縣知事孫
附呈籌備員名單一紙

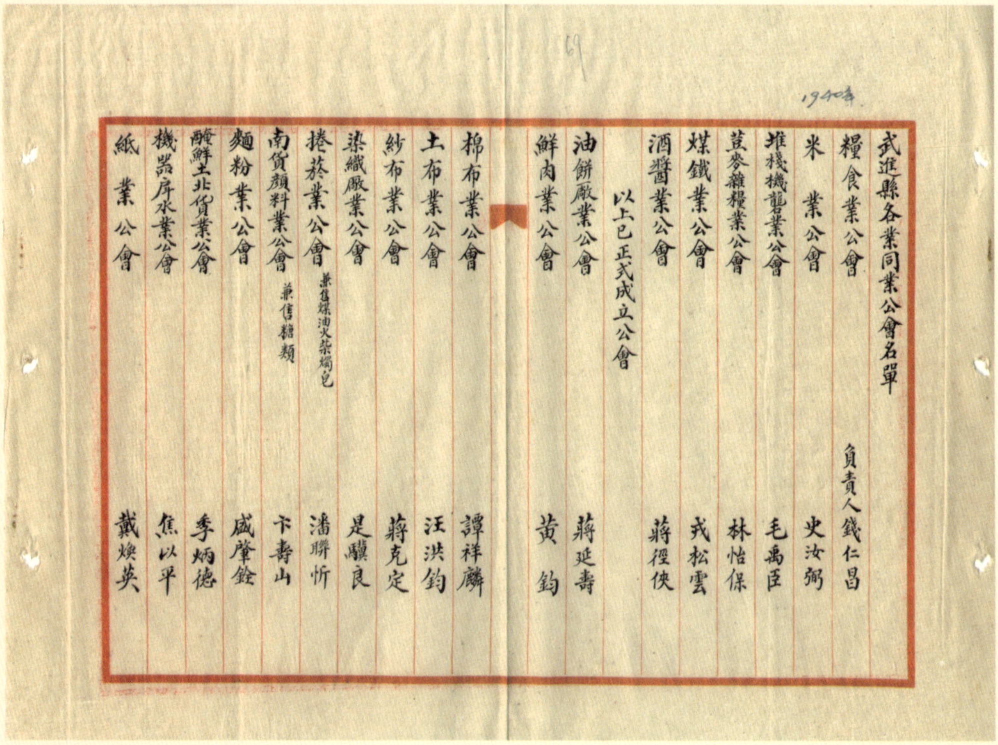

武進縣各業同業公會名單

	負責人
糧食業公會	錢仁昌
米業公會	史汝弼
堆棧機礱業公會	毛禹臣
荳麥雜糧業公會	林怡保
煤鐵業公會	戎松雲
酒醬業公會	蔣徑俠
以上已正式成立公會	
油餅廠業公會	蔣延壽
鮮肉業公會	黃鈞
棉布業公會	譚祥麟
土布業公會	汪洪鈞
紗布業公會	蔣克定
染織廠業公會	是[illegible]良
捲菸業公會 兼售煤油火柴燭皂	潘聯忻
南貨顏料業公會 兼售糖類	卞壽山
麵粉業公會	盛廉銓
醃鮮土北貨業公會	季炳德
機器戽水業公會	焦以平
紙業公會	戴煥英

武进县各业同业公会名单

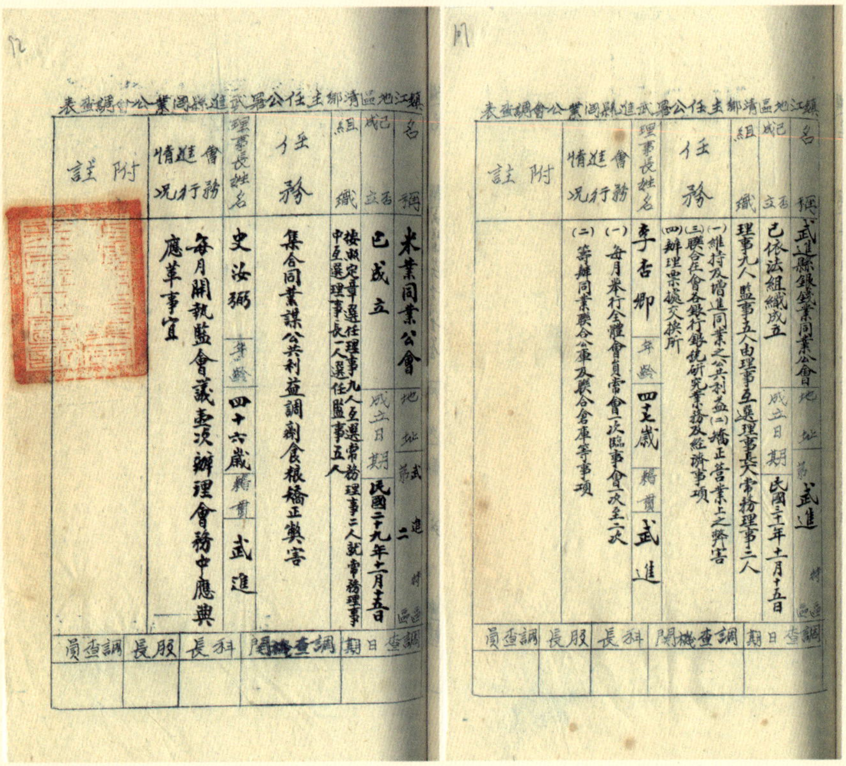

江蘇地區清鄉主任公署武進縣同業公會調查表

名稱	米業同業公會
地址	武進 二
成立	已成立
成立日期	民國二十九年十一月十五日
組織	按照定章選任理事九人互選常務理事三人就常務理事中互選理事長一人選任監事五人
任務	集合同業謀公共利益調劑食糧矯正弊害
理事長姓名	史汝獅
年齡	四十六歲
籍貫	武進
會務進行情況	每月開執監會議一次辦理會務中應興應革事宜
附註	

江蘇地區清鄉主任公署武進縣同業公會調查表

名稱	武進縣錢業同業公會
地址	武進
成立	已依法組織成立
成立日期	民國三十一年十一月十五日
組織	理事九人監事五人由理事互選理事長一人常務理事三人
任務	(一)維持及增進同業之公共利益(二)矯正營業上之弊害(三)聯合各會員銀行錢號研究業務及經濟事項(四)辦理票據交換所
理事長姓名	李杏卿
年齡	四十三歲
籍貫	武進
會務進行情況	(一)每月舉行全體會員常會一次臨事會一次至二次 (二)籌辦同業聯合公庫及聯合倉庫等事項
附註	

同业公会调查表

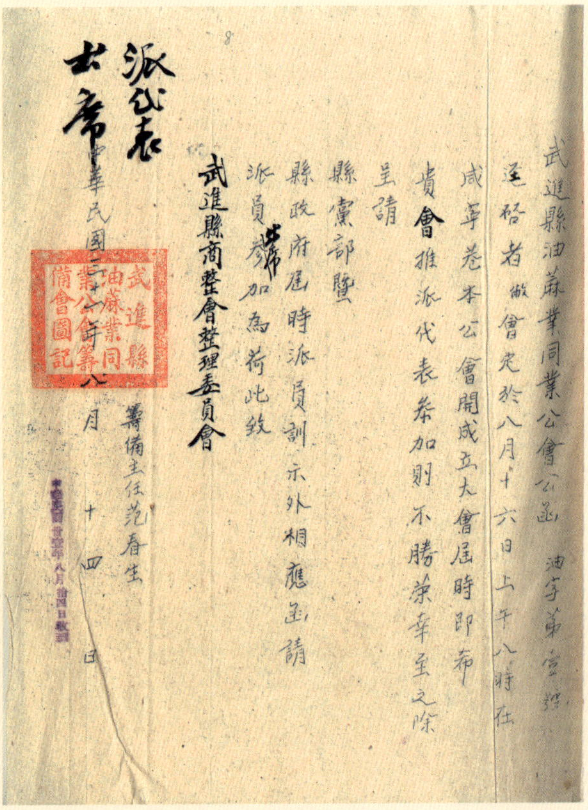

武進縣油麻業同業公會公函 油字第 號

逕啓者 敝會定於八月十六日上午八時在咸字巷本公會開成立大會屆時即希

貴會推派代表參加則不勝榮幸之至除

呈請

縣黨部暨

縣政府屆時派員訓示外相應函請

派員參加為荷此致

武進縣商整會整理委員會

籌備主任范春生

中華民國三十一年八月十四日

出席 派代表

1942年8月14日，武进县油麻业同业公会致武进县商整会整理委员会公函。

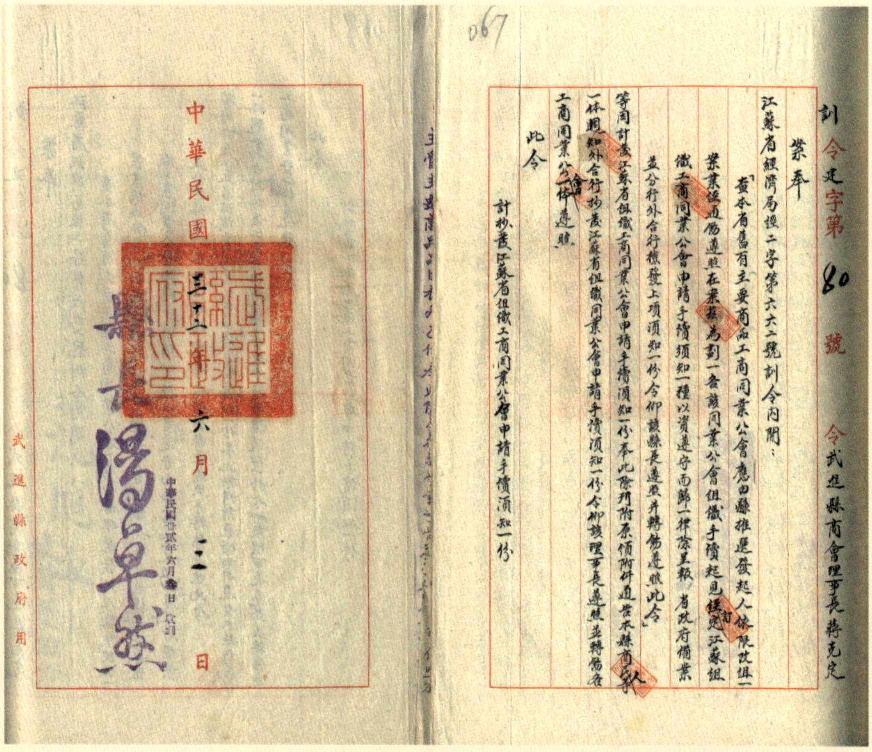

訓令建字第80號

令武進縣商會理事長蔣克定

案奉

江蘇省經濟局經二字第六六二號訓令內開：

「查本省舊有主要商品工商同業公會應由縣推選發起人依限改組一案業經通飭遵照在案，茲為劃一各該同業公會組織手續起見，訂定江蘇組織工商同業公會申請手續須知一種以資遵守而歸一律，除呈報省政府備案並分行外合行檢發上項須知一份，令仰該縣長遵照並轉飭遵照。此令」

等因，計發江蘇省組織工商同業公會申請手續須知一份，奉此，除刊附原領附件通告本縣商人一体周知外合行抄發江蘇省組織同業公會申請手續須知一份，令仰該理事長遵照並轉飭各工商同業公會一体遵照。

此令

計抄發江蘇省組織工商同業公會申請手續須知一份

中華民國三十二年六月三日

縣長 湯卓然

武進縣政府用

1943年6月3日，武进县县长汤卓然给武进县商会理事长蒋克定的训令。

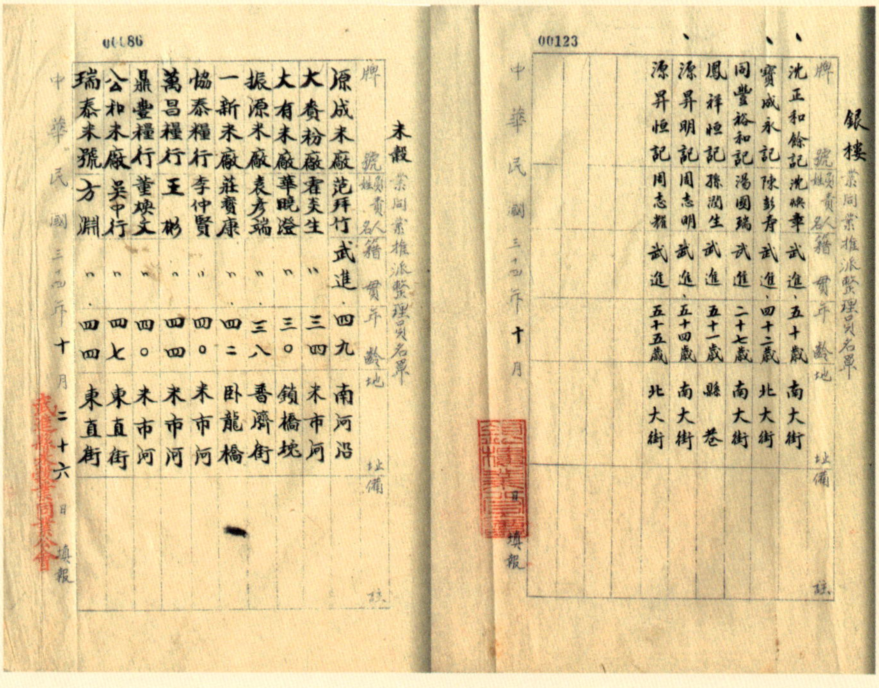

銀樓業同業推派整理員名單

牌號	負責人姓名	籍貫	年齡	地址	備註
沈正和餘記	沈燠華	武進	五十歲	南大街	
寶成永記	陳彭壽	武進	四十二歲	北大街	
同豐裕和記	湯國瑞	武進	二十七歲	南大街	
鳳祥恒記	孫潤生	武進	五十一歲	縣巷	
源昇明記	周志明	武進	五十四歲	南大街	
源昇恒記	周志耀	武進	五十五歲	北大街	

中華民國三十四年十月 日填報

米穀業同業推派整理員名單

牌號	負責人姓名	籍貫	年齡	地址	備註
源成米廠	范拜竹	武進	四九	南河沿	
大會粉廠	霍美生	〃	三四	米市河	
大有米廠	華曉澄	〃	三〇	鎮橋堍	
振源米廠	袁彥端	〃	三八	香濟街	
一新米廠	莊賓康	〃	四二	臥龍橋	
協泰糧行	李仲賢	〃	四〇	米市河	
萬昌糧行	王彬	〃	四四	米市河	
鼎豐糧行	董煥文	〃	四〇	米市河	
公和米廠	吳中行	〃	四七	東直街	
瑞泰米號	方淵	〃	四四	東直街	

中華民國三十四年十月二十六日填報

武進縣米穀業同業公會

推派整理员名单

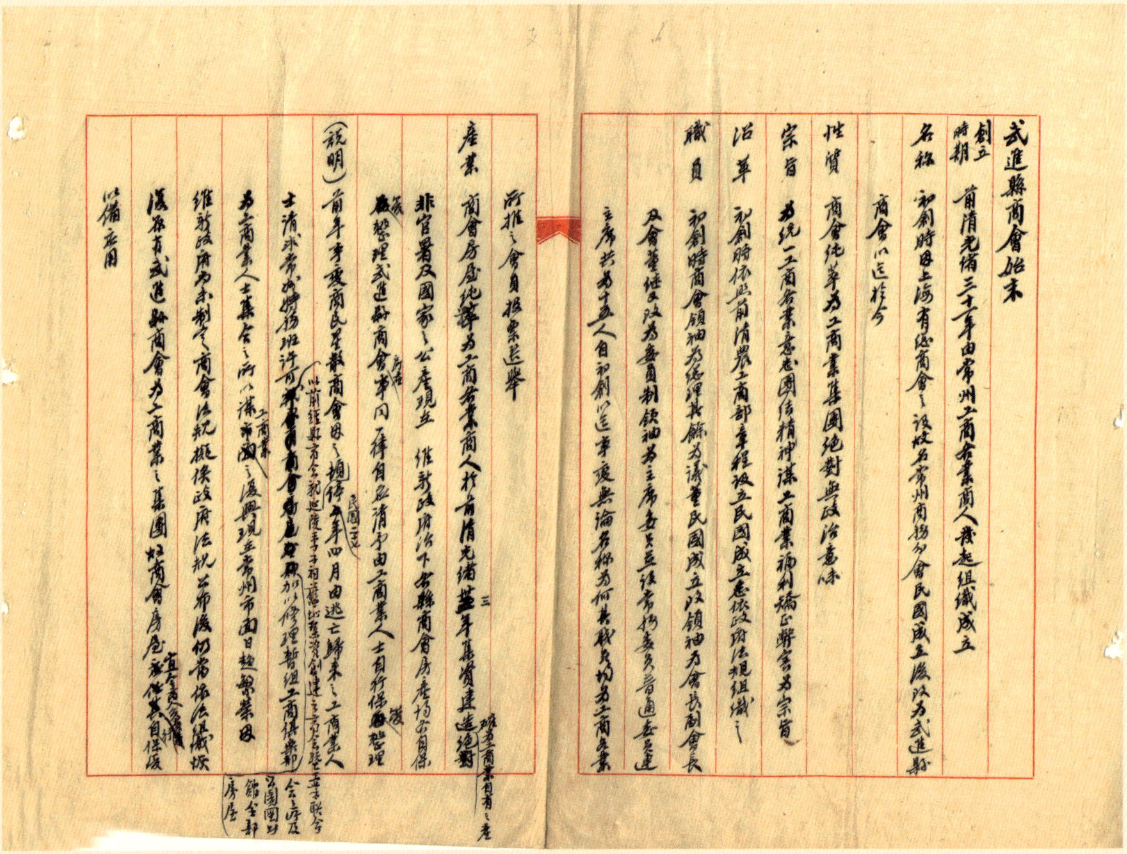
武進縣商會始末

武进县商会始末

全文（节选）：

武进县商会始末

创立时期：前清光绪三十一年由常州工商各业商人发起组织成立。

名称：初创时因上海有总商会之设，故名“常州商务分会”；民国成立后，改为“武进县商会”，以迄于今。

性质：商会纯萃[粹]为工商业集团，绝对无政治意味。

宗旨：为[以]统一工商各业意志、团结精神、谋工商业福利、矫正弊害为宗旨。

沿革：初创时，依照前清农工商部章程设立；民国成立，悉依政府法规组织之。

职员：初创时，商会领袖为总理，其余为议董；民国成立，改领袖为会长、副会长及会董；继又改为委员制，领袖为主席，委员益设常务委员、普通委员，连主席共为十五人。自初创以迄事变，无论名称为何，其职员均为工商各业所推之会员投票选举。

产业：商会房屋纯粹为工商各业商人于前清光绪三十三年集资建造，确为工商业自有之产，绝对非官署及国家之公产。现在，维新政府治下各县商会房产均各自保管整理，武进县商会房产事同一律，自应请予由工商业人士自行保管整理。

（说明）前年事变，商民星散，商会因之停顿。民国二十七年四月，由逃亡归来之工商业人士请求常州特务班许可，以前经县商会就延陵季子祠旧址集资创建之商会暨工业联合会之所及公园图书馆全部房屋加以修理，暂组工商俱乐部为工商业人士集合之所，以谋工商业之复兴。现在常州市面日趋繁荣，因维新政府为[还]未制定商会法规，拟俟政府法规公布后，仍当依法组织恢复原有武进县商会为工商业之集团，故商会房屋宜令商人负责自行保管，以备应用。

…………

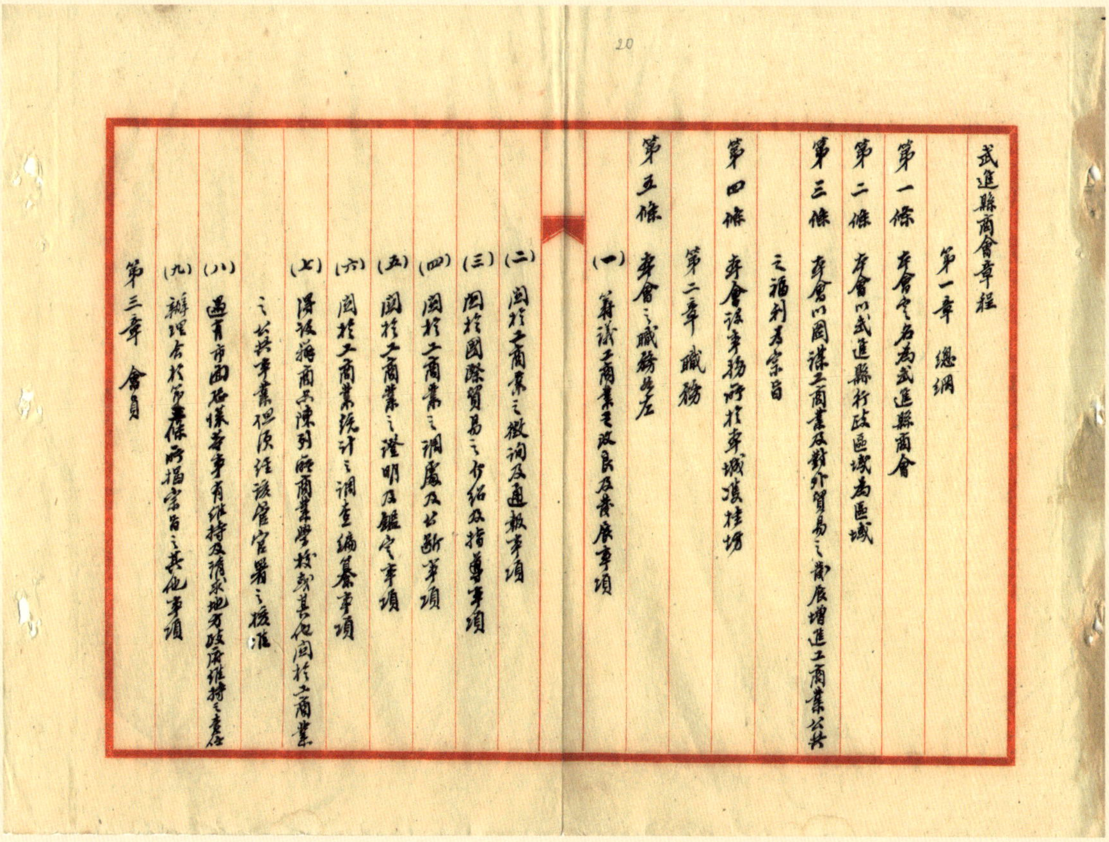
20

武進縣商會章程

第一章 總綱

第一條 本會定名為武進縣商會

第二條 本會以武進縣行政區域為區域

第三條 本會以圖謀工商業及對外貿易之發展增進工商業公共之福利為宗旨

第四條 本會設事務所於本城濮桂坊

第二章 職務

第五條 本會之職務如左

(一) 籌議工商業之改良及發展事項

(二) 關於工商業之徵詢及通報事項

(三) 關於國際貿易之介紹及指導事項

(四) 關於工商業之調處及公斷事項

(五) 關於工商業之證明及鑑定事項

(六) 關於工商業統計之調查編纂事項

(七) 得設辦商品陳列所商業學校或其他關於工商業之公共事業但須經該管官署之核准

(八) 遇有市面恐慌等事有維持及請求地方政府維持之責任

(九) 辦理合於第一條所揭宗旨之其他事項

第三章 會員

武进县商会章程

全文：

武进县商会章程

第一章 总纲

第一条，本会定名为武进县商会。

第二条，本会以武进县行政区域为区域。

第三条，本会以图谋工商业及对外贸易之发展、增进工商业公共之福利为宗旨。

第四条，本会设事务所于本城双桂坊。

第二章 职务

第五条，本会之职务如左：

（一）筹议工商业之改良及发展事项。

（二）关于工商业之征询及通报事项。

（三）关于国际贸易之介绍及指导事项。

（四）关于工商业之调处及公断事项。

（五）关于工商业之证明及鉴定事项。

（六）关于工商业统计之调查编纂事项。

（七）得设捐〔赠〕商品陈列所、商业学校或其他关于工商业之公共事业，但须经该管官署之核准。

（八）遇有市面恐慌等事，有维持及请求地方政府维持之责任。

（九）办理合于第三条所揭宗旨之其他事项。

第三章 会员

第六条，本会会员分左列二种：

（一）公会会员：凡在本区域内之各业同业公会，均应入会为公会会员。

（二）商店会员：凡在本区域内经营之公司、工厂、行号，无同业公会之组织者，均应入会为商店会员。

第七条，会员入会时，须填具《志愿书》及应需手续，并负担会费，由本会审查后，给予入会凭证。

第八条，公会会员及商店会员均得推派代表出席，于本会称为会员代表。

前项会员代表以中华民国人民、年在二十五岁以上者为限。

第九条，会员代表之举派及名额规定如左：

（一）公会会员代表，按照《商会法》第十一条之规定，每公会举派一人；但其最近一年间之平均使用人数超过十五人者，就其超过之人数，每满十五人，应增加代表一人。惟其代表人数至多不得逾二十一人。

（二）商店会员代表，按照《商会法》第十二条之规定，每一商店举派代表一人；但其最近一年间之平均使用人数超过十五人者，就其超过之人数，每满十五人，得增加代表一人。惟其代表人数至多不得逾三人。

第十条，有左列各款情事之一者，不得充当会员代表：

（一）褫夺公权者。

（二）有反革命行为者。

（三）受破产之宣告尚未复权者。

（四）无行为能力者。

第十一条，会员推派代表时，应给以《委托书》，并通知本会。改派时亦同。

第十二条，会员代表有表决权、选举权及被选举权。

第十三条，会员欠缴会费至一年以上，或违背会中定章、决议，或有其他不正当行为，致妨害本会名誉信用者，得以会员大会之决议，将其除名或酌量处理，仍追缴欠费。会员代表违背会中定章、决议，或有其他重大不正当行为，致妨害本会名誉信用者，得以会员大会之决议，将其除名，并通知原推派之会员改派之。受除名处分之会员代表，自除名之日起，二年内不得充任会员代表。

第十四条，会员必须出会时，应具《出会请求书》，声明正当理由，经执行委员会议决许可。

会员出会时，已缴会费概不退还。

第十五条，会员违背会中定章、决议，情节较轻者，得由执行委员会酌量议处。

第四章 组织及职员之选任

第十六条，本会置执行委员十五人，监察委员七人。由执行委员互选常务委员五人，并就常务委员中选任一人为主席，均为名誉职；但因办理会务，得核实支给公费。

第十七条，执行委员及监察委员由会员大会就会员代表中用无记名连举法选任之，以得标［票］最多数为当选；票数相同时，以抽签定之。

前项第一次之选举，以得票次多数七人为候补执行委员，三人为候补监察委员。遇有缺额，依次递补，以补足前任之期为限。未递补前，不得列席会议。

第十八条，常务委员由执行委员用无记名连举法之方〔法〕互选之。

第十九条，主席由执行委员就当选之常务委员中用无记名单记法选任之，以得票满投票人之半数者为当选。若一次不能选出，就得票最多数之二人决选之。

第二十条，执行委员及监察委员任期均为四年，每二年改选半数，不得连任。

前项第一次之改选，以抽签定之。但委员人数为奇数时，留任之人数得较改选者多一人。

第二十一条，执行委员依本章程之规定及会员大会之议决行使职权。

第二十二条，常务委员依本章程之规定及执行委员会之议决行使职权。

第二十三条，主席对外为本会代表。

第二十四条，本会因办事之需要，得设办事员，分科办事，由常务委员会延聘、雇用、任免之。

第二十五条，委员有左列各款情事之一者，应即解任：

（一）因不得已事故，经会员大会议决，准其退职者。

（二）旷废职务，经会员大会议决，令其退职者。

（三）于职务上违背法令、营私舞弊或有其他重大不正当行为，经会员大会议决，令其退职，或由工商部或地方最高行政官署令其退职者。

（四）发生本章程第十条各款情事之一者。

第五章 会议

第二十六条，本会会议分左列三种：

（一）会员大会，每年开会一次，由执行委员会召集之。如执行委员会认为必要，或经会员代表十分之一以上之请求，或监察委员会函请，得召集临时会议。其日期由常务委员会定之。

（二）执行委员会，每月开会二次。必要时，得开临时会议。

（三）监察委员会，每月开会一次。

第二十七条，会员大会开会时，由常务委员组织主席团，轮流主席[持]；会员大会之召集日期及议事方法，依照《商会法》第二十六条至二十八条之规定。

第二十八条，执行委员开会时，须有委员过半数之出席，出席委员过半数之同意，方能决议。可否同数，取决于主席。

第二十九条，监察委员开会时，须有委员过半数之出席，临时推举一人为主席，以出席委员过半数之同意决议□事项。

第六章 经费

第三十条，本会经费分左列二种：

（一）事务费，由会员以其所派之人数及资本额之比例分别负担，其负担数目按照预算另定之。

（二）事业费，由会员大会议决筹集之。

第三十一条，监察委员会有监察本会职员及审查本会预算、决算之权。

第三十二条，本会会计年度按照现行规定为准。

第三十三条，常务委员应依会计年度分别编制预算、决算，提交执行委员会通过，移送监察委员会审核完竣，仍由执行委员会提付会员大会议决后施行。

第三十四条，会计年度届满，新预算尚未成立时，执行委员会得照上年度预算施行。

第七章 附则

第三十五条，本会各委员就任后十五日内，须呈报主管官署转呈建设厅转报省政府工商部备案。

第三十六条，本会之预算、决算及主要会务之办理情形，应于每会计年度终了后，呈报所在地之主管官署备案。

第三十七条，本章程未经规定之事项，概依《商会法》及其《施行细则》之规定办理。

第三十八条，本章程自呈章省政府核准、工商部备案之日施行。

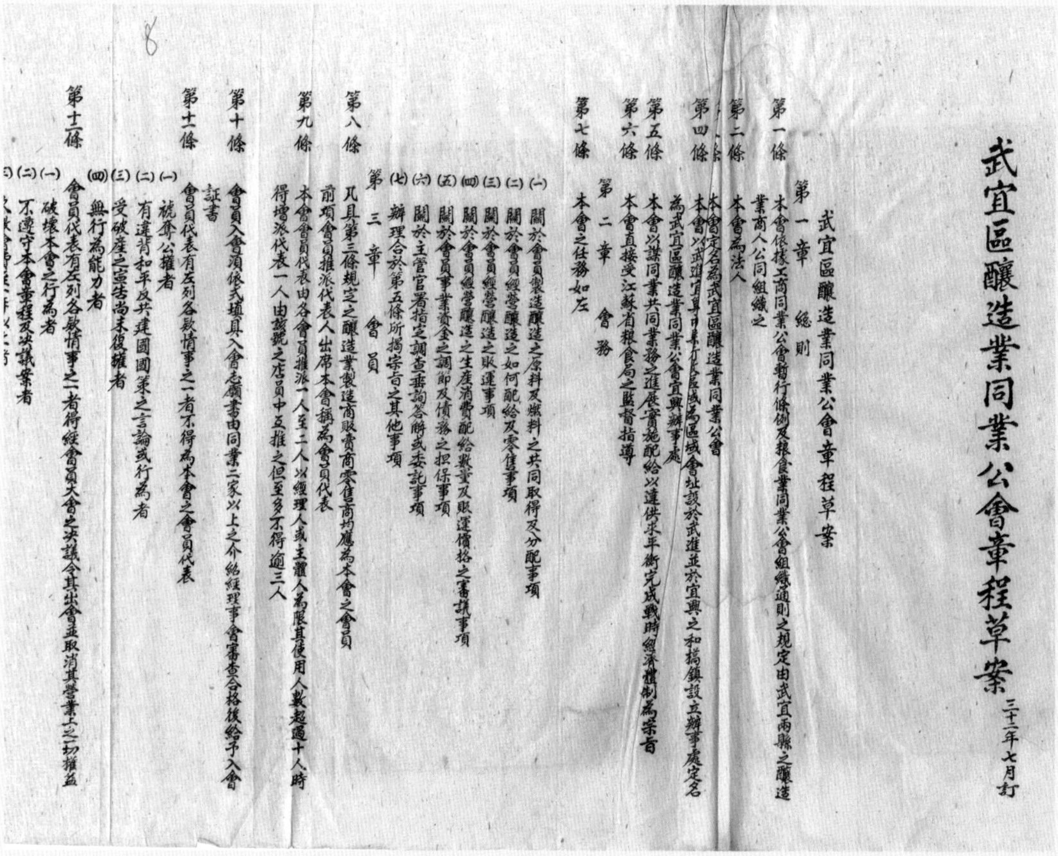
武宜區釀造業同業公會章程草案 三十二年七月訂

武宜區釀造業同業公會章程草案

第一章 總則

第一條 本會依據工商同業公會暫行條例及糧食業同業公會組織通則之規定由武宜兩縣之釀造業商人公同組織之

第二條 本會為法人

第三條 本會定名為武宜區釀造業同業公會

第四條 本會以武進宜興兩縣為區域會址設於武進並於宜興之和橋鎮設立辦事處定名為武宜區釀造業同業公會宜興辦事處

第五條 本會以謀同業共同業務之進展實施配給以達供求平衡完成戰時經濟體制為宗旨

第六條 本會直接受江蘇省糧食局之監督指導

第二章 會務

第七條 本會之任務如左

(一) 關於會員製造之原料及燃料之共同取得及分配事項

(二) 關於會員製品之如何配給及零售事項

(三) 關於會員經營釀造之改進事項

(四) 關於會員經營釀造之生產消費配給數量及販運價格之審議事項

(五) 關於會員事業資金之調節及債務之担保事項

(六) 關於主管官署指定調查并諮詢答辦或委託事項

(七) 辦理合於第五條所揭宗旨之其他事項

第三章 會員

第八條 凡具第三條規定之釀造業製造商販賣商零售商均應為本會之會員

前項會員推派代表人出席本會稱為會員代表

第九條 本會會員代表由各會員推派一人至二人以經理人或主體人為限其使用人數超過十人時得增派代表一人由該店之店員中互推之但至多不得逾三人

第十條 會員入會須依式填具入會志願書由同業二家以上之介紹經理事會審查合格後給予入會證書

第十一條 會員代表有左列各款情事之一者不得為本會之會員代表

(一) 褫奪公權者

(二) 有違背和平反共建國國策之言論或行為者

(三) 受破產之宣告尚未復權者

(四) 無行為能力者

第十二條 會員代表有左列各款情事之一者得經會員大會之決議令其出會並取消其營業上之一切權益

(一) 破壞本會之行為者

(二) 不遵守本會章程及決議案者

武宜区酿造业同业公会制定的公会章程草案

全文：

武宜区酿造业同业公会章程草案

（三十二年七月订）

武宜区酿造业同业公会章程草案

第一章 总则

第一条，本会依据《工商同业公会暂行条例》及《粮食业同业公会组织通则》之规定，由武宜两县之酿造业商人公[共]同组织之。

第二条，本会为法人。

第三条，本会定名为“武宜区酿造业同业公会”。

第四条，本会以武进、宜兴两县行政区域为区域，会址设于武进，并于宜兴之和桥镇设立办事处，定名为“武宜区酿造业同业公会宜兴办事处”。

第五条，本会以谋同业共同业务之进展，实施配给，以达供求平衡，完成战时经济体制为宗旨。

第六条，本会直接受江苏省粮食局之监督指导。

第二章 会务

第七条，本会之任务如左：

（一）关于会员制造、酿造之原料及燃料之共同取得及分配事项。

（二）关于会员经营酿造之如何配给及零售事项。

（三）关于会员经营酿造之贩运事项。

（四）关于会员经营酿造之生产、消费、配给数量及贩运价格之审议事项。

（五）关于会员事业资金之调节及债务之担保事项。

（六）关于主管官署指定调查、垂询、答解或委托事项。

（七）办理合于第五条所揭宗旨之其他事项。

第三章 会员

第八条，凡具第三条规定之酿造业制造商、贩卖商、零售商，均应为本会之会员。

前项会员推派代表人出席本会，称为会员代表。

第九条，本会会员代表由各会员推派一人至二人，以经理人或主体人为限，其使用人数超过十人时，得增派代表一人，由该号之店员中互推之，但至多不得逾三人。

第十条，会员入会须依式填具《入会志愿书》，由同业二家以上之介绍，经理事会审查合格后，给予《入会证书》。

第十一条，会员代表有左列各款情事之一者，不得为本会之会员代表：

（一）褫夺公权者。

（二）有违背和平反共建国国策之言论或行为者。

（三）受破产之宣告尚未复权者。

（四）无行为能力者。

第十二条，会员代表有左列各款情事之一者，得经会员大会之决议令其出会，并取消其营业上之一切权益：

（一）破坏本会之行为者。

（二）不遵守本会章程及决议案者。

（三）欠缴会费至一年以上者。

第十三条，会员之权利如左：

（一）会员代表有选举权及被选举权。

（二）会员代表有发言权、表决权。

（三）会员有酿造配给之权利，但以生产数量多寡定之。

第十四条，会员之义务如左：

（一）会员对于政府法令及本会章程内规定条款与决议案，有绝对遵守之义务。

（二）会员有缴纳会费之义务。

第四章 组织

第十五条，本会设理事十一人，监事五人，由会员大会于会员代表中选举之。

选举前项理、监事时，应另选候补理事二人、候补监事二人。

第十六条，本会设理事长一人，于必要时，得设常务理事，至多五人，均由理事中互选之。

第十七条，理事长综理会务，常务理事协助处理日常事务。

第十八条，本会设监事长一人，由监事中互选之。

第十九条，监事得依本章程之规定及会员大会之决议，行使监察及审查职权，并得列席理事会议，但无表决权。

第二十条，理、监事任期一年，连选得连任之。

第二十一条，本会因事务之需要，得分科办事，其细则另订之。

第五章 会议

第二十二条，本会会员大会每年至少开会二次，临时会议于理事会认为必要或经会员代表二十分之一以上之请求时，由理事会召集之。

第二十三条，理事会议每月举行一次，由理事长召集之。必要时，得召集临时会议。

第二十四条，会员大会之决议，须有全体会员代表过半数之出席，以出席代表过半数之表决行之。可否同数时，取决于主席。

第二十五条，理事会议之决议，须有全体理事过半数之出席，以出席理事过半数之表决行之。可否同数时，取决于主席。

第六章 会费

第二十六条，会员应按其组别缴纳会费，其数额由理事会依照本会预算决定之。

第二十七条，会员出会时，其已缴之会费概不退还。

第七章 会计

第二十八条，本会经费以会员所纳会费充之，但遇有非常事故，预算不敷时，得经会员大会之决议临时募集之。

第二十九条，本会会计年度以每年一月一日起至十二月终为止。

第三十条，本会依会计年度分别编制预算及决算案，由理事会通过后，送交监事长及监事审查，附具意见书，提请会员大会通过之。

第八章 附则

第三十一条，本章程未尽事宜，得依照《工商同业公会暂行条例施行细则》办理之。

第三十二条，本章程经会员大会通过，呈请主管会署核定施行。修改时亦同。

武进、金坛地籍原图

保管单位：常州市房产产权监理处档案室、金坛市档案馆

内容及评价：

地籍原图是通过土地权属调查和地籍测量的数据资料综合绘制而成的、表示土地权属界线和面积以及利用状况等地籍要素的地籍管理专业性平面草图。原图上附有各部分的说明、注解和识别资料，是地籍调查的主要成果。在地籍原图的基础上，量算宗地面积及其他要素的面积，并通过蒙绘和复制，成为正式的地籍图。地籍图是土地权属的法律凭证。

常州市房产产权监理处综合档案室室藏的《武进县地籍原图》，是武进历史上反映全县地籍面貌的最早记录，测绘于1936年至1937年，共计一百余幅。这批地籍原图以1:500的比例尺，分幅记载有地块范围及编号、各段长度、权利人姓名和土地利用类型等内容，标注有清丈的时间、清丈人员姓名等信息。常州近现代历史上一百多位著名人物，如：中国共产党早期杰出领导人瞿秋白、张太雷、恽代英，救国七君子之一的李公朴、史良，清末洋务运动代表人物、官僚资本家盛宣怀，著名爱国实业家刘国钧等著名人物故居的地籍原图，均可以在这批地籍原图中查到。

金坛市档案馆馆藏的《金坛县地籍原图》，是金坛历史上反映全县地籍面貌的最早记录，测绘于1937年至1938年，共计1107张。这批地籍原图以40厘米×40厘米的矩形图和1：1000或1：2000的比例尺，分幅记载了每一地块的形状、编号以及土地的类型、状况、用途等内容，标注有清丈的时间、清丈人员姓名等信息。在抗战期间，这批地籍原图曾空运至重庆保管。抗战胜利后，才将其运回金坛。常州解放前夕，在中共地下党组织的努力下，成功粉碎了国民党政府将其运往台湾的图谋，使这批地籍原图得以完整保存下来。

武进、金坛两县的地籍原图，曾经作为建国初期土地改革的法律权属凭证，在解决土地权属争议、县域行政勘界的界线认定等方面发挥了参考作用；对于名人故居、居住地的考证及其房地产的保护，发挥了独特的佐证作用；与方志、家谱等记载以及口碑资料一起，起到了相互印证的作用，具有重大的收藏和凭证价值。

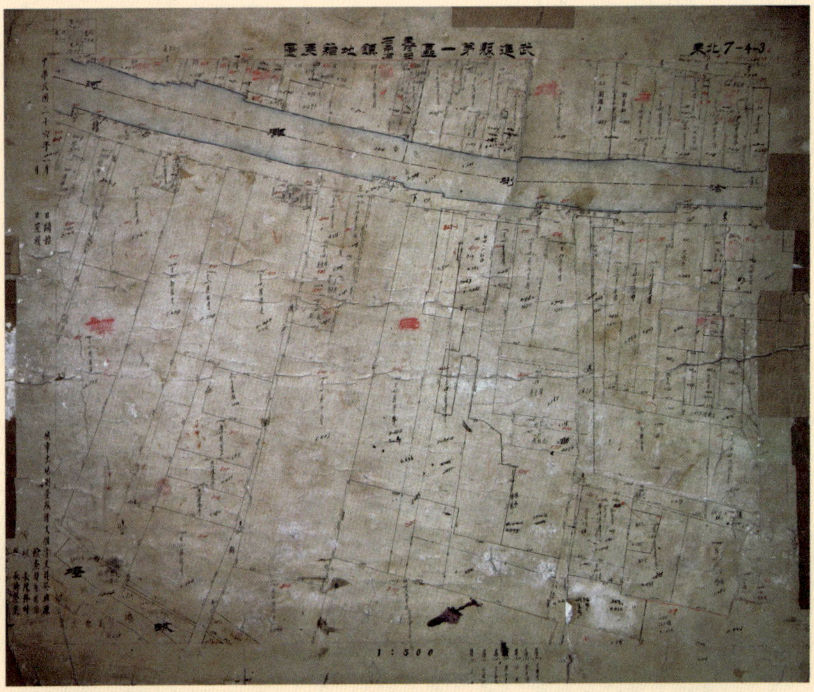

《武进县地籍原图》·武进县第一区东右、河南、西右镇地籍原图

《武进县地籍原图》· 武进县第二区河南城二镇地籍原图

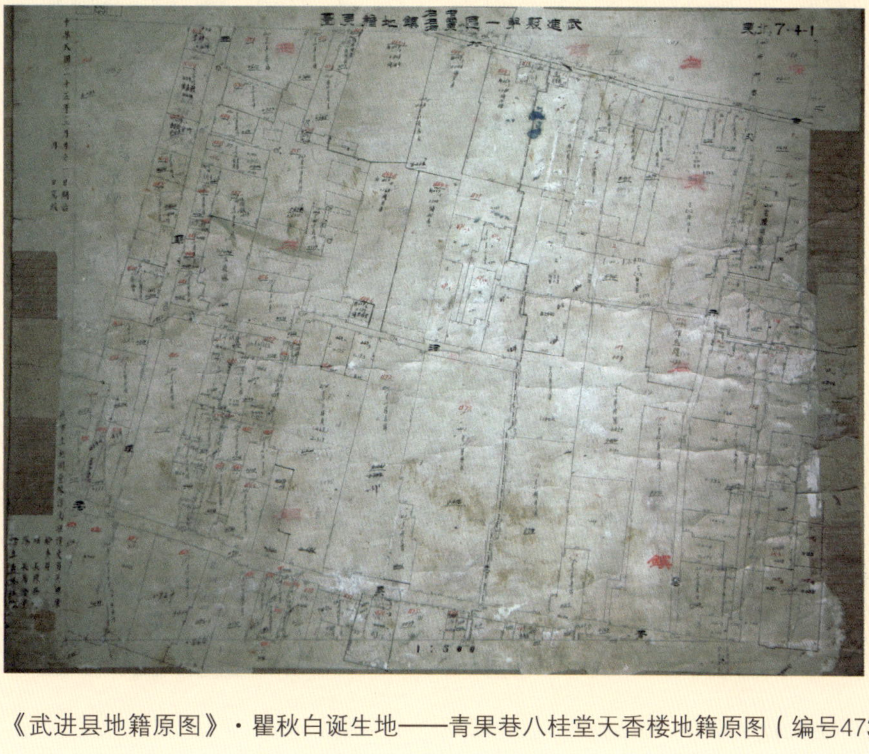

《武进县地籍原图》· 瞿秋白诞生地——青果巷八桂堂天香楼地籍原图（编号473）

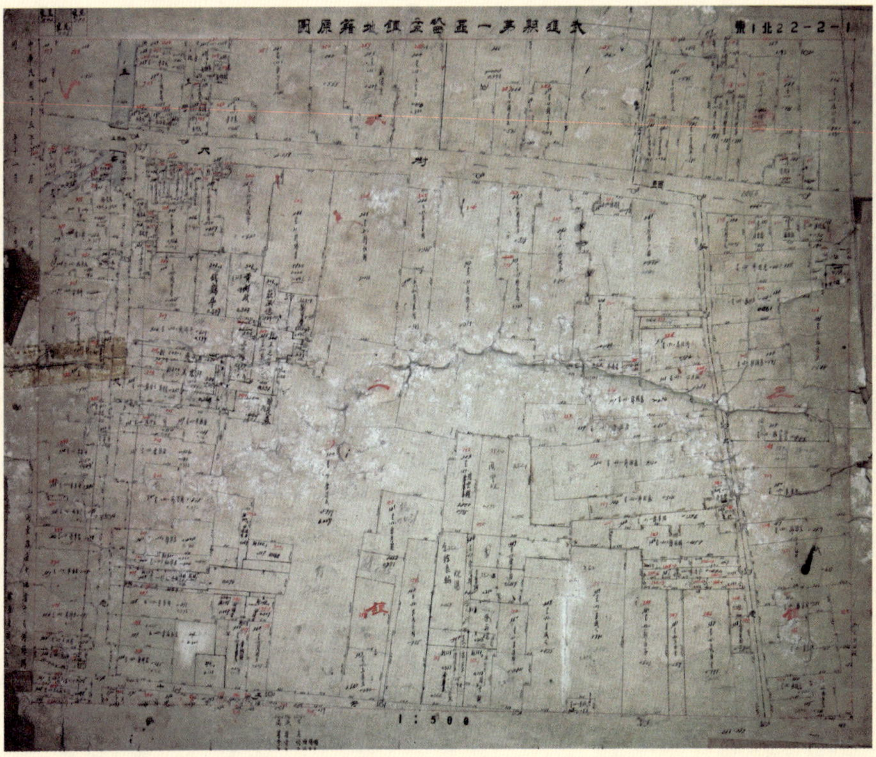

《武进县地籍原图》·恽代英居住地地籍原图（编号343）

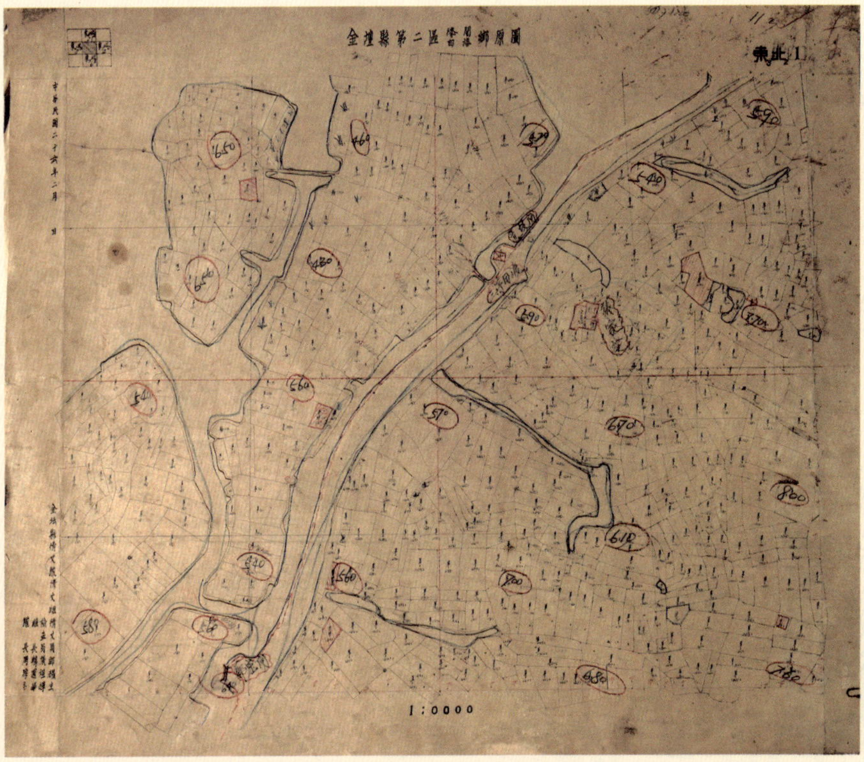

《金坛县地籍原图》·金坛县第二区添阅、白塔乡原图

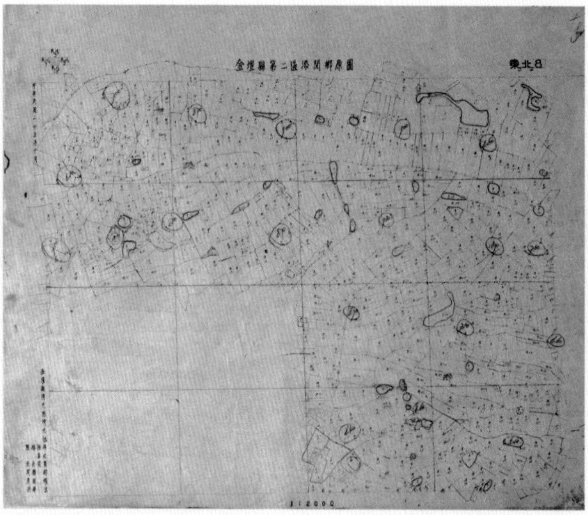

《金坛县地籍原图》·金坛县第二区添阅乡原图

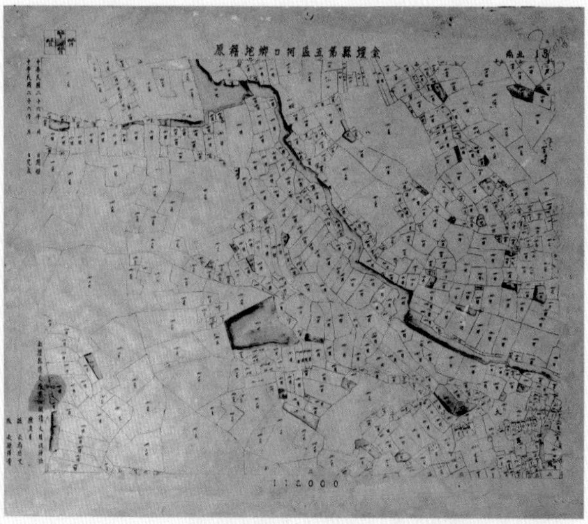

《金坛县地籍原图》·金坛县第五区河口乡地籍原图

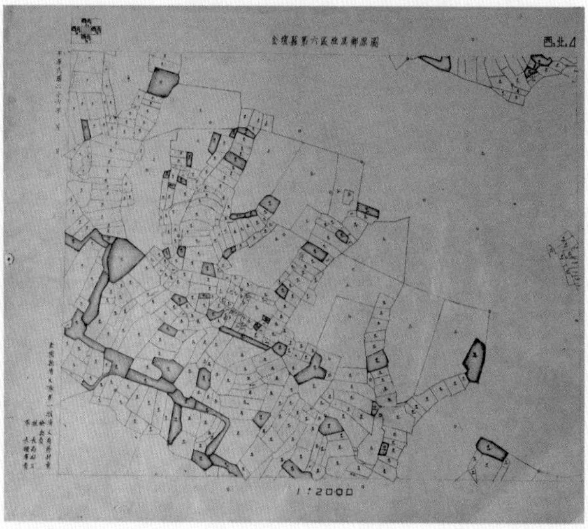

《金坛县地籍原图》·金坛县第六区推虞乡原图

常州地区临时流通币

保管单位：常州市职工钱币研究会

内容及评价：

抗日战争时期，国破家亡，民不聊生，通货膨胀，金融秩序混乱。在1938年至1941年间，常州地区的民间组织和商贾为自发救市，自行设计、制造并发行了本地区、本部门的临时流通货币（简称“常临币”）。“常临币”是为挽救地方经济的一种应急手段，日军占领常州这一特殊时期的阶段性产物，充分说明这一时期民国政府的腐败无能和经济管理的混乱。

“常临币”品种繁多，形式多样，大多为手工制作，也有少部分由机械加工和纯机械制造，具有浓郁的乡土气息和地方风俗特色，充分体现了常州地区手工制造业的发达。虽然“常临币”的发行单位、制作单位、发行种类、发行量和流通范围等信息已无从考证，但从一个侧面为今天研究当时常州地区的经济活动状况提供了有力的佐证，具有重要的参考和鉴赏价值。

卜弋桥临时流通-群丰-壹角

陈渡桥-伍分

东青商业流通-五分

郑陆桥-临时流通-伍分

洛阳镇-和-壹角

圩塘-荣-壹角

临时流通-壹角

福善-王-壹元

荣记–本社流通–大洋壹角

贯庄–和尚–壹角

横丹–恒–壹角

泥河桥–伍角

潞城镇–御用–大洋伍角

横林合兴监制1

溧阳县人民财产直接损失报告表

保管单位：溧阳市档案馆

内容及评价：

1937年12月1日，日军第一次入侵溧阳，于1938年1月4日退出。1938年3月19日，日军第二次入侵溧阳，于9月20日退出。1940年2月23日，日军第三次入侵溧阳，于2月27日退出。1943年10月18日，日军第四次入侵溧阳。1945年8月15日，日本无条件投降退出溧阳，新四军奉命收复。日军侵华期间，溧阳全县曾被日军飞机轰炸34次。经此四度沦陷和轰炸，溧阳县城乡的无数房屋付之一炬，瓦砾遍地，焦木纵横，断壁残垣处处可见，人民的生命财产遭受重大损失。

抗战胜利后的1945年至1946年，溧阳县各乡政府统计了抗日战争时期人民财产的直接损失情况，形成了《溧阳县人民财产直接损失报告表》，共12卷。这些报告表详细记载了溧阳县第一区南屏乡、清溪乡、函溪乡、莼和乡等九十多个村、二千五百多户村民因日军的烧杀抢掠、狂轰乱炸所造成的直接财产损失和人口伤亡情况。其主要内容包括受损户的姓名、财产损失所在地、损失种类（房屋、生产器具、古物书画、货物、衣着物、现金等）、总计价值、损失原因、损失时间、人口伤亡等。《溧阳县人民财产直接损失报告表》既是日本侵略中国这一铁定事实的有力证据，也从一个侧面反映出日本侵略者在溧阳烧杀抢掠、狂轰乱炸的残暴，是开展全民爱国主义教育活动的生动教材，具有极高的佐证和教育价值。

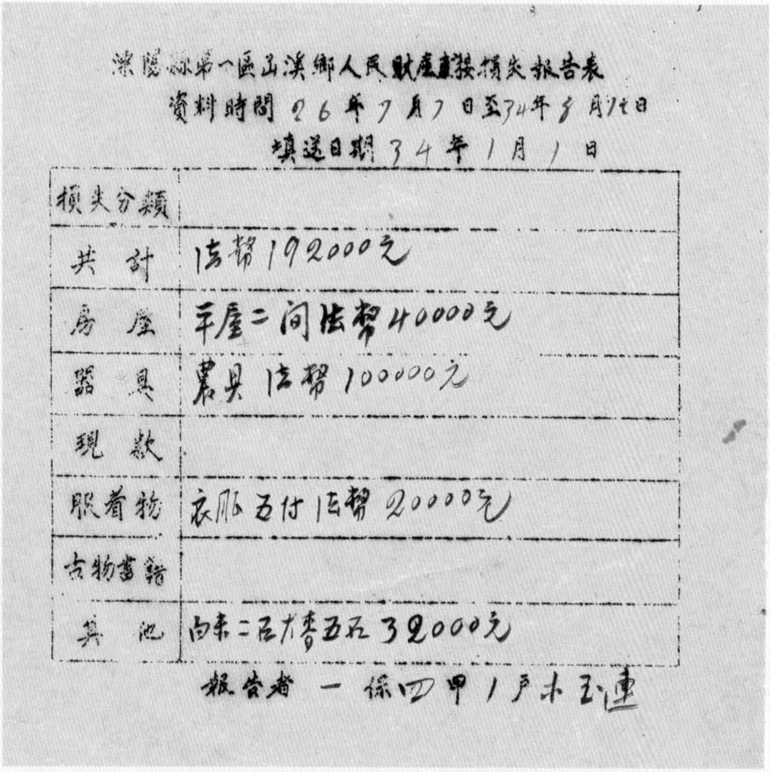

溧陽縣第一區函溪鄉人民財產直接損失報告表

資料時間 26年7月7日至34年8月15日

填送日期 34年1月1日

損失分類	
共計	法幣192000元
房屋	平屋二间法幣40000元
器具	農具 法幣100000元
現款	
服着物	衣服五付 法幣20000元
古物書籍	
其他	白米二石大麦五石 32000元

報告者 一保四甲1户木玉連

1945年1月1日，木玉连上报的财产直接损失报告表。

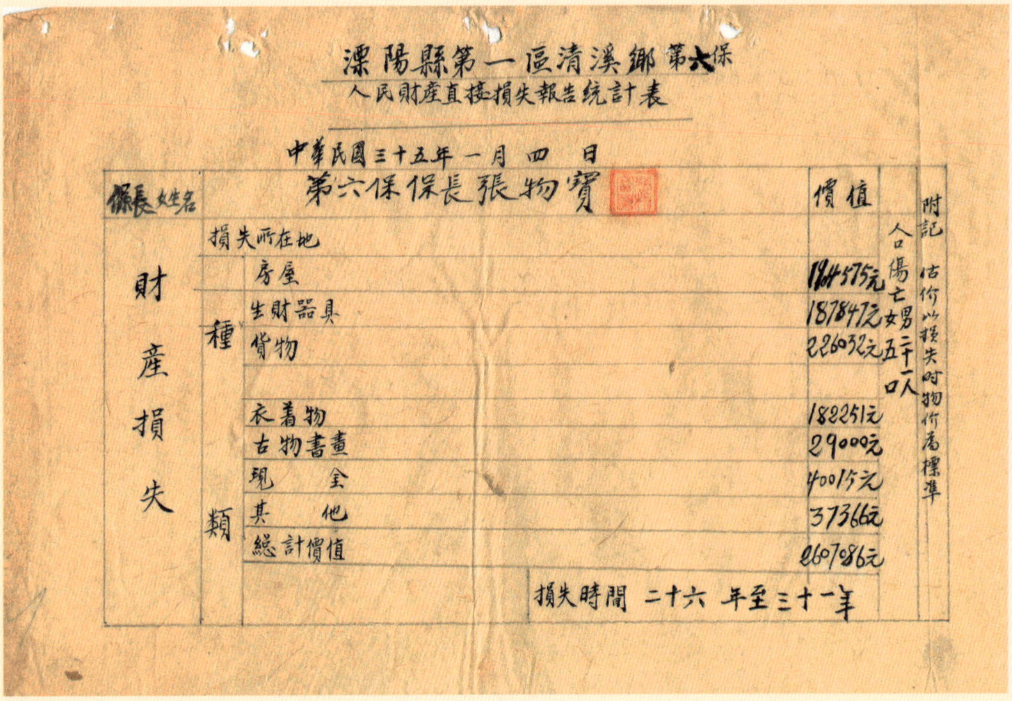
溧陽縣第一區清溪鄉第六保
人民財產直接損失報告統計表
中華民國三十五年一月四日

保長姓名	第六保保長張物寶		價值		附記
財產損失	損失所在地			合傷亡男二十一人女五口	估价以損失时物价為標準
	種類	房屋	1904575元		
		生財器具	187847元		
		貨物	226032元		
		衣着物	182251元		
		古物書畫	29000元		
		現金	40015元		
		其他	37366元		
		總計價值	2607086元		
		損失時間	二十六年至三十一年		

1946年1月4日，张物宝上报的财产直接损失报告表。

全文：

溧阳县第一区清溪乡第六保
人民财产直接损失报告统计表

中华民国三十五年一月四日

保长姓名	第六保保长张物宝		价值	人口伤亡	附记
财产损失	损失所在地			男二十一人，女五口	估价以损失时物价为标准
	种类	房　屋	1904575元		
		生财器具	187847元		
		货　物	226032元		
		衣着物	182251元		
		古物书画	29000元		
		现　金	40015元		
		其　他	37366元		
		总计价值	2607086元		
		损失时间	二十六年至三十一年		

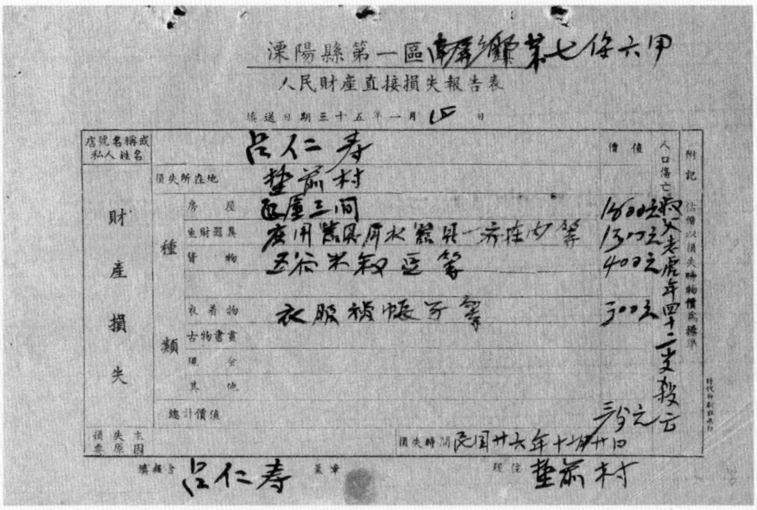
溧陽縣第一區南屏鄉第七保六甲
人民財產直接損失報告表
填送日期三十五年一月四日

1946年1月4日，吕仁寿上报的财产直接损失报告表。

全文：

溧阳县第一区南屏乡第七保六甲
人民财产直接损失报告表

填送时间三十五年一月四日

<table>
<tr><td colspan="3">店号名称或私人姓名</td><td>吕仁寿</td><td>价 值</td><td>人口伤亡</td><td>附记</td></tr>
<tr><td rowspan="10">财产损失</td><td>损失所在地</td><td colspan="2">垫前村</td><td></td><td rowspan="11">叔父志虎，年四十二岁，杀亡</td><td rowspan="11">估价以损失时物价为标准</td></tr>
<tr><td rowspan="9">种类</td><td>房 屋</td><td>瓦屋三间</td><td>1800元</td></tr>
<tr><td>生财器具</td><td>庄用器具、¤水器具一齐在内等</td><td>1300元</td></tr>
<tr><td>货 物</td><td>五谷、米、黍、豆等</td><td>400元</td></tr>
<tr><td></td><td></td><td></td></tr>
<tr><td>衣着物</td><td>衣服、被、帐子等</td><td>300元</td></tr>
<tr><td>古物书画</td><td></td><td></td></tr>
<tr><td>现 金</td><td></td><td></td></tr>
<tr><td>其 他</td><td></td><td></td></tr>
<tr><td>总计价值</td><td></td><td>¤¤元</td></tr>
<tr><td>损失主要原因</td><td colspan="2"></td><td colspan="2">损失时间民国二十六年十二月二十日</td></tr>
</table>

填报者　吕仁寿　　　盖章　　　　　　　　现住垫前村

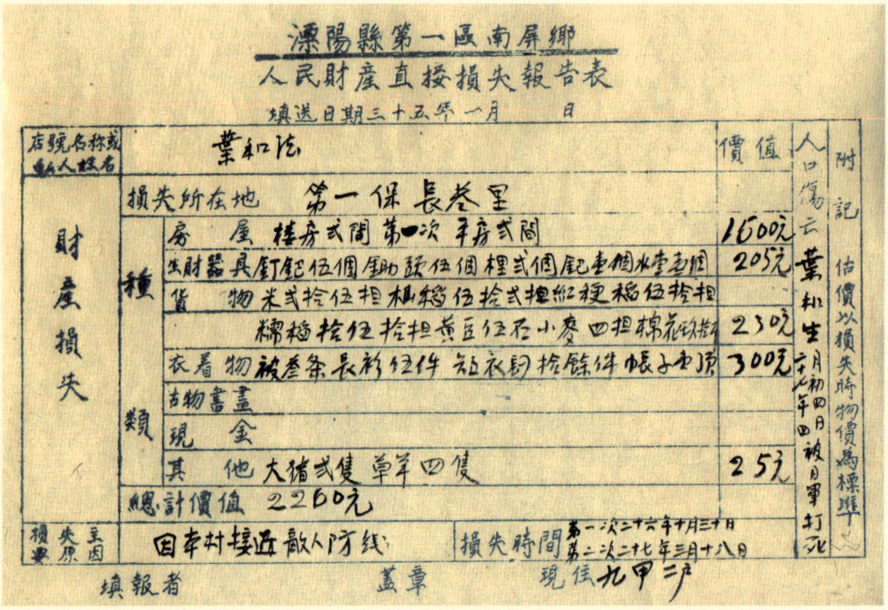

1946年1月，叶和法上报的财产直接损失报告表。

全文：

溧阳县第一区南屏乡
人民财产直接损失报告表

填送日期三十五年一月◇日

<table>
<tr><td colspan="3">店号名称或私人姓名</td><td>叶和法</td><td>价值</td><td>人口伤亡</td><td>附记</td></tr>
<tr><td rowspan="9">财产损失</td><td colspan="2">损失所在地</td><td>第一保长巷里</td><td></td><td rowspan="10">叶和生，二七年四月初四日被日军打死</td><td rowspan="10">估价以损失时物价为标准</td></tr>
<tr><td rowspan="8">种类</td><td>房 屋</td><td>楼房二间，第一次，平房二间</td><td>1500元</td></tr>
<tr><td>生财器具</td><td>钉钯五个，锄头五个，¤二个，钯一个，水车一个</td><td>205元</td></tr>
<tr><td>货 物</td><td>米二十五担，籼稻五十二担，红粳稻五十担，糯稻拾伍拾担，黄豆伍石，小麦四担，棉花玖拾斤</td><td>230元</td></tr>
<tr><td>衣着物</td><td>被三条，长衫五件，短衣四十余件，帐子一顶</td><td>300元</td></tr>
<tr><td>古物书画</td><td></td><td></td></tr>
<tr><td>现 金</td><td></td><td></td></tr>
<tr><td>其 他</td><td>大猪二只，草羊四只</td><td>25元</td></tr>
<tr><td>总计价值</td><td>2260元</td><td></td></tr>
<tr><td>损失主要原因</td><td colspan="2">因本村接近敌人防线</td><td>损失时间</td><td>第一次，二十六年十月三十日
第二次，二十七年三月十八日</td></tr>
</table>

填报者　　　　盖章　　　　现住九甲二户

陸軍新編第四軍第一支隊司令部政治部佈告

字第　號

查自從全面抗戰發動以來，農業各項生產所受損失甚大。因此影響人民生計，無法維持。茲為使本縣民衆加強抗戰[illegible]量，減輕生活憂慮起見，特擬定減輕租息辦法如下：

一、田租地租利稻概照原訂[illegible]減低二成半交納。

二、如收成特別荒歉者，得由[illegible]雙方會同鄉保長及農民抗敵協會，按照當地情形斟酌再減之。

三、災區內之災民（指公路附[illegible]區）租稻尤須特別減折，利息全免。

四、平常借款利息，須按照政府規定年利最高不得超過百分之二十。

五、地主不在家，租稻由地主[illegible]代收者，一律拒絕，所有該田本年租稻，按照折準成数由原佃户保管之，但須得該[illegible]鄉保長之担保。

六、凡本年所借米稻利息及[illegible]債麥債者，亦以按照年利二分為原則，由鄉保長會同農民抗敵協會按照當地[illegible]分別規定之。

七、借米借稻者，一律還稻，不[illegible]將稻扣錢，計錢還稻，致貧苦民家吃虧過大。放稻[illegible]成稻時稻價不得過低，由鄉[illegible]會同農民抗敵協會公平規定之。

八、十分貧苦無法還債者，得由債務人邀請鄉保長會同農民抗敵協會，向債權人商量延期歸還本利。

九、包利應照實際借款數目[illegible]計利息，不照票面，赤貧無力還付者，准先付息緩還本。

以上各項，仰全縣民衆共体時[illegible]民族利益為前提，切實遵行，不得陽奉陰違，借端阻擾。須知全民生計問題，得以解決，始能一致團結，加強抗戰實力，以收驅逐日寇，收復失地之效，抗戰前途，實利賴之。此佈！

中華民國二十七年十月　日

司　令　陳毅
副司令　傅秋濤
主　任　劉炎

新四军第一支队关于减轻租息办法的布告

保管单位：常州市档案馆

内容及评价：

陆军新编第四军（简称新四军）第一支队于1938年1月正式成立，司令员陈毅，副司令员傅秋涛，下辖第一团（由湘鄂赣边游击队编成）和第二团（由湘赣边、粤赣边及赣东北游击队编成），共两千三百余人。同年4月，于皖南歙县岩寺镇整训后，即向苏南开进。6月，进入苏南茅山（在镇江的句容县与常州的金坛市交界处）一带，在镇江、句容、金坛、丹阳等地区完成战略展开。随后，以茅山为中心，与当地的地下党组织一起，广泛发动群众，组织和扩大人民武装，建立抗日革命根据地，开展抗日游击战。

由于日军的烧杀抢掠和狂轰乱炸，抗日革命根据地的工农业生产遭受巨大的损失，严重影响了人民群众的生产和生活。为了加强抗战力量，减轻人民群众的生活负担，陆军新编第四军第一支队司令部、政治部于1938年10月颁布了关于减轻租息办法的布告。通过减轻租息，有效地减轻了人民群众的生活负担，从而进一步巩固了爱国民族统一战线，增强和壮大了抗战力量。这份布告是常州市档案馆保存的惟一一份关于新四军在常州地区开展抗日活动的档案文献，为新四军曾在常州地区开展过抗日活动提供了有力的佐证，对研究新四军在苏南地区开展抗日游击战情况以及新四军的爱国民族统一战线政策等问题，具有十分重要的参考价值。

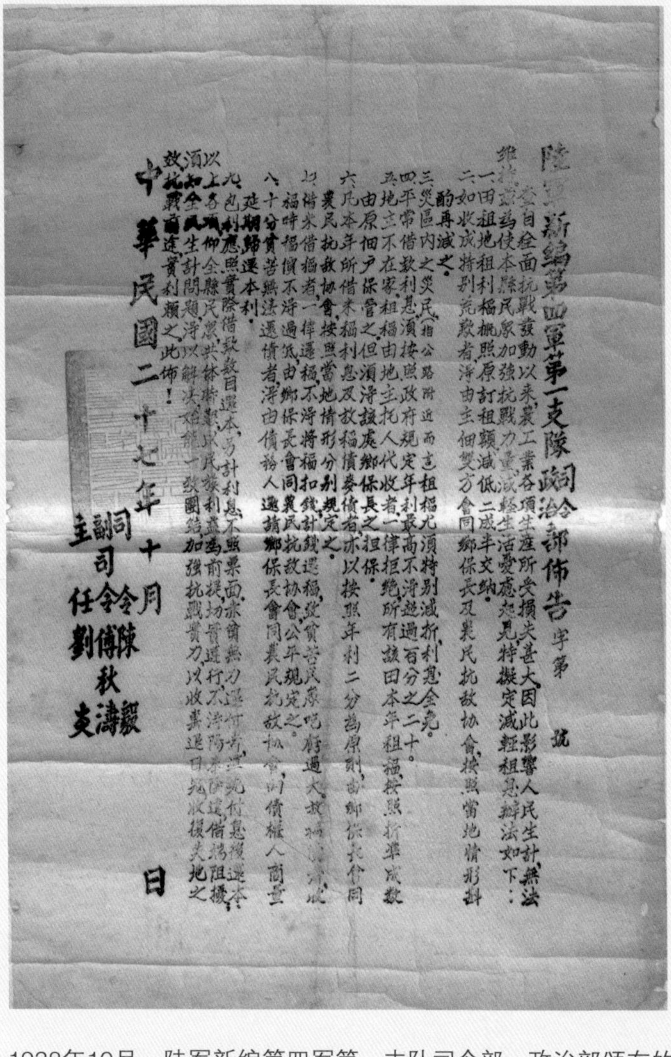

陸軍新編第四軍第一支隊司令政治部佈告 字第 號

維持[illegible]自全面抗戰發動以來，農工業各項生產所受損失甚大，因此影響人民生計，無法[illegible]為使本縣民衆加強抗戰力量，減輕生活憂慮起見，特擬定減輕租息辦法如下：

一、田租地租利稻概照原訂租額減低二成半交納。

二、如收成特別荒歉者，得由主佃雙方會同鄉保長及農民抗敵協會，按照當地情形斟酌再減之。

三、災區內之災民（指公路附近而言）租稻尤須特別減折，利息全免。

四、平常借款利息須按照政府規定，年利最高不得超過百分之二十。

五、地主不在家，租稻由地主托人代收者，一律拒絕，所有該田本年租稻按照折半成數由原佃戶保管之，但須得該處鄉保長之担保。

六、凡本年所借米稻利息及放稻債麥債者，亦以按照年利二分為原則，由鄉保長會同農民抗敵協會，按照當地情形分別規定之。

七、借米借稻者，一律還稻，不得將稻扣錢，計錢還稻，致貧苦民衆吃虧過大。故[illegible]稻時稻價不得過低，由鄉保長會同農民抗敵協會公平規定之。

八、十分貧苦無法還債者，得由債務人邀請鄉保長會同農民抗敵協會[illegible]債權人商量延期歸還本利。

九、包利應照實際借款數目還本，另計利息，不照票面；[illegible]無力還付者，[illegible]還本。

以上各項仰全縣民衆共体時艱，以民族利益為前提，切實遵行，不得陽奉陰違，借端阻撓。須知全民生計問題得以解決，始能一致團結，加強抗戰，貫力以收[illegible]收復失地之效。抗戰前途，實利賴之。此佈！

中華民國二十七年十月 日

司令 陳毅

副司令 傅秋濤

主任 劉炎

1938年10月，陆军新编第四军第一支队司令部、政治部颁布的关于减轻租息办法的布告。

全文：

陆军新编第四军第一支队司令部、政治部布告

字第◇号

查自全面抗战发动以来，农工业各项生产所受损失甚大。因此，影响人民生计无法维持。兹为使本县民众加强抗战力量、减轻生活忧虑起见，特拟定减轻租息办法如下：

一、田租、地租、利[租]稻，概照原订租额，减低二成半交纳。

二、如收成特别荒欠者，得由主、佃双方会同乡保长及农民抗敌协会，按照当地情形斟酌再减之。

三、灾区内之灾民（指公路附近而言），租稻尤须特别减折，利息全免。

四、平常借款利息，须按照政府规定，年利最高不得超过百分之二十。

五、地主不在家，租稻由地主托人代收者，一律拒绝，所有该田本年租稻，按照折准成数由原佃户保管之。但须得该处乡保长之担保。

六、凡本年所借米稻利息及放稻债麦债者，亦以按照年利二分为原则，由乡保长会同农民抗敌协会，按照当地情形分别规定之。

七、借米借稻者，一律还稻，不得将稻扣[折]钱；计钱还稻，致贫苦民众吃亏过大。放稻债者，收稻时稻价不得过低，由乡保长会同农民抗敌协会，公平规定之。

八、十分贫苦无法还债者，得由债务人邀请乡保长会同农民抗敌协会，向债权人商量延期归还本利。

九、包利应照实际借款数目还本，另计利息，不〔得〕照票面。赤贫无力还付者，准先付息后还本。

以上各项，仰全县民众，共体时艰，以民族利益为前提，切实遵行，不得阳奉阴违，借端阻扰；须知全民生计问题，得以解决，始能一致团结，加强抗战实力，以收击退日寇、收复失地之效。抗战前途，实利赖之。此布！

中华民国二十七年十月◇日

司　令　陈　毅

副司令　傅秋涛

主　任　刘　炎

华中工委调研室《武进调查》

保管单位：常州市档案馆

内容及评价：

《武进调查》是由中共华中工委调研室于1949年3月通过地下党组织深入武进城内（即今天的常州，下同）详细摸底、搜集各种资料汇总后，编印的一种十分详细的调查资料，其目的是为解放和接管常州做情报资料上的准备。

《武进调查》全册143页，分一般情况、政治、军事、经济、文教、社会、人物、敌伪产业等八个部分，每个章节都比较详细地记录了当时常州地区的概况。第一部分，介绍了常州的历史沿革、全年平均温度、面积人口、城门、城市街道、桥梁、名胜古迹等情况。第二部分，分类介绍了政权机关、国民党武进县政府及所属机构、教育局、警察局、隶属乡镇、地方法院及国民党中央驻常机构、党派组织等情况。第三部分，着重介绍了国民党驻常州地区的部队和地方军事力量情况。第四部分，分类记录了常州地区金融、交通运输业、邮电局、武进电器公司和一些纺织印染企业、机械制造业企业等情况。第五部分，着重记录了常州地区各学校的概况、中小学校一览表、图书馆、报社、书店等情况。第六部分，分类记录了常州地区社团组织、职业工会、医院、医师人员、公共场所（包括旅社、饭店、菜馆、戏院、游乐场、浴室等）等情况。第七部分为人物调查，分别介绍了军、政、特、自由职业者（律师、会计）、书画家等情况。第八部分为附录，主要介绍了国民党武进县党部的资产情况。

《武进调查》的封面标注有“机密”二字，说明是一种仅限于内部使用的调查报告。该调查对人民解放军首脑机关及领导组织实施解放和接管常州，起到了十分重要的指导作用；对研究当时常州地区的概貌以及了解常州解放后的发展变化情况，具有较高的参考价值和史料价值。

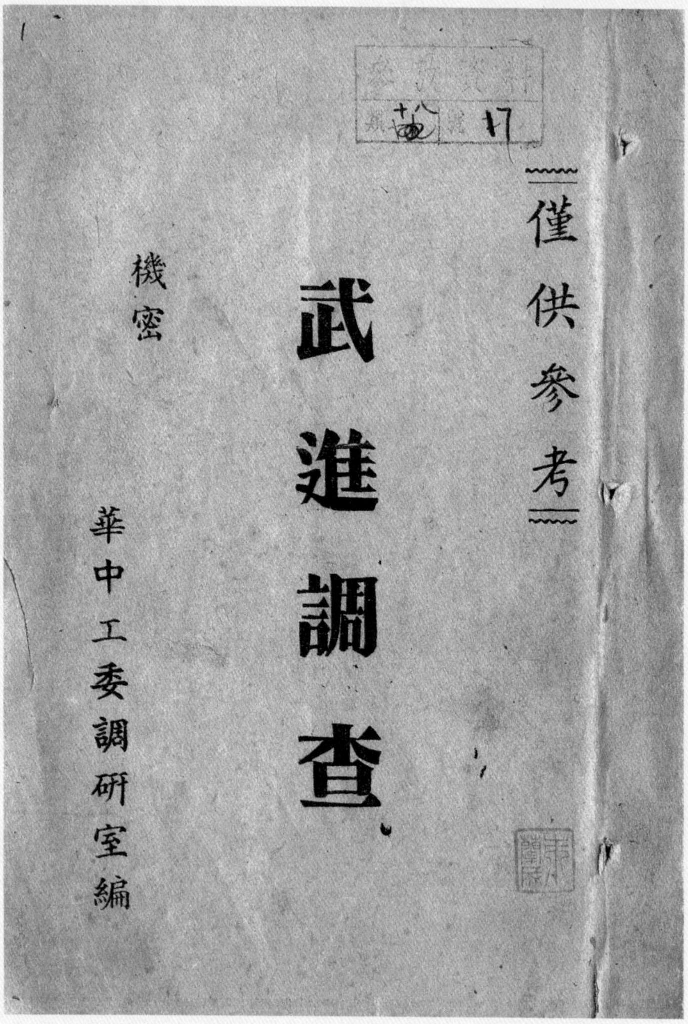

1949年3月，华中工委调研室编印的《武进调查》。

（二）政治調查

「材材摘自僞省政府公報」

（一）政權機構

大廟街

（一）武進縣政府

電話　一〇五五〇

縣長　吳子霖「三八年元旦到任」

縣長公館　天皇堂弄二七號　電話五七三

行政人員幹訓班教育長　徐憲瑋　青果巷　電話三二二〇

祕書室：

主任祕書　、戴培之「三七年六月」

祕書　周劍文「三七年六月」

助理祕書　居易　住華嚴鄉華嚴巷小學內

民政科：　劉軻（三七年四月）

科長　朱立人

戶政股主任　潘賢導「三六年三月」

科員　婁聿飛　金英華　郭定遠　徐洞玄　龔定

凌嘯青　湯一峯　丁省三　陳鼎亭

二二

（三）軍事調查

一、正規部隊駐地

京滬警備總部　地址城內大東營房

總司令　湯恩伯

總務處長　蔣天

一處長　彭賚良

二處長　毛森

六八師司令部（卅七年十一月）

地址　北大街東善慶里西小河沿六號

砲兵五一團二營（三十七年十二月）

團長　李鑾恭

駐地　小河鎮

五二軍五團團本部（卅七年十一月）

副司令　劉子道　此部隊由東北撤退

新六軍六二師（三十七年十一月）

軍郵二四二局（武青路工務電機廠）

副師長　程雁飛

人數　八〇〇〇人左右

此部隊在東北遼西戰役後逃至武進

青年軍二〇二師一旅司令部

地址　大樹頭

電話　一〇二五

青年軍二〇二師一旅政治部

地址　致生寺

電話　七七三

一、第一區綏靖司令部（卅八年九月十一日）

司令　周嵒

副司令　羅錫九・兼第一指揮所主任

副司令　王作華・兼第二指揮所主任

無錫、武進、吳縣三處，城防指揮部，歸第一綏靖區司令部指揮，隸屬於京滬警備總司令部。

第一綏靖司令部蘇南情報站

地址　青果巷

電話　一一一

第一戰區長官部駐京滬辦事處常州連絡所

六七

《武进调查》正文部分内容

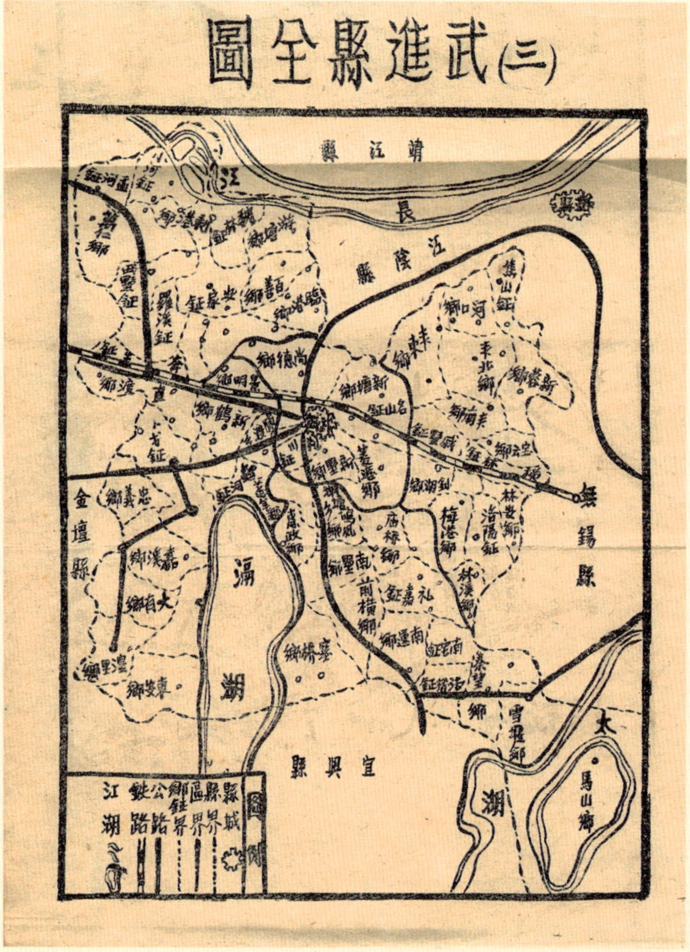

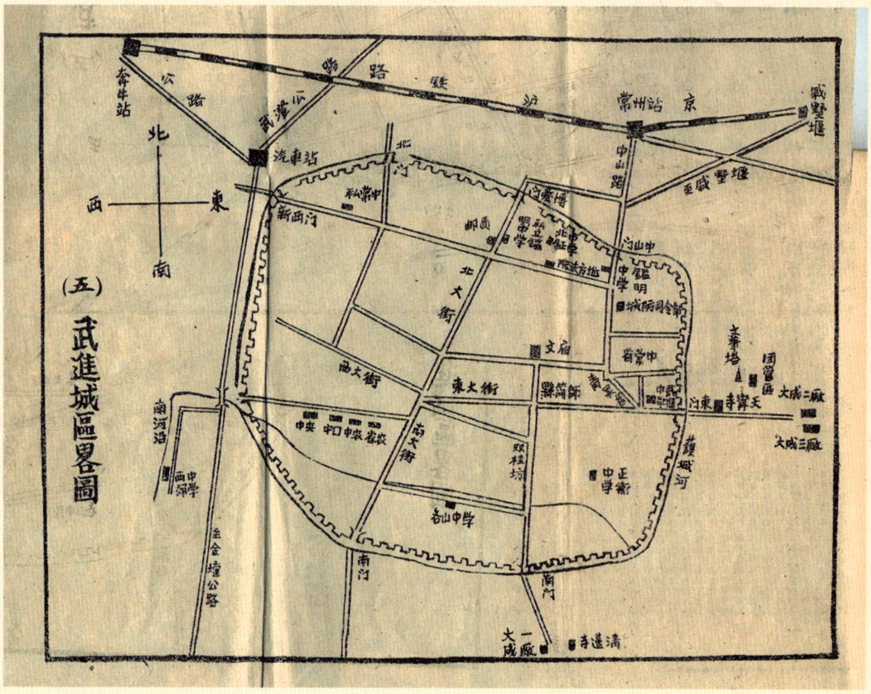

《武进调查》插图・武进县全图及武进城区略图

全文（节选）：

（七）人物调查

（一党政军特）

<一>周铠，武进人，江苏省立太仓师范毕业，中训团党政班第三十一期毕业，曾任宜、溧、高税务局稽征所主任，三民主义青年团南京分团干事，镇江分团主任，兼青年馆总干事。

现任丹阳县捐税稽征处长。

<二>卞侃，武进人，四三岁，南京东方公学毕业，曾任无锡县伪警察局第四分局局长，伪昆崐山（崐即是昆，昆崐山应为昆山）县政府财政科长，兼税捐处长。

<三>王绍一，一九三九年，任伪武进县长，曾与我们磨擦，现任县银行董事长，住城内双桂坊六五号，电话：二六六号。

<四>刘凯声，武进人，三五岁，军校二分校一五期，武进县伪自卫总队副队长，“军统”，现任伪中央军校毕业生通讯处主任。

<五>高炯，军校七期，武进劳动团督导员，“军特”，现任伪中央军校毕业生通讯处副主任。

<六>张文彬，武进人，三一岁，军训班六期，伪武进县保安大队长。

<七>张聿声，三江口人，任伪江苏省立学院政院讲师。

<八>徐宪章，字晋浩，武进县训教育长，现任伪江苏省立学院军训主任。

<九>徐彭，武进县伪警察局会计主任。

<十>王广湘，武进县人，现任江苏农民银行行员。

…………

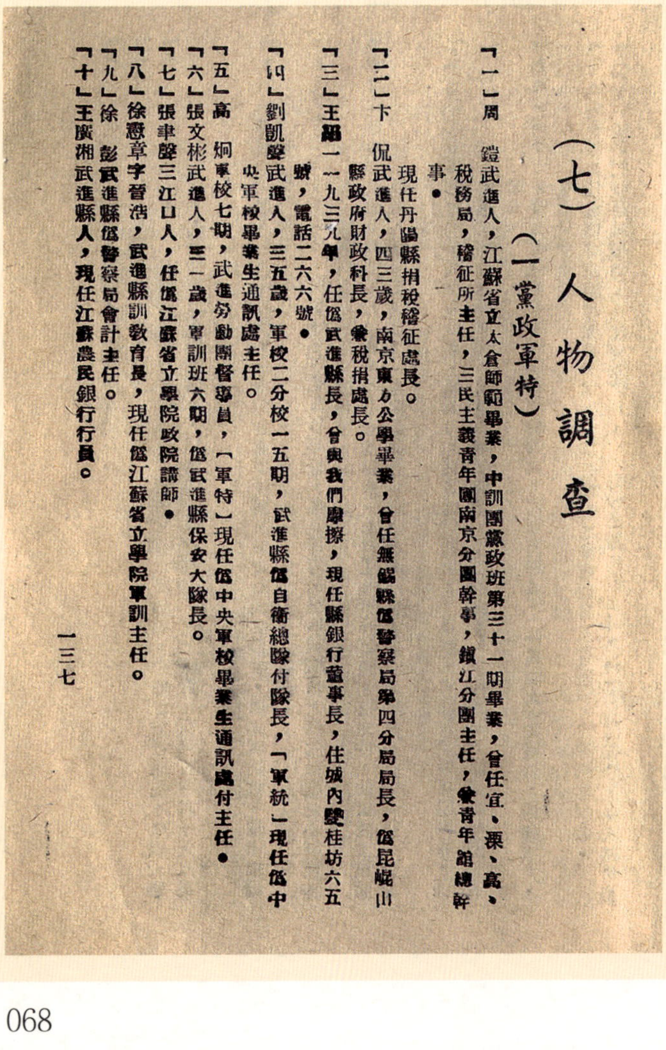

（七）人物調查

（一黨政軍特）

「一」周　鎧武進人，江蘇省立太倉師範畢業，中訓團黨政班第三十一期畢業，曾任宜、溧、高、稅務局，稽征所主任，三民主義青年團南京分團幹事，鎮江分團主任，兼青年館總幹事。

現任丹陽縣捐稅稽征處長。

「二」卞　侃武進人，四三歲，南京東方公學畢業，曾任無錫縣偽警察局第四分局局長，偽昆崐山縣政府財政科長，兼稅捐處長。

「三」王紹一一九三九年，任偽武進縣長，曾與我們磨擦，現任縣銀行董事長，住城內雙桂坊六五號，電話二六六號。

「四」劉凱聲武進人，三五歲，軍校二分校一五期，武進縣偽自衛總隊付隊長，「軍統」現任偽中央軍校畢業生通訊處主任。

「五」高　炯軍校七期，武進勞動團督導員，「軍特」現任偽中央軍校畢業生通訊處付主任。

「六」張文彬武進人，三一歲，軍訓班六期，偽武進縣保安大隊長。

「七」張聿聲三江口人，任偽江蘇省立學院政院講師。

「八」徐憲章字晉浩，武進縣訓教育長，現任偽江蘇省立學院軍訓主任。

「九」徐　彭武進縣偽警察局會計主任。

「十」王廣湘武進縣人，現任江蘇農民銀行行員。

一三七

《武进调查》正文·（七）人物调查

华中工委调研室《溧阳概况》

保管单位：溧阳市档案馆

内容及评价：

《溧阳概况》是由中共华中工委调研室于1949年3月通过地下党组织深入溧阳城内详细摸底、搜集各种资料汇总后，编印的一种基本情况调查资料，其目的是为解放和接管溧阳做情报资料上的准备。

《溧阳概况》由七个部分组成，主要内容为：一、史地概况，包括疆界地形、面积人口、耕地产物、县治公产。二、政治调查，包括政权机构、党派特情。三、军事调查。四、经济调查，包括公用事业、金融事业、合作事业、工商业。五、文化调查，包括报社、学校、社教机关、名胜古迹。六、社会调查，包括政治团体、县工会、教育会、县商会、医师公会、医院、慈善机关。七、人物调查。

《溧阳概况》封面标注有“机密”二字，说明是一种仅限于内部使用的基本情况调查报告。该调查对人民解放军首脑机关及领导组织实施解放和接管溧阳，起到了十分重要的指导作用；对研究当时溧阳县的概貌以及了解溧阳解放后的发展变化情况，具有较高的参考价值和史料价值。

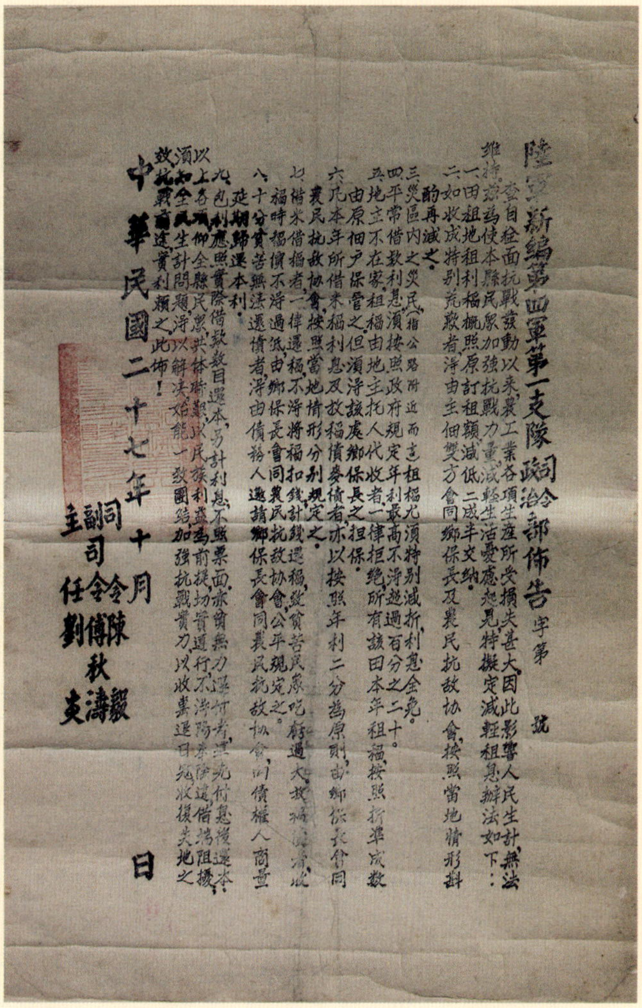

陸軍新編第四軍第一支隊司令部政治部佈告 字第 號

查自從全面抗戰發動以來，農工業各項生產所受損失甚大，因此影響人民生計，無法維持。茲為使本縣民眾加強抗戰力量，減輕生活憂慮起見，特擬定減輕租息辦法如下：

一、田租地租利稻概照原訂租額減低二成半交納。

二、如收成特別荒歉者，得由主佃雙方會同鄉保長及農民抗敵協會，按照當地情形斟酌再減之。

三、災區內之災民（指公路附近而言）租稻尤須特別減折，利息全免。

四、平常借款利息須按照政府規定年利最高不得超過百分之二十。

五、地主不在家，租稻由地主托人代收者，一律拒絕，所有該田本年租稻，按照折準成數由原佃戶保管之，但須得該處鄉保長之担保。

六、凡本年所借米稻利息及放稻債麥債者，亦以按照年利二分為原則，由鄉保長會同農民抗敵協會，按照當地情形分別規定之。

七、借米借稻者，一律還稻，不得將稻扣錢，計錢還稻，致貧苦民眾吃虧過大。放稻[illegible]時稻價不得過低，由鄉保長會同農民抗敵協會公平規定之。

八、十分貧苦無法還債者，得由債務人邀請鄉保長會同農民抗敵協會，向債權人商量延期歸還本利。

九、包利應照實際借款數目還本，另計利息，不照票面，亦[illegible]無力還付者，准先付息，後還本。

以上各項，仰全縣民眾共体時艱，以民族利益為前提，切實遵行，不得陽奉陰違，借端阻撓，須知全民生計問題，得以解決，始能一致團結，加強抗戰實力，以收[illegible]還日[illegible]，收復失地之效。抗戰前途，實利賴之。此佈！

中華民國二十七年十月 日

司令 陳毅
副司令 傅秋濤
主任 劉炎

1949年3月，中共华中工委调研室编印的《溧阳概况》。

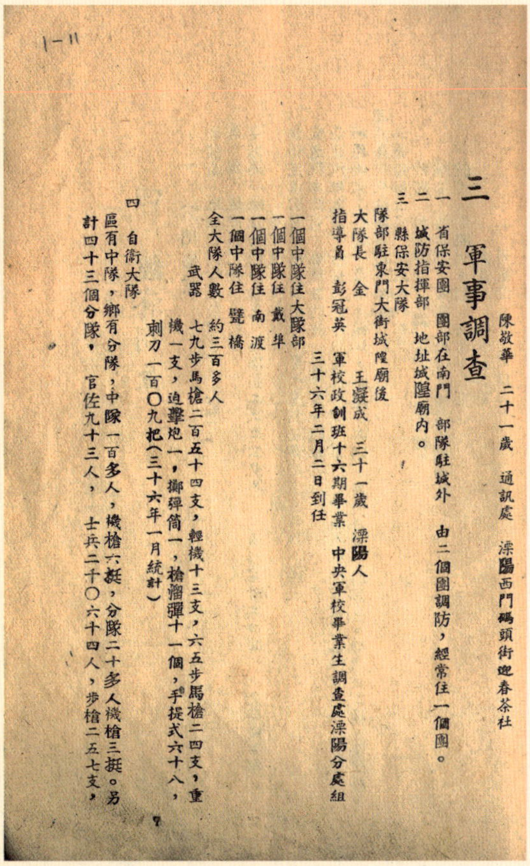

1-11

陳敬華　二十一歲　通訊處　溧陽西門碼頭街迎春茶社

三　軍事調查

一　省保安團　團部在南門　部隊駐城外　由二個團調防，經常住一個團。

二　城防指揮部　地址城隍廟內。

三　縣保安大隊

隊部駐東門大街城隍廟後

大隊長　金　王凝成　三十一歲　溧陽人

指導員　彭冠英　軍校政訓班十六期畢業　中央軍校畢業生調查處溧陽分處組

三十六年二月二日到任

一個中隊住大隊部

一個中隊住戴埠

一個中隊住南渡

一個中隊住豐橋

全大隊人數　約三百多人

武器　七九步馬槍二百五十四支，輕機十三支，六五步馬槍二四支，重機一支，迫擊炮一，擲彈筒一，槍榴彈十一個，手提式六十八，刺刀一百〇九把(三十六年一月統計)

四　自衛大隊

區有中隊，鄉有分隊，中隊一百多人，機槍六挺，分隊二十多人機槍三挺。另計四十三個分隊，官佐九十三人，士兵二千〇六十四人，步槍二五七支，

7

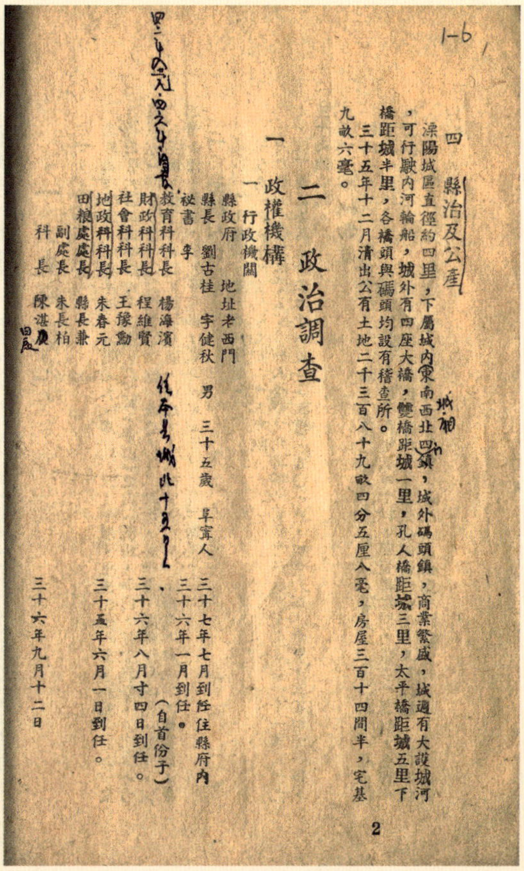

1-6

四　縣治及公產

溧陽城區直徑約四里，下屬城內東南西北四鎮，城外碼頭鎮，商業繁盛，城週有大護城河，可行駛內河輪船，城外有四座大橋，雙橋距城一里，孔人橋距城三里，太平橋距城五里下橋距城半里，各橋頭與碼頭均設有稽查所。

三十五年十二月清出公有土地二千三百八十九畝四分五厘八毫，房屋三百十四間半，宅基九畝六毫。

二　政治調查

一　政權機構

一　行政機關

縣政府　地址老西門

縣長　劉古桂　宇健秋　男　三十五歲　阜寧人　三十七年七月到任　住縣府內

秘書　李　三十六年一月到任。

教育科科長　楊海濱

財政科科長　程維賢　三十六年八月廿四日到任。(自首份子)

社會科科長　王豫勳

地政科科長　朱春元　三十五年六月一日到任。

田糧處處長　縣長兼

副處長　朱長柏

科長　陳湛庚　三十六年九月十二日

2

《溧阳概况》正文部分内容

《溧阳概况》正文·一、史地概况

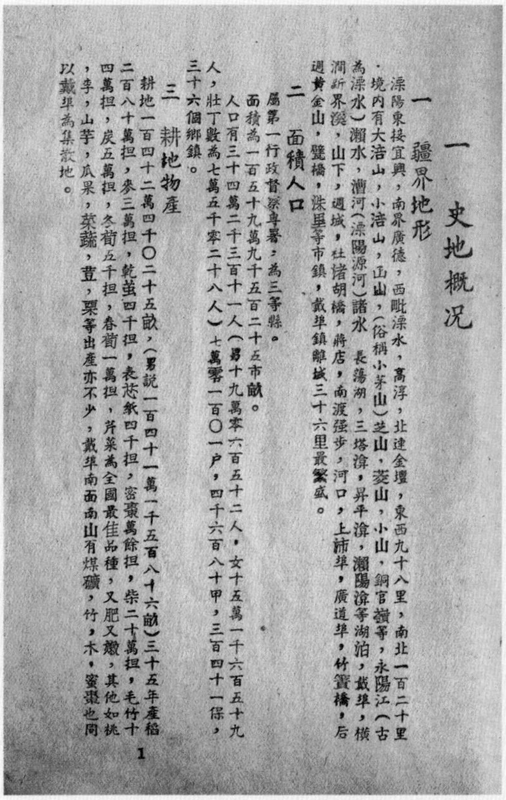

一 史地概況

一 疆界地形

溧陽東接宜興，南界廣德，西毗溧水，高淳，北連金壇，東西九十八里，南北一百二十里。境內有大涪山，小涪山，凸山，(俗稱小茅山)芝山，茭山，小山，銅官嶺等，永陽江(古為溧水)瀨水，漕河(溧陽源河)諸水 長蕩湖，三塔渰，昇平渰，瀨陽渰等湖泊，戴埠，橫澗新界溪，山下，週城，社渚胡橋，蔣店，南渡强步，河口，上沛埠，廣道埠，竹簣橋，后週黃金山，甓橋，洙里等市鎮，戴埠鎮離城三十六里最繁盛。

二 面積人口

屬第一行政督察專署，為三等縣。

面積為一百五十九萬九千五百二十五市畝。

人口有三十四萬二千三百十一人(男十九萬零六百五十二人，女十五萬一千六百五十九人，壯丁數為七萬五千零二十八人)七萬零一百〇一户，四千六百八十甲，三百四十一保，三十六個鄉鎮。

三 耕地物產

耕地一百四十二萬四千〇二十五畝，(另說一百四十一萬一千五百八十六畝)三十五年產稻二百八十萬担，麥三萬担，乾茧四千担，表芯紙四千担，蜜棗萬餘担，柴二十萬担，毛竹十四萬担，炭五萬担，冬筍五千担，春筍一萬担，芹菜為全國最佳品種，又肥又嫩，其他如桃，李，山芋，瓜果，菜蔬，豆，粟等出產亦不少，戴埠南面南山有煤礦，竹，木，蜜棗也同以戴埠為集散地。

1

全文（节选）：

一、史地概况

（一）疆界地形

溧阳东接宜兴，南界广德，西毗溧水、高淳，北连金坛，东西九十八里，南北一百二十里。境内有大涪山、小涪山、¤山（俗称小茅山）、芝山、茭山、小山、铜官岭等；永阳江（古为溧水）、濑水、漕河（溧阳源河）、渚水、长荡湖、三塔淹、升平淹、濑阳淹等湖泊；戴埠、横涧新界溪、山下、周城、社渚胡桥、蒋店、南渡强步、河口、上沛埠、广道埠、竹箦桥、后周黄金山、甓桥、洙里等市镇。戴埠镇离城三十六里最繁盛。

（二）面积人口

属第一行政督察专署，为三等县。

面积为一百五十九万九千五百二十五市亩。

人口有三十四万二千三百十一人（男十九万零六百五十二人，女十五万一千六百五十九人，壮丁数为七万五千零二十八人），七万零一百¤一户，四千六百八十甲，三百四十一保，三十六个乡镇。

（三）耕地物产

耕地一百四十二万四千¤二十五亩（男[另]说一百四十一万一千五百八十六亩），〔民国〕三十五年产稻二百八十万担，麦三万担，干茧四千担，表芯纸四千担，蜜枣万余担，柴二十万担，毛竹十四万担，炭五万担，冬荀[笋]五千担，春荀[笋]一万担。芹菜为全国最佳品种，又肥又嫩。其他如桃、李、山芋、瓜果、菜蔬、豆、栗等出产亦不少。戴埠南面南山有煤矿，竹、木、蜜枣也同以戴埠为集散地。

…………

江南工委关于渡江前夕有关工作的指示信

保管单位：常州市武进区档案馆

内容及评价：

抗日战争胜利后，蒋介石在美帝国主义的支持下发动内战。经过“三大战役”后，虽然国民党已处于穷途末路，但长江以南的大部分地区仍在国民党的控制下。1949年1月1日，蒋介石主动发表声明，表示愿意与中国共产党和谈。但是，在美国的策划下，国民党一面与我假和谈，一面部署江防，企图凭借长江天险阻止我军南进，阻止用和平方式解决国内问题。中国共产党虽然同意和谈，但并没有放弃过江的准备。为了适应革命形势发展的需要，中共华中工作委员会（简称华中工委）根据党中央的指示要求，决定华中工委所属的第一、二、九等地委分别成立江南工作委员会（简称江南工委），主要任务是为战略决战和解放军南下作准备。

1949年4月7日，第一地委江南工委写信给下辖的各工委同志，就迎接人民解放军渡江问题作出了一系列指示。时任常州地区专员的张志强同志也于4月8日写信给林路、石云两位同志，就迎接人民解放军渡江问题布置了工作，并就有关问题作了答复。

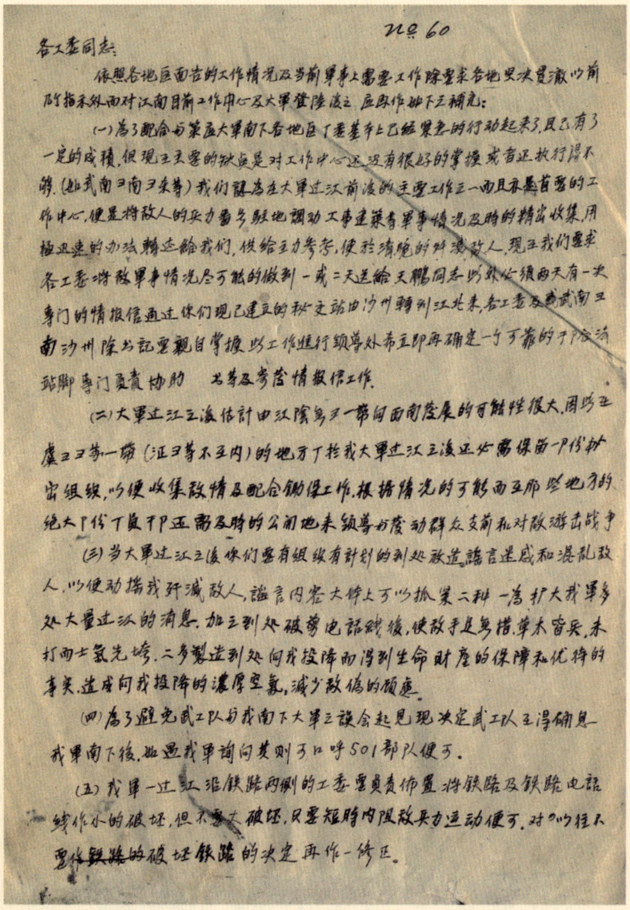

No.60

各工委同志：

依照各地区面去的工作情况及当前军事上需要工作，除要求各地坚决贯彻以前的指示外，而对江南目前工作中心及大军登陆后之应办作如下之补充：

（一）为了配合与策应大军南下，各地区工委基本上已经紧急的行动起来了，且已有了一定的成绩，但现在主要的缺点是对工作中心还没有很好的掌握或者还执行得不够（如武南、江南、江东等），我们认为在大军过江前后的主要工作之一而且亦是首要的工作中心，便是将敌人的兵力番号驻地调动工事建筑等军事情况及时的精密收集，用极迅速的办法转送给我们，供给主力参考，使于清晰的对准敌人。现在我们要求各工委将敌军事情况尽可能的做到一或二天送给天鹏同志，此外必须每天有一次专门的情报信通过你们现已建立的秘交站由沙州转到江北来。各工委及武南、江南、沙州陈书记要亲自掌握此工作进行领导外，希立即再确定一个可靠的[illegible]负责协助[illegible]书等及专管情报信工作。

（二）大军过江之后估计由江阴[illegible]一带向西南发展的可能性很大，因此在虞[illegible]等一带（江[illegible]等不在内）的地方，于我大军过江之后还必需保留一部份秘密组织，以便收集敌情及配合锄奸工作。根据情况的可能，而在那些地方的绝大部份干部还需及时的公开地来领导与发动群众支前和对敌游击战争。

（三）当大军过江之后你们要有组织有计划的到处散造谣言迷惑和混乱敌人，以便动摇或歼灭敌人，谣言内容大体上可以抓紧二种：一为扩大我军多处大量过江的消息，加之到处破剪电话线后，使敌手足无措，草木皆兵，未打而士气先垮；二为制造到处向我投降而得到生命财产的保障和优待的事实，造成向我投降的浓厚空气，减少敌伪的顽抗。

（四）为了避免武工队与我南下大军之误会起见，现决定武工队在得确息我军南下后，如遇我军询问时则可口呼501部队便可。

（五）我军一过江，沿铁路两侧的工委要负责布置将铁路及铁路电话线作小的破坏，但不要大破坏，只要短时内限敌兵力运动便可。对以往不要~~作铁路的~~破坏铁路的决定再作一修正。

江南工委关于渡江前夕有关工作的指示信

江南工委及张志强专员就渡江前夕有关工作所写的指示信，从一个侧面真实地反映出渡江战役前夕中共地下党组织情报工作的状况和江南地区的革命斗争形势，对我江南地下党组织迎接人民解放军顺利渡江起到了非常重要的指导作用。同时，也是研究江南地区革命斗争历史十分珍贵的档案文献。

（编者注：第一地委江南工委书记由地委书记钟民兼任，副书记为张志强。澄武锡工委和澄锡虞工委由第一地委江南工委领导。）

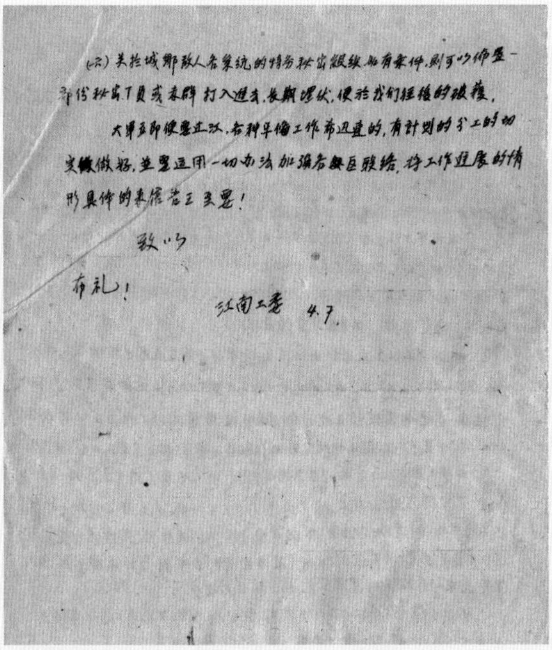
(六)关于城乡敌人各系统的特务秘密组织,如有条件,则可以布置一部份秘密党员或赤群打入进去,长期埋伏,便于我们往后的破获。

大军立即便要过江,各种准备工作希迅速的,有计划的分工的切实做好,并要运用一切办法加强各区联络,将工作进展的情形具体的来信告之。至要!

致以

布礼!

江南工委 4.7

江南工委关于渡江前夕有关工作的指示信

全文:

各工委同志:

依照各地区面告的工作情况及当前军事上需要〔做的〕工作,除要求各地坚决贯彻以前几个指示外,而对江南目前工作中心及大军登陆后之◇应再作如下之补充:

(一)为了配合与策应大军南下,各地区党委基本上已经紧急的行动起来了,且已有了一定的成绩。但现在主要的缺点是:对工作中心还没有很好的掌握,或者还执行得不够(如武南、锡南、锡东等)。我们认为,在大军过江前后的主要工作之一、而且亦是首要的工作中心,便是将敌人的兵力、番号、驻地调动、工事建筑等军事情况及时的精密收集,用极迅速的办法转达给我们,供给主力参考,便于清[干]脆的歼灭敌人。现在,我们要求各工委将敌军事情况可能的做到一或二天送给王鹏同志。此外,必须两天有一次专门的情报信,通过你们现在已建立的秘交站,由沙州[洲]转到江北来。各工委及武南、锡南、沙州[洲],除书记要亲自掌握此工作进行领导外,希立即再确定一个可靠的干部合法站脚,专门负责协助◇书等及寄发情报信工作。

(二)大军过江之后,估计由江阴、无锡一带向西南发展的可能性很大。因此,在虞锡、锡苏一带(澄锡等不在内)的地方,党〔当〕于我大军过江之后,还必需[须]保留一部份[分]秘密组织,以便收集敌情及配合锄保工作。根据情况的可能,而在那些地方的绝大部分党员干部,还需及时的公开地来领导与发动群众支前和对敌游击战争。

(三)当大军过江之后,你们要有组织、有计划的到处放[制]造谣言,迷惑和混乱敌人,以便动摇我[和]歼灭敌人。谣言内容大体上可以抓紧[分为]二种:一为扩大我军多处大量过江的消息,加之到处破剪电话线后,使敌手足无措、草木皆兵,未打而士气先垮;二〔是〕多制造到处向我投降而得到生命财产的保障和优待的事实,造成向我投降的浓厚空气[氛围],减少敌伪的顾虑。

(四)为了避免武工队与我南下大军之误会起见,现决定武工队在得〔到〕确息[确切消息]我军南下后,如遇我军询问,其则可口呼501部队便可。

(五)我军一过江,沿铁路两侧的工委要负责布置将铁路及铁路电话线作小的破坏,但不要大破坏,只要短时内阻敌兵力运动便可。对以往不要破坏铁路的决定,再作一修正。

(六)关于城乡敌人各系统的特务秘密组织,如有条件,则可以布置一部份[分]秘密党员或赤群打入进去,长期埋伏,便于我们往后的破获。

大军立即便要过江,各种准备工作希迅速的、有计划的、分工的切实做好,并要运用一切办法加强各区联络,将工作进展的情形具体的来信告之。至要!

致以

布礼!

江南工委 4.7

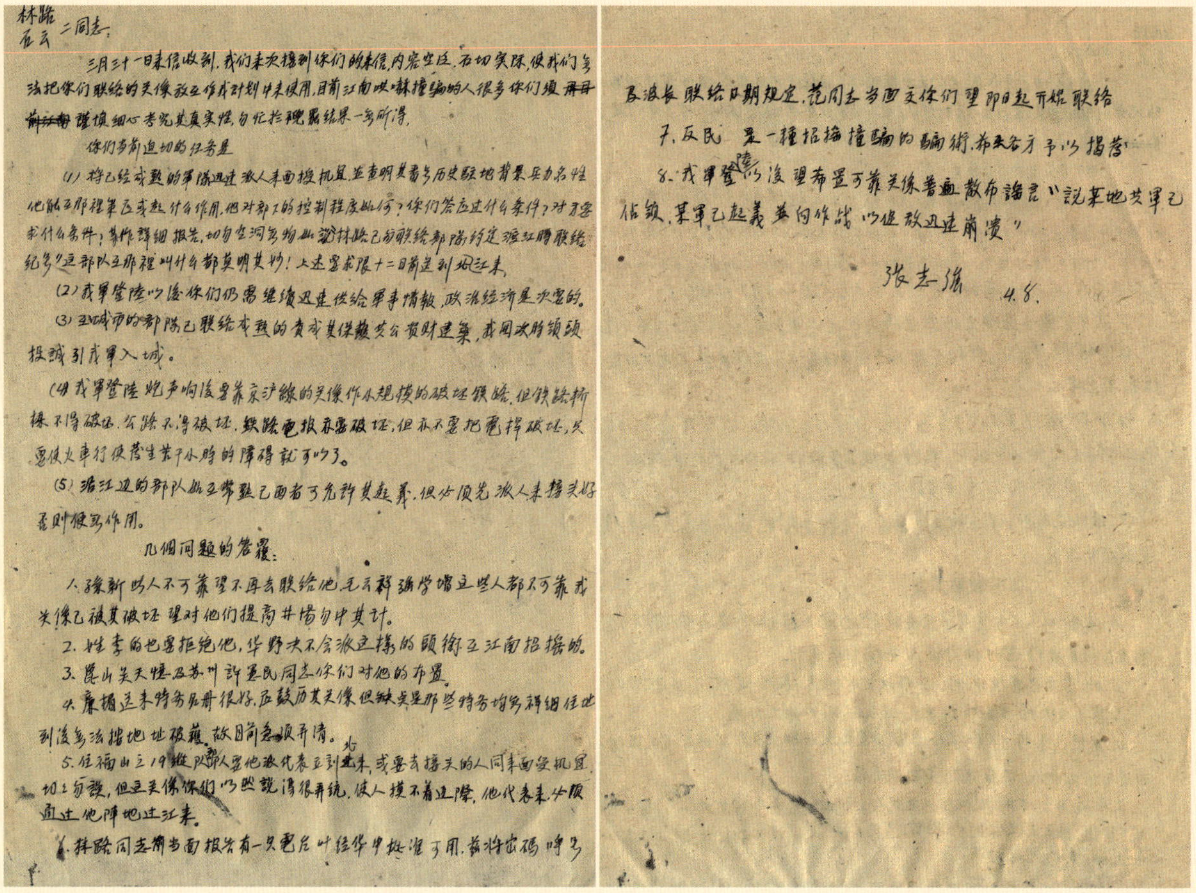

张志强同志关于渡江前夕有关工作的指示信

全文：

林路、石云二同志：

三月三十一日来信收到。我们来[历]次接到你们的来信，内容空泛，不切实际，使我们无法把你们联络［反映］的关系［问题］放在作战计划中来使用。目前江南哄唬撞骗的人很多，你们须谨慎细心考究其真实性，勿忙于兜罢，结果一无所得。

你们当前迫切的任务是：

（1）将［对］已经成熟的军队，迅速派人来面授机宜，并查明其番号、历史、驻地、背景、兵力、名性[姓名]，他能在那[哪]里策应或起什么作用、他对部下的控制程度如何、你们答应过什么条件、对方要求什么条件等作详细报告，切勿空洞无物。如说“林路已与联络部队约定渡江时联络纪[记]号”，这部队在那[哪]里，叫什么，都莫名其妙！上述要求限十二日前送到江北来。

（2）我军登陆以后，你们仍需继续迅速供给军事情报，政治经济是次要的。

（3）在城市的部队已联络成熟的，责成其保护共公[公共]资财、建筑；我围攻时，领头投诚，引我军入城。

（4）我军登陆炮声响后，要靠京沪线的关系作小规模的破坏铁路，但铁路桥梁不得破坏，公路不得破坏；铁路电报亦要破坏，但亦不要把电杆破坏，只要使火车行使［驶］发生若干小时的障碍就可以了。

（5）沿江边的部队，如在常熟已[以]西者，可允许其起义，但必须先派人来接头好。否则，便无作用。

几个问题的答复：

1. 孙新此人不可靠，望不再去联络他。毛云祥、强学增这些人，都不可靠。我关系已被其破坏，望对他们提高警惕，勿中其计。

2. 姓李的也要拒绝他。华野决[绝]不会派这样的头衔在江南招摇的。

3. 昆山关天忆及苏州许愚民，同志[意]你们对他〔们〕的布置。

4. 廉楣送来特务名册，很好，应鼓历[励]其关系，但缺点是那些特务均无祥[详]细住址，到后无法按地址破坏，故目前急须[需]弄清〔楚〕。

5. 住福山之19纵队部队，要他派代表立刻北来，或要去接头的人同来，面受机宜，切切勿误。但这［些］关系［问题］你们以[依]然说得很弄［笼］统，使人摸不着边际。他〔的〕代表来，必须通过他〔的〕阵地过江来。

6. 林路同志前〔次〕当面报告有一只电台，叶[业]经华中批准，可用。兹将密码、呼号及波长、联络日期规定，〔由〕范同志当面交〔给〕你们，望即日起开始联络。

7. 反民◇是一种招摇撞骗的骗术，希在各方〔面〕予以揭发。

8. 我军登陆以后，望希[布]置可靠关系普遍散布谣言，“说某地共军已占领，某军已起义并向[肩]作战，以促敌迅速崩溃”。

张志强 4.8

郑学奇给丁力政委和张志强专员的信

保管单位：常州市档案馆

内容及评价：

1949年4月22日晚，在长江常州段北岸，由副旅长朱传保、十八团政委丁力率领的第三野战军第十兵团二十三军华东警备第六旅十八团的一个先头营首先渡江，向常州挺进。23日凌晨2时，十八团先头营在副旅长朱传保的率领下进入常州，同坚持在城区活动的中共地下党组织——武进城市工作委员会胜利会师，宣告常州解放。4月25日，时任第三野战军第十兵团政治部保卫处处长的郑学奇给进入常州城的十八团政委丁力和常州地区专员张志强写信，向他们介绍我党地下工作者萧丕谟同志的情况，要求他们给萧丕谟同志安排适当的工作。4月27日，郑学奇再次给丁力政委写信，在介绍了接管常州火车站的有关情况后，又要求丁力政委安排萧丕谟及王招福两位同志做一些军管工作。

常州解放以前，萧丕谟同志的公开身份是武进私立学堂谢家塘小学的校长，暗地里却是我党地下工作者。郑学奇任新四军某部连长时，曾在敌后开展对敌斗争工作，当时就住在萧丕谟同志家中。后来，两人一直保持单线联络。常州解放前夕，萧丕谟同志承担了接应第十兵团机关部队进城的任务，并协助解放军控制常州火车站，为常州的解放作出了重要贡献。建国后，萧丕谟同志一直在常州火车站工作，直到退休。

这两封信件由萧丕谟同志捐赠给常州市档案馆，它既是萧丕谟同志为我党做地下工作这一革命行动的见证，更是常州解放时期极为珍贵的文书史料，具有很高的历史价值。

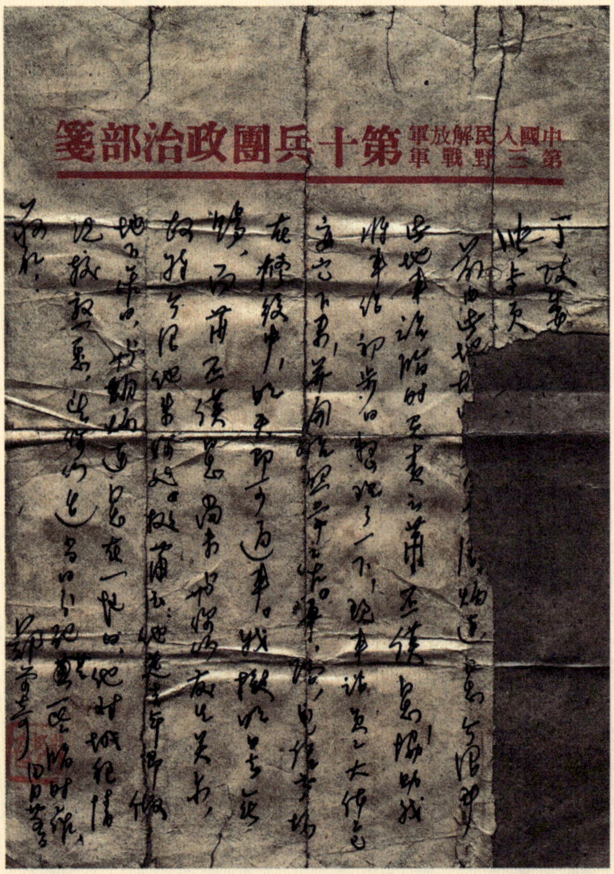
中國人民解放軍第三野戰軍
第十兵團政治部箋

1949年4月25日，郑学奇写给丁力政委和张志强专员的信。

全文：

丁政委、张专员：

前由此地□□□□□周炳达同志介绍，到此地车站临时负责之萧丕谟同志，协助我将车站初步的整理了一下，现车站员工大体上已安定下来，并开始照常工作。车、路、电话、¤¤在修复中，明天即可通车。我拟〔于〕明日去无锡，而萧丕谟同志尚未与你们发生关系，故特介绍他来你处。据萧云：他是去年即做地下工作的，与周炳达同志在一起的，他对城里情况较熟悉。望你们适当的分配其〔做〕一些临时工作。

敬礼！

郑学奇

四月二十五日

全文：

丁政委：

常州车站经过几天工作，现秩序已建立，各种制度均照常保持。此地到南京及无锡段，现已修复，并已开始通车。我拟〔于〕今日¤后去无锡，此地无人监督。您会发生的¤井[警]备旅¤¤之蔡教导员，亦只能担任武装看守。车站上种种日常工作，需要有人来负责主持。同时，车站上各段上不能〔缺少〕指挥，需要有人来维系。我的意见，在交通部门未派人来〔之〕前，你们需要派一个适当的人来。常州车站很重要，而且部队可能有车运任务。这些意见，昨天我已向邵部奋同志提出，并要他转达你们，不知你们知道否？

另有萧丕谟、王招福两〔位〕先生，均是此地周¤年（炳达）介绍来车站协助进行恢复工作的，他们过去即与我们有关系，此事邵部奋同志清楚。望适当的分配他们做些军管时期的工作。

敬礼！

郑学奇

四月二十七日

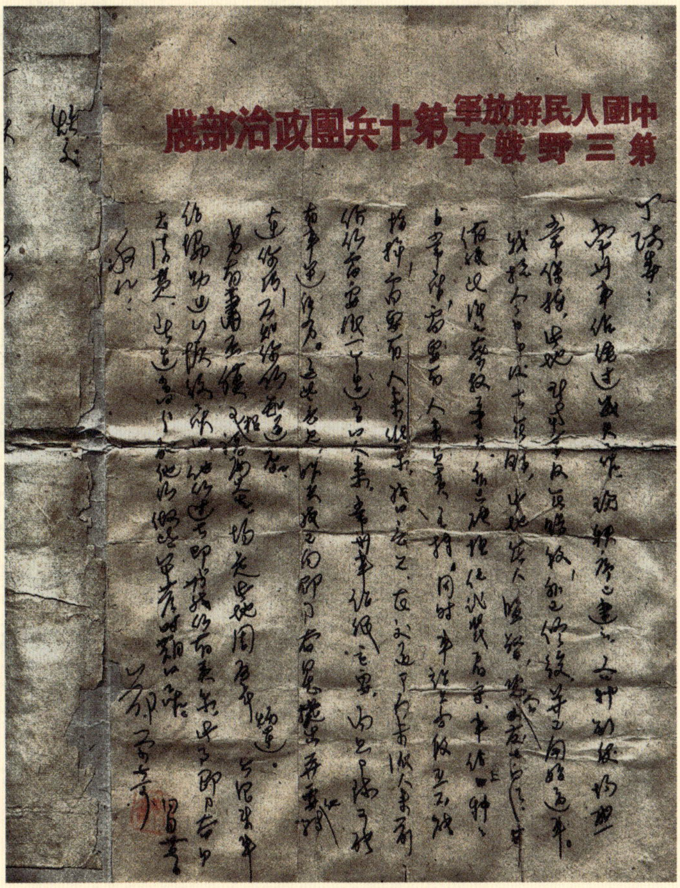

1949年4月27日，郑学奇写给丁力政委的信。

常州市军管会关于金融管理的布告

保管单位：常州市档案馆

内容及评价：

常州解放初期，金融市场一片混乱，伪“金圆券”和银元在金融市场上大肆流通，而解放区统一流通的合法货币和本位币——人民币还没有完全被人民群众认可。为顺利接管民国时期遗留下来的旧金融市场，中国人民解放军华东军区常州市军事管制委员会（简称常州市军管会，下同）制定了一系列金融管理政策和法规，并以布告的形式向社会广泛发布，及时有效地稳定了金融市场，保障了人民群众正常的生产生活。

馆藏的三份常州市军管会颁布的关于金融管理的布告，发布于1949年5、6月份，主要内容包括取消民国时期的伪“金圆券”；规定人民币为解放区统一流通的合法货币和本位币；限定伪“金圆券”的流通时限及银元交易政策等。这三份布告是常州解放后形成并留存下来的、仅有的最早一批金融工作档案文献之一，是常州市军管会接管金融工作的历史见证，对研究解放前后常州的金融过渡政策以及解放初期常州的金融管理制度等问题，具有十分重要的佐证价值。

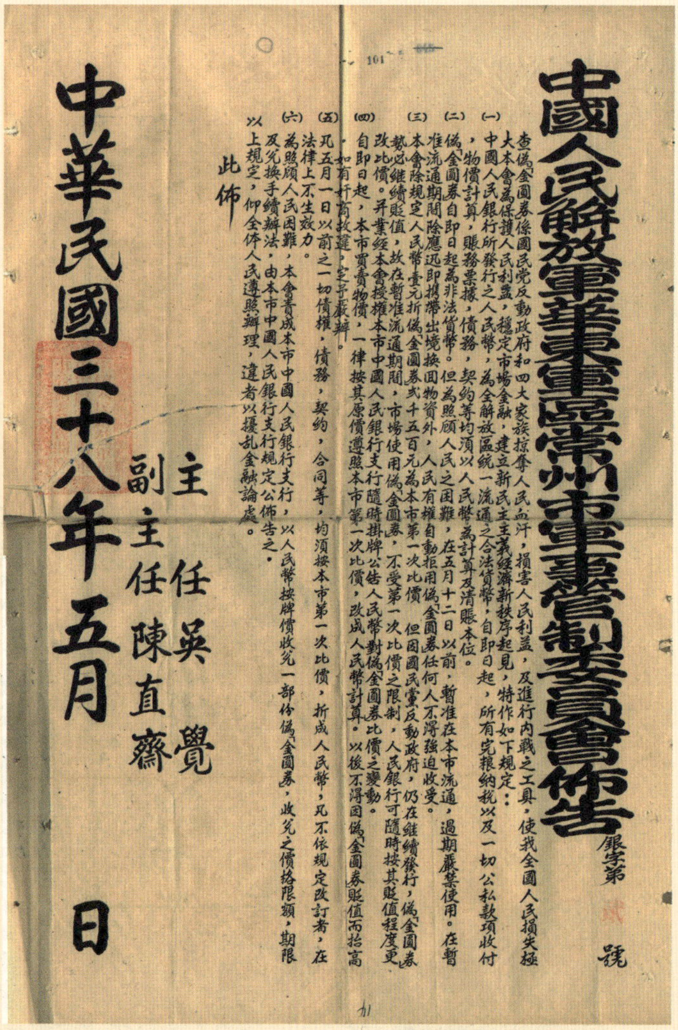
中國人民解放軍華東軍區常州市軍事管制委員會佈告
銀字第 號

查偽「金圓券」係國民党反動政府和四大家族掠奪人民血汗，損害人民利益，及進行內戰之工具，使我全國人民損失極大。本會為保護人民利益，穩定市場金融，建立新民主主義經濟新秩序起見，特作如下規定：

(一) 中國人民銀行所發行之人民幣，為全解放區統一流通之合法貨幣，自即日起，所有完粮納税以及一切公私款項收付，物價計算，賬務票據，債務，契約等均須以人民幣為計算及清賬本位。

(二) 偽「金圓券」自即日起為非法貨幣。但為照顧人民之困難，在五月十二日以前，暫准在本市流通，過期嚴禁使用。在暫准流通期間除應迅即携帶出境換回物資外，人民有權自動拒用偽「金圓券」任何人不得強迫收受。

(三) 本會除規定人民幣壹元折偽「金圓券」弍千五百元為本市第一次比價 但因國民黨反動政府，仍在繼續發行，偽「金圓券」勢必繼續貶值，故在暫准流通期間，市場使用偽「金圓券」，不受第一次比價之限制，人民銀行可隨時按其貶值程度更改比價。并業經本會授權本市中國人民銀行支行隨時掛牌公告人民幣對偽「金圓券」比價之變動。

(四) 自即日起，本市買賣物價，一律按其原價遵照本市第一次比價，改成人民幣計算。以後不得因偽「金圓券」貶值而抬高，如有奸商故違，定予嚴辦。

(五) 凡五月一日以前之一切債權，債務，契約，合同等，均須按本市第一次比價，折成人民幣，凡不依規定改訂者，在法律上不生效力。

(六) 為照顧人民困難，本會責成本市中國人民銀行支行，以人民幣按牌價收兑一部份偽「金圓券」，收兑之價格限額，期限及兑換手續辦法，由本市中國人民銀行支行規定公佈告之。

以上規定，仰全体人民遵照辦理，違者以擾亂金融論處。

此佈

主任 吳覺
副主任 陳直齋

中華民國三十八年五月 日

1949年5月，常州市军管会关于取消伪“金圆券”、规定人民币为合法货币的布告。

全文：

中国人民解放军华东军区常州市军事管制委员会布告

银字第贰号

查伪“金圆券”系国民党反动政府和四大家族掠夺人民血汗，损害人民利益，及进行内战之工具，使我全国人民损失极大。本会为保护人民利益，稳定市场金融，建立新民主主义经济新秩序起见，特作如下规定：

（一）中国人民银行所发行之人民币，为全解放区统一流通之合法货币。自即日起，所有完粮纳税以及一切公私款项收付、物价计算、账务票据、债务、契约等，均须以人民币为计算及清账本位。

（二）伪“金圆券”自即日起为非法货币。但为照顾人民之困难，在五月十二日以前，暂准在本市流通，过期严禁使用。在暂准流通期间，除应迅即携带出境换回物资外，人民有权自动拒用伪“金圆券”，任何人不得强迫收受。

（三）本会除规定人民币壹元折伪“金圆券”贰千五百元为本市第一次比价，但因国民党反动政府仍在继续发行伪“金圆券”，势必继续贬值，故在暂准流通期间，市场使用伪“金圆券”不受第一次比价之限制，人民银行可随时按其贬值程度更改比价。并业经本会授权，本市中国人民银行支行随时挂牌公告人民币对伪“金圆券”比价之变动。

（四）自即日起，本市买卖物价，一律按其原价遵照本市第一次比价，改成人民币计算。以后不得因伪“金圆券”贬值而抬高。如有奸商故违，定予严办。

（五）凡五月一日以前之一切债权、债务、契约、合同等，均须按本市第一次比价，折成人民币；凡不依规定改订者，在法律上不生效力。

（六）为照顾人民困难，本会责成本市中国人民银行支行，以人民币按牌价收兑一部分伪“金圆券”；收兑之价格限额、期限及兑换手续办法，由本市中国人民银行支行规定公布告之。

以上规定，仰全体人民遵照办理，违者以扰乱金融论处。

此布。

主　任　吴　觉

副主任　陈直斋

中华民国三十八年五月◇日

全文：

中国人民解放军华东军区常州市军事管制委员会布告

银字第五号

查本市自排除伪币、宣布人民币为唯[惟]一合法本位币制以来，江南江北贸易往来方便，物资交流无阻，物价日趋稳定，金融渐臻巩固，便利了工商业恢复与发展，市民生活也有了保障。事实证明，人民政府发行人民币，对于全体人民均属有利。但近来市场发见[现]少数银号、钱商利用失业店员与小贩满街喊叫买卖银元，甚至麕集成市，致银元价格一日数变。此项行为不仅紊[扰]乱市场，影响物价，破坏人民币购买力，〔而〕且使工商业之正常发展以及市民生活均同蒙损失。本会为维护工商生产之发展，保障人民生活起见，特宣布下列事项，仰我全体市民恪遵毋违。

（一）严禁以银元计算物价及用银元买卖货物。一切交易标价、契约、往来账目，必须以人民币为本位。自布告日起，本会指定本市工商局随时抽查工商各业之账目，如有发现不遵本项规定者，得视其情节轻重，予以警告或课罚之处置。

（二）一切银号、钱商、小贩，不准沿街或麕集成市喊叫银元买卖，不准卖空买空，造谣惑众。为短期内照顾本市经营银元买卖之商贩起见，准许其立即向本市人民银行申请登记，具领银贩临时登记证，交纳手续费人民币一百元，凭证到指定之场所进行银元交易，并应服从管理及恪遵交易规则。

（三）除以上指定场所外，任何街道与市场不准进行和喊叫银元买卖。如有故违，及投机造谣卖空买空者，一经查获，当勒令兑换或予以没收一部或全部之处分。凡本市经营钱银交易之商贩，即日应转变参加工商生产，以谋正当职业，免于法纪。此布。

中华民国三十八年五月

主　任

副主任

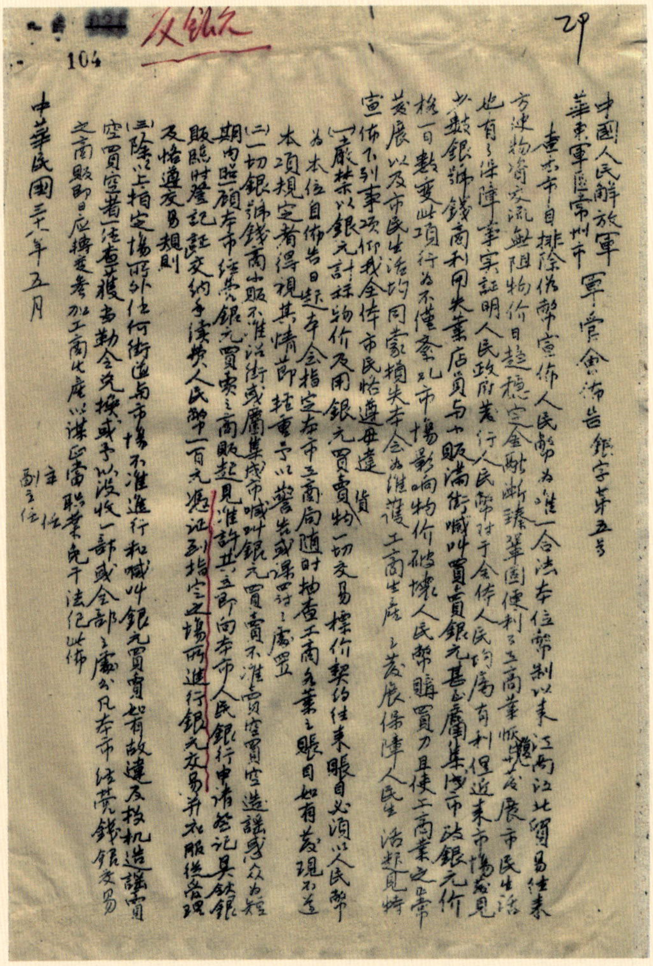

104 反銀元 29

中國人民解放軍華東軍區常州市軍管會布告 銀字第五号

查本市自排除偽幣宣佈人民幣為唯一合法本位幣制以來江南江北貿易往來方便物資交流無阻物價日趨穩定金融漸臻鞏固便利了工商業恢復發展市民生活也有了保障事實証明人民政府發行人民幣對于全体人民均屬有利但近來市場發見少數銀號錢商利用失業店員與小販滿街喊叫買賣銀元甚至麕集成市致銀元價格一日數變此項行為不僅紊亂市場影響物價破壞人民幣購買力且使工商業之正常發展以及市民生活均同蒙損失本會為維護工商生產之發展保障人民生活起見特宣佈下列事項仰我全体市民恪遵毋違

(一)嚴禁以銀元計算物價及用銀元買賣貨物一切交易標價契約往來賬目必須以人民幣為本位自佈告日起本會指定本市工商局隨時抽查工商各業之賬目如有發現不遵本項規定者得視其情節輕重予以警告或課罰之處罰

(二)一切銀號錢商小販不准沿街或麕集成市喊叫銀元買賣不准賣空買空造謠惑眾為短期內照顧本市經營銀元買賣之商販起見准許其立即向本市人民銀行申請登記具領銀販臨時登記証交納手續費人民幣一百元憑証到指定之場所進行銀元交易并應服從管理及恪遵交易規則

(三)除以上指定場所外任何街道與市場不准進行和喊叫銀元買賣如有故違及投機造謠賣空買空者一經查獲當勒令兌換或予以沒收一部或全部之處分凡本市經營錢銀交易之商販即日應轉變參加工商生產以謀正當職業免干法紀此佈

中華民國三十八年五月

主任

副主任

1949年5月，常州市军管会关于银元交易的布告。

全文：

中国人民解放军华东军区常州市军事管制委员会布告

银字第六号

查本市解放以来，本会即致力于肃清伪金圆券，推行人民币，以稳定金融，发展生产，繁荣经济，安定人民生活。但在此期间，少数丧心病狂〔的〕奸商、破坏份［分］子，竟以买卖银元进行投机操纵活动，捣[扰]乱市场；若干失业小贩，亦多被其利用。本会为照顾失业银贩困难，故曾一再号召银贩转业，并设立银元临时兑换所集中交易作为过渡办法，并告诫投机操纵份［分］子及早悔悟，免于法纪，可谓仁至义尽。惟近来银元非法活动依然存在，以致物价上涨，市民生活极为不安。少数人的暴利，造成大多数人的灾难。在此情况下，各界人民纷纷要求本会迅速彻底消灭银元投机活动，采取断然措置[施]。为此，本会特根据华东军区金银管理暂行办法，重申前令，严禁银元流通与投机买卖，但允许人民储存与允许向本市人民银行及其指定收兑处按价兑换人民币。本市银元临时兑换所着即取消。所有银贩立即停止活动，迅速转向生产，违者严惩不贷，绝不姑宽。仰各切实遵行为要。

此布。

主 任 吴 觉

副主任 陈直斋

中华民国三十八年六月十四日

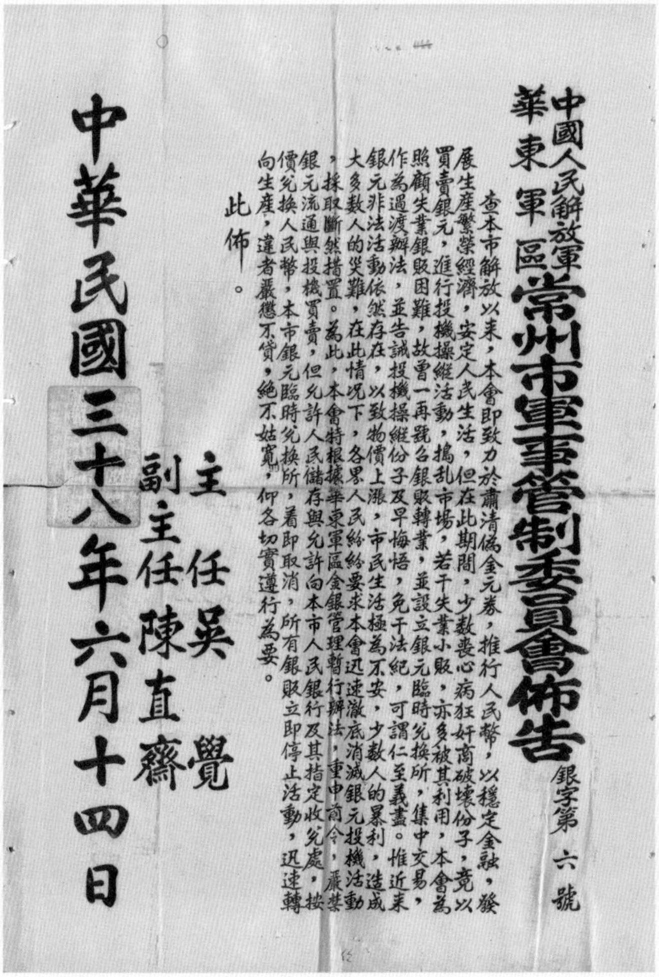

中國人民解放軍華東軍區常州市軍事管制委員會佈告

銀字第六號

查本市解放以來，本會即致力於肅清偽金元券，推行人民幣，以穩定金融，發展生產，繁榮經濟，安定人民生活，但在此期間，少數喪心病狂奸商破壞份子，竟以買賣銀元進行投機操縱活動，搗亂市場，若干失業小販，亦多被其利用，本會為照顧失業銀販困難，故曾一再號召銀販轉業，並設立銀元臨時兌換所，集中交易作為過渡辦法，並告誡投機操縱份子及早悔悟，免于法紀，可謂仁至義盡。惟近來銀元非法活動依然存在，以致物價上漲，市民生活極為不安，少數人的暴利，造成大多數人的災難，在此情況下，各界人民紛紛要求本會迅速澈底消滅銀元投機活動，採取斷然措置。為此，本會特根據華東軍區金銀管理暫行辦法，重申前令，嚴禁銀元流通與投機買賣，但允許人民儲存與允許向本市人民銀行及其指定收兌處按價兌換人民幣，本市銀元臨時兌換所，着即取消，所有銀販立即停止活動，迅速轉向生產，違者嚴懲不貸，絕不姑寬，仰各切實遵行為要。

此佈。

主任 吳覺

副主任 陳直齋

中華民國三十八年六月十四日

1949年6月14日，常州市军管会关于严禁银元流通与投机买卖的布告。

常州市军管会关于教育工作的命令（通令）

保管单位：常州市档案馆

内容及评价：

常州解放初期，中国人民解放军华东军区常州市军事管制委员会（简称常州市军管会，下同）为顺利接管旧政权遗留下来的教育管理工作，制定了一系列关于接管教育管理工作的政策法规，并以命令（通令）的形式下发给各有关单位遵照执行，为常州市新旧教育管理制度的平稳过渡和教育工作的正常开展起到了决定性的作用。

馆藏的常州市军管会教字第壹号、第叁号命令及第五号通令，对各公私立中小学、国立音乐院的领导权、原任教职员的管理、反动的训导制度与国民党党议公民军训童训等反动课程的处理、完成接管应做的工作、学期工作等问题作出了明文规定。这三份命令（通令）是常州解放后形成并留存下来的、仅有的最早一批教育工作档案文献之一，是常州市军管会接管教育工作的历史见证，是研究解放初期常州市教育管理工作的重要文献，具有较高的佐证价值。

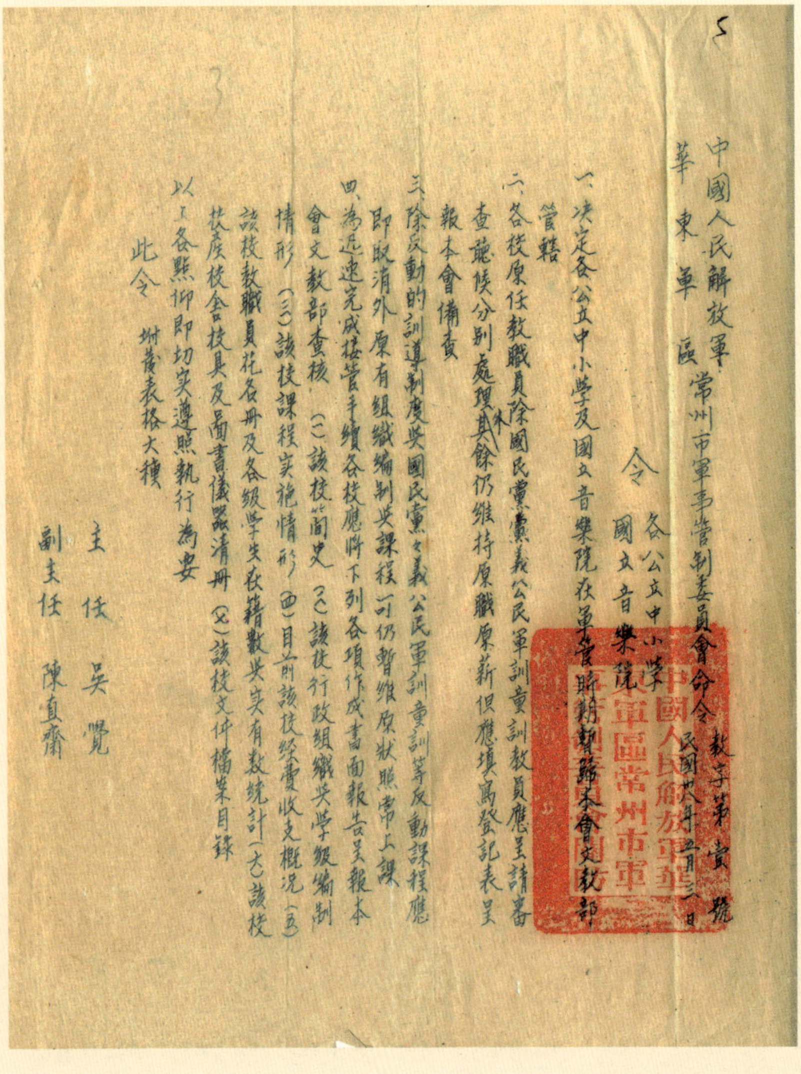

5

中國人民解放軍
華東軍區常州市軍事管制委員會命令 教字第壹號
民國卅八年五月三日

令
各公立中小學
國立音樂院

一、決定各公立中小學及國立音樂院在軍管時期歸本會文教部管轄
二、各校原任教職員除國民黨黨義公民軍訓童訓教員應呈請審查聽候分別處理外其餘仍維持原職原薪但應填寫登記表呈報本會備查
三、除反動的訓導制度與國民黨黨義公民軍訓童訓等反動課程應即取消外原有組織編制與課程一切仍暫維原狀照常上課
四、為迅速完成接管手續各校應將下列各項作成書面報告呈報本會文教部查核 (一)該校簡史 (二)該校行政組織與學級編制情形 (三)該校課程實施情形 (四)目前該校經費收支概況 (五)該校教職員花名冊及各級學生在籍數與實有數統計 (六)該校校產校舍校具及圖書儀器清冊 (七)該校文件檔案目錄

以上各點仰即切實遵照執行為要
附發表格大種

此令

主任 吳覺
副主任 陳直齋

1949年5月3日，常州市军管会关于接管各公立中小学、国立音乐院的命令。

全文：

中国人民解放军华东军区常州市军事管制委员会命令

教字第壹号

民国三十八年五月三日

令：各公立中小学、国立音乐院

一、决定各公立中小学及国立音乐院在军管时期暂归本会文教部管辖。

二、各校原任教职员，除国民党党议公民军训童训教员应呈请审查、听候分别处理外，其余仍维持原职原薪，但应填写登记表，呈报本会备查。

三、除反动的训导制度与国民党党议公民军训童训等反动课程应即取消外，原有组织编制与课程可仍暂维原状，照常上课。

四、为迅速完成接管手续，各校应将下列各项作成书面报告呈报本会文教部查核：（一）该校简史；（二）该校行政组织与学级编制情形；（三）该校课程实施情形；（四）目前该校经费收支概况；（五）该校教职员花名册及各级学生在籍数与实有数统计；（六）该校校产、校舍、校具及图书、仪器清册；（七）该校文件档案目录。

以上各点，仰即切实遵照执行为要。

此令。

附发表格六种

主　任　吴　觉

副主任　陈直斋

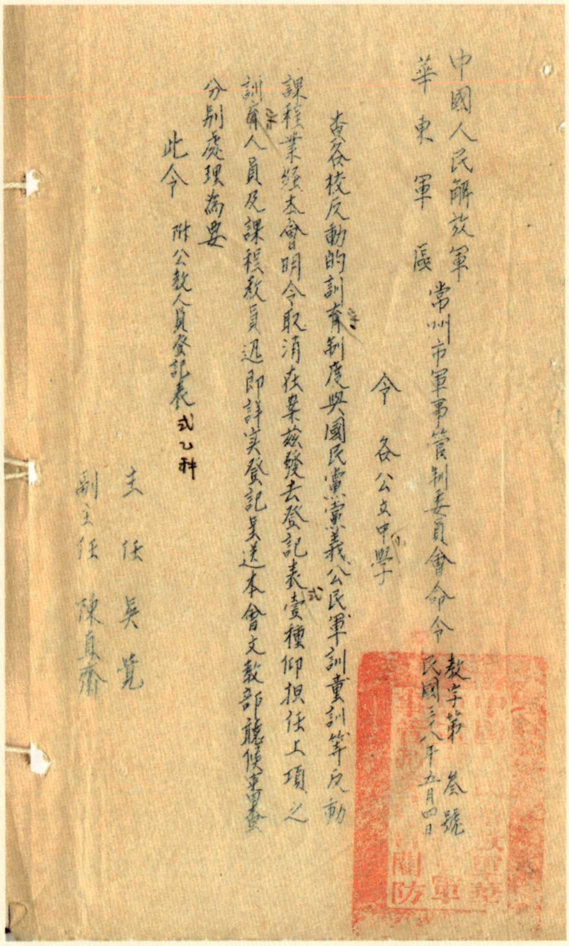
中國人民解放軍華東軍區常州市軍事管制委員會命令 教字第叁號 民國三十八年五月四日

令 各公立中小學

查各校反動的訓導制度與國民黨黨義公民軍訓童訓等反動課程業經本會明令取消在案茲發去登記表式壹種仰担任上項之訓導人員及課程教員迅即詳實登記呈送本會文教部聽候審查分別處理為要

此令

附公教人員登記表式乙种

主任 吳覺

副主任 陳直齋

1949年5月4日，常州市军管会关于登记反动的训导制度与国民党党议公民军训童训等反动课程的命令。

全文：

中国人民解放军华东军区常州市军事管制委员会命令

教字第叁号

民国三十八年五月四日

令：各公立中小学

查各校反动的训导制度与国民党党议公民军训童训等反动课程，业经本会明令取消在案，兹发去登记表式壹种，仰担任上项之训导人员及课程教员迅即详实登记，呈送本会文教部，听候审查、分别处理为要。

此令。

附公教人员登记表式乙种

主 任　吴 觉

副主任　陈直斋

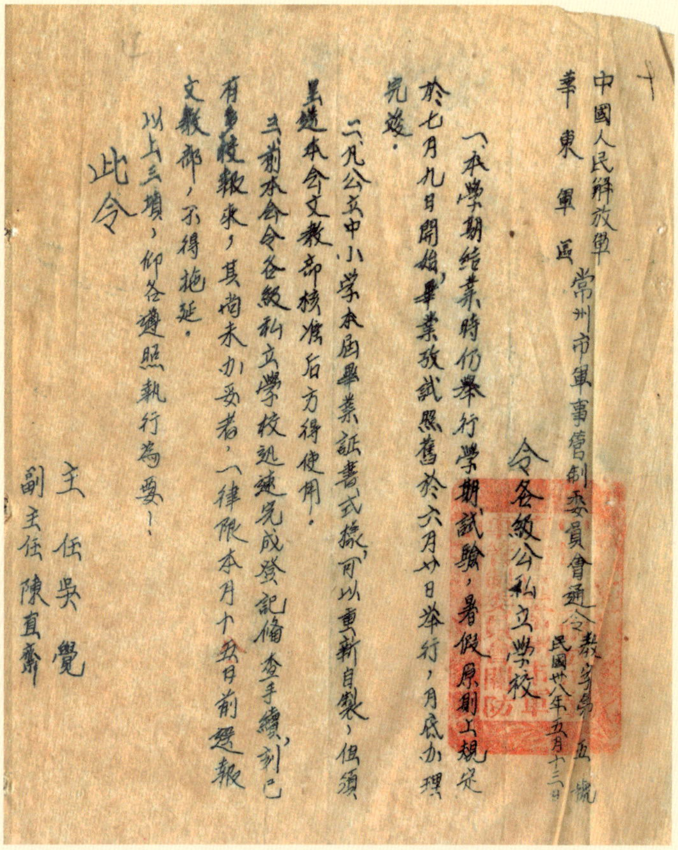
中國人民解放軍
華東軍區 常州市軍事管制委員會通令 教字第五號
民國卅八年五月十三日
令各級公私立學校
一、本學期结業時仍舉行學期試驗，暑假原則上規定於七月九日開始，畢業考試照舊於六月廿日舉行，月底办理完竣。
二、凡公立中小学本届畢業証書式樣，可以重新自製，但須呈送本会文教部核准后方得使用。
三、前本会令各級私立學校迅速完成登記備查手續，刻已有多校報來，其尚未办妥者，一律限本月十五日前逕報文教部，不得拖延。
以上三項，仰各遵照執行為要！
此令
主任 吳覺
副主任 陳直齋

1949年5月13日，常州市军管会关于各级公私立学校毕业考试及放暑假等问题的通令。

全文：

中国人民解放军华东军区常州市军事管制委员会通令

教字第五号

民国三十八年五月十三日

令各级公私立学校：

一、本学期结业时仍举行学期试验，暑假原则上规定于七月九日开始，毕业考试照旧于六月二十日举行，月底办理完竣。

二、凡公立中小学本届毕业证书式样，可以重新自制，但须呈送本会文教部核准后方得使用。

三、前本会令各级私立学校迅速完成登记备查手续，刻已有多校报来，其尚未办妥者，一律限本月十五日前迳报文教部，不得拖延。

以上三项，仰各遵照执行为要！

此令。

主　任　吴　觉

副主任　陈直斋

苏南常州军分区参谋处《匪情通报》

保管单位：常州市武进区档案馆

内容及评价：

太湖地处苏、浙两省交界处，湖面纵横150里，周围港汊、山地众多，湖中岛屿星罗棋布，其流域是我国著名的鱼米之乡，亦是盗匪匿迹出没之处。用群众的俗语来讲，就是："拔不完田里的稗草，捉不完太湖里的强盗。"渡江战役之后，苏南地区相继解放，但国民党残部与太湖流域的匪帮相互勾结，狼狈为奸，继续负隅顽抗，杀我干群，掠我财产，为害一方，人民群众不得安宁。为肃清特务土匪，巩固革命政权，维护社会秩序，中国人民解放军苏南军区成立了太湖区剿匪委员会，组建了松（松江）嘉（嘉善）、澄（江阴）、虞（常熟）、两溧（溧阳、溧水）等指挥所。中国人民解放军苏南常州军分区为配合清剿任务，广泛搜集国民党残部及土匪残余势力的活动情况，汇编成《匪情通报》，定期向苏南军区太湖区剿匪委员会上报。

馆藏的1949年7月27日苏南常州军分区参谋处汇编的《匪情通报》，主要介绍了1949年7月份以来无锡、宜兴、江阴、溧阳、武进、太湖方面及浙江长兴等地的匪情，为苏南军区太湖区剿匪委员会掌握匪情、制定剿灭作战计划、指导清剿指挥所和下辖各部队开展清剿工作提供了重要的情报信息，为实施清剿任务起到了重要的指导作用。这份《匪情通报》是常州解放后形成并留存下来的、仅有的一份关于环太湖地区匪情的档案文献，是研究苏南地区特别是环太湖地区在解放初期至建国前这一段时间国民党残部和土匪残余势力活动情况的重要参考资料，具有较高的史料价值。

全文：

绝密·匪情通报·七月二十七日·于本部

情字第4号

<一>兹将我分区各地当前匪情通报于下。

一、太湖方面

七月一日下午四时，西北之横山间有匪20～30人，附♁1（余不明），抢劫渔船。

十五日左右，于台山附近，有匪20余人携长短枪一部在流窜。

据称，匪陆德宝部已窜至湖内肖山一带活动（确否，待证）。

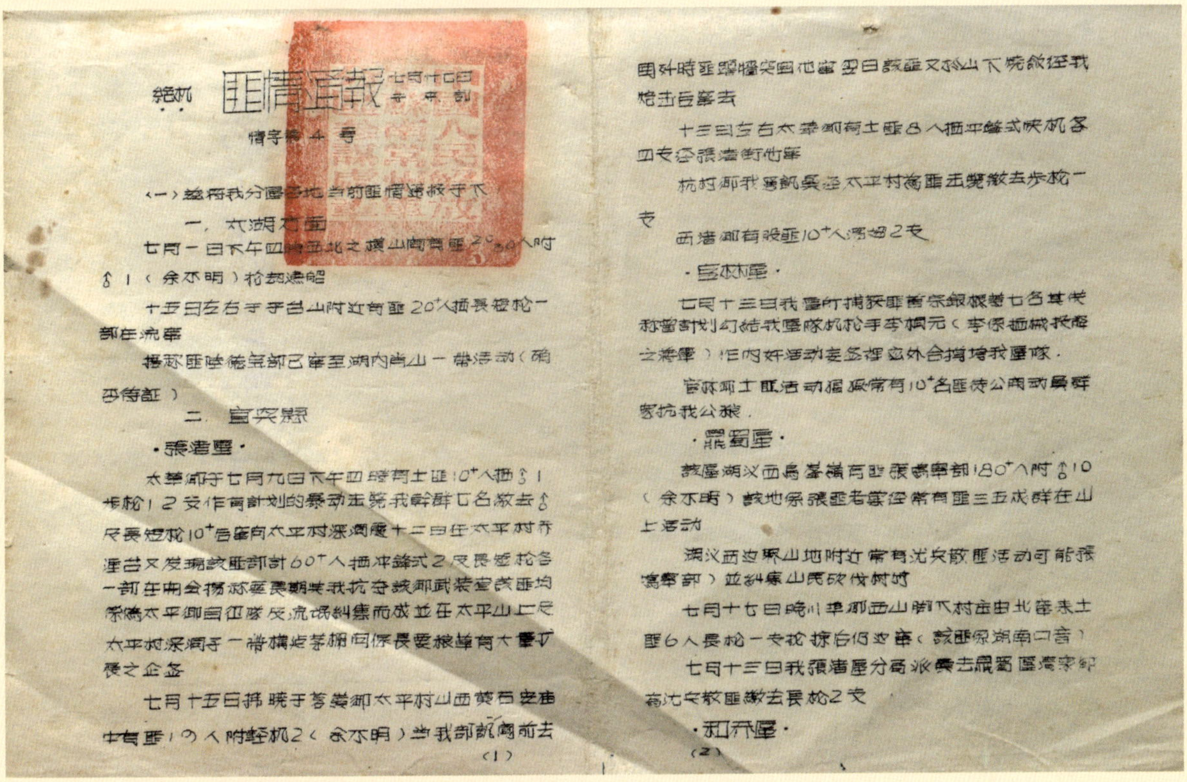
绝机 匪情通报 七月廿四日 参谋处

情字第4号

(一)兹将我分区各地当前匪情通报于下

一、太湖方面

七月一日下午四时西北之横山岗有匪20~30人附♂1(余不明)抢劫渔船

十五日左右于寺台山附近有匪20⁺人携长短枪一部在流窜

据称匪陆德宝部已窜至湖内马山一带活动(确否待证)

二、宜兴县

·张渚区·

太华乡于七月九日下午四时有土匪10⁺人携♂1步枪12支作有计划的暴动击毙我干群七名缴去♂及长短枪10⁺后窜向太平村深洞处十二日在太平村乔涯台又发现该匪部计60⁺人携冲锋式2及长短枪各一部在开会扬称要长期与我抗夺该乡武装查该匪均系伪太平乡自卫队及流氓纠集而成并在太平山上及太平村深洞子一带构建茅棚向保长要粮草有大量扩张之企图

七月十五日拂晓于茗岭乡太平村山西黄石安庙中有匪19人附轻机2(余不明)当我部讯闻前去

(1)

围歼时匪跳墙突围他窜翌日该匪又于山下烧饭经我炮击后窜去

十三日左右太华乡有土匪8人携冲锋式快机各四支经张渚街他窜

杭村乡我通讯员经太平村为匪击毙缴去步枪一支

西渚乡有股匪10⁺人汤姆2支

·官林区·

七月十三日我区所捕获匪首宗银根等七名其供称曾计划勾结我区队机枪手李桐元(李系插械投降之俘虏)作内奸活动妄图里应外合搞垮我区队.

官林乡土匪活动据报常有10⁺名匪徒公开动员群众抗我公粮.

·丁蜀区·

该区湖㳇西乌峯岭有匪张鸿宾部180⁺人附♂10(余不明)该地系张匪老窠经常有匪三五成群在山上活动

湖㳇西边螺山地附近常有沈兵散匪活动可能张鸿宾部)并纠集山民砍伐树林

七月十七日晚川埠乡西山脚下村庄由北窜来土匪6人长枪一支抢掠后向西窜(该匪系湖南口音)

七月十三日我张渚区分局派员去丁蜀区湾字乡淘沈安散匪缴去长枪2支

·和桥区·

(2)

1949年7月27日，苏南常州军分区参谋处汇编的《匪情通报》。

二、宜兴县

·张渚区·

太华乡于七月九日下午四时，有土匪10余人携♂1，步枪12支，作有计划的暴动，击毙我干群七名，缴去♂及长短枪10余〔支〕，后窜向太平村深洞处。十二日，在太平村乔涯台，又发现该匪部，计60余人，携冲锋式2〔支〕及长短枪各一部在开会，扬称要长期与我抗夺该乡武装。查该匪均系伪太平乡自卫队及流氓纠集而成，并在太平山上及太平村深洞子一带构建茅棚，向保长要粮草，有大量扩长[张]之企图。

七月十五日拂晓，于茗岭乡太平村山西黄石安庙中，有匪19人，附轻机2〔支〕（余不明）。当我部讯闻[闻讯]前去围歼时，匪跳墙突围他窜。翌日，该匪又于山下烧饭，经我炮击后窜去。

十三日左右，太华乡有土匪8人，携冲锋式快机各四支，经张渚街他窜。

杭村乡，我通讯员经太平村，为匪击毙，缴去步枪一支。

西渚乡有股匪10余人，汤姆〔枪〕2支。

·官林区·

七月十三日，我区所捕获匪首宗银根等七名，其供称，曾计划勾结我区队机枪手李桐元（李系携械投降之蒋军）作内奸活动，妄图里应外合，搞垮我区队。

官林乡土匪活动猖獗，常有10余名匪徒公开动员群众抗我公粮。

·鼎蜀区·

该区湖¤西乌峰岭有匪张鸣皋部180余人，附♂10（余不明）。该地系张匪老巢，经常有匪三五成群在山上活动。

湖¤西边界山地附近，常有游兵散匪活动（可能张鸣皋部），并纠集山民砍伐树竹。

七月十七日晚，川埠乡西山脚下村庄，由北窜来土匪6人，长枪一支，抢掠后仍返窜（该匪系湖南口音）。

七月十三日，我张渚区分局派员去鼎蜀区清泉乡，为游兵散匪缴去长枪2支。

·和乔[桥]区·

七月七、八、九日，钟溪乡闸口地区发生匪徒〔徒〕手抢劫案三起。十五日夜，匪20余人又窜该地活动，匪首系万石乡人，现已为我捕获七人。

十三日下午，我区署查获匪船2只，匪首吴金堂（又名金镖、周老二），据供系刚自丰义来，计7人，手、步枪各一支，前曾于无锡寨桥高楼新庄圩抢掠过。

该区于楝墅港破获匪首刘孟根警卫员徐顺龙家枪支10余〔支〕。

·芳桥区·

七月九日，周铁乔上兴村有便衣徒手匪徒10余人，窜王宅抢掠后，逃往曹乔[桥]方向。据称，该匪系曹乔[桥]乡东埂上小桥头村人，匪首系庞法根、庞金根等，计有45人，并在曹乔[桥]乡抢劫数次。

十五日，万石乡逮捕匪（徒手）10余人，并搜出伪造"宜兴县万石乡农民代表会图记"一颗。匪首宋和尚已他逸。

·徐舍区·

七月十日，徐舍房庄一带有匪八人，携长枪5支、短枪3支，窜经徐舍街一线鼓动群众抗粮。

·城区·

七月十一日，匪20余人窜来城南南岳寺刺探军情。

十五日左右，陶俊良匪部30余人（一说200余人，不明）在城南桐峰乡大路寺召开三天会议后，一部附短枪20余支窜向徐舍方向，余均南窜边山中。

·其他·

七月四日晚，匪首姜峨华（一说姓宋，曾任匪营长）率部40余人，携♂1、短枪14支，潜宿于分水圩北八里之陈万里。翌晨，勒索居民大米2.5斗后他逸。

长荡湖之匪部10余人、♂1、步枪17支，窜来杨巷镇抢劫后回窜。

附：浙江省长兴县匪情

车渚里牛步登上张涧巷里一带有匪首张永堂、钱炳率部40余人、♂1、短枪5〔支〕、长枪13支流窜。七月一日，有一股拟乘船窜太湖，中途为我鸿乔[桥]区队捕获7名。九日，抢劫二次（该匪系温州人，昼伏夜出，善于伪装）。

金村一带常有匪数名自太湖窜来采我军情。

七月十四日左右，长兴煤山有匪30余人为我击散后，溃窜我宜兴县境。

广德方面并有匪部200余人、♂2（余不明），于十日左右窜来我宜兴境内。

三、溧阳县

·戴埠区·

土匪3～4人，携短枪一支，于七月七日窜我茶亭乡抢劫食粮。

茶亭头乡清龙寺和尚二名，谣播“毛主席于开会时被击伤，林彪被俘，上海被轰炸得利害，中央军已打来，杭州国民党马上要来了”，阻我地武之发展。

匪首吴加生（又名吴国柱，伪突击队长）等率部15人，携♂1、♂2、快机2〔支〕、反步枪一部，在该区某中活动。

宜兴之匪钱珊琳部100余人（匪区长）、长兴之地下县政府（负责人张鸣皋，据称，与钱结合，共约500余人），因我行动吃紧，已窜来溧阳境内。

匪吴锦良、狄洪亮、郭全大、马全大、马锡林、刘惠宏、王咬齐（均已先后为我捕获，郭小用一名逃脱）等，已成立小组，公开反抗我政府，并于七月十六日集会。

·长渡区·

城西乡王家桥马塘村一带均有土匪活动，进行抢掠。

该区匪特谣传“南京军大学生都补充我江北部队”“县长怕飞机炸，都不敢住城里”“宁波已失守，上海被炸，很严重”“海口封锁，杭州部队都开往青岛打大仗”“国民党不过年关就要回来，毛主席发愁吊死了”。

四、江阴县

·晨阳区·

匪首耿土廉（匪江阴县长）率部13人，附♂1、卡品[宾]〔枪〕4〔支〕，七月七日于虞澄交界处之福前镇一带活动。

匪首陈丕林、曹观泉、吴作山等，活动于常熟沙州[洲]区合宾街以南、福前镇以北地区，散发宣〔传〕材〔料〕，并破坏我人民币信用。

·澄东区·

本月五日，捕获散匪周茂宁（外号叫洋盘呵可元）一名，供称，“该匪原系江阴刑事队副组长，江阴解放后，该队30余人逃往上海。我解放上海后，则就地隐蔽，后由吴宗渊（原江阴匪县党部书记长），并召集40余人的秘密会议，布置各人回当地‘游击’，破坏我征粮工作，且于六月中旬窜散江阴各地”。

匪首郁文达（郁原在王炳珊部下，并任长泾镇自卫队长），率20余人，据云有♂1，在长泾东南一带活动。

顾山镇、长泾镇一带于月初发现抢劫案数起。

匪首常得良（共有短枪6支、步枪7支）率三个组经常分散于黄梅、夹山、张泾乔[桥]西北部一带活动。

五、武进县

武进城周围，匪之活动较狂，于本月中旬，匪5名携枪窜入老北门住户内抢掠。西门高乔，匪特二名，于白天抢夺我支书枪支。其活动特点有三：①抢劫时冒充我军名义叫居民开门；②匪特均着工装；③钻我控制的空隙区活动。

<二>根据目前各地匪情研究，似在作有计划的全面活动，其当前主要企图综合约有三项：

1. 武装叛乱。阻碍我地方基层政权之建设，或搅垮已建立之基层组织；

2. 传播谣言。阻挠我征粮工作之推进及地武之发展，破坏支前工作；

3. 谣言惑众。结合抢劫暗杀活动，破坏我社会治安，制造新解放区的恐怖，威胁我军民之胜利心理。

上呈报

参谋长　施亚夫

（编者注：原文中的“♂”是什么意思无从考证，故原文照录。原文中的“+”号，编者理解为“余”的意思。）

中华人民共和国成立后档案

(甲)注意事項：

(一)契稅稅率

一、買契稅　按買價徵收百分之六。

二、典契稅　按典價徵收百分之三。

三、贈與契稅　按現值價格徵收百分之六。

(二)完納契稅

一、應於契約成立後三個月內辦理之。

二、逾期繳納者除照額補稅外，每月加收稅額百分之二十，不足一月者以一月計。

(三)匿報產價者，除應據實申報照補短納稅額外，并按短納稅額處以二倍以內之罰金。

(四)實係買、典、贈與或交換而以繼承，分析等名義立契，意圖逃稅者，或已進行房屋土地買典而隱匿不報者，除責令據實換契完納契稅外，并處以應納稅額三倍以下之罰金。

(乙)說明事項：

一、凡土地房屋之買、典、贈與、交換、分析及繼承均適用本契紙。

二、本契紙各欄，應用毛筆正楷填寫，不得潦草塗改。

5630

江蘇省常州市人民政府印發

現有產權人	陶
原有產權人	
房地種類	地
坵段號數	三
戶號	五
坐落	東外直街二二五號
四至	東至　南至　西至　北至
土地面積	市畝　市分　伍市厘　零市毫
房屋間數	
其他	
住址	東外直街二二五號
草契載價	億仟貳佰捌拾萬零仟零佰零拾零元
立契日期	一九五肆年拾壹月拾貳日
評定標準價格	房屋每間　元　土地每畝　元　合計　元
應納契稅	仟佰壹拾陸萬捌仟零佰零拾零元
關係人	產鄰　中證人　監證人　東區人民政府

地段　北　西

附記

常州市市長　吳

財政科科長

此聯交納稅人收執

解放初期常州市房地产交易档案

保管单位：常州市房产登记中心

内容及评价：

建国初期，土地、房产可以自由买卖，但交易仍沿用民国时期的契载形式，并由房地产管理部门对交易进行登记造册后进行备案。登记册和契约中记载有房地产的契号、登记日期、成交日期、出方承方姓名并鉴章、产业坐落、房屋种类及间数、用途、随屋装修、土地面积、卖价（或每月租金）、出卖原因等信息，并有调查情况及意见、契载事项、主管意见及房屋管理部门的审核意见等内容，可以称之为房地产登记薄的雏形。由于种种历史原因，直至1989年，我国才正式开始进行房地产所有权总登记。

常州解放初期的房地产交易十分活跃，在此过程中形成了大量房地产交易登记册和各种契约。常州市房产登记中心保存的1950年至1967年房地产交易登记册和各种契约，既是当时房地产交易的原始资料，更是房地产权利人拥有产权的重要凭据。这些交易登记册和契约，为后来房地产权属的登记、交易，房地产纠纷的仲裁、物业管理、住房制度改革、城市规划、城市建设及保障房地产权利人合法权益等提供了重要的原始依据，对于研究常州市房地产的发展演变情况，具有十分重要的参考价值。

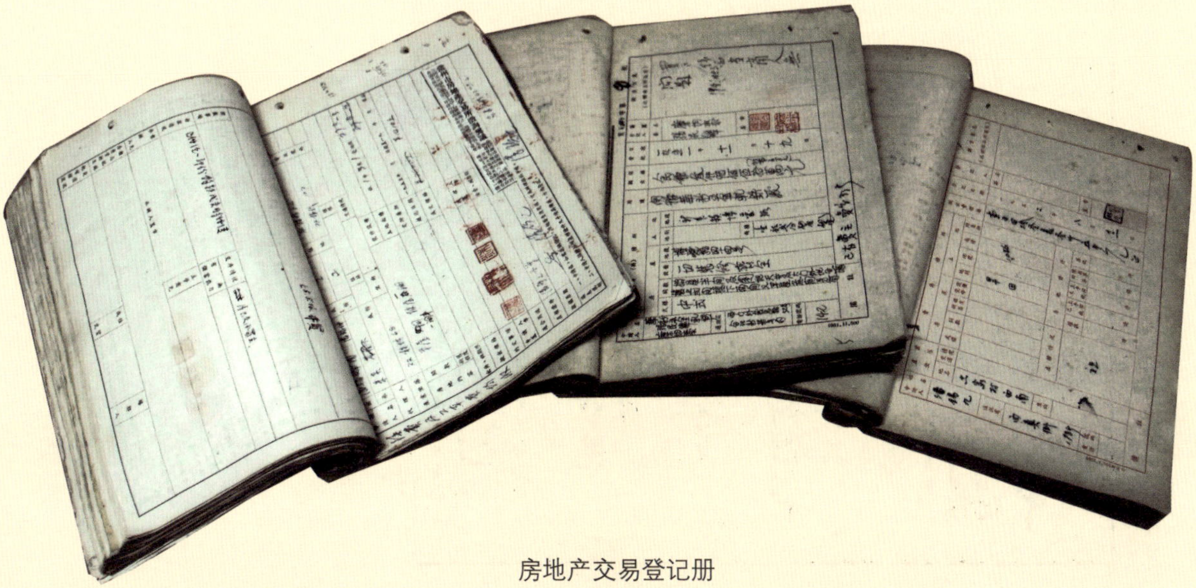

房地产交易登记册

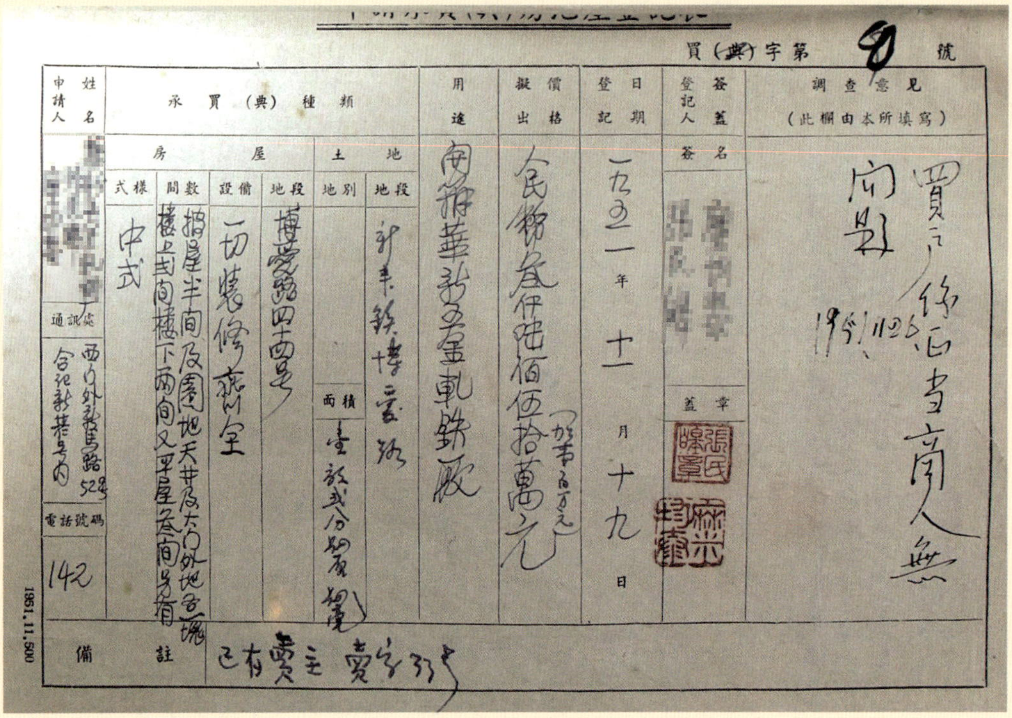
買（典）字第 8 號

申請人姓名	承買（典）種類							用途	擬價出搭	登記日期	登記人簽名蓋章	調查意見（此欄由本所填寫）
	房屋				土地							
	式樣	間數	設備	地段	地別	地段	面積					
	中式		一切裝修在內	博愛路四十四號					人民幣叁仟陸佰伍拾萬元	一九五一年十一月十九日		1951.11.26

通訊處

電話號碼 142

備註

1951.11.500

1951年11月26日张民皞、麻米均二人出卖房地产登记表。

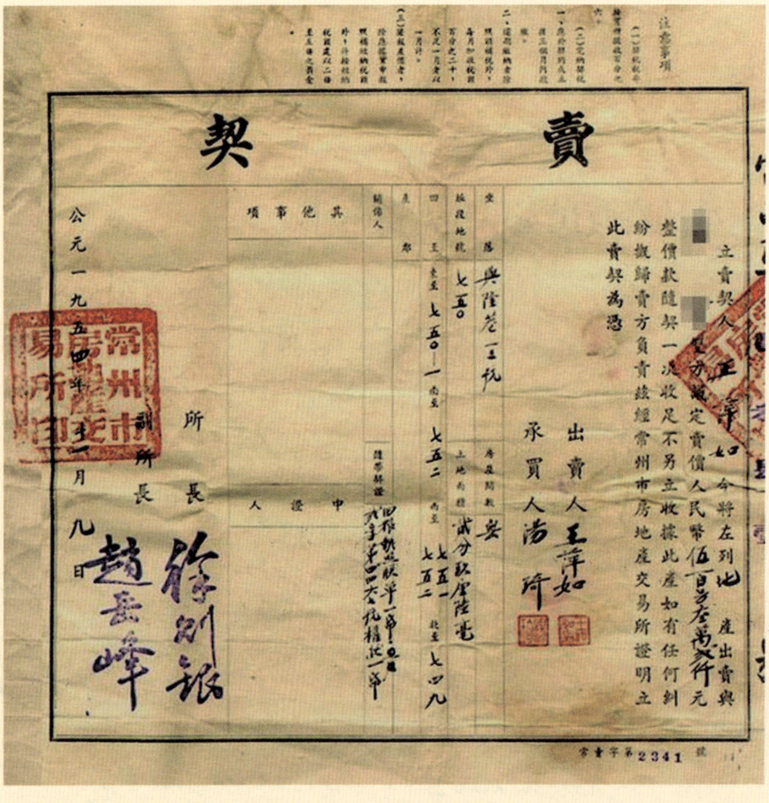
賣契

立賣契人王萍如今將左列地產出賣與……雙方議定賣價人民幣……價款隨契一次收足不另立收據此產如有任何糾紛概歸賣方負責該經常州市房地產交易所證明立此賣契為憑

出賣人 王萍如

承買人 湯琦

坐落

地段地號

四至

房屋間數

土地面積

註

其他事項

中證人

所長

副所長 趙岳峰

公元一九五四年十一月九日

字第2341號

1954年11月9日，王萍如将地产出卖给汤琦的卖契。

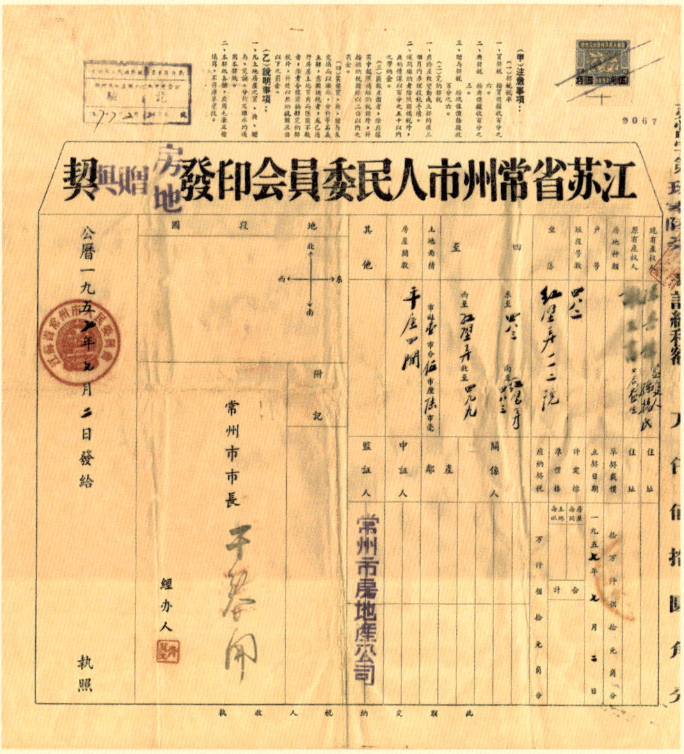
江苏省常州市人民委員会印發 房地赠與契

公曆一九五七年七月二日發給

常州市市長

經办人

执照

常州市房地產公司

此联交纳税人收执

1954年11月26日，江苏省常州人民政府发给陶德汉的地契。

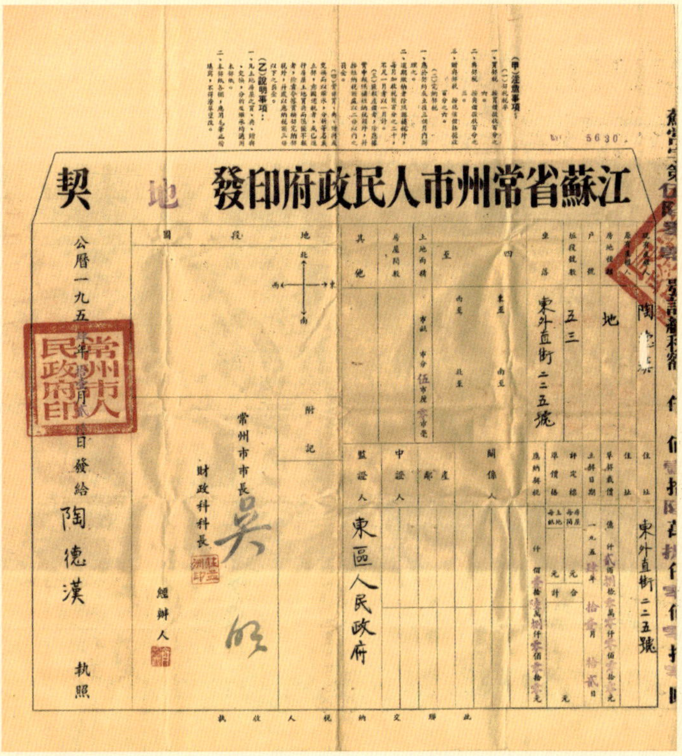
江蘇省常州市人民政府印發 地契

公曆一九五

發給

陶德漢

執照

常州市市長

財政科科長

經辦人

東外直街二二五號

東區人民政府

此联交纳税人收执

1957年7月2日，江苏省常州市人民委员会颁发的房地赠与契。

解放初期常州市工商企业档案

保管单位：常州市档案馆

内容及评价：

工商企业档案是工商行政管理部门为依法监督、管理企业的经营行为而收集、整理并保管的，在企业登记注册及经营过程中形成并留存的信息、文件的总称。工商企业档案属于企业的一般性秘密。

常州是近代中国民族工商业发祥地之一。民国时期，常州的民族工商业非常发达，小到针线、修鞋地摊，大到开店、办厂，只要是社会有需求的东西，都有相应的行业存在。在社会主义改造和过渡时期，常州市工商管理部门对全市所有工商业进行了全面登记，形成了1.65万卷工商企业档案，主要有机电、无线电、纺织印染、化工、轻工、煤炭、银行、梳篦、木行、粮油、副食品、手工业、商业等近百类工商企业档案，比较全面、真实地反映了解放初期常州市工商企业的登记状况和发展状况，对于研究解放初期常州工商企业的发展史及演变情况，恢复和发展在当今社会已经消亡的传统手工业，具有十分重要的参考价值。

江蘇省蘇南人民行政公署

工商業登記證

常州市行政區 縣常字第二七九二號

茲據 周良大 申請工商業登記

經審查尚無不合准予營業特發給

工商業登記證為憑

登記事項

營業名稱 周良大紙盒作

負責人姓名 周良大

營業地址 茅司徒巷一二號

主營業務 紙盒

兼營業務

創設年月 一九三五年

右給 周良大紙盒作 收執

主任 管文蔚

副主任 劉季平

簽發機關

一九五〇年 月 日

1950年，江苏省苏南人民行政公署颁给周良大的工商业登记证。

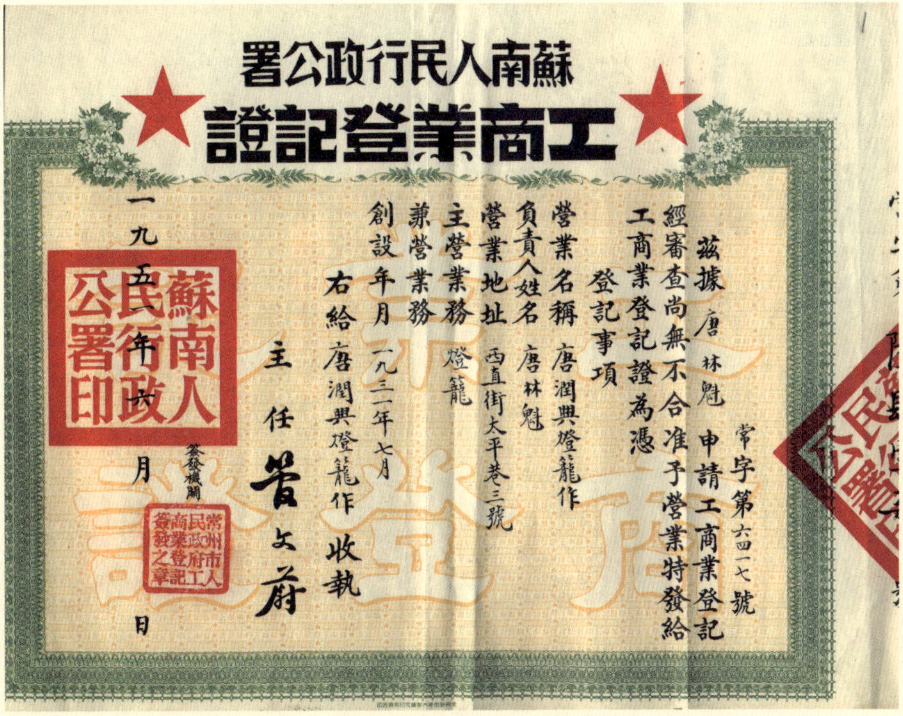

蘇南人民行政公署
工商業登記證

常字第六四一七號
茲據唐林魁申請工商業登記
經審查尚無不合准予營業特發給
工商業登記證為憑
登記事項
營業名稱 唐潤興燈籠作
負責人姓名 唐林魁
營業地址 西直街太平巷三號
主營業務 燈籠
兼營業務
創設年月 一九三一年七月
右給唐潤興燈籠作收執
主任 管文蔚
簽發機關
一九五一年六月 日

1951年6月，苏南人民行政公署颁给唐林魁的工商业登记证。

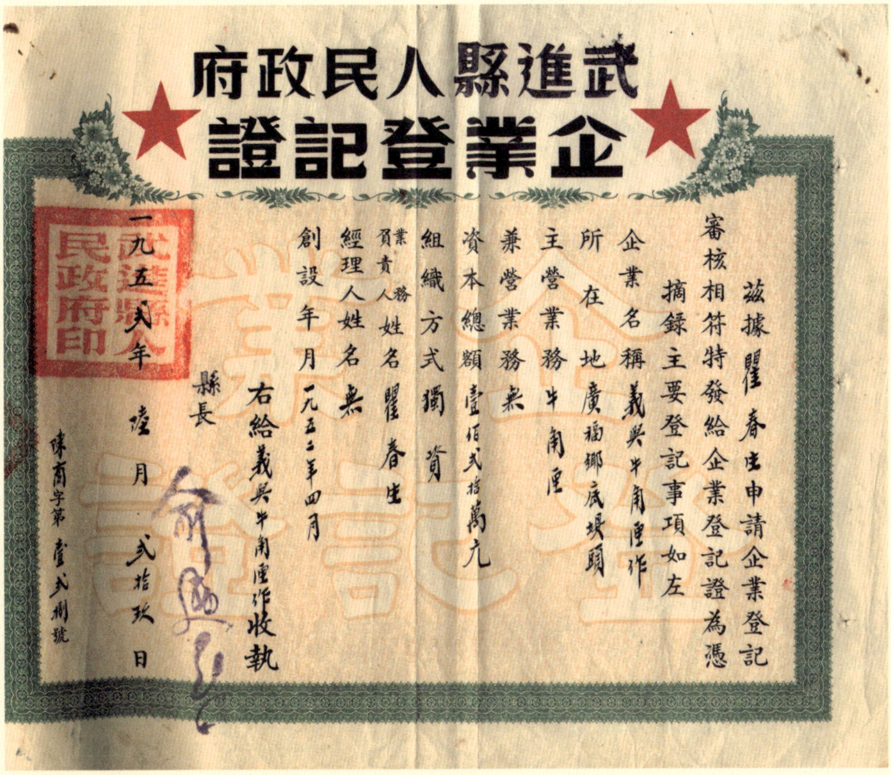

武進縣人民政府
企業登記證

茲據瞿春生申請企業登記
審核相符特發給企業登記證為憑
摘錄主要登記事項如左
企業名稱 義興牛角座作
所在地 廣福鄉底埂頭
主營業務 牛角座
兼營業務 米
資本總額 壹佰貳拾萬元
組織方式 獨資
業務負責人姓名 瞿春生
經理人姓名 無
創設年月 一九五二年四月
右給義興牛角座作收執
縣長
一九五二年陸月貳拾玖日
陳商字第壹貳捌號

1952年6月29日，武进县人民政府颁给瞿春生的企业登记证。

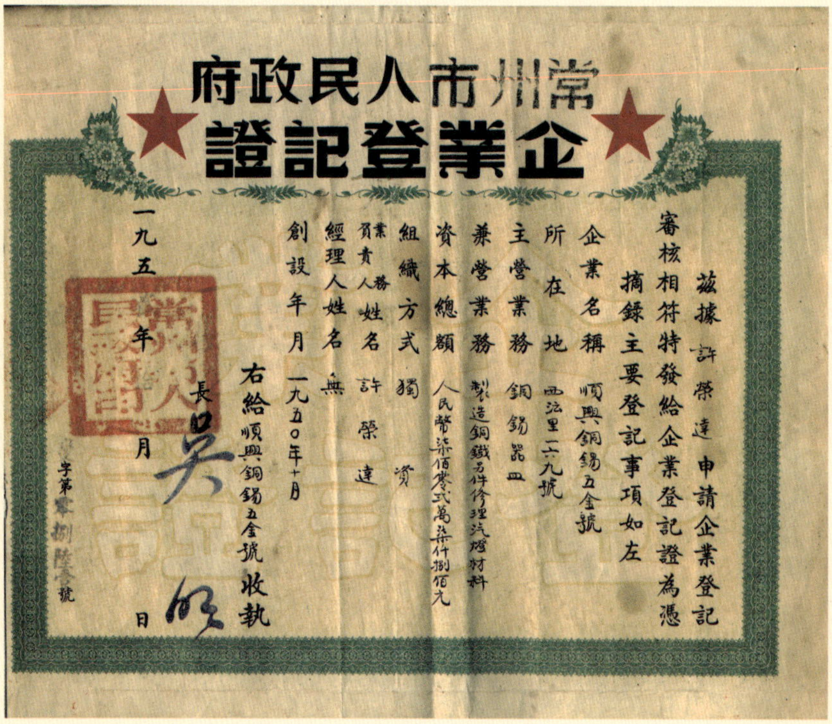

1952年10月，常州市人民政府颁给许荣达的企业登记证。

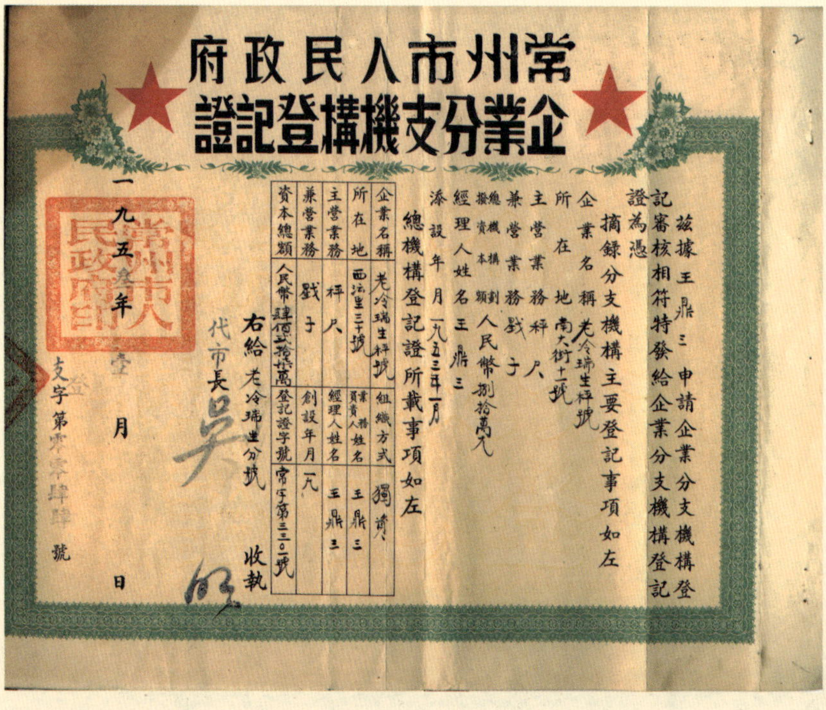

1953年1月，常州市人民政府颁给王鼎三的企业分支机构登记证。

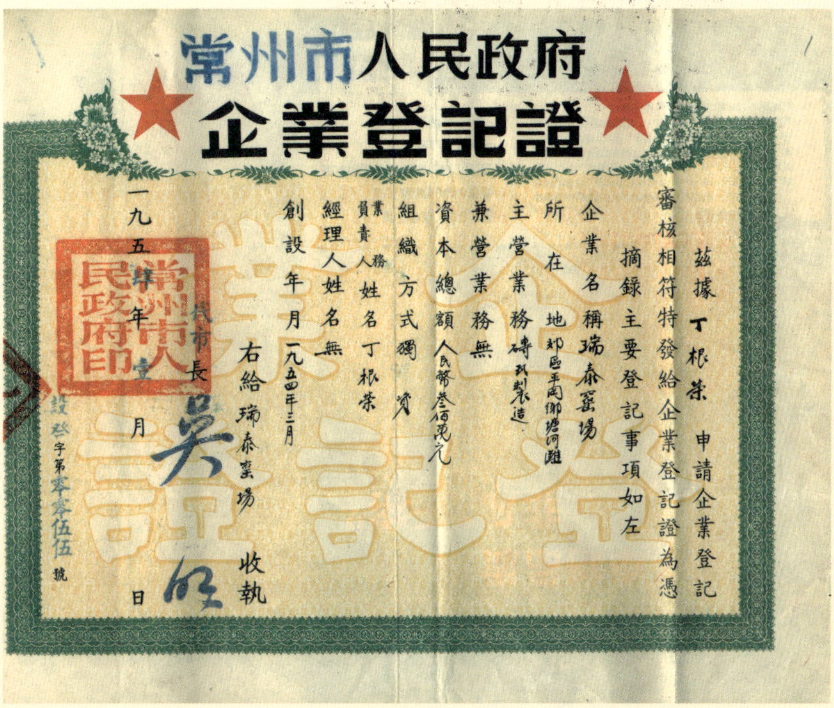

常州市人民政府
企業登記證
茲據 丁根荣 申請企業登記
審核相符特發給企業登記證為憑
摘錄主要登記事項如左
企業名稱 瑞泰窑場
所在地 郊區半岡衖塘河灘
主營業務 磚瓦製造
兼營業務 無
資本總額 人民幣叁佰萬元
組織方式 獨資
業務負責人姓名 丁根荣
經理人姓名 無
創設年月 一九五四年三月
右給 瑞泰窑場 收執
市長
一九五四年壹月 日

1954年1月，常州市人民政府颁给丁根荣的企业登记证。

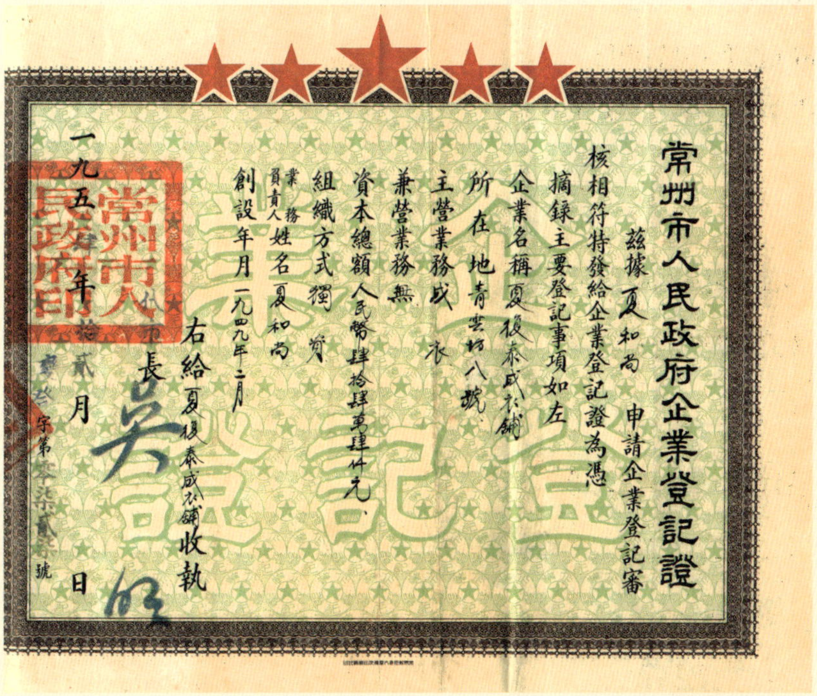

常州市人民政府企業登記證
茲據 夏和尚 申請企業登記審
核相符特發給企業登記證為憑
摘錄主要登記事項如左
企業名稱 夏復泰成衣舖
所在地 青雲坊八號
主營業務 成衣
兼營業務 無
資本總額 人民幣肆拾肆萬肆仟元
組織方式 獨資
業務負責人姓名 夏和尚
創設年月 一九四九年二月
右給 夏復泰成衣舖 收執
市長
一九五四年拾貳月 日

1954年12月，常州市人民政府颁给夏和尚的企业登记证。

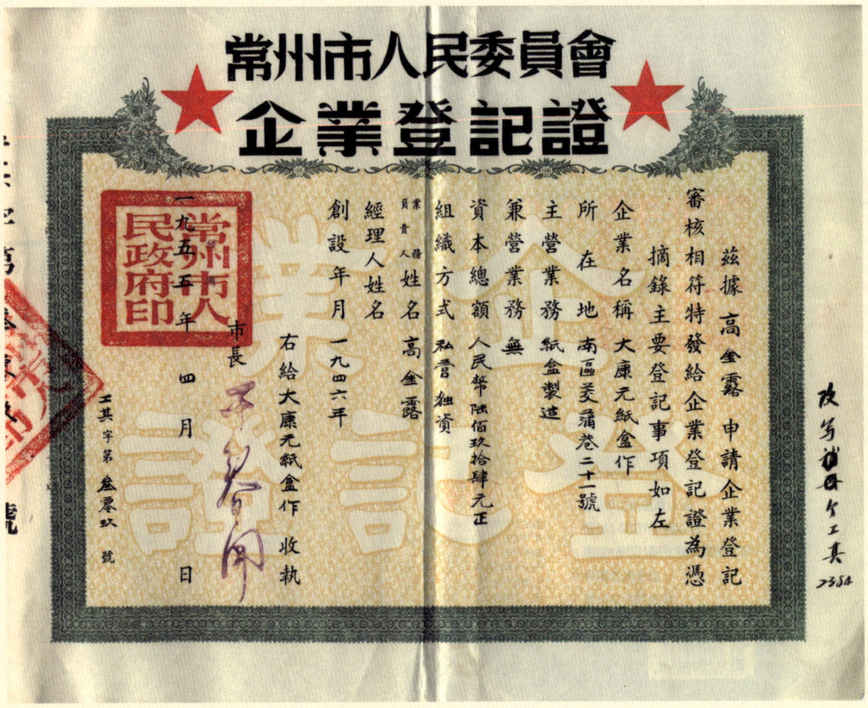

常州市人民委員會
企業登記證

茲據高金露申請企業登記
審核相符特發給企業登記證為憑
摘錄主要登記事項如左
企業名稱 大康元紙盒作
所在地 南區姜蒲巷二十一號
主營業務 紙盒製造
兼營業務 無
資本總額 人民幣陆佰玖拾肆元正
組織方式 私营独资
業務負責人姓名 高金露
經理人姓名
創設年月 一九四六年
右給大康元紙盒作收執
市長
一九五五年四月日
工其字第叁零玖號

1955年4月，常州市人民委员会颁给高金露的企业登记证。

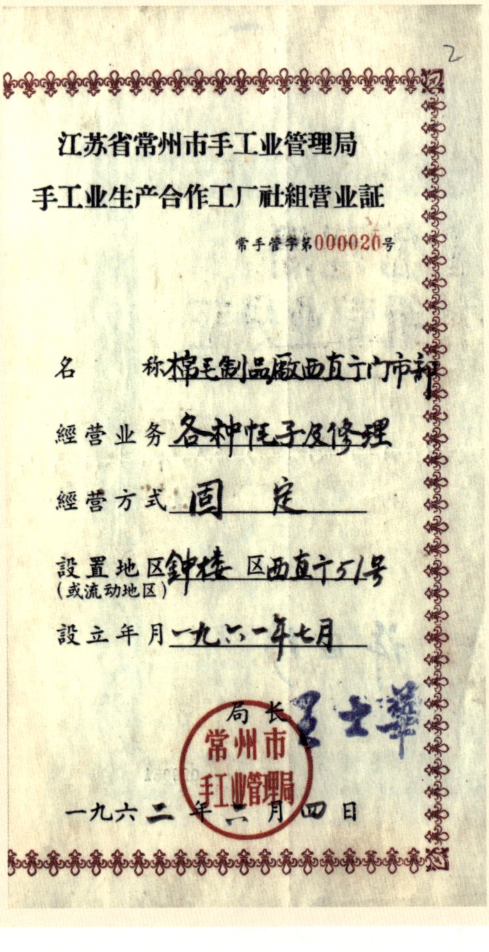

江苏省常州市手工业管理局
手工业生产合作工厂社組营业証
常手管字第000020号

名　称 棉毛制品厰西直亍门市部
經营业务 各种帽子及修理
經营方式 固定
設置地区（或流动地区） 鍾楼区西直亍51号
設立年月 一九六一年七月

局长
一九六二年六月四日

1962年6月4日，江苏省常州市手工业管理局颁给棉毛制品厂西直街门市部的手工业生产合作工厂社组营业证。

江苏省常州市手工业管理局

手工业企业登记证

常手管62字第0041号

名　　称　常州市钟楼区衡器修配生産合作社

地　　址　西直亍27号

成立年月　一九五八年三月

经营业务　衡器

局长　王士華

一九六二年九月二十五日

1962年9月25日，江苏省常州市手工业管理局颁给常州市钟楼区衡器修配生产合作社的手工业企业登记证。

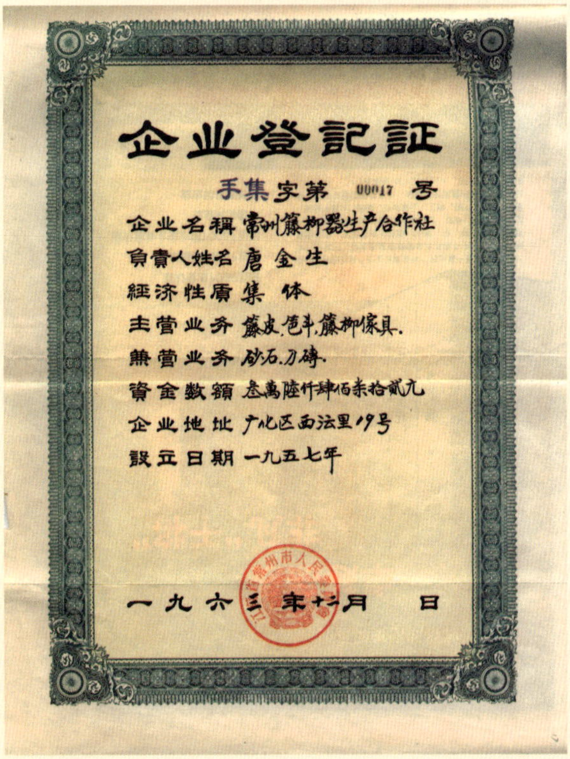

企业登記証

手集字第 00017 号

企业名称　常州籐柳器生产合作社

負責人姓名　唐金生

經济性质　集体

主营业务　籐皮、竹子、籐柳傢具.

兼营业务　砂石、刀砖.

資金数额　叁萬陸仟肆佰柒拾貳元

企业地址　广化区西法里19号

設立日期　一九五七年

一九六三年十二月　日

1963年12月，江苏省常州市人民委员会颁给常州藤柳器生产合作社的企业登记证。

摊贩登記証

摊贩名称（或申请人姓名） 鲁金龙

經营業务 [illegible]

資本額 陆拾元

設攤地点（或流动地区） 介新街39号

設攤年月 一九五一年

局長 刘

一九六一年十二月十七日

字第0006164号

1961年12月17日，常州市商业局颁给鲁金龙的摊贩登记证。

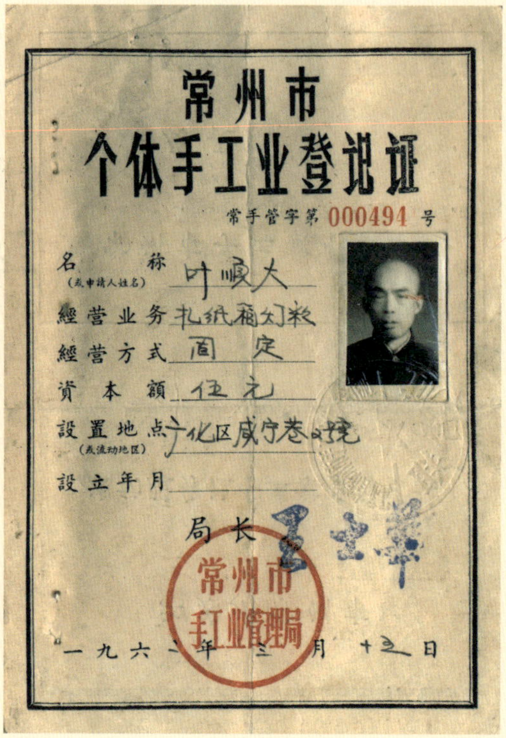

常州市

个体手工业登记证

常手管字第000494号

名称（或申请人姓名） 叶顺大

經营业务 扎纸糊灯彩

經营方式 固定

資本額 伍元

設置地点（或流动地区） 广化区咸宁巷9号

設立年月

局长

一九六二年三月十五日

1962年3月15日，常州市手工业管理局颁给叶顺大的个体手工业登记证。

常州市

临时营业証

字第00067号

姓名 刘吐生

經营业务 修皮鞋

資金 贰拾元

营业地址 郊区广福乡清水潭37号

本証自1964年1月1日起至1964年12月31日止有效

一九六三年十二月 日

1963年12月，常州市手工业管理局颁给刘吐生的临时营业证。

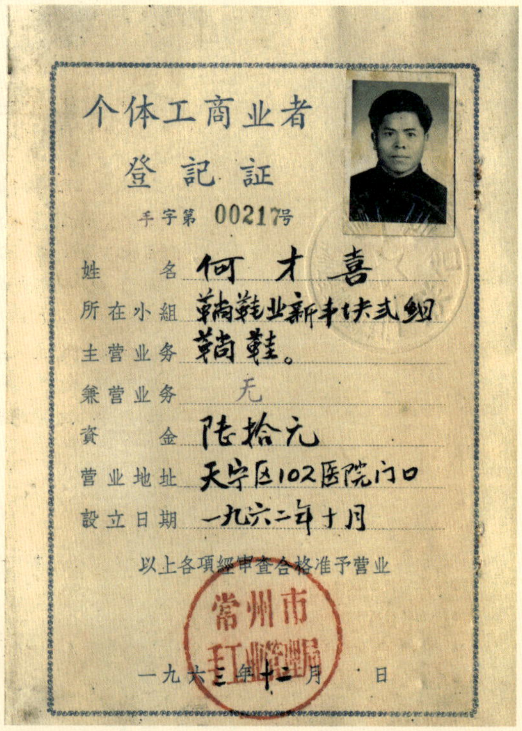

个体工商业者

登記証

手字第00217号

姓名 何才喜

所在小組 鞝鞋业新丰快式组

主营业务 鞝鞋。

兼营业务 无

資金 陆拾元

营业地址 天宁区102医院门口

設立日期 一九六二年十月

以上各項經审查合格准予营业

一九六三年十二月 日

1963年12月，常州市手工业管理局颁给何才喜的个体工商业者登记证。

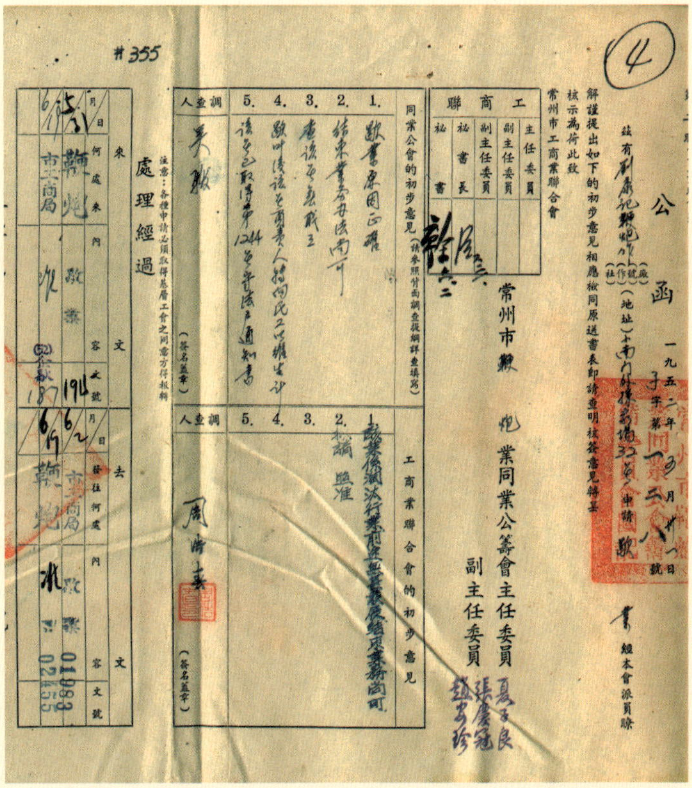
公函
工商業聯合會的初步意見

1952年5月21日，常州市鞭炮业同业公会筹备委员会致常州市工商业联合会关于刘康记鞭炮作歇业的公函。

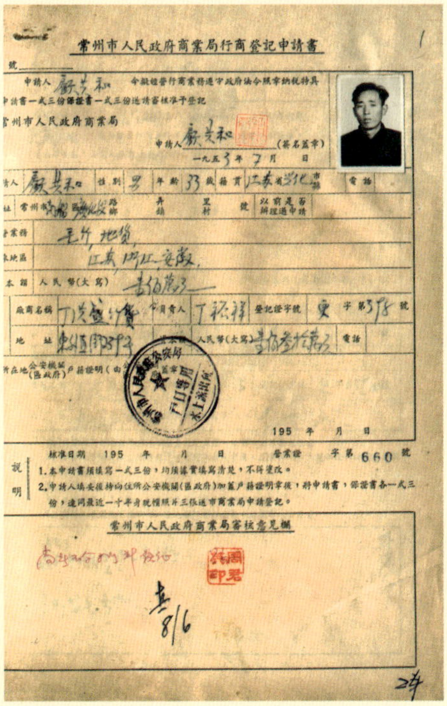
常州市人民政府商業局行商登記申請書

1953年7月，顾共和的行商登记申请书。

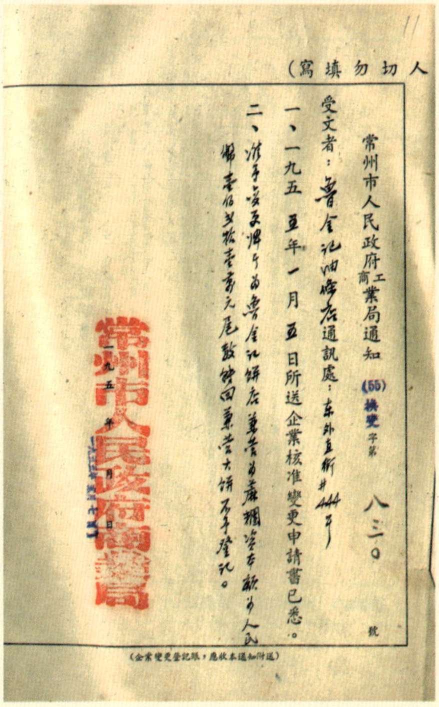
常州市人民政府工商業局通知

1955年2月7日，常州市人民政府关于鲁金记油条店变更为鲁金记饼店的通知。

苏南常州专员公署、常州军分区司令部关于保护农业生产布告

保管单位：常州市档案馆

内容及评价：

常州解放初期，特务匪徒还没有被彻底消灭，好逸恶劳、不事生产的二流子横行乡里，部分灾民思想觉悟不高。因此，破坏农业生产和偷盗麦穗、蚕豆、稻种、小秧等事件时有发生。为保护农业生产，1950年5月，苏南常州行政区专员公署与苏南常州军分区司令部联合发布了关于保护农业生产、禁止偷窃农作物的布告，除责令各区、乡政府立即会同武装部队及群众团体深入宣传、严加防范外，要求各地群众联合起来，对农作物实行看更放哨，并区分不同情况对待偷盗者。对特务匪徒破坏农业生产者，要严惩不贷。还特别提出，对偷盗者，严禁乱打乱杀。这些措施有效地震慑了特务匪徒，阻止了偷盗行为，保护了农业生产，维护了人民群众的利益和社会秩序的稳定。

馆藏的苏南常州行政区专员公署与苏南常州军分区司令部联合发布的布告，存世极为稀少，因而极为珍贵，对研究解放初期常州地区农业生产管理和经济建设情况，具有十分重要的参考价值。

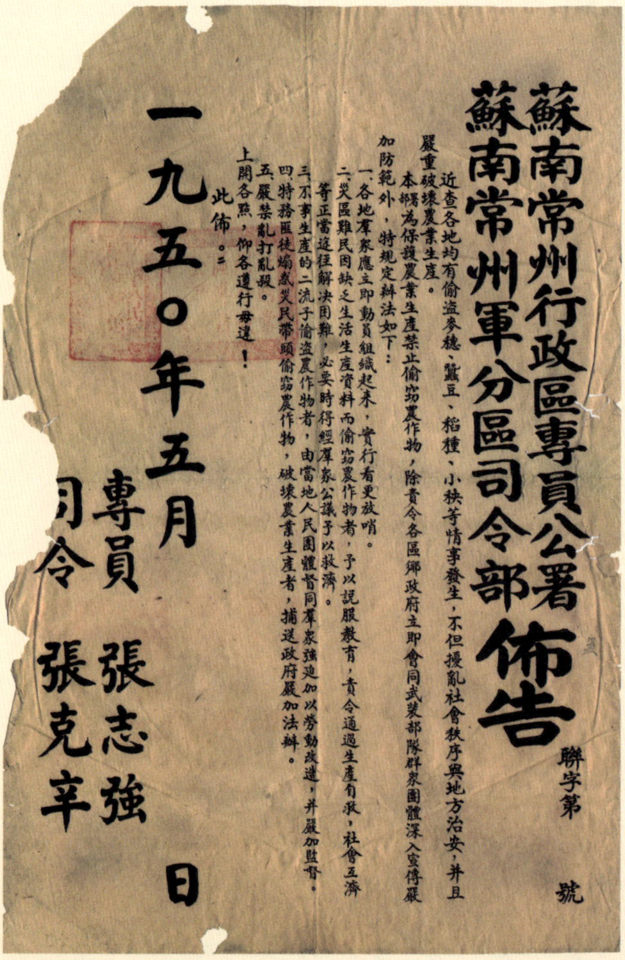

蘇南常州行政區專員公署
蘇南常州軍分區司令部
佈告
聯字第　號

近查各地均有偷盗麥穗、蠶豆、稻種、小秧等情事發生，不但擾亂社會秩序與地方治安，并且嚴重破壞農業生產。

本署部為保護農業生產禁止偷竊農作物，除責令各區鄉政府立即會同武裝部隊群眾團體深入宣傳嚴加防範外，特規定辦法如下：

一、各地羣眾應立即動員組織起來，實行看更放哨。

二、災區難民因缺乏生活生產資料而偷竊農作物者，予以說服教育，責令通過生產自救，社會互濟等正當途徑解決困難，必要時得經羣眾公議予以救濟。

三、不事生產的二流子偷盗農作物者，由當地人民團體督同羣眾強迫加以勞動改造，并嚴加監督。

四、特務匪徒煽惑災民帶頭偷竊農作物，破壞農業生產者，捕送政府嚴加法辦。

五、嚴禁亂打亂殺。

上開各點，仰各遵行毋違！

此佈。

一九五〇年五月　日

專員　張志強

司令　張克辛

1950年5月，苏南常州专员公署、常州军分区司令部关于保护农业生产、禁止偷窃农作物的布告。

全文：

苏南常州行政区专员公署、苏南常州军分区司令部布告

联字第◇号

近查各地均有偷盗麦穗、蚕豆、稻种、小秧等情事[事件]发生，不但扰乱社会秩序与地方治安，并且严重破坏农业生产。

本署、部为保护农业生产，禁止偷窃农作物，除责令各区、乡政府立即会同武装部队、群众团体深入宣传、严加防范外，特规定办法如下：

一、各地群众应立即动员组织起来，实行看更放哨。

二、灾区难民因缺乏生活、生产资料而偷窃农作物者，予以说服教育，责令通过生产自救、社会互济等正当途径解决困难。必要时，得经群众公议，予以救济。

三、不事生产的二流子偷盗农作物者，由当地人民团体督[会]同群众强迫加以劳动改造，并严加监督。

四、特务匪徒煽惑灾民带头偷窃农作物、破坏农业生产者，捕送政府严加法办。

五、严禁乱打乱杀。

上述各点，仰各遵行毋违！

此布。

一九五〇年五月◇日

专员　张志强

司令　张克辛

溧阳县地震照片档案

保管单位：溧阳市档案馆

内容及评价：

溧阳县（现为溧阳市）地处茅山断裂带，历史上曾发生过多次地震。1974年4月22日，溧阳县上沛地区发生5.5级地震，造成8人死亡，二百余人受伤。1979年7月9日，溧阳县发生6.0级地震，震中烈度为8度，造成41人死亡，三千余人受伤，近57万间房屋遭到破坏或倒毁。灾害发生后，党和国家、人民军队积极组织抢险救灾工作，最大努力抢救人民群众的生命财产，妥善安置受灾人员，积极组织恢复生产。1979年7月15日，以中共中央政治局委员乌兰夫为团长、民政部部长程子华为副团长的中央慰问团深入地震灾区，视察灾情，慰问群众，鼓励人民群众恢复生产生活。

溧阳市档案馆馆藏有1974年、1979年溧阳县地震时的照片292张。其中，1974年地震灾害照片119张；1979年地震灾害照片141张，中央慰问团视察灾区、慰问群众照片32张。两次地震灾害的照片档案，真实地记录了当时溧阳的受灾情况、党和国家以及人民军队实施抢险救灾情况、人民群众生产自救情况等。通过这些历史影像，可以让后人永远铭记党和国家对溧阳灾区人民的巨大关怀以及人民军队的大力支援，对于后人总结防震抗震经验，指导今后的防震救灾工作，具有重要的参考价值。

地震造成房屋倒塌

地震造成房屋倒塌

受灾群众在自家倒塌的房屋废墟中抢救财产

科技人员在检测地震后造成的地表裂缝

1979年7月15日下午，中共中央政治局委员乌兰夫到溧阳人民医院的临时救灾医疗点看望伤员。

1979年7月15日，民政部部长程子华慰问支援抗震救灾的八三〇一八部队指战员。

党和国家领导人为常州题词档案

保管单位：常州市档案馆

内容及评价：

改革开放以来，江泽民、李鹏、宋庆龄、习仲勋、宋任穷、彭冲等党和国家领导人来常州视察工作时，曾为常州或视察单位留下了珍贵的题词手迹。

馆藏的16幅党和国家领导人为常州或视察单位的题词，有的是为了缅怀革命先烈，有的是为了激励青少年和常州人民，有的是传达对某一事物的态度，表达了党和国家领导人对革命先烈的怀念，对常州经济社会发展的充分肯定，以及对青少年和常州人民的殷切期望和祝愿。这些题词，可以激励青少年和常州人民继承革命先烈遗志，珍惜今天来之不易的美好生活，更加奋发图强地勤奋学习，拼搏进取，建设好、发展好常州，努力创造属于自己的美好未来。因此是值得特别珍藏和永久保存的珍贵档案。

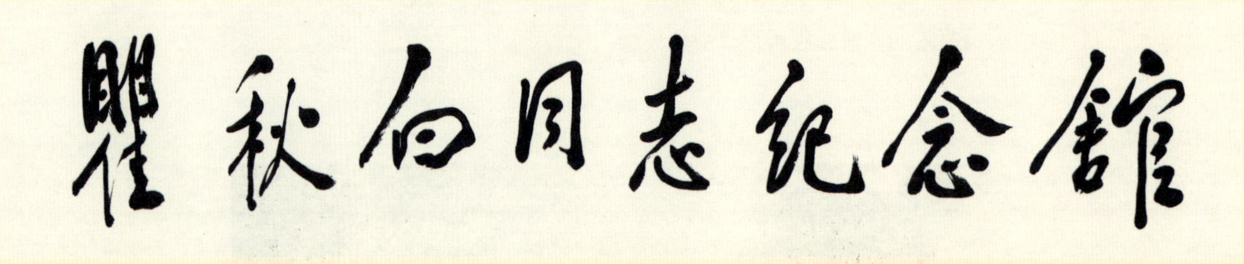

邓小平为瞿秋白纪念馆题词

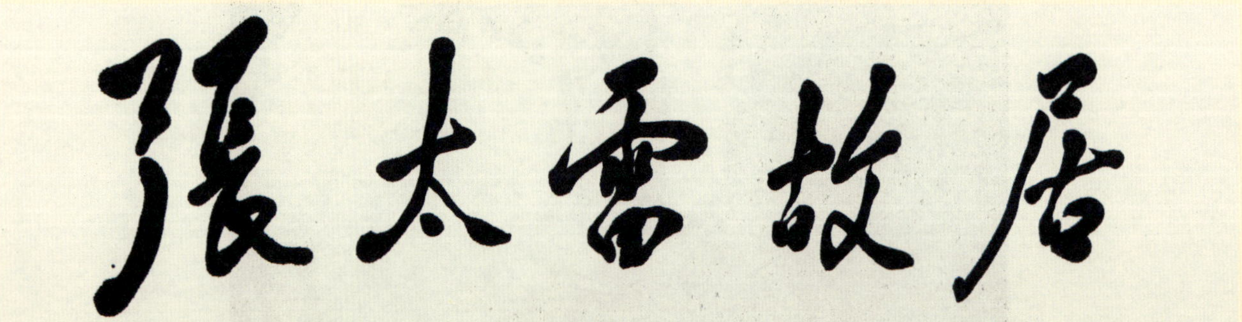

邓小平为张太雷故居题词

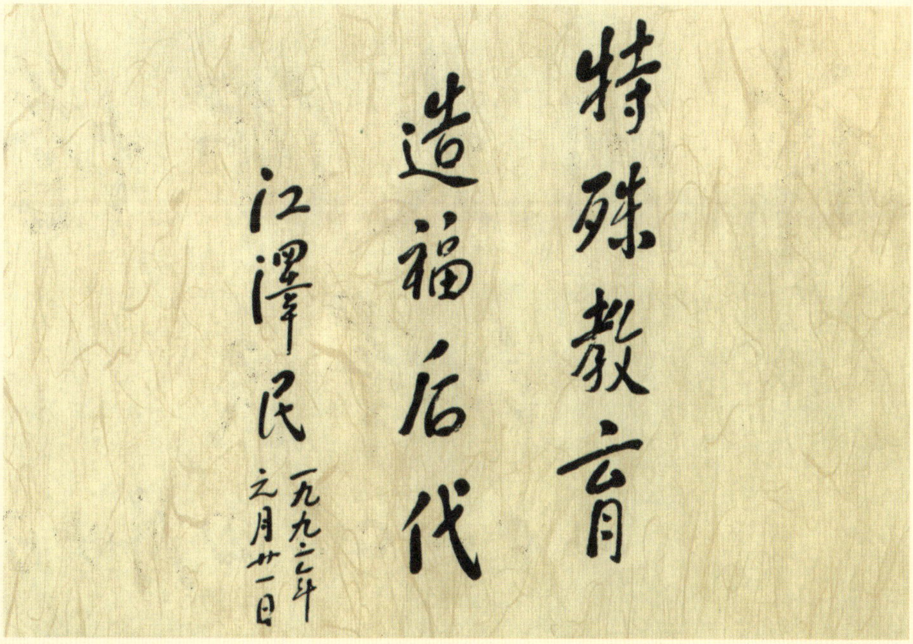
特殊教育
造福后代
江澤民
一九九二年元月廿一日

1992年1月21日，江泽民为常州市聋哑学校题词。

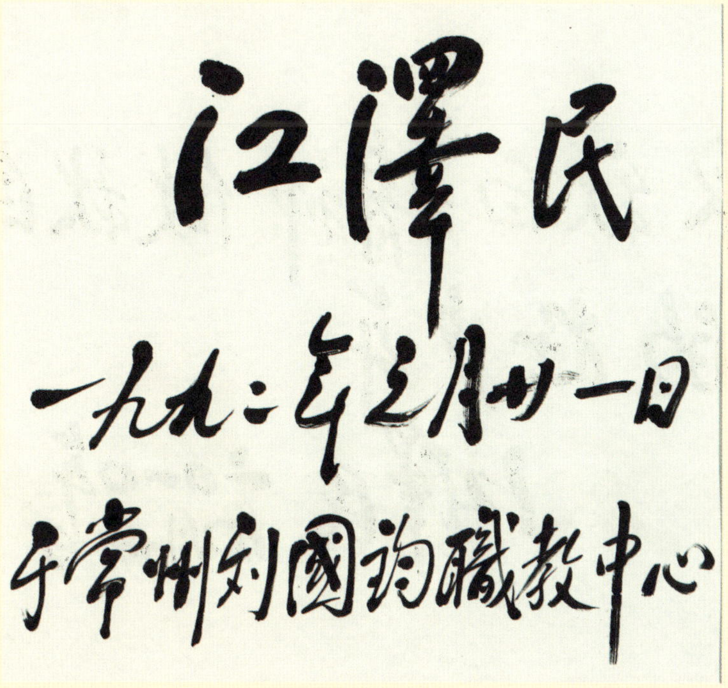
江澤民
一九九二年元月廿一日
于常州刘國鈞職教中心

1992年1月21日，江泽民为刘国钧职教中心题词。

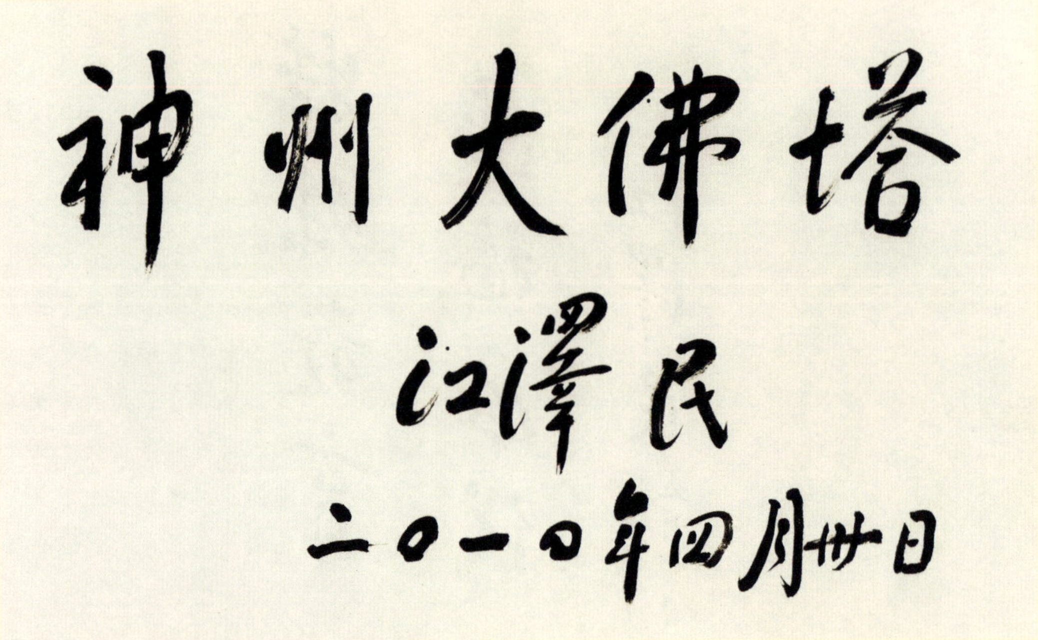
神州大佛塔
江澤民
二〇一〇年四月卅日

2010年4月30日，江泽民为天宁宝塔题词。

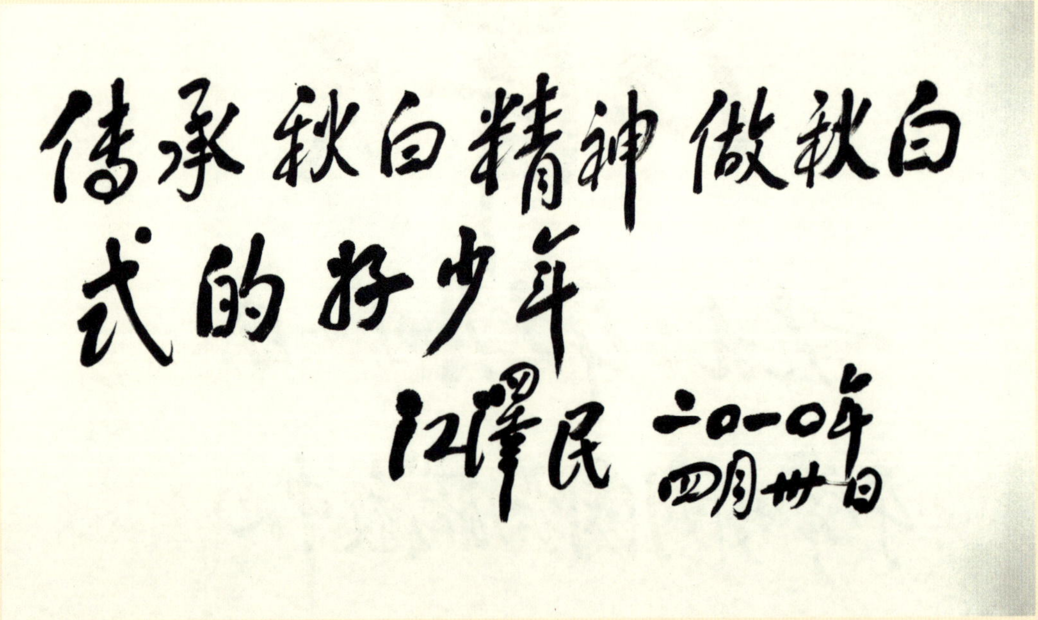
傳承秋白精神做秋白
式的好少年
江澤民 二〇一〇年
四月卅日

2010年4月30日，江泽民视察常州市觅渡桥小学并题词。

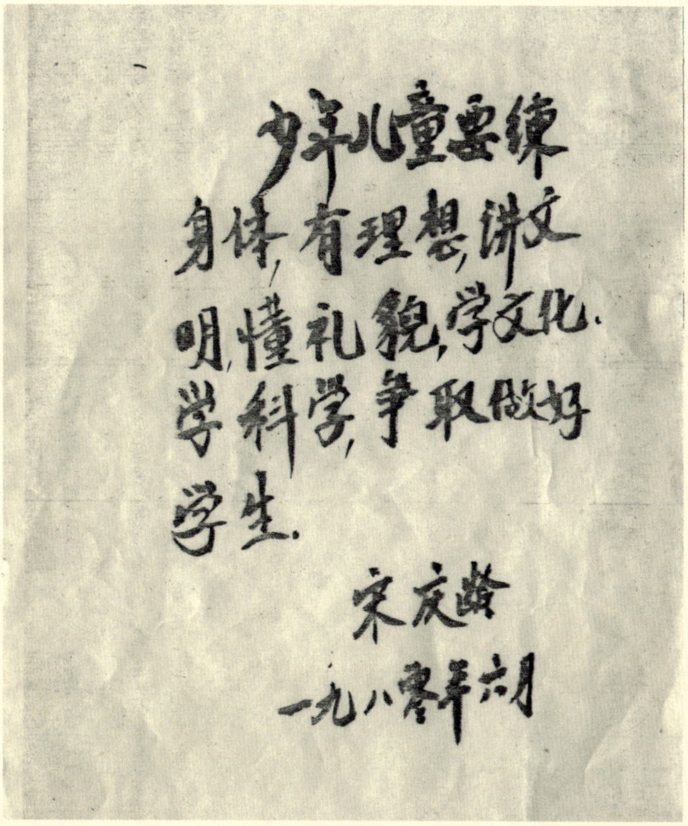
少年儿童要练
身体，有理想，讲文
明，懂礼貌，学文化，
学科学，争取做好
学生。
宋庆龄
一九八零年六月

1980年6月，宋庆龄为瞿秋白母校——常州市觅渡桥小学题词。

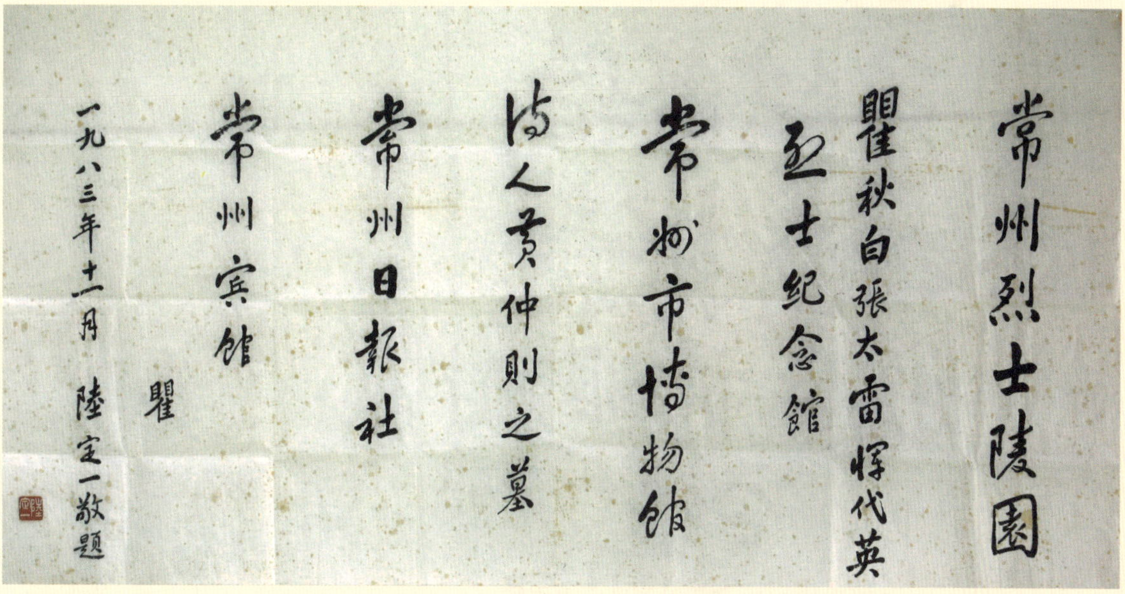

1983年11月，陆定一为常州烈士陵园、瞿秋白张太雷恽代英烈士纪念馆、常州市博物馆、诗人黄仲则之墓、常州日报社、常州宾馆等题词。

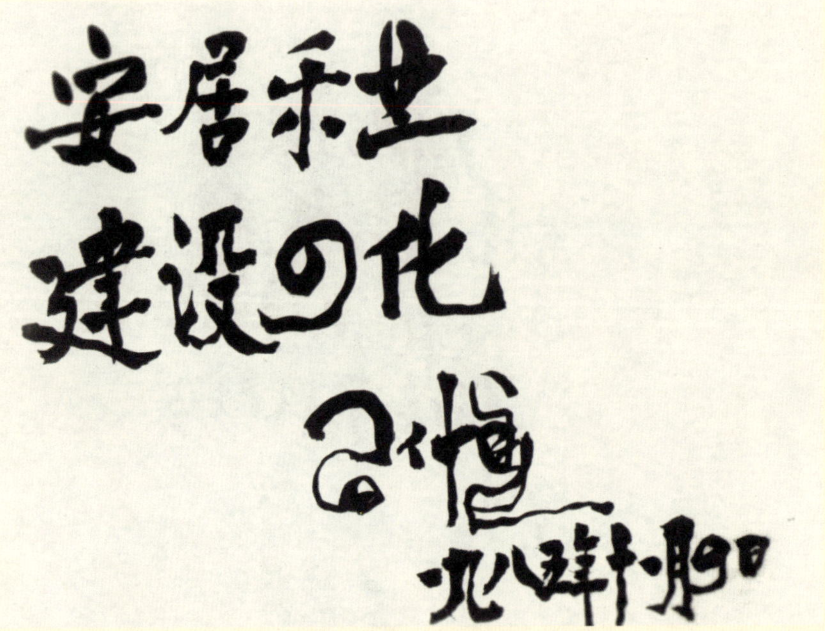

1985年11月4日，习仲勋为常州市清潭新村题词。

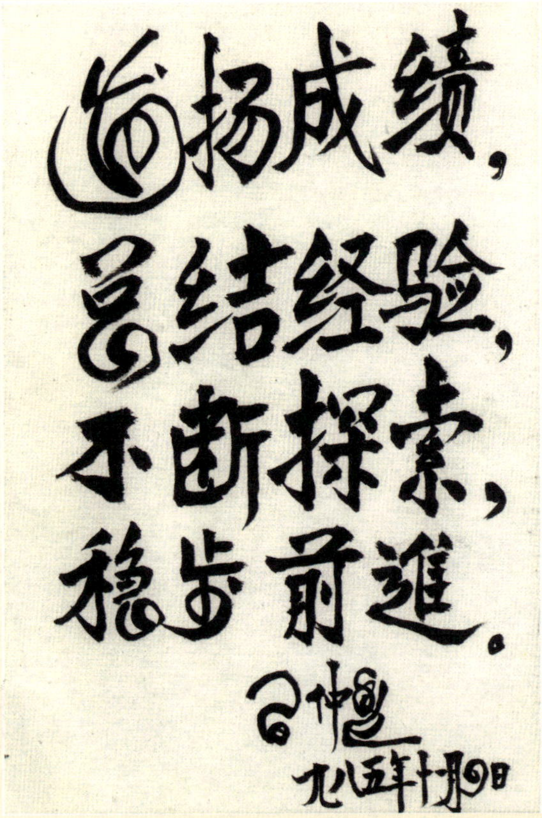

1985年11月4日，习仲勋为常州题词。

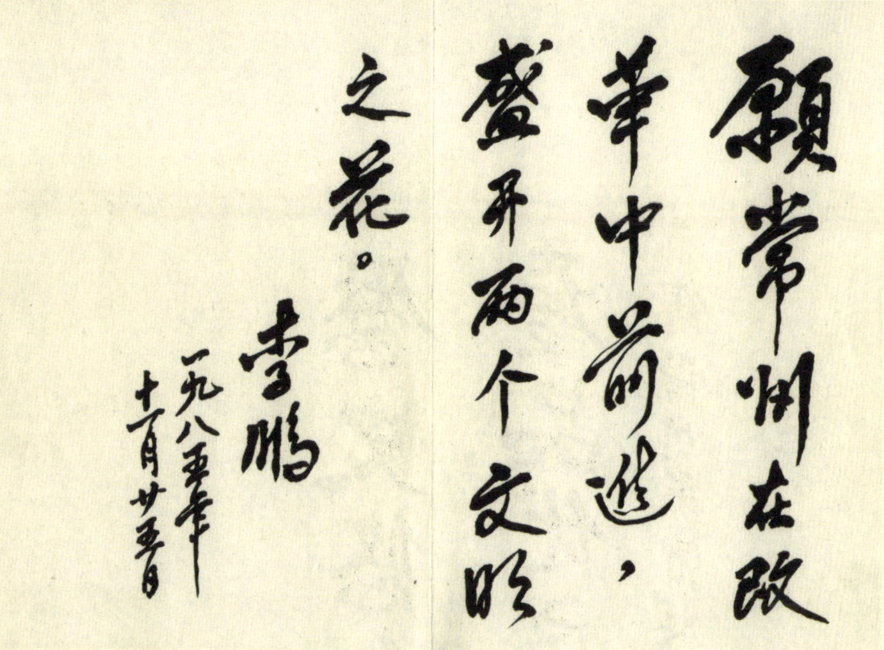

1985年11月25日，李鹏为常州题词。

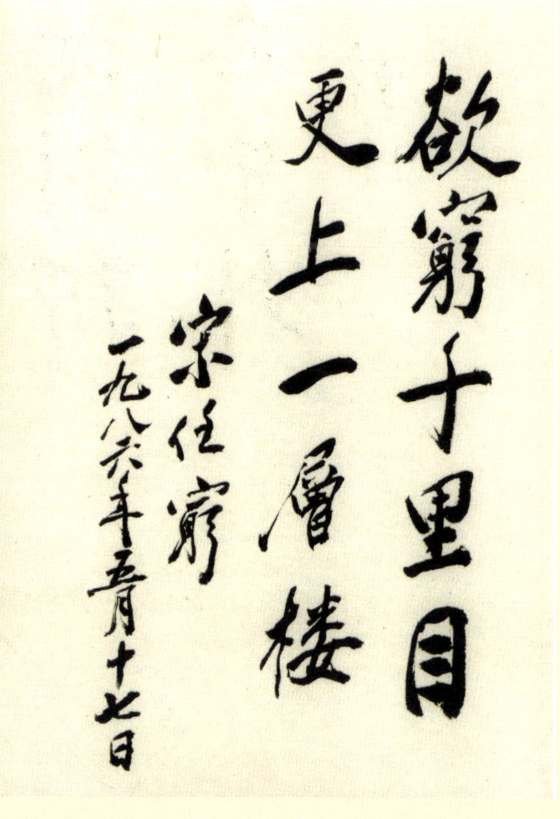

1986年5月17日，宋任穷为常州题词。

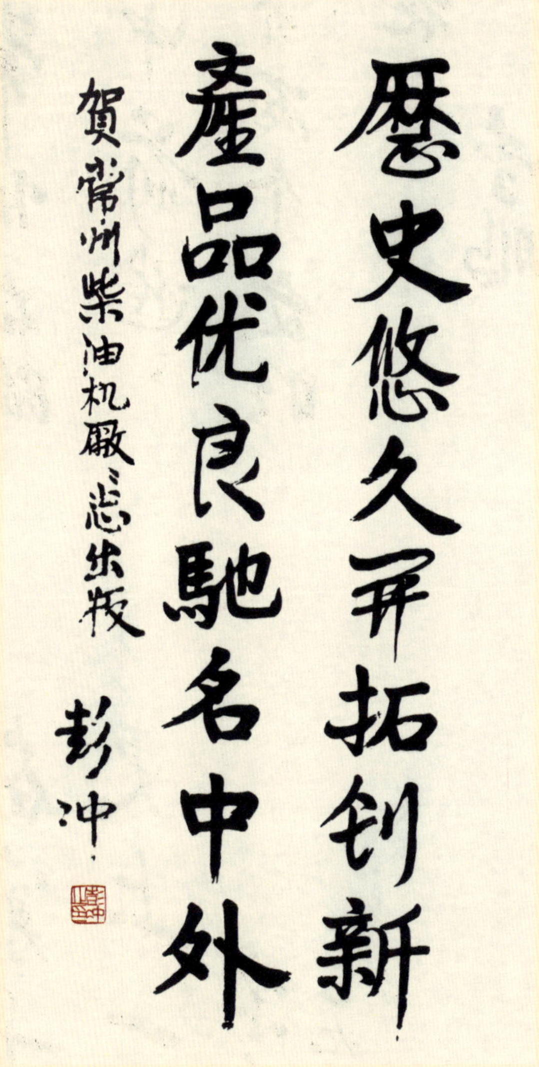

1987年，彭冲为祝贺常州柴油机厂厂志出版题词。

婚姻登记档案

中華民國三十六年五月三十一日在
遠東飯店舉行訂婚儀式恭請
宋松年先生蒞臨證明互換信物並
由雙方家長親友到場參預從茲締
結良緣訂成佳偶赤繩早繫白首永
諧花好月圓欣燕爾之將詠海枯石
爛指鴛侶而先盟謹訂此約
訂婚人 張志麟 潘蓉華
證明人 宋松年
介紹人 袁振祥 胡漢興
家長 張富生 潘志遠
中華民國三十六年五月卅一日謹訂

常州地区婚姻登记档案

保管单位：常州市档案馆

内容及评价：

婚姻登记档案是政府确认婚姻关系有效成立的法律文书。历朝历代对于夫妻关系的正式确立有不同的规定，从而造成证明夫妻关系正式确立的依据也各不相同。婚姻证书是证明夫妻关系正式确立的依据之一。真正意义上有法律效力的婚姻证书，开始于新中国成立之后，也就是今天人们使用的结婚证，由婚姻登记管理机关签发。上世纪50年代，结婚证上贴有男女双方的照片，六七十年代被取消，八十年代又重新恢复，并加盖婚姻登记专用钢印。2004年以后，结婚证书上新增了独有的编码，并增加了高科技信息。

馆藏的两千余卷、170件清末至今的婚姻登记档案，反映了常州地区乃至全国婚姻登记制度的演变状况，也反映了社会的发展变迁，具有不可多得的社会学研究和收藏鉴赏价值。

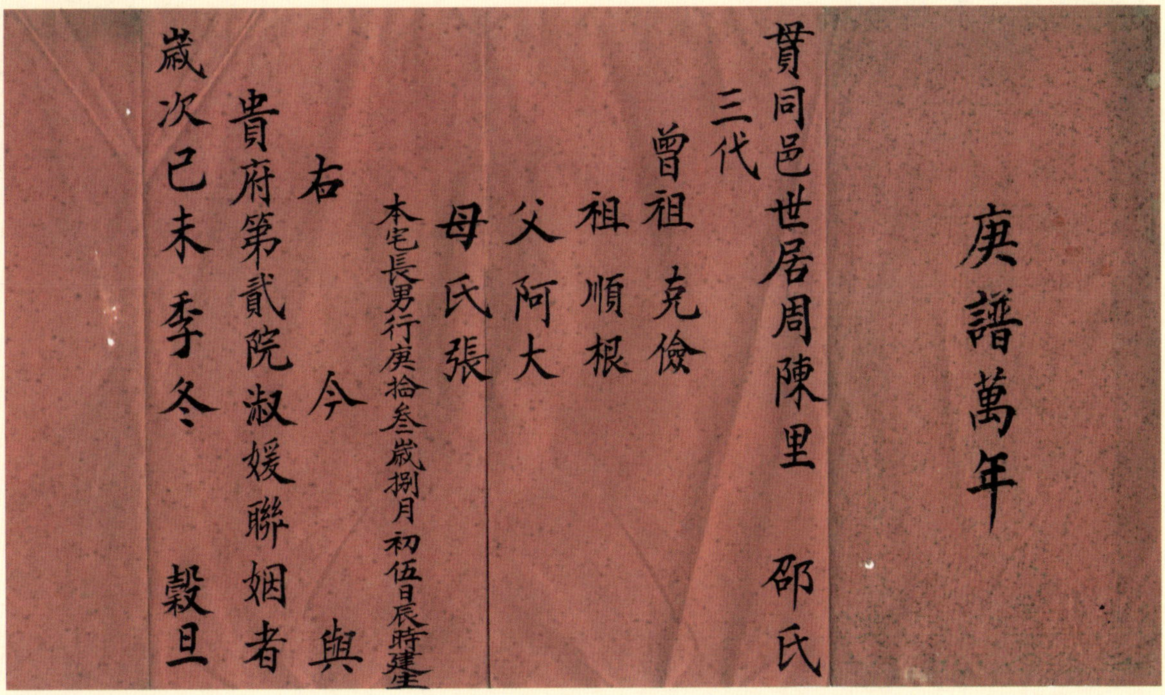

庚譜萬年

貫同邑世居周陳里 邵氏

三代

曾祖 克儉

祖 順根

父 阿大

母氏張

本宅長男行庚拾叁歲捌月初伍日辰時建生

右 今 與

貴府第貳院淑媛聯姻者

歲次己未季冬 穀旦

清末时期的庚帖

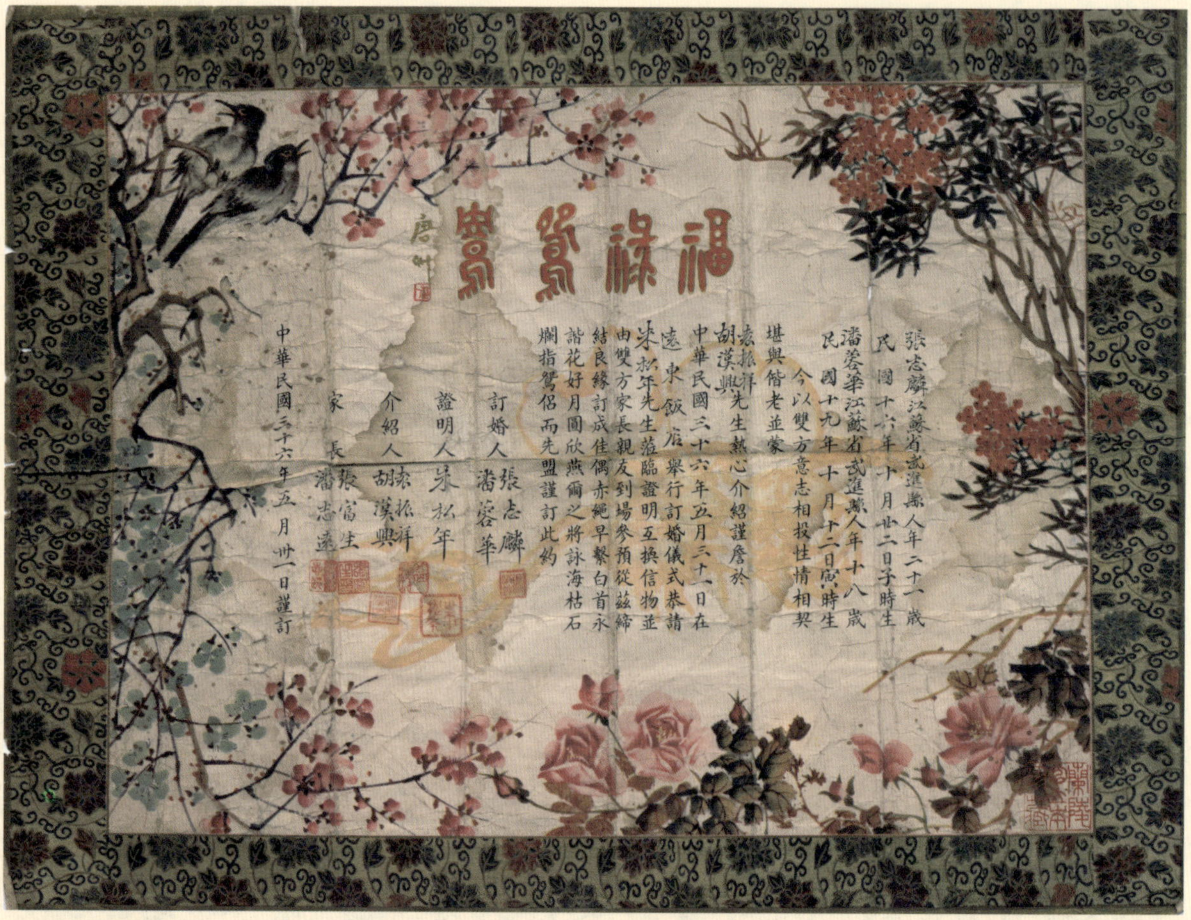
福祿鴛鴦

張志麟江蘇省武進縣人年二十一歲
民國十六年十月廿二日子時生
潘蓉華江蘇省武進縣人年十八歲
民國十九年十月十二日寅時生
今以雙方意志相投性情相契
堪與偕老並蒙
袁振祥
胡漢興先生熱心介紹謹詹於
中華民國三十六年五月三十一日在
遠東飯店舉行訂婚儀式恭請
朱松年先生蒞臨證明互換信物並
由雙方家長親友到場參預從茲締
結良緣訂成佳偶赤繩早繫白首永
諧花好月圓欣燕爾之將詠海枯石
爛指鴛侶而先盟謹訂此約

訂婚人 張志麟 潘蓉華
證明人 朱松年
介紹人 袁振祥 胡漢興
家長 張富生 潘志遠

中華民國三十六年五月卅一日謹訂

民国时期的婚书

民国以前，男女婚姻是“父母之命、媒妁之言”的封建包办婚姻，而且男女之间的婚姻只有婚书作为凭证。男女之间订婚前，女方应出具“庚帖”（亦称“口契”，即年庚八字），写在梅红色的单帖上，外套大红封套，封内放少许茶叶，请算命者合婚。如果“八字”相合，方可订婚。其婚嫁习俗一般沿习旧制，联姻的关键不是男女当事人同意，而是遵从父母之命、媒妁之言。因此，那时的婚书上，介绍人、主婚人、订婚人、结婚人以及祖父母甚至曾祖父母的名字都要写出来，有的还要写清楚订婚或举行婚礼时的饭庄，各种名称排了长长一大串。

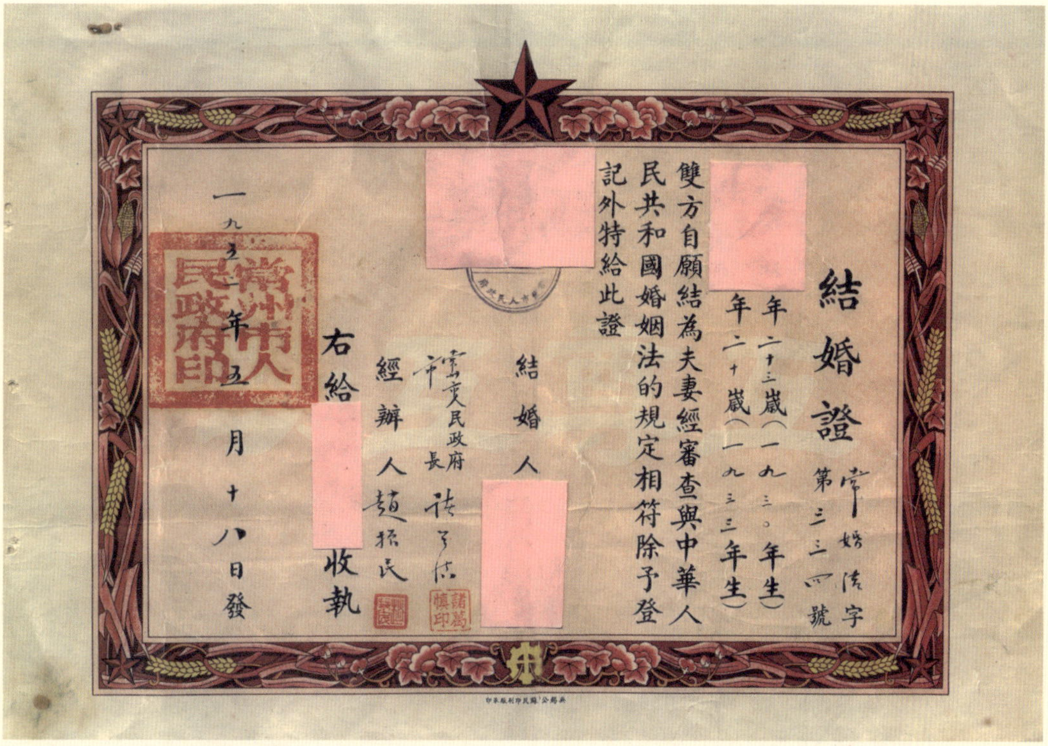

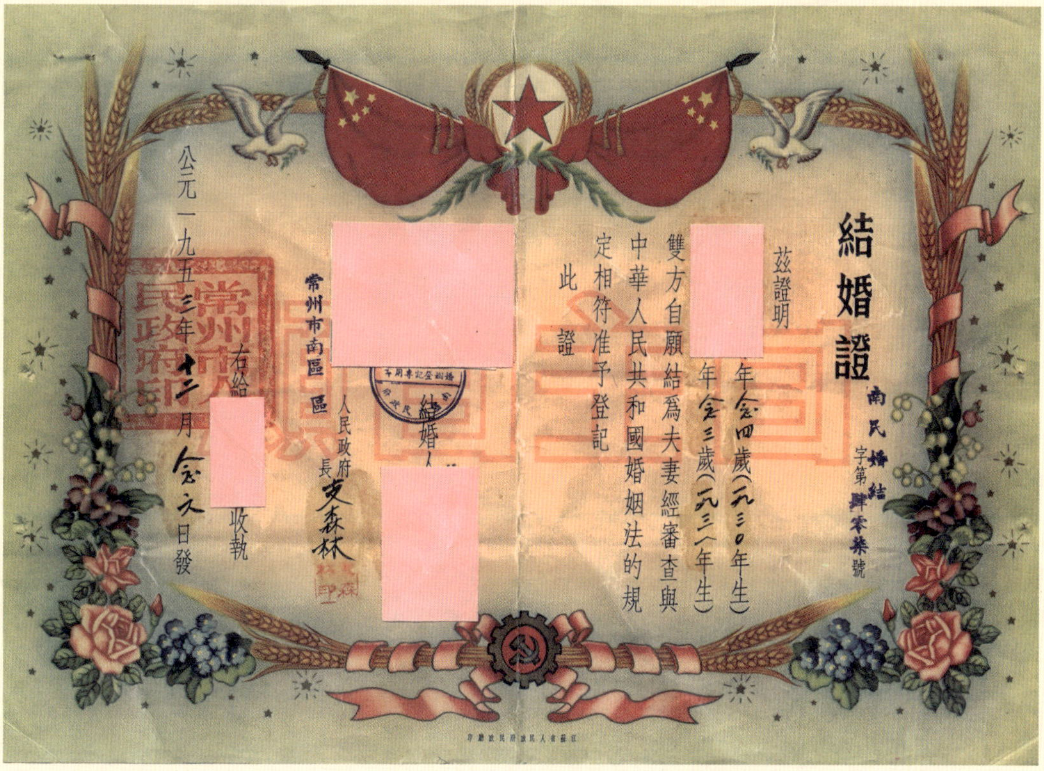

上世纪50年代的《结婚证》（这一时期的结婚证上粘贴有男女双方的照片，照片上盖有公章）

結婚証

常天(63)字第364号

年三十一岁

年二十一岁 自愿

結婚，經審查合於中华人民共和国婚姻法关於結婚的規定，发給此証。

常州市天字区人民委员会 区長

一九六三年 六月十九日

上世纪60年代初期的《结婚证》（从这一时期开始，取消了在结婚证上粘贴照片的做法）

建国以后，婚书已变为体积小巧的《结婚证》。上世纪五六十年代，结婚证上印有和平鸽、稻穗、棉花、水果、花卉等图案，既充满浓郁的民族风格，又反映出当时农业在国民经济中占有相当大的比重。这一时期的结婚证上还影印有一句简洁的口号。如1953年的结婚证上印有“自主自愿”4个水印大字，1963年的结婚证上印有“互敬互爱”4个水印大字。

上世纪60年代中期和70年代初期的《结婚证》

“文革”期间，一切东西都披上了浓厚的政治色彩，结婚证当然也不例外。那时的结婚证上印有一段毛主席语录。如1968年的结婚证印有“读毛主席的书，听毛主席的话，照毛主席的指示办事”这样一段毛主席语录；1971年的结婚证印有“要节约闹革命”这样一段毛主席语录。有的结婚证上还印有毛主席画像和代表忠于毛主席、忠于党的“忠”字。婚姻登记管理机关不再是人民政府，而是“革委会”。上个世纪六十年代初期，党和国家开始倡导计划生育，这一政策在当时的结婚证上也有显示。如1968年的结婚证上水印有“勤俭节约、计划生育”的字样。

常東〈77〉字第590号

姓名[redacted]性别男 年龄卅一岁

姓名 性别女 年龄廿五岁

自愿结婚，经审查合于中华人民共和国婚姻法关于结婚的规定，发给此证。

常州市东风区革命委员会

一九七七年八月九日

上世纪70年代的《结婚证》

1953年，我国进入有计划的社会主义经济建设时期，市场呈现指令性强、统一分配等计划性经济的特点，人民群众日常生活所需的物品都依靠国家供应。城镇人员结婚也不例外，结婚所需物品均为国家供给。这一政策在当时的结婚证上也有显示。如1977年的结婚证上醒目地印有“靠椅已购”、“大橱已购”、“大床已供应”、“棕棚已供应”等字样。

常广结（83）字第668号

姓名 性别女 年龄二十六周岁

姓名 性别男 年龄二十五周岁

自愿结婚，经审查合于中华人民共和国婚姻法关于结婚的规定，发给此证。

常州市广化区人民政府

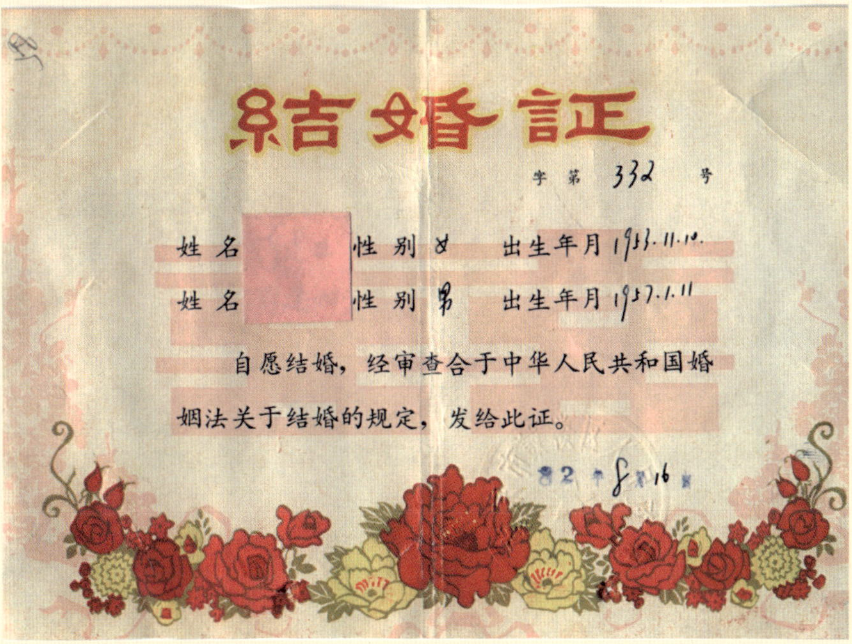

結婚証

字第332号

姓名 性别女 出生年月1953.11.10.

姓名 性别男 出生年月1957.1.11

自愿结婚，经审查合于中华人民共和国婚姻法关于结婚的规定，发给此证。

82年8月16日

上世纪80年代初期的《结婚证》

改革开放以后，随着中国法制的逐步完善，结婚证不再是夫妻二人压在箱底的婚姻纪念品，而是真正意义上的法律文书，人们使用结婚证的次数日益增多。于是，结婚证也随之“返璞归真”，逐步取消了复杂的图案，着重突出喜庆气氛，并由奖状式逐渐演变为护照式，方便夫妻二人携带，也不再带任何政治色彩。进入新世纪以后，结婚证上新增了独有的编码，并增加了高科技信息。

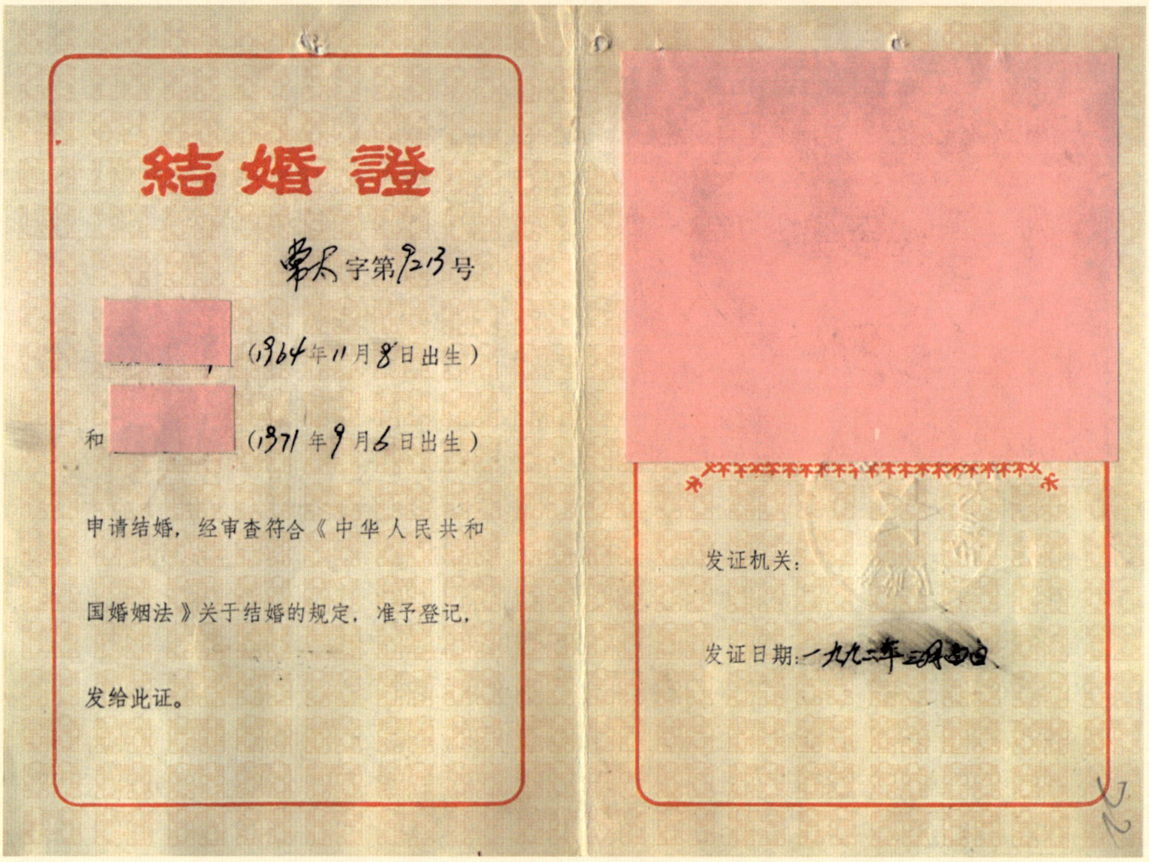
结婚證

字第　号

（1964年11月8日出生）

和　（1971年9月6日出生）

申请结婚，经审查符合《中华人民共和国婚姻法》关于结婚的规定，准予登记，发给此证。

发证机关：

发证日期：

上世纪80年代中期和90年代使用的《结婚证》（从上世纪80年代中期开始，恢复了粘贴男女双方照片这一做法，并在照片上加盖钢印）

文化遗产档案

常州宫梳名篦

保管单位： 常州市三宝馆

内容及评价：

梳篦，是梳子、篦子的总称，又称为栉，与簪、髻、钗、步摇等并称为中国古代八大发饰之一。梳子的齿距疏松一些，用于梳理头发；篦子的齿距较密，用来篦去发间的污垢，保持头发清洁，不长寄生虫，使人焕发容光。梳篦除实用性外，还具有保健功能、妆饰功能和工艺欣赏价值。

常州制作梳篦始自晋代，迄今已有一千六百余年的历史。清朝官员每年都到常州定制黄杨木梳篦、象牙梳篦等作为贡品晋献给皇帝，从而有了“宫梳名篦”的由来。常州的梳篦以选料精细、工艺考究而著称。木梳以优质名贵木材为主料，经过28道工序制成。篦箕选取成年壮竹，经42道粗加工制作工序和30道半精加工制作工序制成。如果需要制作高档梳篦，还要增加雕、描、刻、烫、嵌等工艺，十分讲究。常州梳篦融实用性与观赏性于一体，具有独特的民族风格。

今天，传统的梳篦已渐渐淡出人们的日常生活，但其巨大的文化艺术价值仍不容忽视。在国际国内斩获殊荣的作品，已被众多名家或各级博物馆收藏。2008年6月，常州梳篦入选国家级非物质文化遗产名录。2010年上海世博会，常州梳篦被作为世博会专用礼品，赠送给国内外友人。

精美仕女梳篦

木梳

竹木篦子

各式象牙篦子

清宣统二年（1910）获南洋大臣物产会金质奖

清宣统二年（1910）获南洋劝业会农工商部金质奖

1915年获巴拿马国际和平博览会银质奖

1915年获农商部国货展览会特等奖

1921年获上海总商会商品陈列所第一次展览金质奖

1925年获江苏第三次省地方物品展览会银质奖

SPIRITUAL AND NATIONAL CONSCIOUSNESS
"Unless we do in very fact build this higher life thereon the material prosperity itself will go for but very little"
Theodore Roosevelt
17 76
18 76
INDUSTRIES
ARTS
1926
SCIENCES
COMMERCE
DECLARATION OF INDEPENDENCE
CENTENNIAL EXPOSITION
THE SESQUI-CENTENNIAL INTERNATIONAL EXPOSITION
PHILADELPHIA - PENNSYLVANIA
JUNE 1ST - DECEMBER 1ST 1926
CELEBRATING ONE HUNDRED AND FIFTY YEARS OF AMERICAN INDEPENDENCE
THE JURY OF AWARDS HAS CONFERRED A
GOLD MEDAL
UPON
Lao Poh Heng Shuen Combs Mfg. Co.
FOR
Chinese Combs
W. Freeland Kendrick
E. L. Austin
Alvin E. Pope

1926年获美国费城国际博览会金质奖

常州留青竹刻

保管单位：常州市三宝馆

内容及评价：

留青是皮雕中的一种凸刻法，即将图文留于竹皮（青）上，其余部分铲去作为底色。留青竹刻是一种素色的浅浮雕艺术品。

我国的留青竹刻工艺、技艺起源于唐代，兴于晚明，晚清又有所发展，清末逐渐衰退。常州是留青竹刻的发祥地之一，起源于常州东门外的“雕庄”（今常州市天宁区雕庄镇）。明代常州府的张希黄和清代的周之礼将竹刻与书画艺术结合，发展了留青竹刻工艺、技艺。近现代常州留青竹刻更是人才辈出，崛起了以徐素白、白士风为代表的两大流派群体（徐门写意，白门写实），其作品主要有工艺台屏、工艺挂屏、工艺笔筒和臂搁等物件。

留青竹刻是集书画、雕刻等多种艺术于一体的综合艺术，具有实用性、艺术审美性和文化交流等多种价值及作用。常州“三宝馆”的留青竹刻馆，为白士风的传人所建。近年来，其作品曾多次荣获国家和江苏省各类大赛金奖，一百余件作品被国内外知名博物馆、美术馆珍藏，或作为国礼赠送给外国元首和国际友人。常州留青竹刻是独具中国特色的传统工艺美术瑰宝，具有极高的保护和开发价值。

中国留青竹刻大师白士风（1923～1997）工作照

白士凤留青竹刻作品——笔筒（正反面图）

白士凤留青竹刻作品——《松鹤延年》（挂屏）

留青竹刻作品——扇子

白士凤留青竹刻作品——《花卉》（立屏）

白士凤留青竹刻作品——《试银针》（立屏）

白雪飞留青竹刻作品——《落画残红始吐芳》

作品介绍：

利用竹皮本身淡青、淡黄的自然色泽，经过精雕细刻，浓淡晕退、绚烂多姿、重花叠叶、交错掩映这些质感的变化，都在薄如纸片的竹�上表现出来。两只栩栩如生的寿鸟及牡丹花的强化形体质感，更衬托出留青部分的醒目可爱、雅致精巧，也是一种视若无色胜有色的艺术品。

白雪飞留青竹刻作品——《鸟语花香》

作品介绍：

在竹子表面极薄的一层竹筠上进行精细入微的传神镌刻，巧施全留、多留、少留或不留的雕刻技艺，加上精心布局，其结构新颖，使啼鸣的蓝尾鸟与多姿的牡丹花等呈现出较强的立体感特色，不但使画面显出层次，而且底面光润如玉。

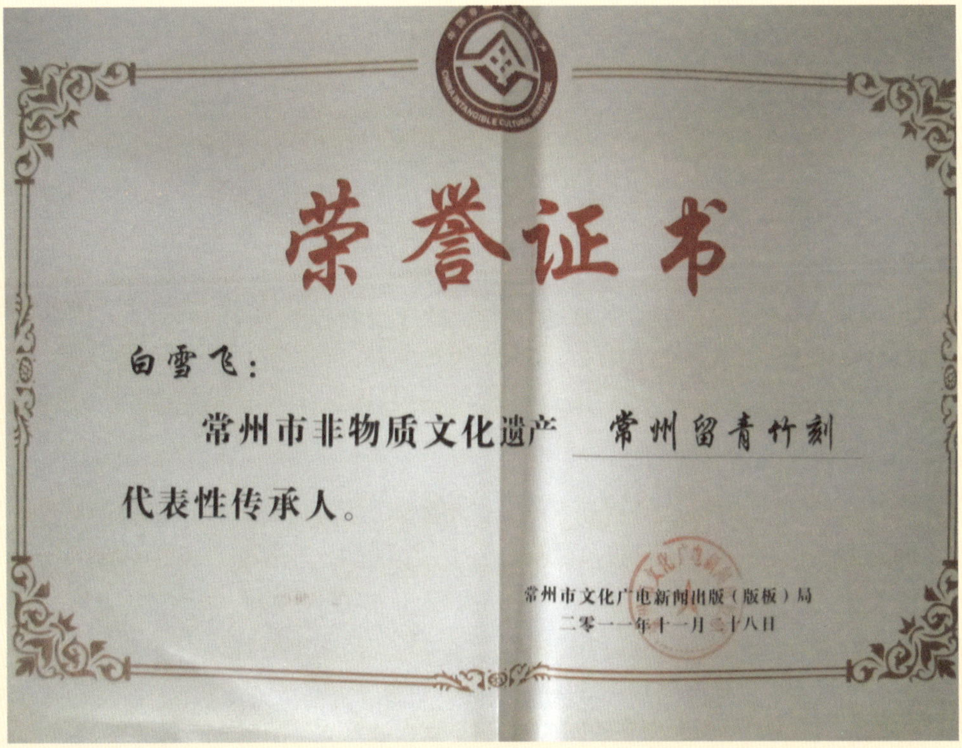

2011年11月28日，白士风传人白雪飞被常州市文化广播新闻出版（版权）局批准为常州市非物质文化遗产常州留青竹刻代表性传承人。

2010年3月，白雪飞作品荣获中国工艺美术协会“金凤凰”创新产品设计大奖赛金奖。

2011年5月29日，白雪飞作品荣获2011工艺美术大师作品暨工艺美术精品博览会金奖。

常州乱针绣

保管单位：常州市三宝馆

内容及评价：

乱针绣由“常州才女”、我国著名刺绣艺术家杨守玉教授（1896～1981）于上世纪三十年代初始创。

乱针绣源于中国传统刺绣，初名为“杨绣”，又称“常锦绣”、“正则绣”。杨守玉打破了我国传统的“排比其针，密接其线”的刺绣方式，创造出长短不一、方向不同且互相交叉、分层掺色的新刺绣技法。她还将绣法与画理相结合，将西洋绘画与中国刺绣融为一体，开辟了绣品的广阔前景。她以针代笔，凭针作画；以线代色，凭线达意；以不同方向、不同颜色、长短交叉的线条及分层加色掺色等手法，创造出纵横交错、长短并用、分层加色、灵活多变的“乱针”技艺、工艺，将作者心灵之感融于运针施线之中，在错综复杂的乱中跳跃出动感，迸发出活力，使绣面呈现出线条流畅、针法活泼、色彩丰富、层次感强的艺术特点。乱针绣作品的艺术效果宛如油画或近似艺术摄影。

1944年，杨守玉以精巧的绣艺创作的代表作《罗斯福》，作为抗战胜利后的国礼，赠送给了美国总统罗斯福，广受赞誉。此作品现珍藏于美国国家美术馆。杨守玉的关门弟子陈亚先，是国家级工艺美术大师，国务院特殊津贴享受者，中国工艺美术终身成就奖获得者。1979年，陈亚先创作的人像绣品，作为外交部指定的国礼之一，用于赠送给外国首脑和国际友人。自乱针绣始创以来，曾为多名国外元首定绣人像作品，近百件乱针绣作品在国际、国家级工艺美术博览会上荣获金奖，多幅作品被国内外知名美术馆和收藏家所珍藏。

時代到了今天，我們已不復遇見這樣清雋虔敬的真人

楊守玉

中國杰出的
刺綉藝術家和教育家
中國亂針綉創始人

楊守玉(1896—1981)，女。原名楊韞，字瘦玉、冰若，后改字守玉。終生未婚。江蘇常州人。

1915年，楊守玉以優异的成績畢業于武進（常州）女子師範學校。同年，應現代藝術教育家呂鳳子先生之邀，赴江蘇丹陽正則學校任教，擔任繪畫課兼縫綉科的教學工作。在教學研究和藝術創作之余，她創立了與傳統刺綉迥别的亂針綉工藝，其作品或在全國美展獲最高獎，或作為國禮饋贈美國政府。1940年被（重慶）國立藝專聘為繪綉科主任和教授。1947年因病退休。1951年，應蘇州市政府邀請，參與創辦中國第一所刺綉學校(蘇州刺綉研究所前身)。1958年，在家鄉常州收陳亞先為關門弟子。1961年，被常州工藝美術研究所聘為顧問。楊守玉歷任常州市三、四、五、六届政協委員。

楊守玉與藝術大師劉海粟為表兄妹。劉海粟晚年在香港對媒體披露了他倆青梅竹馬的戀情和變故。

乱针绣创始人，我国著名刺绣艺术家、教育家杨守玉教授（1896～1981）。

孙燕云乱针绣作品——《乔丹》

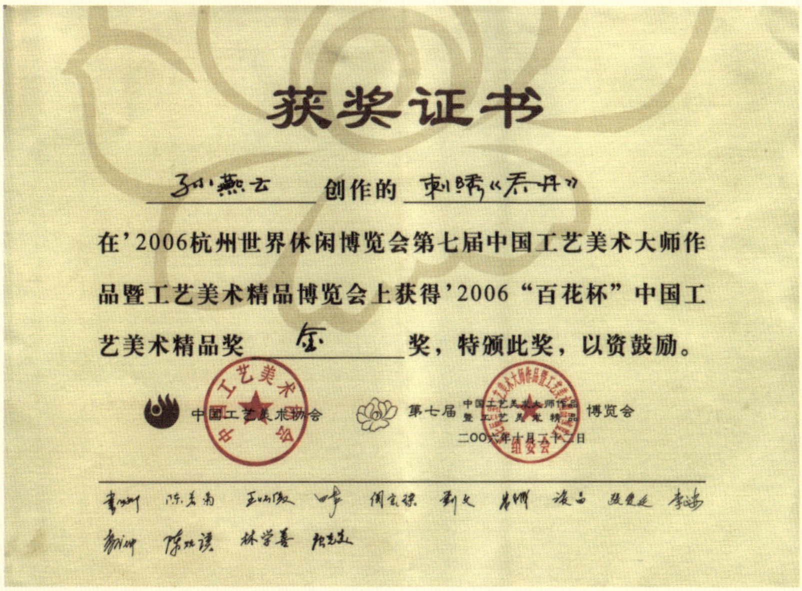

获奖证书

孙燕云 创作的 刺绣《乔丹》

在'2006杭州世界休闲博览会第七届中国工艺美术大师作品暨工艺美术精品博览会上获得'2006“百花杯”中国工艺美术精品奖 金 奖，特颁此奖，以资鼓励。

中国工艺美术协会　第七届中国工艺美术大师作品暨工艺美术精品博览会

孙燕云乱针绣作品《乔丹》获2006年“百花杯”中国工艺美术精品奖金奖

陈亚先、孙燕云乱针绣作品——《雅克・罗格》

Jeux de la XXIXe Olympiade à Beijing
8 au 24 août 2008
The Games of the XXIX Olympiad
August 8-24, 2008
第29届奥林匹克运动会
2008年8月8日至24日

陈亚先、孙燕云女士：

En reconnaissance de votre contribution aux Jeux de la XXIXe Olympiade

In recognition of your contribution to the Games of the XXIX Olympiad

鉴于你们为第 29 届奥林匹克运动会捐赠了罗格绣像，特颁此证，谨致谢忱。

Jacques Rogge
雅克·罗格
Président du Comité International Olympique
President of the International Olympic Committee
国际奥林匹克委员会主席

Liu Qi
刘淇
Président du Comité d' Organisation des Jeux de la XXIXe Olympiade à Beijing
President of the Beijing Organizing Committee for the Games of the XXIX Olympiad
第29届奥林匹克运动会组织委员会主席

2008年8月24日，奥委会主席雅克・罗格及第29届奥组委主席刘淇为陈亚先、孙燕云捐赠的乱针绣作品《雅克・罗格》颁发证书，谨致谢忱。

董雷、孙燕云乱针绣作品——《汶川的烛光》

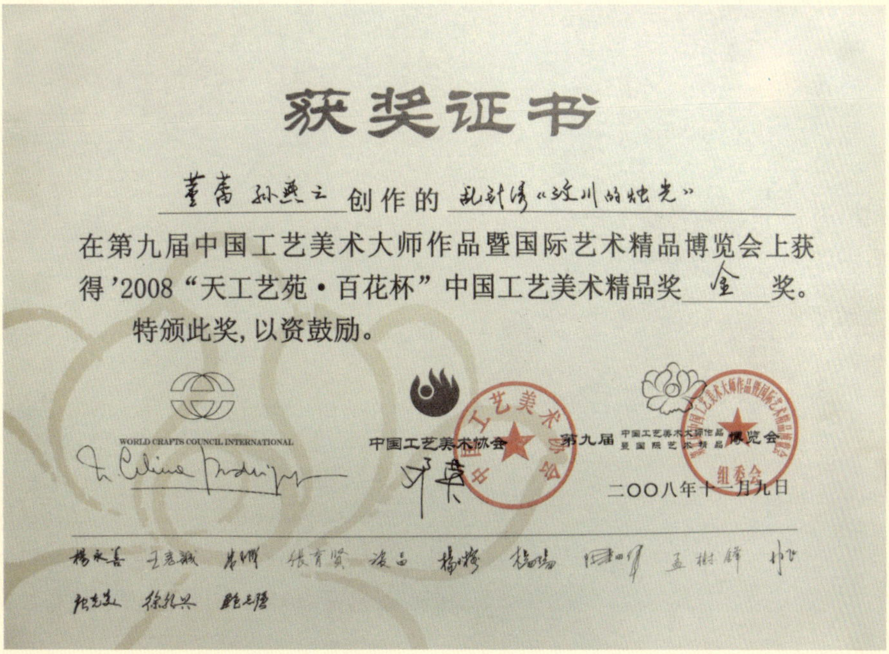

获奖证书

董雷 孙燕云 创作的 乱针绣《汶川的烛光》

在第九届中国工艺美术大师作品暨国际艺术精品博览会上获得'2008"天工艺苑·百花杯"中国工艺美术精品奖 金 奖。

特颁此奖，以资鼓励。

WORLD CRAFTS COUNCIL INTERNATIONAL

中国工艺美术协会

第九届中国工艺美术大师作品暨国际艺术精品博览会组委会

二〇〇八年十一月九日

乱针绣作品《汶川的烛光》获2008年“天工艺苑·百花杯”中国工艺美术精品奖金奖

孙燕云乱针绣作品——《占领总统府》

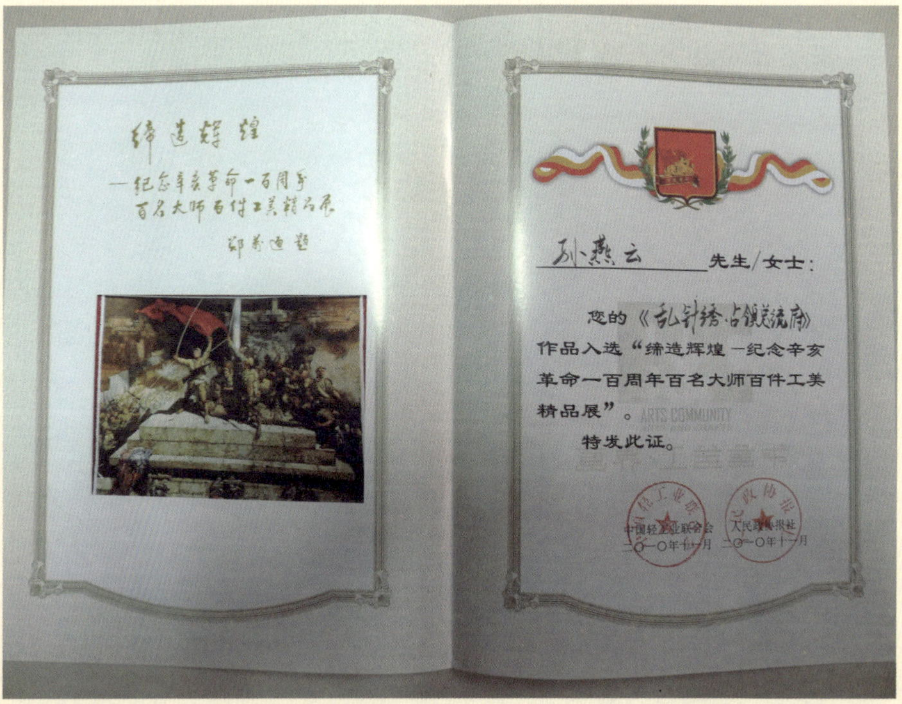

2010年11月，乱针绣作品《占领总统府》入选“缔造辉煌——纪念辛亥革命一百周年百名大师百件工美精品展”。

乱针绣作品——《花卉》

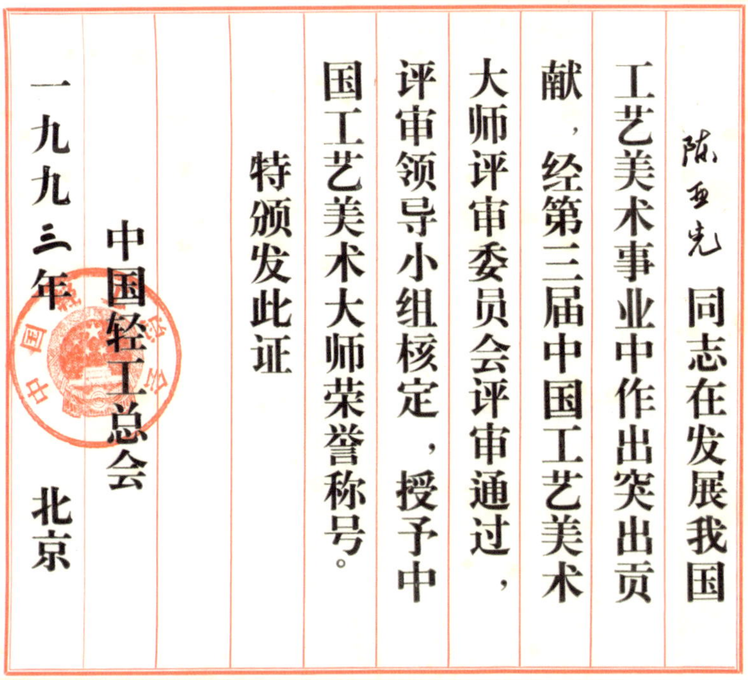

陈亚先同志在发展我国工艺美术事业中作出突出贡献，经第三届中国工艺美术大师评审委员会评审通过，评审领导小组核定，授予中国工艺美术大师荣誉称号。

特颁发此证

中国轻工总会

一九九三年 北京

1993年，杨守玉的关门弟子陈亚先获中国工艺美术大师荣誉称号。

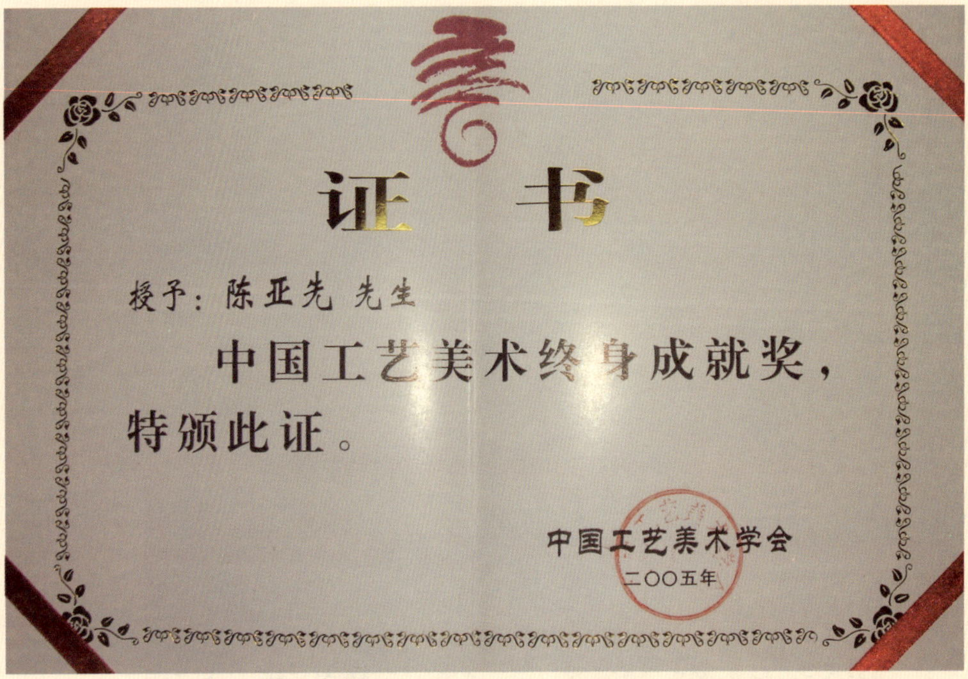

2005年，杨守玉的关门弟子陈亚先获中国工艺美术终身成就奖。

荣誉证书
经江苏省人民政府批准，授予 孙燕云 同志
第四届江苏省工艺美术大师荣誉称号。
江苏省人民政府
二〇〇八年二月

2008年2月，孙燕云获江苏省工艺美术大师荣誉称号。

民国《金坛秧歌灯古唱本》

保管单位： 金坛市档案馆

内容及评价：

“秧歌流行于北方，江南没有秧歌”，这是长期以来的一种流行说法。其实，地处江南水乡的金坛市城东乡谈庄村，却留存着极具江南特色的秧歌——谈庄秧歌灯。

谈庄秧歌灯源于清代。清咸丰十年春，太平军攻打金坛城，遭清军及本地土豪劣绅等反动力量的抵抗，经浴血激战并死伤无数之后，终于破城克敌。金坛百姓为庆祝太平军的胜利，在戴王府前搭起高台，表演各种形式的节目，其中就有秧歌灯。金坛市城区内至今保存完好的太平天国时期建造的戴王府，其内墙壁上画的戏曲故事、民间风俗等图案（连环计、空城计、捕鱼图等），与秧歌灯古唱本的内容完全吻合，证明秧歌灯在那时便相当流行。太平天国运动失败后，秧歌灯一度消失；1938年，由传人陈传宝等领头在谈庄复兴。因秧歌灯活动的季节一般在春、夏时节，故始称“谈庄舞秧灯”，后来又叫作“秧歌灯”，并频繁地在金坛、武进、丹阳三县交界地区及茅山、句容一带演出。此后，秧歌灯代代延续，至今已是第五代传人。目前，金坛秧歌灯已经被列入江苏省非物质文化遗产保护项目。

秧歌灯有三大特点：一是曲目生成的多源性和本土与外来的共存性；二是演唱的基本曲调、声腔充满浓郁的江南水乡风味；三是舞蹈动作轻柔文雅，舒缓秀气，具有典型的江南民间舞蹈神韵。

馆藏的民国时期《金坛秧歌灯古唱本》是手抄版“古剧本”，长26厘米，宽17厘米，厚1.4厘米，共68页。全文多以毛笔小楷书写，以较多篇幅完整记载了歌词，标注了《秧歌》、《马曲》等数种曲调，绘出了二十多种道具的扎制草图，内容十分详实。《金坛秧歌灯古唱本》对于研究和开发秧歌灯这一戏种极具参考价值。

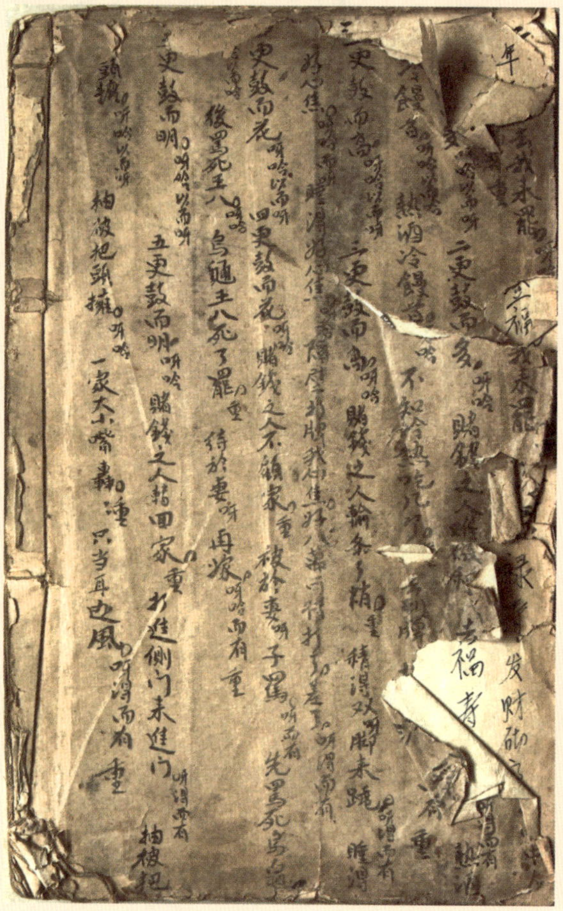

民国时期秧歌灯古唱本原件

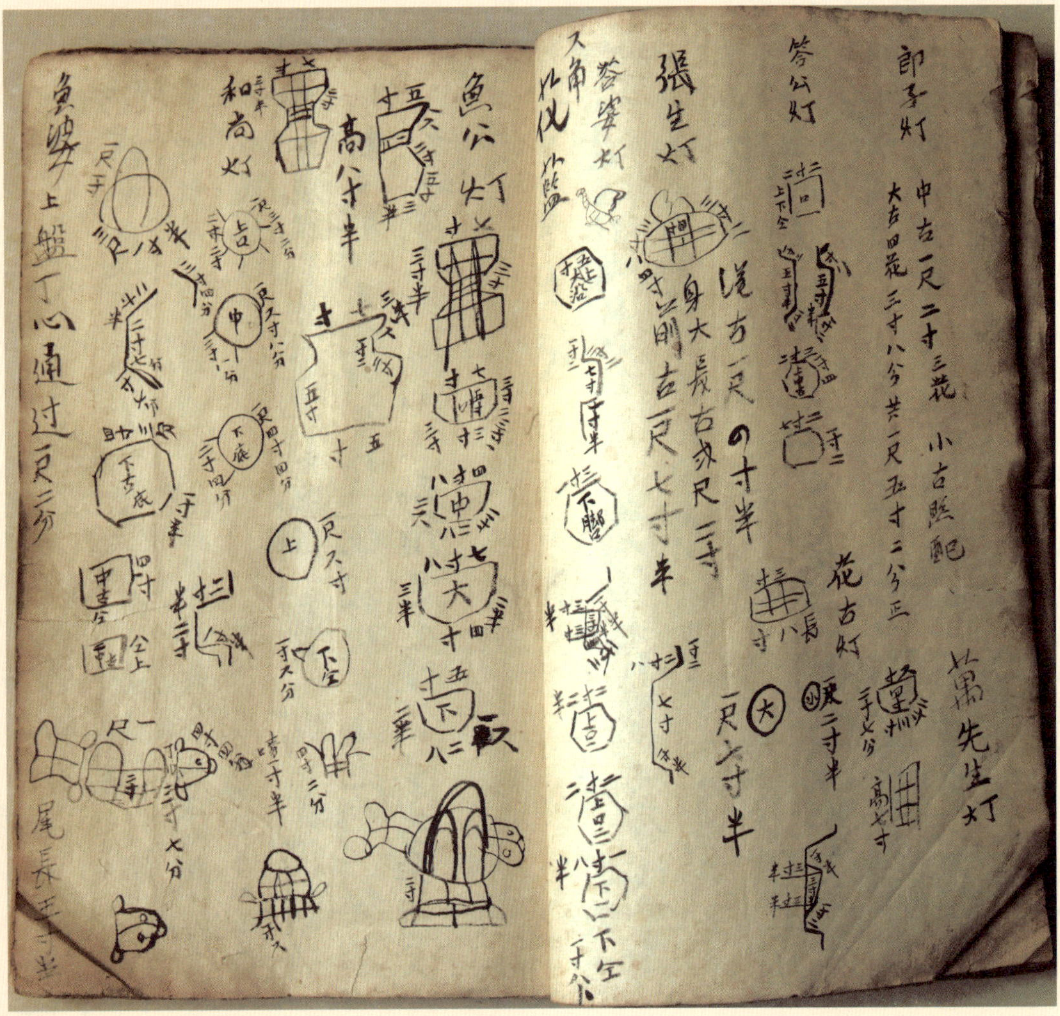

秧歌灯古唱本内页·道具的扎制草图

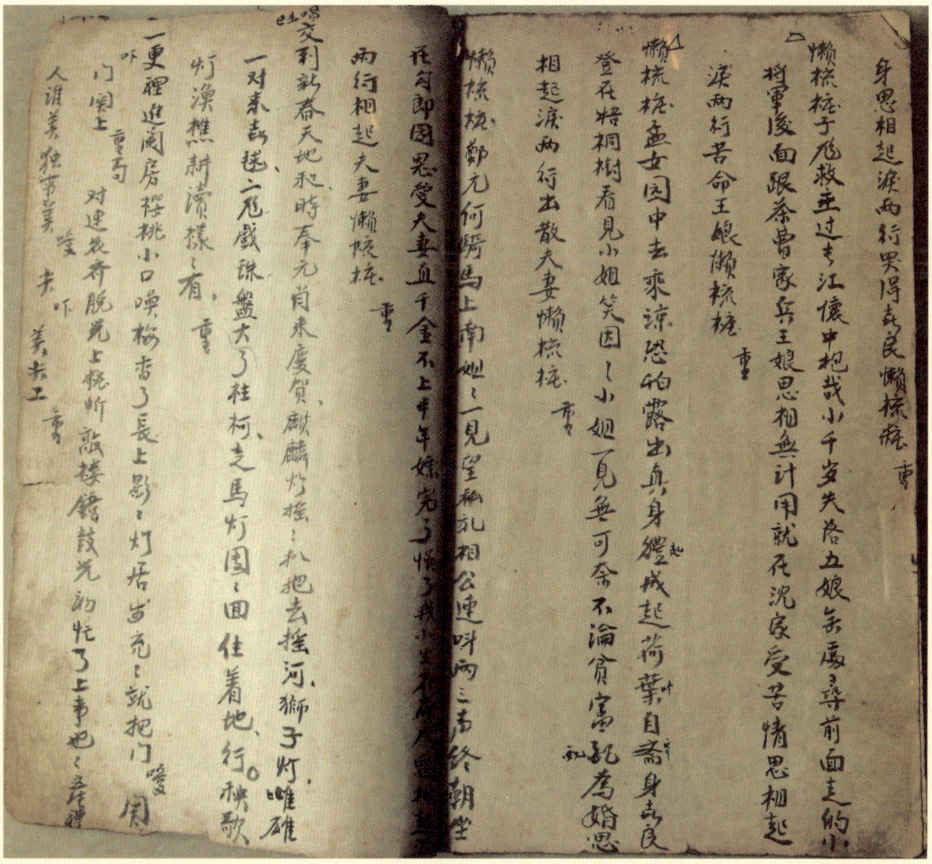

秧歌灯古唱本内页·正文

全文（节选）：

……身。思相起，泪两行，哭得世良懒梳妆。（重）

懒梳妆，子龙救主过长江，怀中抱战小千岁，失洛五娘缶处寻。前面走的小将军，后面跟茶曹家兵，王娘思相无计用，就在沈家受苦情。思相起，泪两行，苦命王娘懒梳妆。（重）

懒梳妆，孟女园中去乘凉，恐怕露出真身体，戒起荷叶自齐身。世良登在梧桐树，看见小姐笑囡囡，小姐一见无可奈，不论贫富配为婚。思相起，泪两行，出散夫妻懒梳妆。（重）

懒梳妆，郑元何骑马上南，姐姐一见望私礼，相公连叫两三声。终朝坐在勾郎园，恩爱夫妻直千金，不上半年嫖完了，误了我小生不成人。思相起，泪两行，相起夫妻懒梳妆。（重）

（巳生唱）交到新春天地和，时奉元肖来庆贺。麒麟灯，摇摇扒把去摇河；狮子灯，雌雄一对来世球，二龙戏珠盘了大柱柯；走马灯，团团回往着地行；秧歌灯，渔樵耕读样样有。（重）

一更里，进阑房，樱桃小口唤梅香，了长上影影灯，居步充充就把门（嗳）关（吓）门关上。（重一句）对莲花，齐脱光，上妆听敲楼钟鼓光。初忙了上事也也，产礼人谁美，独事美（嗳）尖（吓）美尖上。（重）

…………

金坛刻纸

保管单位：金坛市档案馆

内容及评价：

刻纸工艺主要由手工绘画和镂空刻制两部分组成。无论幅面大小，手工绘画和镂空刻制都按照剪纸的规律和要求，既有清晰完整的构图和造型，又保证整体线条间的互相连接，刻制手法博采众长。早在隋唐时期，双喜、门花、堂花、灯花、鞋花、花鸟虫鱼、人物戏文等刻纸作品便散见于民间，世代沿袭。金坛刻纸艺术的历史可以追溯到明清时期。金坛刻纸艺术分为两大流派。一种是传统刻纸，风格古朴典雅，花样奇巧繁多。另一种是现代刻纸，借鉴西北的剪纸风格特点，融入绘画、装饰技艺，用剪、刻、撕等方法和套色、点、填、染等手法，使作品的风格清新隽永，散发出强烈的时代气息。较之于传统剪纸，金坛刻纸具有制品幅式灵活、刻制手法多样、表现细腻丰富和构图精细繁茂等艺术特点。

金坛刻纸作品蕴涵浓郁的乡土气息和时代色彩，是独具江南特色的乡土奇葩和民间工艺瑰宝。同时，也是异域游客了解江南、亲近江南的媒介物，被誉为“江南一枝花”。1993年12月，金坛市被文化部正式命名为“刻纸之乡”。2007年3月，金坛刻纸被列为江苏省首批非物质文化遗产。2008年2月，又被列为第二批国家级非物质文化遗产。

万马奔腾

丰收的喜悦

采河菱

猪多肥多粮食多

志书典籍

武陽全境圖
江陰界
舜山
九曲河
焦店
張谷橋
石堰河
豐北
麻皮橋
鄭六橋
三河口
大甯
丁塘港
豐東
橫山橋
豐南
路程河
雙廟河
桃花港圩塘
羊頭橋
豐西
鳥頭橋
青龍橋
陽湖
北塘河
高墅橋
孝仁
丁堰河
成墅橋
運河
劉家橋河
政成
東吊橋
文成坝
豐成橋
戚墅堰
宋建湖
黃林
無錫界
龍游河
蔣灣河
昇東
坂上河
安尚
塘門河
朱家橋河
北陽湖
南陽湖
李家橋
安塘
閔黃河
走馬塘
昇西
戴埼河
雪堰橋
新塘
前橫河
從政
太平
南宅
潘家橋
新村港
馬蹟山
陳墓山
謝
宜興界
下浦港
迎春

清顺治《常州府赋役全书》

保管单位：常州市档案馆

内容及评价：

《赋役全书》又名《条鞭赋役册》，是明、清两代最重要的经济法律文书之一，主要用于记载各地赋役的数额，是官府征收赋税的税则和依据。明代实行“一条鞭法”后，开始编订《条鞭赋役册》。首次撰修约在明万历十一年（1583）。清顺治三年（1646），按照明万历年间的赋额，订定刊行了《赋役全书》；顺治十一年（1654），再加修订，顺治十四年刊行；康熙二十四年（1685）曾重修，但未刊行；雍正十年（1732）再修，将各项杂税也列入其中。以后规定每十年修辑一次，但并未严格施行。

《赋役全书》原为清朝内阁大库所藏。国内现存的《赋役全书》，主要以清初的顺、康、雍、乾四朝为多。清顺治《常州府赋役全书》共8册，由清顺治年间户部侍郎王弘祚主修，顺治十四年（1657）修成。由于清朝末期逐渐走向衰亡，加之社会动荡不安，该书流落海外，现藏于日本公文书馆。馆藏的8册《常州府赋役全书》为复印本，系我留学生在日本发现该书后复印一套捐赠而得来。遗憾的是，该书只复印了正文部分，是否有凡例、前言、目录、后记等内容，不得而知。该书对考察明、清乃至整个中国封建社会的赋役制度，研究明、清时期的经济史、财政史，都具有十分重要的参考价值。

清顺治十四年（1657）《常州府赋役全书》

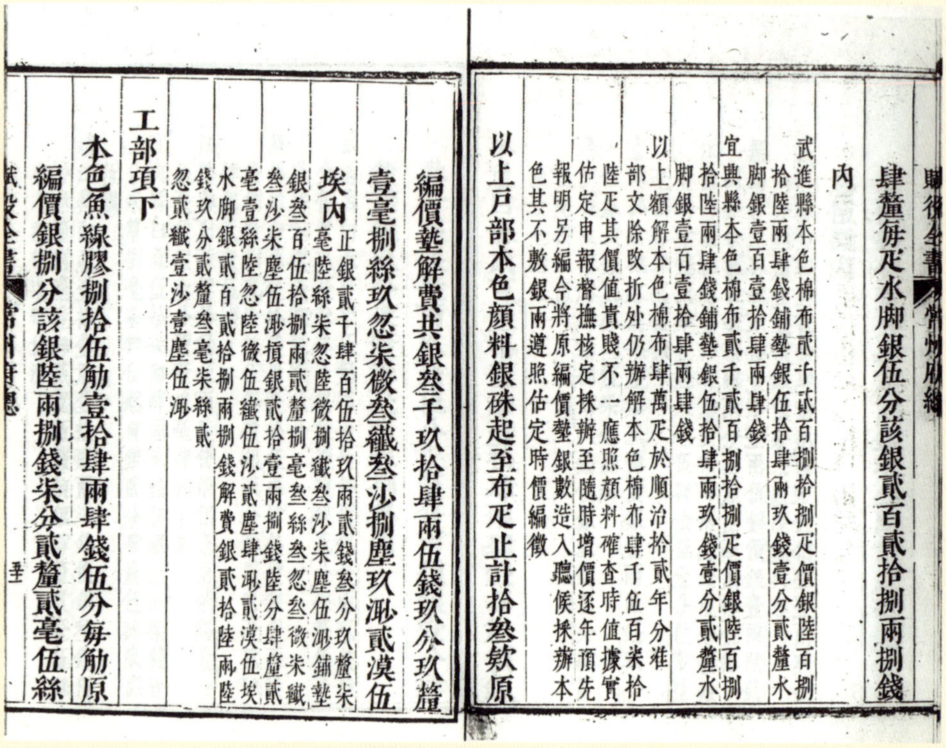
肆釐每疋水脚銀伍分該銀貳百貳拾捌兩捌錢
內
武進縣本色棉布貳千貳百捌拾捌疋價銀陸百捌
拾陸兩肆錢鋪墊銀伍拾肆兩玖錢壹分貳釐水
脚銀壹百壹拾肆兩肆錢
宜興縣本色棉布貳千貳百捌拾捌疋價銀陸百捌
拾陸兩肆錢鋪墊銀伍拾肆兩玖錢壹分貳釐水
脚銀壹百壹拾肆兩肆錢
以上額解本色棉布肆萬疋於順治拾貳年分准
部文除改折外仍辦解本色棉布肆千伍百柒拾
陸疋其價值貴賤不一應照顏料確查時值據實
佑定申報督撫核定採辦至隨時增價逐年預先
報明另編今將原編價墊銀數造入聽候採辦本
色其不敷銀兩遵照佑定時價編徵
以上戶部本色顏料銀硃起至布疋止計拾叁欵原
編價墊解費共銀叁千玖拾肆兩伍錢玖分玖釐
壹毫捌絲玖忽柒微叁纖叁沙捌塵玖渺貳漠伍
埃內
正銀貳千肆百伍拾玖兩貳錢叁分玖釐柒
毫陸絲柒忽陸微捌纖叁沙柒塵伍渺鋪墊
銀叁百伍拾捌兩貳釐捌毫叁絲叁忽叁微柒纖
叁沙柒塵伍渺扛銀貳拾壹兩捌錢陸分肆釐貳
毫壹絲陸忽陸微伍纖伍沙貳塵肆渺貳漠伍埃
水脚銀貳百貳拾捌兩捌錢解費銀貳拾陸兩陸
錢玖分貳釐叁毫柒絲貳
忽貳纖壹沙壹塵伍渺
工部項下
本色魚線膠捌拾伍觔壹拾肆兩肆錢伍分每觔原
編價銀捌分該銀陸兩捌錢柒分貳釐貳毫伍絲

《常州府赋役全书》·常州府总·税粮

全文（节选）：

……肆厘。每匹水脚银伍分，该银贰百贰拾捌两捌钱内。

武进县本色棉布贰千贰百捌拾捌匹，价银陆百捌拾陆两肆钱，铺垫银伍拾肆两玖钱壹分贰厘，水脚银壹百壹拾肆两肆钱。

宜兴县本色棉布贰千贰百捌拾捌匹，价银陆百捌拾陆两肆钱，铺垫银伍拾肆两玖钱壹分贰厘，水脚银壹百壹拾肆两肆钱。

以上额解本色棉布肆万匹，于顺治十二年分准部文。除改折外，仍办解本色棉布肆千伍百柒拾陆匹。其价值贵贱不一，应照颜料确查时值，据实估定申报督抚核定。采办至，随时增价，逐年预先报明另编。今将原编价垫银数造入，听候采办。本色其不敷银两，遵照估定时价编征。

以上户部本色颜料银朱起至布匹止，计十三款。原编价垫解费共银叁千玖拾肆两伍钱玖分玖厘壹毫捌丝玖忽柒微叁纤叁沙捌尘玖渺贰漠伍埃内。

正银贰千肆百伍拾玖两贰钱叁分玖厘柒毫陆丝柒忽陆微捌纤叁沙柒尘伍渺，铺垫银叁百伍拾捌两贰厘捌毫叁丝叁忽叁微柒纤叁沙柒尘伍渺，扛银贰拾壹两捌钱陆分肆厘贰毫壹丝陆忽陆微伍纤伍沙贰尘肆渺贰漠伍埃，水脚银贰百贰拾捌两捌钱，解费银贰拾陆两陆钱玖分贰厘叁毫柒丝贰忽贰纤壹沙壹尘伍渺。

工部项下。

本色鱼线胶捌拾伍斤壹拾肆两肆钱伍分，每斤原编价银捌分，该银陆两捌钱柒分贰厘贰毫伍丝……

…………

清嘉庆《段注说文解字》

保管单位：常州市档案馆

内容及评价：

段玉裁（1735~1815），清代文字训诂学家、经学家，乾隆举人，字若膺，号懋堂，晚年又号砚北居士，长塘湖居士，侨吴老人，江苏金坛人。历任贵州玉屏、四川巫山等县知县，引疾归，居苏州枫桥，闭门读书。曾师事戴震，研究文字训诂音韵之学。著有《说文解字注》、《六书音韵表》、《古文尚书撰异》、《毛诗故训传定本》、《经韵楼集》等，在音韵学、文字学、训诂学、校勘学等方面作出了杰出贡献。

东汉古文经学大师许慎编撰的《说文解字》，是我国语文学史上第一部分析字形、解说字义、辩识声读的字典。《说文解字》成为研究的专门之学，是在唐宋之后。到了清代，随着汉学的复兴，《说文解字》的研究更加深入，更加自觉，并臻于极盛，产生了多种研究《说文解字》的著作。其中，世人公认成就最高的，首推段玉裁的《说文解字注》。

段玉裁于清乾隆四十一年（1776）开始编纂《说文解字注》，至嘉庆十二年（1807）写成，嘉庆二十年（1815）刊行，前后历时近40年。段玉裁从校勘刻本、研究体例入手，对《说文解字》详加注解，考证明晰，创见极多，对汉字的研究精深独到，贡献巨大。

馆藏的清嘉庆《段注说文解字》共12册，为清经韵楼藏版，具有较高的收藏和研究价值。

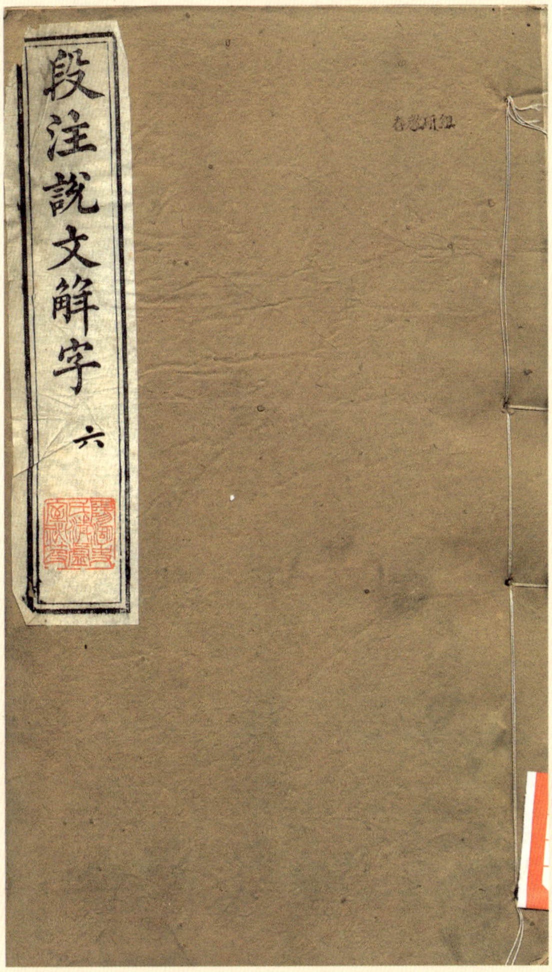

清嘉庆二十年（1815）刊行的《段注说文解字》

說文解字弟六篇上
金壇段玉裁注
木冒也以疊韵爲訓冃部曰冒冡而前也冒地而生東方之行从屮下
象其根謂𣎳也屮象上出𣎳象下垂莫卜切三部凡木之屬皆从木橘橘果
出江南禹貢荆州厥苞橘柚考工記曰橘踰淮而北爲枳屈原賦曰受命不遷生南國兮許言出江南者即
考工屈賦所云也王逸注云言橘受天命生於江南从木矞聲居聿切十五部橙橘屬南都
賦曰穰橙鄧橘蜀都賦劉注曰蜀有給客橙从木登聲丈庚切廣韵宅耕切古音在六部柚
條也佀橙而酢釋木柚條郭云似橙實酢生江南列子曰吳楚之國有大木焉其名爲櫾碧樹而冬
生實丹而味酸食其皮汁已憤厥之疾按今橘橙柚三果莫大於柚莫酢於橙汁而橙皮甘可食本草經合橘柚爲
六篇上　一

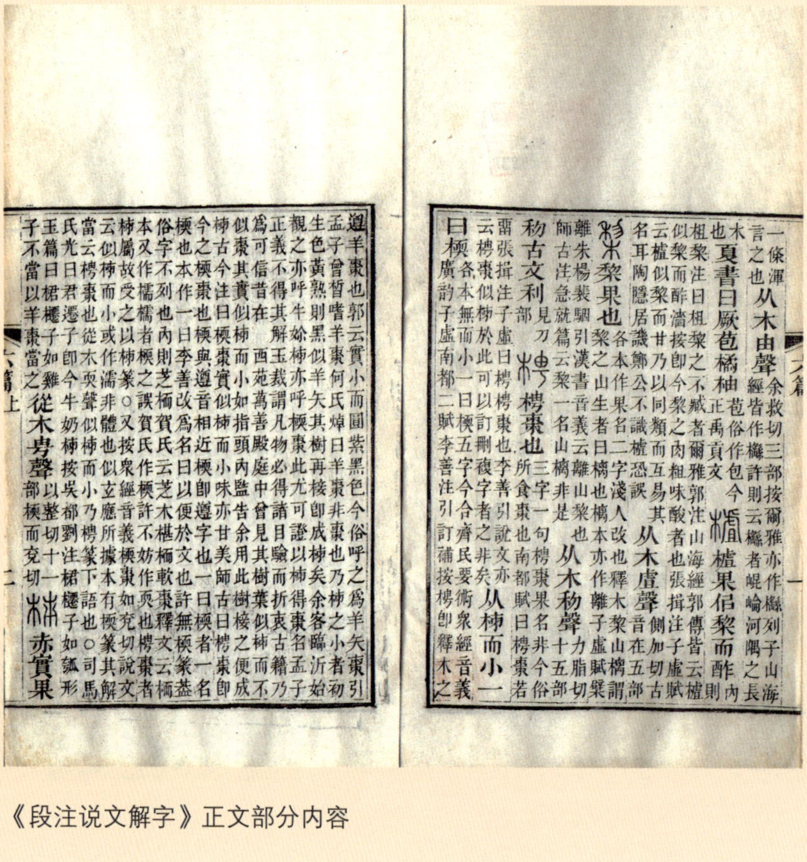

一條渾言之也从木由聲余救切三部按爾雅亦作櫾列子山海經皆作櫾許則云櫾者崐崘河隅之長
木也夏書曰厥苞橘柚苞俗作包今正禹貢文樝樝果佀棃而酢內則
柤棃注曰柤棃之不臧者爾雅郭注山海經郭傳皆云樝似棃而酢澀按即今棃之肉粗味酸者也張揖注子虛賦
云樝似棃而甘乃以同類而互易其名耳陶隱居識鄭公不識樝恐誤从木虘聲側加切古音在五部
棃棃果也各本作果名二字淺人改也釋木棃山樆謂棃之山生者曰樆也樆本亦作離子虛賦檗
離朱楊裴駰引漢書音義云離山棃也師古注急就篇云棃一名山樆非是从木𥝢聲力脂切十五部
𥝢古文利見刀部梬梬棗也三字一句梬棗果名非今俗所食棗也南都賦曰梬棗若
留張揖注子虛曰梬棗也李善引說文亦云梬棗似柹於此可以訂刪複字者之非矣从柹而小一
曰梬各本無而小一曰梬五字今合齊民要術衆經音義廣韵子虛南都二賦李善注引訂補按梬即釋木之

遵羊棗也郭云實小而圓紫黑色今俗呼之爲羊矢棗引孟子曾晳嗜羊棗何氏焯曰羊棗非棗也乃柹之小者初
生色黃熟則黑似羊矢其樹再椄即成柹矣余客臨沂始覩之亦呼牛妳柹亦呼㮕棗此尤可證以柹得棗名孟子
正義不得其解玉裁謂凡物必得諸目驗而折衷古籍乃爲可信昔在　西苑萬善殿庭中嘗見其樹葉似柹而不
似棗其實似柹而小如指頭內監告余用此樹椄之便成柹古今注曰㮕棗實似柹而小味亦甘美師古曰㮕棗即
今之㮕棗也㮕與遵音相近㮕即遵字也一曰㮕者一名㮕也本作一曰李善改爲名曰以便於文也許無㮕篆蓋
俗字不列也內則芝栭賈氏云芝木椹栭軟棗釋文云栭本又作檽檽者㮕之誤賈氏作㮕許不妨作耎也㮕棗者
柹屬故受之以柹篆○又按衆經音義㮕棗如兗切說文云似柹而小或作濡非體也似玄應所據本有㮕篆其解
當云㮕棗也從木耎聲似柹而小乃㮕篆下語也○司馬氏光曰君遷子即今牛奶柹按吳都劉注梎櫏子如瓠形
玉篇曰梎櫏子如雞子不當以羊棗當之從木甹聲以整切十一部㮕而兗切柹赤實果
六篇上　二

《段注说文解字》正文部分内容

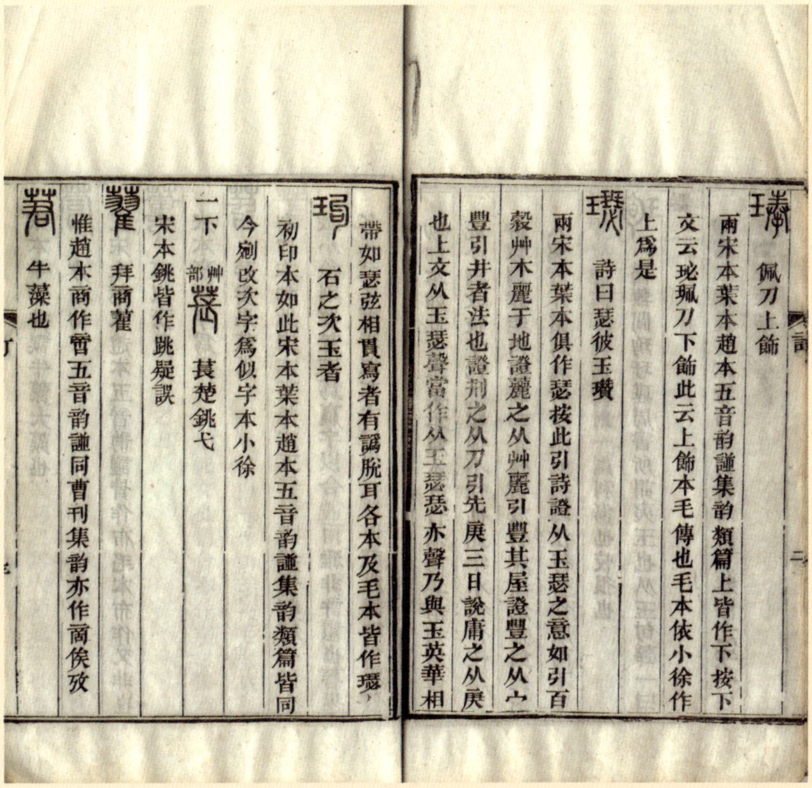

佩刀上飾
兩宋本葉本趙本五音韵譜集韵類篇上皆作下按下
文云珌珮刀下飾此云上飾本毛傳也毛本依小徐作
上爲是
詩曰瑟彼玉瓚
兩宋本葉本俱作瑟按此引詩證从玉瑟之意如引百
穀艸木麗于地證麓之从艸麗引豐其屋證豐之从宀
豐引井者法也證荆之从刀引先庚三日說庸之从庚
也上文从玉瑟聲當作从玉瑟瑟亦聲乃與玉英華相
帶如瑟弦相貫寫者有譌脫耳各本及毛本皆作璱
石之次玉者
初印本如此宋本葉本趙本五音韵譜集韵類篇皆同
今剜改次字爲似字本小徐
一下 艸部 葚楚銚弋
宋本銚皆作跳疑誤
拜商藋
惟趙本商作啻五音韵譜同曹刊集韵亦作商俟攷
牛藻也

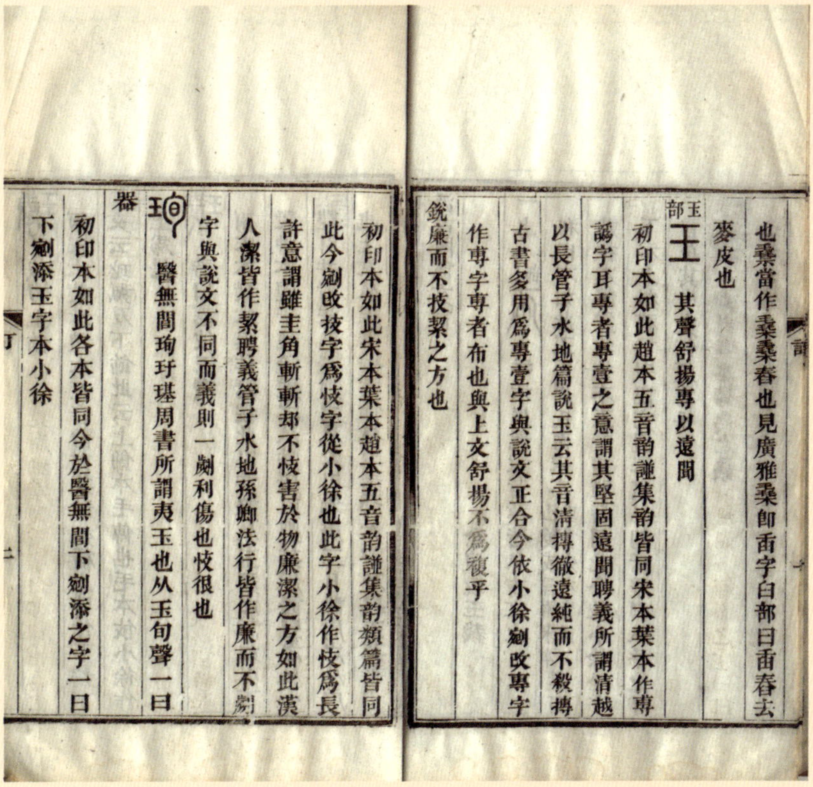

也桑當作桑桑舂也見廣雅桑卽臿字臼部曰臿舂去
麥皮也
玉部 王 其聲舒揚尃以遠聞
初印本如此趙本五音韵譜集韵皆同宋本葉本作尃
譌字耳尃者尃壹之意謂其堅固遠聞聘義所謂清越
以長管子水地篇說玉云其音清摶徹遠純而不殺摶
古書多用爲專壹字與說文正合今依小徐剜改專字
作專字專者布也與上文舒揚不爲複乎
銳廉而不技絜之方也
初印本如此宋本葉本趙本五音韵譜集韵類篇皆同
此今剜改技字爲忮字從小徐也此字小徐作忮爲長
許意謂雖圭角斬斬却不忮害於物廉潔之方如此漢
人潔皆作絜聘義管子水地孫卿法行皆作廉而不劌
字與說文不同而義則一劌利傷也忮很也
醫無閭珣玗璂周書所謂夷玉也从玉旬聲一曰
器
初印本如此各本皆同今於醫無閭下剜添之字一曰
下剜添玉字本小徐

《段注说文解字》正文部分内容

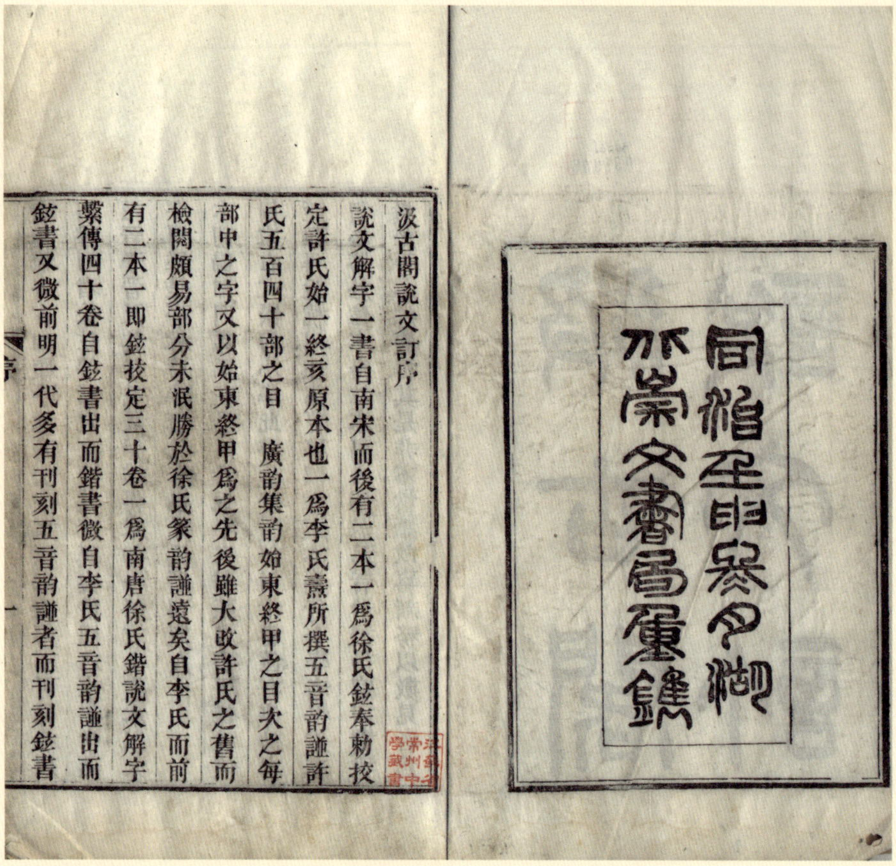

同治壬申冬月湖北崇文書局重鐫

汲古閣說文訂序

說文解字一書自南宋而後有二本一爲徐氏鉉奉勑校定許氏始一終亥原本也一爲李氏燾所撰五音韵譜許氏五百四十部之目 廣韵集韵始東終甲之目次之每部中之字又以始東終甲爲之先後雖大改許氏之舊而檢閱頗易部分未淆勝於徐氏篆韵譜遠矣自李氏而前有二本一即鉉校定三十卷一爲南唐徐氏鍇說文解字繫傳四十卷自鉉書出而鍇書微自李氏五音韵譜出而鉉書又微前明一代多有刊刻五音韵譜者而刊刻鉉書

嘉庆二年（1797）7月15日，段玉裁撰写的《汲古阁说文订序》。

全文：

汲古阁说文订序

《说文解字》一书，自南宋而后有二本。一为徐氏铉奉敕校定许氏《始一终亥》原本也；一为李氏焘所撰《五音韵谱》。许氏五百四十部之目◇《广韵》、《集韵》始东终甲之目；次之每部中之字，又以始东终甲为之先后。虽大改许氏之旧，而检阅颇易，部分未泯，胜于徐氏篆《韵谱》远矣。自李氏而前有二本，一即铉校定三十卷，一为南唐徐氏锴《说文解字系传》四十卷。自铉书出而锴书微，自李氏《五音韵谱》出而铉书又微。前明一代，多有刊刻《五音韵谱》者，而刊刻铉书者，绝无好古。如顾亭林乃云：“《说文》原本次第不可见，今以四声列者，徐铉等所定也。嘻，其亦异矣。”当明之末年，常熟毛晋子晋及其子毛扆斧季得宋《始一终亥》小字本，以大字开雕，是亭林时非无铉本也。毛氏所刊版入本朝，归祁门马氏；在扬州者，近年又归苏之书贾钱姓。值国家右文，崇尚小学，此书盛行。《系传》四十卷，仅有传抄本，至难得。近杭州汪部曹启淑雕版亦盛行。今学者得锴本，谓必胜于铉本；得铉本，谓必胜于《五音韵谱》。愚窃谓读书贵于平心，综核得其是非，不当厌故喜新，务以数见者为非，罕见者为善也。玉裁自侨居苏州，得见青浦王侍郎昶所藏宋刊本，既而元和周明经锡瓒尽出其珍藏：一曰宋刊本，一曰明叶石君（万）所抄宋本。已[以]上三本皆小字，每叶[页]二十行，小字夹行则四十行，每小字一行，约二十四五六字不等。一曰明赵灵均（均），所抄宋大字本，即汲古阁所仿刻之本也。一曰宋刊大字《五音韵谱》。三小字宋本，不出一槧，故大略相同而微有异。赵氏所抄，异处较多，稍逊于小字本。若宋刊《五音韵谱》，则略同赵抄本，而尚远胜于明刊者。明经又出汲古阁初印本一〔本〕，斧季亲署云："顺治癸巳汲古阁校改第五次，本卷中旁书朱字，复以蓝笔圈之。"凡其所圈，一一剜改。考毛氏所得小字本，与今所见三小字本略同，又参用赵氏大字本四次。以前微有校改，至五次则校改特多，往往取诸小徐《系传》，亦间用他书。夫小徐、大徐二本，字句驳异，当并存以俟定论。况今世所存小徐本，乃宋张次立所更定，而非小徐真面目。小徐真面目，仅见于黄氏公绍《韵会举要》中。而斧季据次立剜改，又识见驽下，凡小徐佳处，远胜大徐者少，所采掇而不必从者，乃多从之。今坊肆所行，即第五次校改本也。学者得一《始一终亥》之书以为拱璧，岂知其缪戾多端哉？初印往往同于宋本，故今合《始一终亥》四宋本及宋刊、明刊两《五音韵谱》及集韵类篇，称引铉本者，以校毛氏节次剜改之。铉本详记其驳异之处，所以存铉本之真面目，使学者家有真铉本而已矣。若夫铉之是非以及锴之得失，则又非专书不可明也。是役也，非明经之博学好古多藏，不吝不能肇端而助予翻阅者，则吴县袁上舍廷梼也。书成名之日，汲古阁说文订。订者，平议也。

嘉庆二年七月十五日，金坛段玉裁，书于姑苏朝山墩之枝园。

清道光《江苏诗征》

保管单位：常州市档案馆

内容及评价：

《江苏诗征》由清代嘉庆、道光年间的阮元（1764～1849）出资、王豫（1768～1826）编撰。该书仿效清代著名诗人、诗歌批评家沈德潜（1673～1769）《别裁》之法，辑清初至嘉庆二十一年（1816）间江苏诗人5467家的诗歌，历时12年汇编成册，共计183卷。道光元年（1821），由焦山海西庵诗征阁出版发行。全书共40册，线装本。《江苏诗征》是一部省级清代诗歌的总集，也是迄今为止全国惟一的、规模最大的一部诗集。

《江苏诗征》的文献主要来自于三个方面：一是书楼收藏。分别是阮元的文选楼、秦恩复的五笥仙馆、陈本礼的瓠室、王豫的种竹轩。二是友人邮寄。有的是友人家的先贤的诗作，有的是友人的乡贤或友人之友人的诗作。三是王豫亲自到各郡去搜采而得。

《江苏诗征》的贡献主要体现在四个方面：一是“以人存诗”。收录了很多无别集记载的诗人、布衣寒士诗人、部分仕宦诗人的诗歌，使他们不致湮没于历史的烟海。二是保存传记。很多布衣诗人的传记、一些官宦的逸事均有记载，附注资料中还包含文学流派、文学发展、文学批评等资料。三是保存书目。收录的书目均尽可能注明其作者、书名，有助于后世编辑《艺文志》。四是保存诗歌。入选的江苏长江沿线及上海地区诗人5467家，其诗歌数量不下三万首，数量巨大。

馆藏的30册清道光《江苏诗征》，虽不是诗集的全部内容，但对于窥探清诗、研究清中叶以前江苏长江沿线及上海地区诗歌的发展状况，已经弥足珍贵，具有很高的收藏和研究价值。

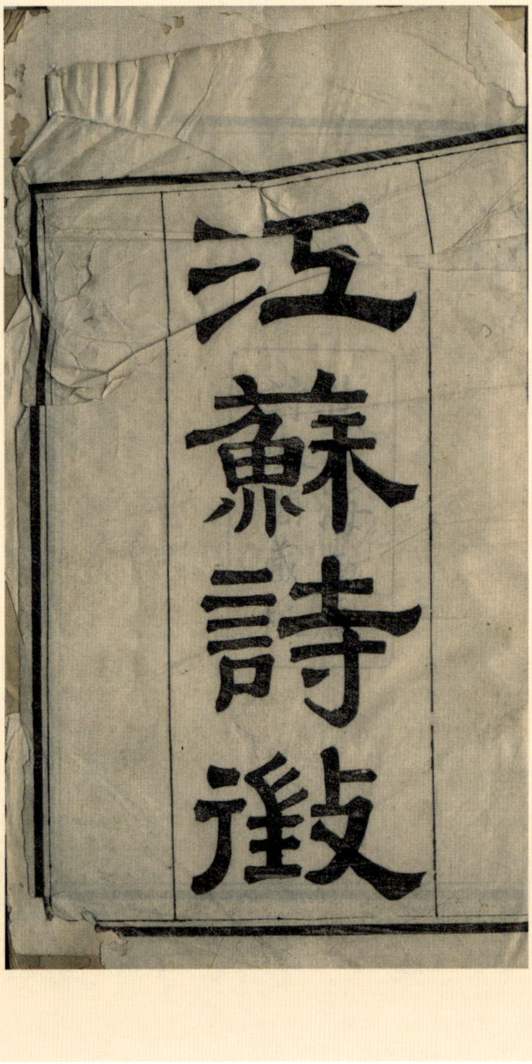

清道光元年（1821）出版的《江苏诗征》

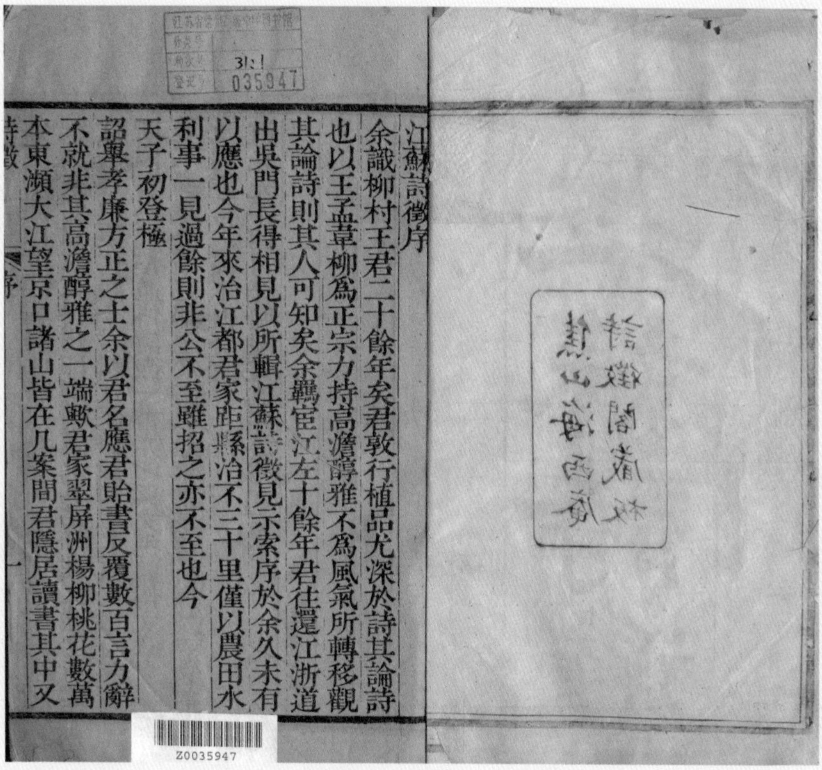

江蘇詩徵序
余識柳村王君二十餘年矣君敦行植品尤深於詩其論詩
也以王孟韋柳爲正宗力持高澹醇雅不爲風氣所轉移觀
其論詩則其人可知矣余羈宦江左十餘年君往還江浙道
出吳門長得相見以所輯江蘇詩徵見示索序於余久未有
以應也今年來治江都君家距縣治不三十里僅以農田水
利事一見過餘則非公不至雖招之亦不至也今
天子初登極
詔舉孝廉方正之士余以君名應君貽書反覆數百言力辭
不就非其高澹醇雅之一端歟君家翠屏洲楊柳桃花數萬
本東瀕大江望京口諸山皆在几案間君隱居讀書其中又
詩徵 序 一

道光元年（1821）4月，陈文述撰写的《江苏诗征序》。

全文：

江苏诗征序

余识柳村王君二十余年矣。君敦行植品，尤深于诗。其论诗也以王、孟、韦、柳为正宗，力持高澹醇雅，不为风气所转移。观其论诗，则其人可知矣。余羁官江左十余年，君往还江浙道出吴门，长得相见，以所辑《江苏诗征》见示，索序于余，久未有以应也。今年来治江都，君家距县治不三十里，仅以农田水利事一见过余，则非公不至。虽招之，亦不至也。今天子初登，极诏举孝廉方正之士，余以君名应。君贻书反复数百言，力辞不就。非其高澹醇雅之一端欤。君家翠屏洲，杨柳桃花数万，本东濒大江，望京口诸山皆在几案间，君隐居读书其中，又常下榻焦山佛阁，辑为此书。姚秋农侍郎为书《诗征阁》。余师阮云台宫保，家在扬州，即隋[随]曹宪及其弟子注《文选》。之所建“文选楼”以复旧观。今君辑《江苏诗征》即以名其阁。数百年后，斯阁当与“选楼”并传，《诗征》一书，亦即与《文选》并传。文章之盛，岂其不独钟于斯地耶。至于《诗征》始末，则云台师《序》及君自撰《凡例》，详言之矣，不复赘言。

道光元年四月，钱塘陈文述序于邗江官舍。

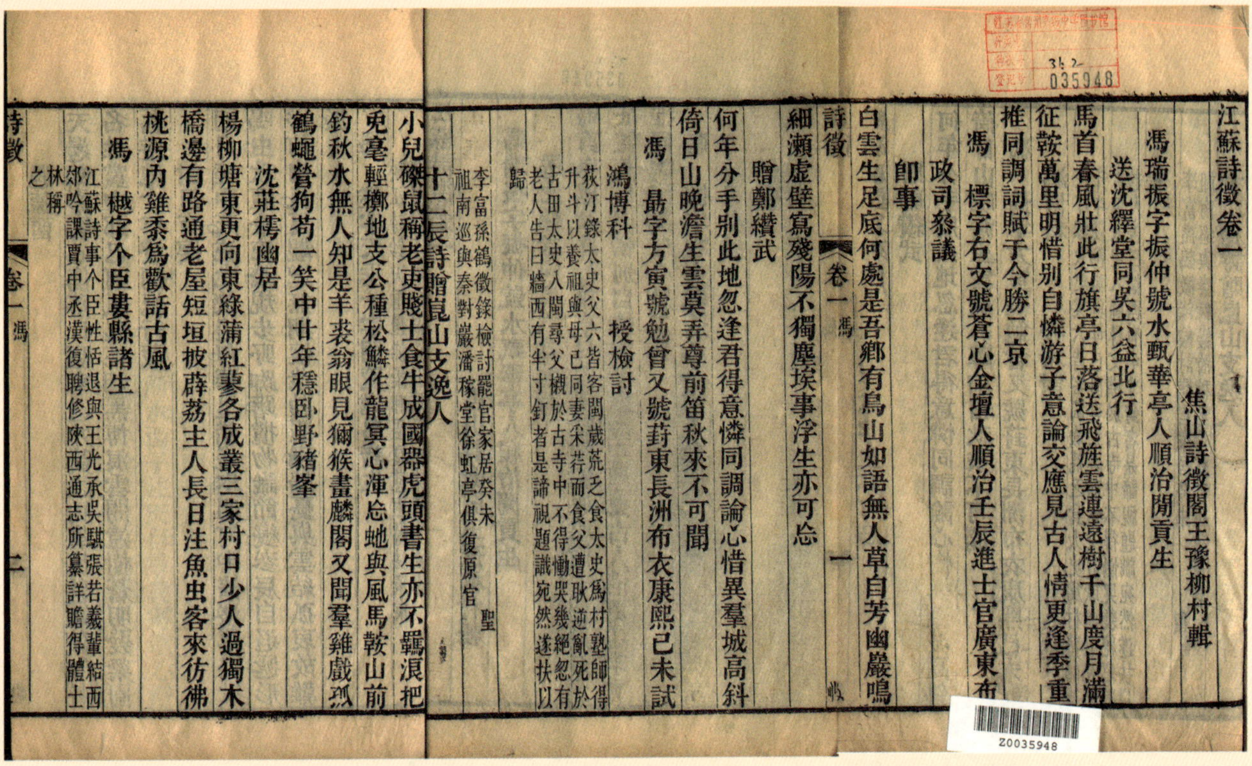

江蘇詩徵卷一
焦山詩徵閣王豫柳村輯
馮瑞振字振仲號水甄華亭人順治閒貢生
送沈繹堂同吳六益北行
馬首春風壯此行旗亭日落送飛旌雲連遠樹千山度月滿征鞍萬里明惜別自憐游子意論交應見古人情更逢季重推同調詞賦于今勝二京
馮標字右文號蒼心金壇人順治壬辰進士官廣東布政司叅議
即事
白雲生足底何處是吾鄉有鳥山如語無人草自芳幽巖鳴細瀨虛壁寫殘陽不獨塵埃事浮生亦可忘
詩徵　卷一　馮　一
贈鄭續武
何年分手別此地忽逢君得意憐同調論心惜異羣城高斜倚日山晚澹生雲莫弄尊前笛秋來不可聞
馮勗字方寅號勉曾又號葑東長洲布衣康熙己未試鴻博科　授檢討
荻汀錄太史父六旹客閩歲荒乏食太史爲村塾師得升斗以養祖與母已同妻禾芹而食父遭耿逆亂死於古田太史入閩尋父櫬於古寺中不得慟哭幾絕忽有老人告曰牆西有半寸釘者是詣視題識宛然遂扶以歸
李富孫鶴徵錄檢討罷官家居癸未　聖祖南巡與秦對巖潘稼堂徐虹亭俱復原官
十二辰詩贈崑山支逸人
小兒礫鼠稱老吏賤士食牛成國器虎頭書生亦不羈浪把兎毫輕擲地支公種松鱗作龍冥心渾忘蛇與風馬鞍山前釣秋水無人知是羊裘翁眼見獮猴畫麟閣又聞羣雞戲孤鶴蠅營狗苟一笑中廿年穩卧野豬峯
沈莊樗幽居
楊柳塘東更向東綠蒲紅蓼各成叢三家村口少人過獨木橋邊有路通老屋短垣披薜荔主人長日注魚虫客來彷彿桃源內雞黍爲歡話古風
馮樾字个臣婁縣諸生
江蘇詩事个臣性恬退與王光承吳騏張若羲葦結西郊吟課賈中丞漢復聘修陝西通志所纂詳贍得體士林稱之
詩徵　卷一　馮　二

《江苏诗征》正文部分内容

全文（节选）：

《江苏诗征·卷一》

焦山诗征阁王豫柳村辑

冯瑞振，字振仲，号水甄，华亭人，顺治间贡生。

《送沈绎堂同吴六益北行》

马首春风壮此行，旗亭日落送飞旌；云连远树千山度，月满征鞍万里明。惜别自怜游子意，论交应见古人情；更逢季重推同调，词赋于今胜二京。

冯标，字右文，号苍心，金坛人，顺治壬辰进士，官广东布政司参议。

《即事》

白云生足底，何处是吾乡；有鸟山如语，无人草自芳。幽岩鸣细濑，虚壁写残阳；不独尘埃事，浮生亦可¤。

《赠郑缵武》

何年分手别，此地忽逢君；得意怜同调，论心惜异群；城高斜倚日，山晚澹生云；莫弄尊前笛，秋来不可闻。

冯勖，字方寅，号勉曾，又号葑东，长洲布衣，康熙己未试鸿博科◇授检讨。

荻汀录太史，父六皆客闽。岁荒乏食，太史为村塾师，得升斗以养祖与母，己同妻采荇而食。父遭耿逆乱，死于古田。太史入闽寻父，榇于古寺中不得，恸哭几绝。忽有老人告曰：墙西有半寸钉者是。谛视题识宛然，遂扶以归。

李富、孙鹤征，录检讨，罢官家居。癸未◇圣祖南巡，与秦对岩，潘稼堂、徐虹亭俱复原官。

《十二辰诗赠昆山支逸人》

小儿磔鼠称老吏，贱士食牛成国器；虎头书生亦不羁，浪把兔毫轻掷地。支公种松鳞作龙，冥心浑¤蛇与风；马鞍山前钓秋水，无人知是羊裘翁；眼见猕猴画麟阁，又闻群鸡戏孤鹤；蝇营狗苟一笑中，廿年稳卧野猪峰。

《沈庄樗幽居》

杨柳塘东更向东，绿蒲红蓼各成丛；三家村口少人过，独木桥边有路通；老屋短垣披薜荔，主人长日注鱼虫；客来仿佛桃源内，鸡黍为欢话古风。

冯樾，字个臣，娄县诸生。

江苏诗事个臣，性恬退，与王光承、吴骐、张若羲辈结西郊吟课。贾中丞汉，复聘修《陕西通志》，所纂详赡得体，士林称之……

…………

清道光《真修宝卷》

保管单位：常州市谱牒研究会

内容及评价：

“宝卷”，源自唐代佛教寺院的“俗讲”，但刚兴起不久便被扼杀。后来，僧人将“俗讲”改称“谈经”。至宋代，寺院庙会中的“谈经”等说唱文艺大部分都转移到了勾栏瓦舍，其“诵经及讲说因缘”才真正与民间曲艺结为连理，成为民众消灾祈福的信仰活动。“宝卷”的流行时期当为明代，其内容大多反映常州的人文历史，文字格式分为七言及三三四言等多种句式，文字语法大都是常武地区的方言，念唱起来朗朗上口、婉转动听，其故事情节也曲折动人。“宝卷”是研究中国宗教、民众信仰和民俗文化等多种课题的重要资料，是独具常州特色的民间文学。

《真修宝卷》是常州现有近二百种“宝卷”的代表之一，刻自清道光壬辰年（1832），竹纸印刷，线装本，共101页，约2.6万字。常州谱牒研究会收藏的《真修宝卷》为清道光辛丑年（1841）翻印，属常州方言世俗宝卷中的圣贤道德类宝卷，具有较高的民俗文化研究价值，也具有一定的道德教化作用。

清道光辛丑年（1841）翻印的《真修宝卷》

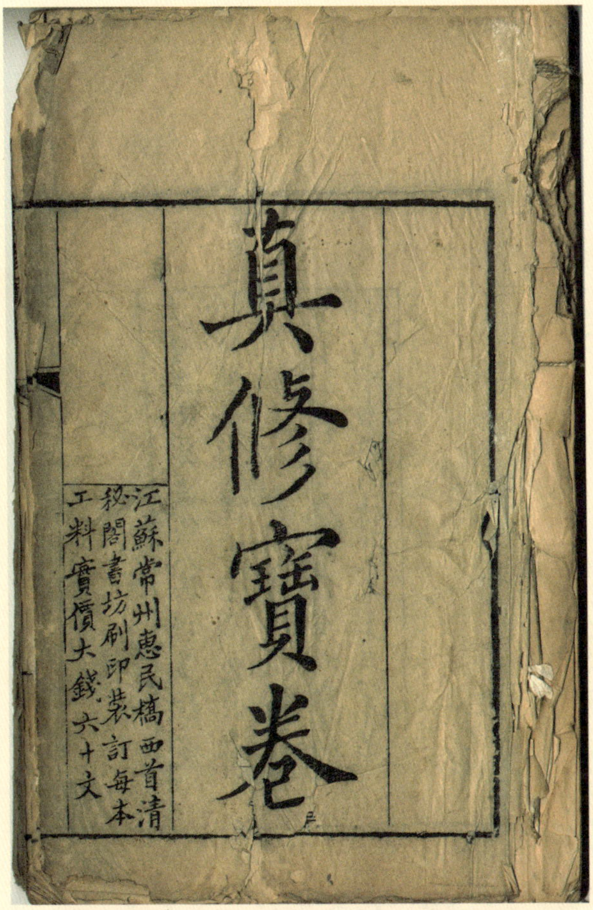
真修寶卷

江蘇常州惠民橋西首清
秘閣書坊刷印装訂每本
工料實價大錢六十文

清道光辛丑年（1841）翻印的《真修宝卷》

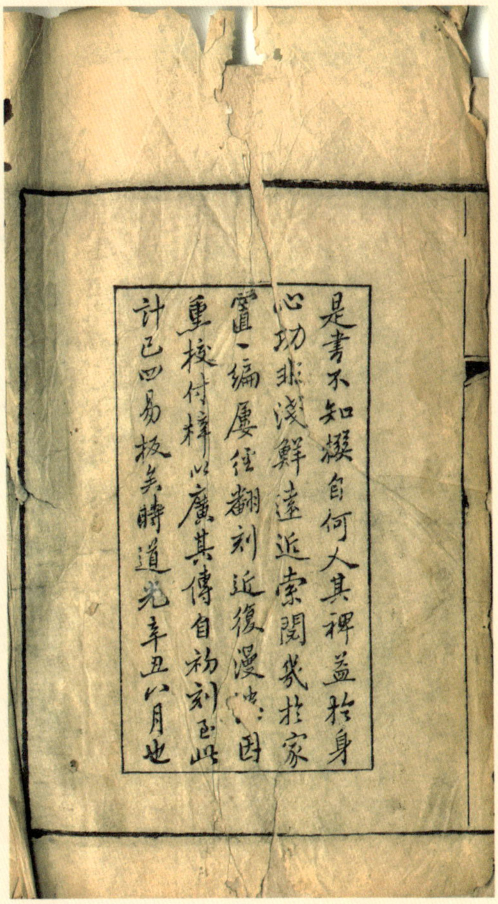
是書不知撰自何人其裨益於身
心功非淺鮮遠近索閱幾於家
置一编屢經翻刻近復漫漶因
重校付梓以廣其傳自初刻至此
計已四易板矣時道光辛丑八月也

《真修宝卷》·扉页

全文（节选）：

……是书不知撰自何人，其裨益于身心，功非浅鲜。远近索阅，几于家置一编。屡经翻刻，近复漫漶，因重校付梓，以广其传。自初刻至此，计已四易板矣。时道光辛丑八月也。

…………

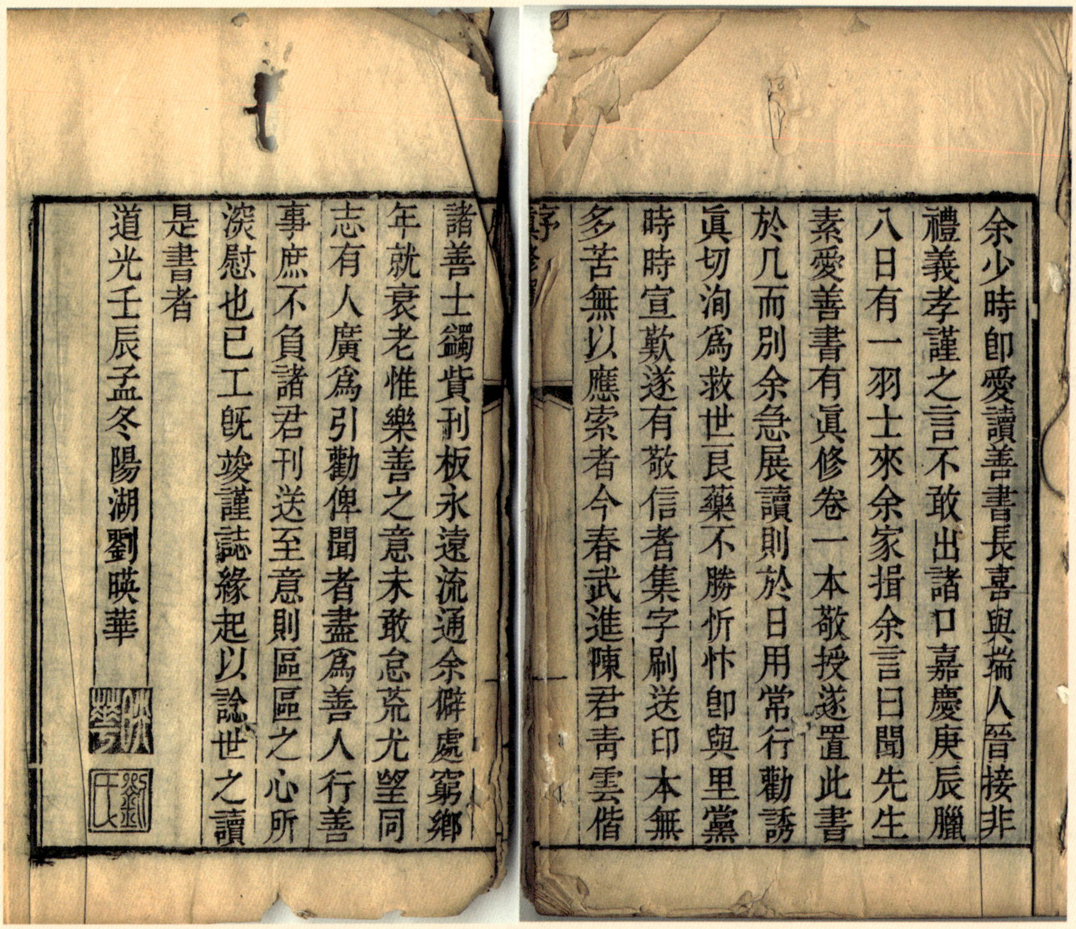

余少時卽愛讀善書長喜與端人晉接非禮義孝謹之言不敢出諸口嘉慶庚辰臘八日有一羽士來余家揖余言曰聞先生素愛善書有眞修卷一本敬授遂置此書於几而別余急展讀則於日用常行勸誘眞切洵爲救世良藥不勝忻忭卽與里黨時時宣歎遂有敬信者集字刷送印本無多苦無以應索者今春武進陳君青雲偕諸善士鐲貲刊板永遠流通余僻處窮鄉年就衰老惟樂善之意未敢怠荒尤望同志有人廣爲引勸俾聞者盡爲善人行善事庶不負諸君刊送至意則區區之心所淚慰也已工既竣謹誌緣起以諗世之讀是書者

道光壬辰孟冬陽湖劉暎華

《真修宝卷》·序

全文：

真修宝卷序

余少时即爱读善书，长喜与端人晋接，非礼义孝谨之言不敢出诸口。嘉庆庚辰腊八日，有一羽士来余家，揖余言曰：“闻先生素爱善书，有《真修卷》一本敬授。”遂置此书于几而别。余急展读，则于日用常行劝诱真切，洵为救世良药，不胜忻忭。即与里党时时宣叹，遂有敬信者，集字刷送。印本无多，苦无以应索者。今春，武进陈君青云，偕诸善士鐲资刊板，永远流通。余僻处穷乡，年就衰老，惟乐善之意未敢怠荒，尤望同志有人广为引劝，俾闻者尽为善人、行善事，庶不负诸君刊送至意，则区区之心所□慰也。已工即竣，谨志缘起，以谂世之读是书者。

道光壬辰孟冬，阳湖刘映华。

清同治《资治通鉴》

保管单位：常州市档案馆

内容及评价：

《资治通鉴》是北宋著名史学家、政治家司马光（1019～1086）和他的助手刘颁、刘恕、范祖禹、司马康等人历时19年编纂的一部规模空前的编年体通史巨著。《资治通鉴》有宋本（余姚官刻本、景祐本）、明刊本（兴文署本、明弘治元年至嘉靖三十八年本、元刻明修补本）、清刻本（胡克家本、清同治十年湖北崇文书局本、清光绪十四年上海蜚英馆石印本）、民国刊本（涵芬楼铅印本、百衲本、上海国学整理社刊本、影印宋刻本）4个版本。胡三省《资治通鉴音注》的注本最为人称道，是现在最为通行的版本。馆藏的《资治通鉴》为清同治八年（1869）刻本。在莫友芝任职江苏书局时，由其筹款，由胡克家（1756～1816）覆元代兴文署刻本补刻，江苏书局用线装本印制294卷，共计100册。

清同治版《资治通鉴》，内容完整，保存完好，具有很高的收藏和版本研究价值。

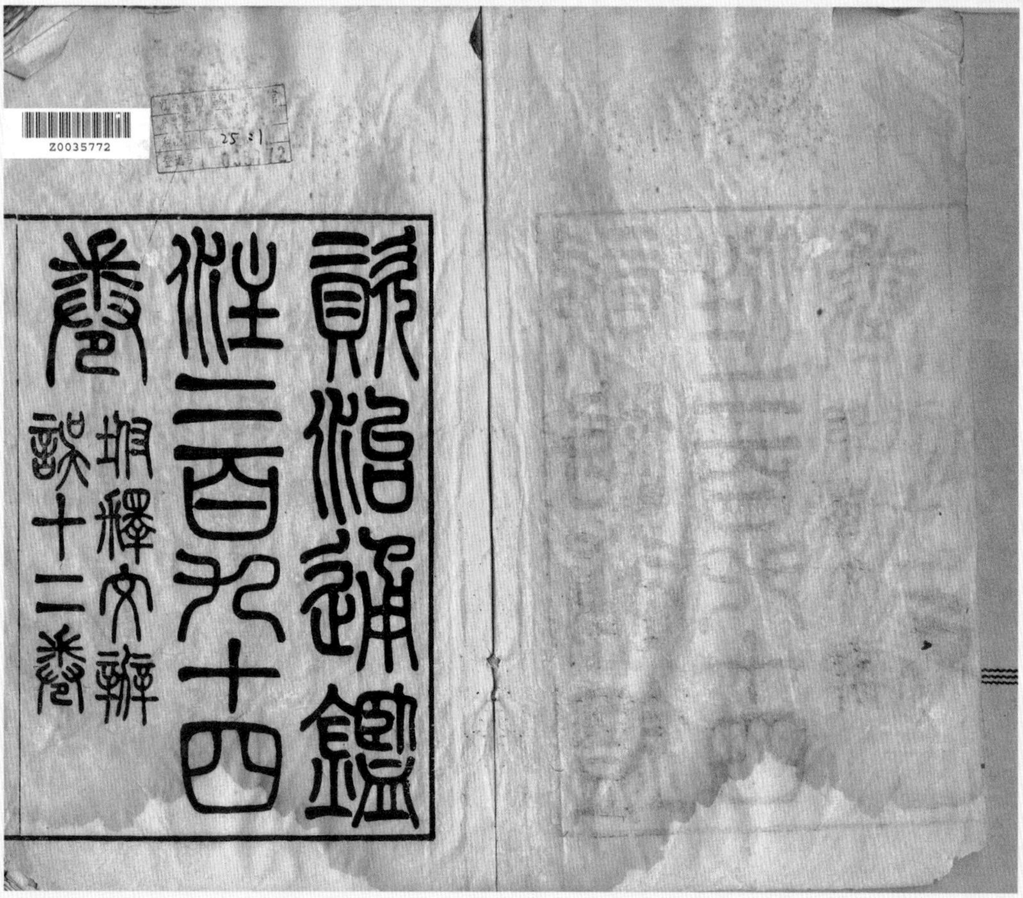

清同治八年（1869）版《资治通鉴》

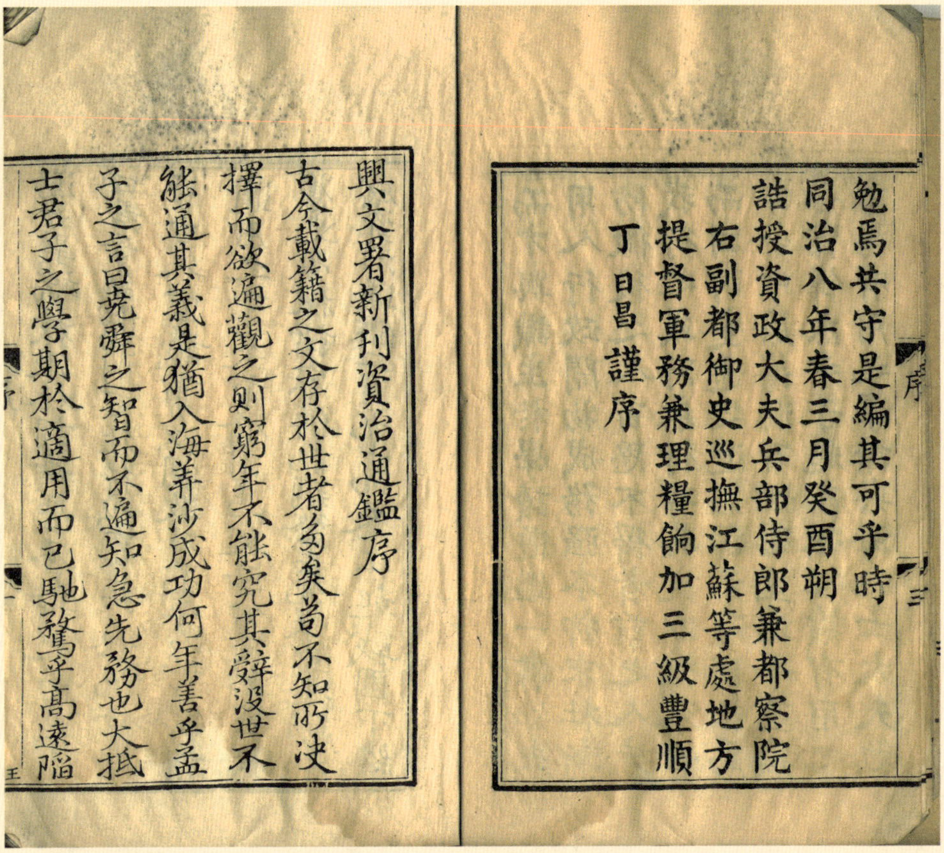
勉焉共守是編其可乎時
同治八年春三月癸酉朔
誥授資政大夫兵部侍郎兼都察院
右副都御史巡撫江蘇等處地方
提督軍務兼理糧餉加三級豐順
丁日昌謹序

興文署新刊資治通鑑序
古今載籍之文存於世者多矣茍不知所決
擇而欲徧觀之則窮年不能究其辭沒世不
能通其義是猶入海筭沙成功何年善乎孟
子之言曰堯舜之智而不徧知急先務也大抵
士君子之學期於適用而已馳騖乎高遠陷

翰林学士王磐撰写的《兴文署新刊<资治通鉴>序》（左页）

全文：

兴文署新刊资治通鉴序

古今载籍之文，存于世者多矣。苟不知所决择而欲遍观之，则穷年不能究其辞，没世不能通其义，是犹入海□沙，成功何年？善乎！孟子之言曰：“尧、舜之智而不遍知，急先务也。大抵士、君子之学，期于适用而已；驰骛乎高远，陷溺乎异端，放浪于词华，皆不足谓之学矣。”易曰：“君子多识前言往行，以畜[蓄]其德。”说命曰：“学古入官，议事以制，政乃不迷。”若此者，可谓适用之学矣。

前修司马文正公，遍阅历代旧史，旁采诸家传记，删繁去冗，举要提纲，纂成《资治通鉴》二百九十四卷。上起战国，下终五季，一千三百六十二年之间，贤君、令主、忠臣、义士、志士、仁人，兴邦之远略，善俗之良规，匡君之格言，立朝之大节，叩函发帙，靡不具焉。其于前言往行，盖兼畜[蓄]而不遗矣；其于裁量庶事，盖拟议而有准矣。士之生也，苟无意于斯世则已；如其抱负器业，未甘空老□时，将以奋发而有为也。其于是书，可不熟读而深考之乎？朝廷悯庠序之荒芜，叹人材之衰少，乃于京师创立兴文署，署置令、丞并校理四员，咸给录廪，召集良工，剡刻诸经子史版本，颁布天下。以《资治通鉴》为起端之首，可谓知时事之缓急而审适用之先务者矣。

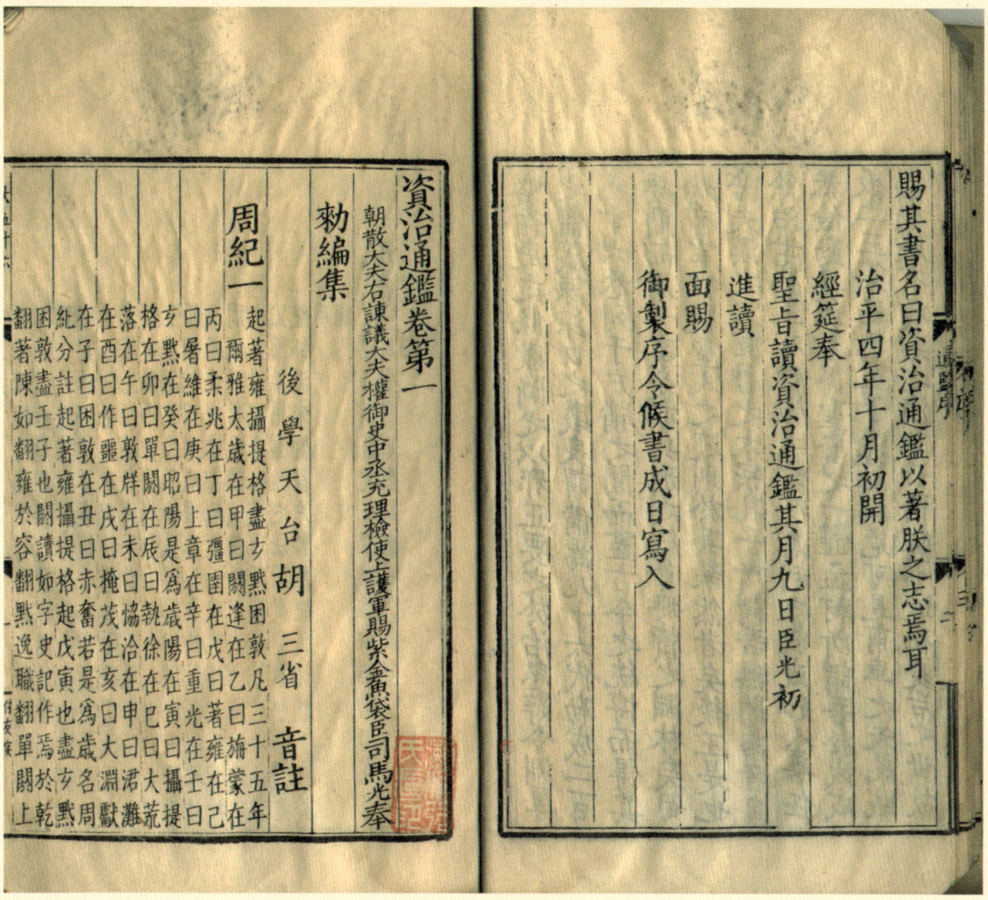
賜其書名曰資治通鑑以著朕之志焉耳
治平四年十月初開
經筵奉
聖旨讀資治通鑑其月九日臣光初
進讀
面賜
御製序令候書成日寫入

資治通鑑卷第一
朝散大夫右諫議大夫權御史中丞充理檢使上護軍賜紫金魚袋臣司馬光奉
勅編集
後學天台胡三省音註
周紀一
起著雍攝提格盡玄黓困敦凡三十五年
爾雅太歲在甲曰閼逢在乙曰旃蒙在丙曰柔兆在丁曰彊圉在戊曰著雍在己曰屠維在庚曰上章在辛曰重光在壬曰玄黓在癸曰昭陽是爲歲陽在寅曰攝提格在卯曰單閼在辰曰執徐在巳曰大荒落在午曰敦牂在未曰協洽在申曰涒灘在酉曰作噩在戌曰掩茂在亥曰大淵獻在子曰困敦在丑曰赤奮若是爲歲名周紀分註起著雍攝提格起戊寅也盡玄黓困敦盡壬子也閼讀如字史記作焉於乾翻著陳如翻雍於容翻黓逸職翻單闕上

清同治八年（1869）版《资治通鉴》正文部分内容

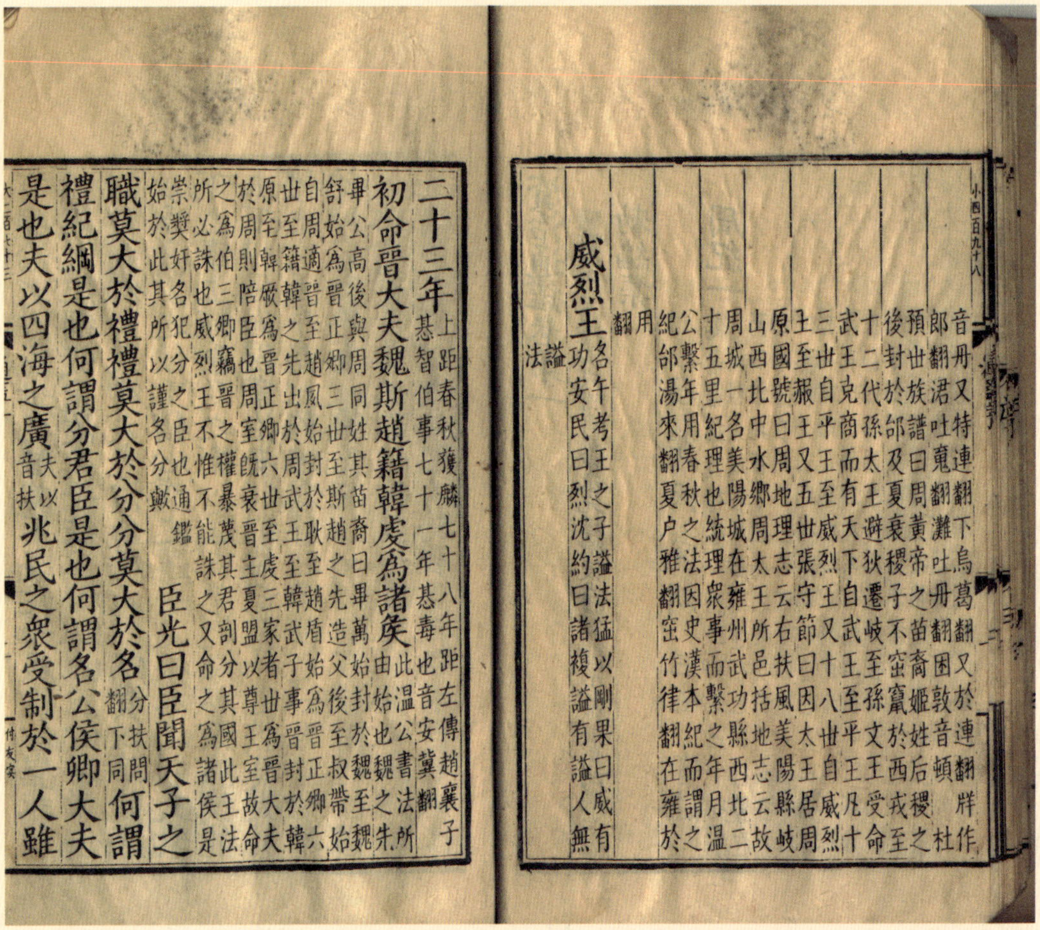
音冊又特連翻下烏葛翻又於連翻牂作
郎翻涒吐䰟翻灘吐丹翻困敦音頓杜
預世族譜曰周黃帝之苗裔姬姓后稷之
後封於邰及夏衰稷子不窋竄於西戎至
十二代孫太王避狄遷岐至孫文王受命
武王克商而有天下自武王至平王凡十
三世自平王至威烈王又十八世自威烈
王至赧王又五世張守節曰因太王居周
原國號曰周地理志云右扶風美陽縣岐
山西北中水鄉周太王所邑括地志云故
周城一名美陽城在雍州武功縣西北二
十五里紀理也統理衆事而繫之年月温
公繫年用春秋之法因史漢本紀而謂之
紀邰湯來翻夏戶雅翻窋竹律翻在雍於
用翻
威烈王 名午考王之子謚法猛以剛果曰威有功安民曰烈沈約曰諸複謚有謚人無謚法
二十三年 上距春秋獲麟七十八年距左傳趙襄子惎智伯事七十一年惎毒也音安冀翻
初命晉大夫魏斯趙籍韓虔爲諸侯 此温公書法所由始也魏之先
畢公高後與周同姓其苗裔曰畢萬始封於魏至魏
舒始爲晉正卿三世至斯趙之先造父後至叔帶始
自周適晉至趙夙始封於耿至趙盾始爲晉正卿六
世至籍韓之先出於周武王至韓武子事晉封於韓
原至韓厥爲晉正卿六世至虔三家者世爲晉大夫
於周則陪臣也周室既衰晉主夏盟以尊王室故命
之爲伯三卿竊晉之權暴蔑其君剖分其國此王法
所必誅也威烈王不惟不能誅之又命之爲諸侯是
崇奬奸名犯分之臣也通鑑
始於此其所以謹名分歟
臣光曰臣聞天子之
職莫大於禮禮莫大於分分莫大於名 分扶問翻下同 何謂
禮紀綱是也何謂分君臣是也何謂名公侯卿大夫
是也夫以四海之廣 夫音扶 兆民之衆受制於一人雖

清同治八年（1869）版《资治通鉴》正文部分内容

全文（节选）：

……赐其书名曰：《资治通鉴》，以著朕之志焉耳。

治平四年十月初开经筵，奉圣旨读《资治通鉴》。其月九日，臣光初进读，面赐御制序，令候书成日写入。

《资治通鉴》（卷第一）

朝散大夫、右谏议大夫权御史中丞，充理检使上护军，赐紫金鱼袋，臣司马光奉敕编集。

后学天台胡三省音注。

周纪一（起著雍摄提格，尽玄黓困敦，凡三十五年。◇尔雅：太岁在甲曰阏逢，在乙曰旃蒙，在丙曰柔兆，在丁曰疆圉，在戊曰著雍，在己曰屠维，在庚曰上章，在辛曰重光，在壬曰玄黓，在癸曰昭阳，是为岁阳。在寅曰摄提格，在卯曰单阏，在辰曰执徐，在巳曰大荒落，在午曰敦牂，在未曰协洽，在申曰涒滩，在酉曰作噩，在戌曰掩茂，在亥曰大渊献，在子曰困敦，在丑曰赤奋若，是为岁阴。周纪分注“起著雍摄提格”，起戊寅也。“尽玄黓困敦”，尽壬子也。阏，读如字；《史记》作“焉”，于乾翻。著，陈如翻。雍，于容翻。黓，逸职翻。单阏，上音丹，又特连翻；下乌葛翻，又于连翻。牂，作郎翻。涒，吐魂翻。滩，吐丹翻。困敦，音顿。◇杜预世族谱曰：“周，黄帝之苗裔，姬姓。后稷之后，封于邰；及夏衰，稷子不窋窜于西戎。至十二代孙太王，避狄迁岐；至孙文王受命，武王克商而有天下。自武王至平王凡十三世，自平王至威烈王又十八世，自威烈王至赧王又五世。”张守节曰：“因太王居周原，国号曰周。”《地理志》云：“右扶风美阳县岐山西北中水乡，周太王所邑。”《括地志》云：“故周城一名美阳城，在雍州武功县西北二十五里。”纪，理也，统理众事而系之年月。温公系年用春秋之法，因史、汉本纪而谓之纪。邰，汤来翻。夏，户雅翻。窋，竹律翻。在雍，于用翻。）

威烈王（名午，考王之子。谥法：“猛以刚果曰威；有功安民曰烈。”沈约曰：“诸复谥，有谥人，无谥法。”）二十三年（上距春秋获麟七十八年，距左传赵襄子惎智伯事七十一年。惎，毒也，音其冀翻），初命晋大夫魏斯、赵籍、韩虔为诸侯（此温公书法所由始也。魏之先，毕公高后，与周同姓；其苗裔曰毕万，始封于魏，至魏舒，始为晋正卿；三世至斯。赵之先，造父后；至叔带，始自周适晋；至赵夙，始封于耿。至赵盾，始为晋正卿，六世至籍。韩之先，出于周武王，至韩武子事晋，封于韩原。至韩厥，为晋正卿；六世至虔。三家者，世为晋大夫，于周则陪臣也。周室既衰，晋主夏盟，以尊王室，故命之为伯。三卿窃晋之权，暴蔑其君，剖分其国，此王法所必诛也。威烈王不惟不能诛之，又命之为诸侯，是崇奖奸名犯分之臣也。《通鉴》始于此，其所以谨名分欤）。臣光曰：“臣闻天子之职莫大于礼，礼莫大于分，分莫大于名（分，扶问翻；下同）。何谓礼？纪纲是也。何谓分？君、臣是也。何谓名？公、侯、卿、大夫是也。夫以四海之广（夫以，音扶），兆民之众，受制于一人，虽……”

…………

清同治五局合刻本《二十四史》

保管单位：常州市档案馆

内容及评价：

《二十四史》是一部规模巨大、卷帙浩繁的史学丛书，记叙的时间从第一部《史记》叙述传说中的黄帝起，到最后一部《明史》记载明崇祯十七年（1644）大明帝国瓦解为止，前后四千余年。

历史上刊印全套《二十四史》的主要有三种版本：清乾隆年间的“武英殿刻本”；清同治、光绪年间的五省官书局“合刻本”；民国商务印书馆印、张元济辑的“百衲本”。

馆藏的清同治五省官书局合刻本的《二十四史》，为清同治时期直隶总督曾国藩主持，由金陵书局、淮南书局、浙江书局、苏州书局、湖北崇文书局从同治八年（1869）开始，历经两任皇帝，历时十多年，按统一款式共同刊刻而成。全书共计495册。其中，金陵书局承担刊刻《史记》至《隋书》十五种，后淮南书局分其《隋书》一种刊刻；浙江书局承担刊刻《唐书》、《新唐书》、《宋史》；苏州书局承担刊刻《辽史》、《金史》、《元史》；湖北崇文书局承担刊刻《新五代史》、《旧五代史》和《明史》。主要用明崇祯毛氏汲古阁刻本《十七史》和清乾隆年间的武英殿刻本《二十四史》作为底本刻印，并精加校订。

五省官方书局通力合作共刻一部大书，这在中国印刷史上是史无前例的，堪称清代地方官刻书的一大壮举。而且在编纂、校勘、雕印和装潢上都达到了很高的水平，丝毫不逊色于清初的“武英殿刻本”，一扫清后期刻书业的颓败气象，演绎了一段中国雕版印刷史上最后的辉煌。五局合刻本《二十四史》历经社会动荡、战乱、天灾，能完好地保存至今，实属极为罕见，具有无与伦比的史料价值、文物价值和版本价值。

史记

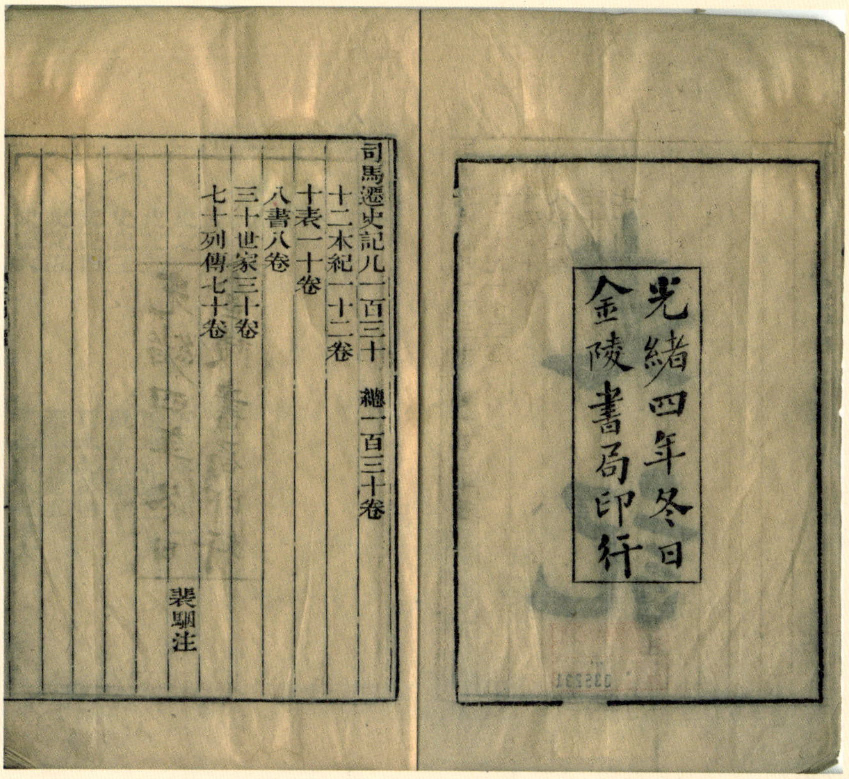

史记

《史记》原称《太史公记》，汉代史学家和文学家司马迁著，共130卷。从传说中的黄帝开始，一直写到汉武帝元狩元年（公元前122），叙述了我国三千年左右的历史。《史记》是中国历史上第一部贯穿古今的纪传体通史，列《二十四史》之首，与后来的《汉书》、《后汉书》、《三国志》合称“前四史”。

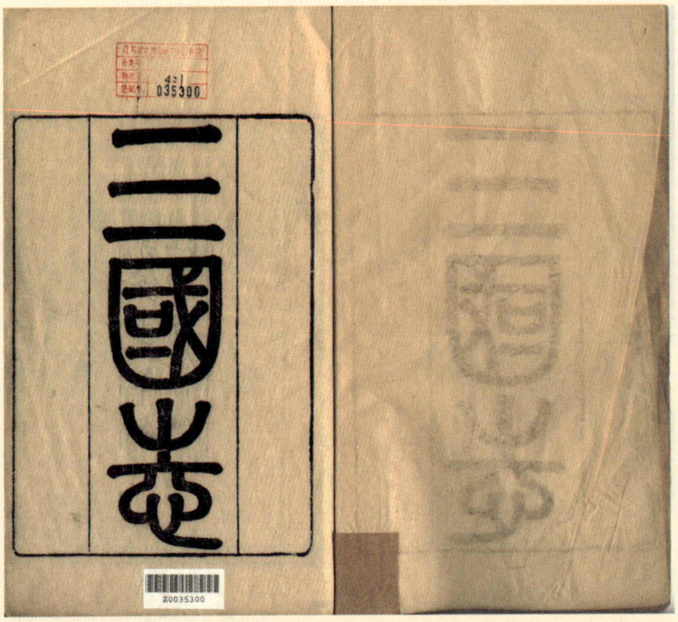

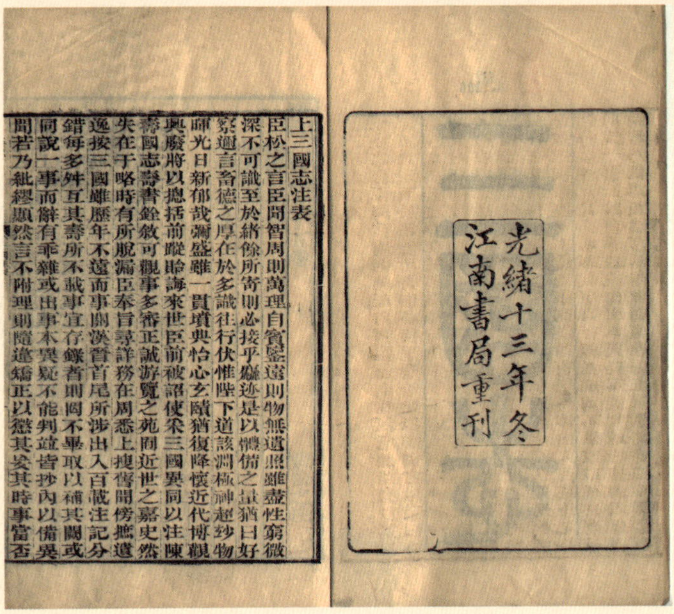

三国志

《三国志》，西晋史学家陈寿著，共65卷。全书记载了从汉灵帝中平元年（184），到晋武帝太康元年（280）共97年的历史。《三国志》是魏、蜀、吴三国鼎立时期的纪传体国别史。

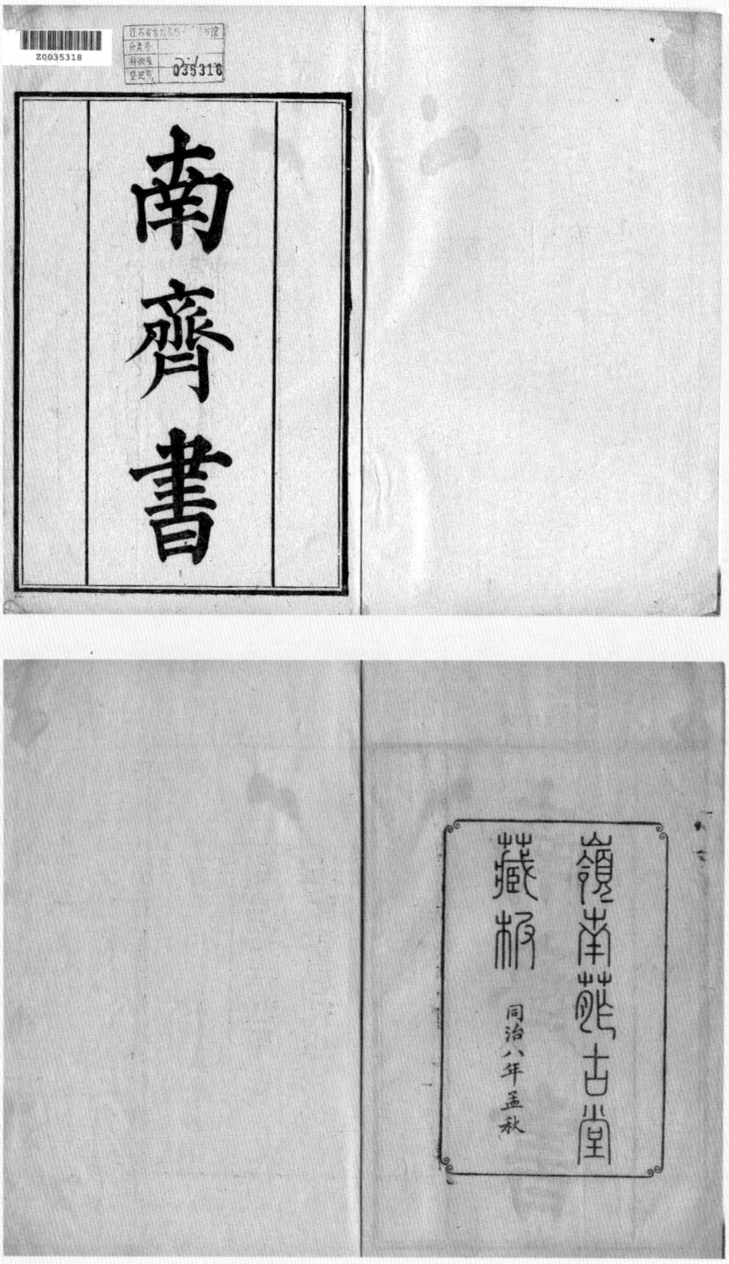

南齐书

《南齐书》，南朝梁朝史学家、文学家萧子显著，原名《齐书》，鉴于李百药作《北齐书》，宋时改之为《南齐书》，共59卷。全书记载了南朝萧齐王朝自齐高帝建元元年（479）至齐和帝中兴二年（502）共23年的历史。《南齐书》是现存关于南齐最早的纪传体断代史。

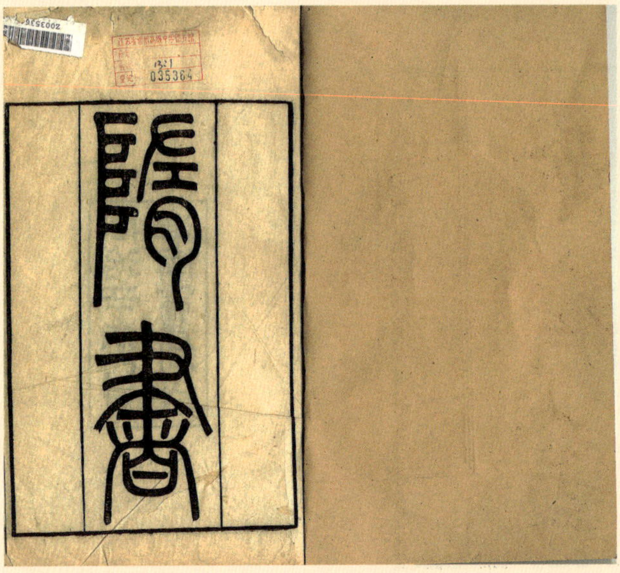

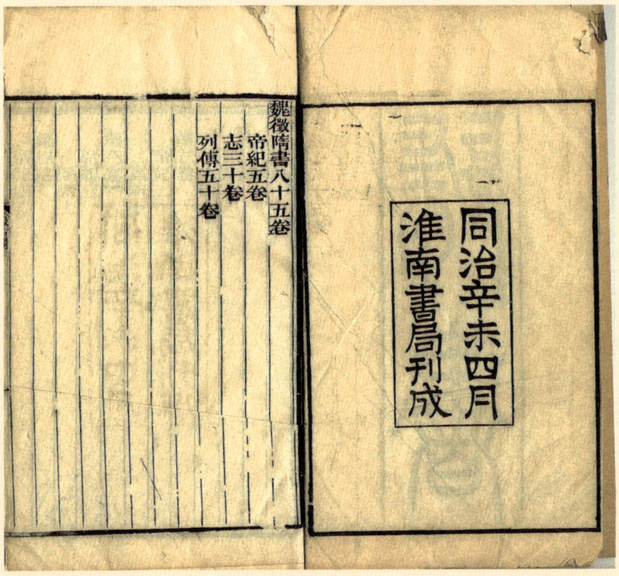

隋书

《隋书》，唐朝政治家魏征主编，共85卷。全书记载了从身为北周辅政大臣的杨坚迫使北周静帝让位，自立为帝，改国号为隋，年号开皇，建都长安（581）起，至李渊废恭帝杨侑，登基称帝，国号唐，隋朝灭亡（618）为止的38年历史。全书分为两个部分：一部分是纪传，由魏征主编，成书于唐太宗贞观十年（636）；另一部分为史志，成书于唐高宗显庆元年（656），由长孙无忌监修。

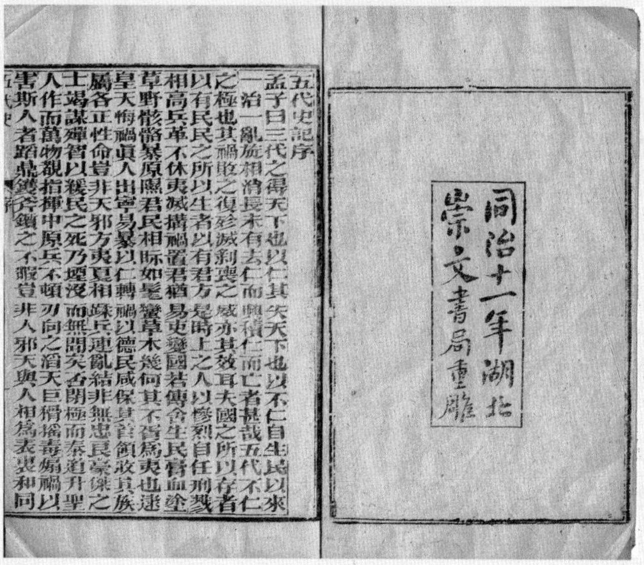

新五代史

《新五代史》，北宋古文运动的领袖、唐宋八大家之一、著名史学家欧阳修编撰，共74卷。与《旧五代史》一样，全书记载了后梁、后唐、后晋、后汉、后周（907～960）共54年的历史。欧阳修对《旧五代史》改编重修，在编排体例上，推翻《旧五代史》一朝一史的基本格局，取法《南史》、《北史》，打破朝代界线，把五朝的人事综合统编在一起，按时间顺序排列，并在《旧五代史》的基础上增加了一些新的史料。

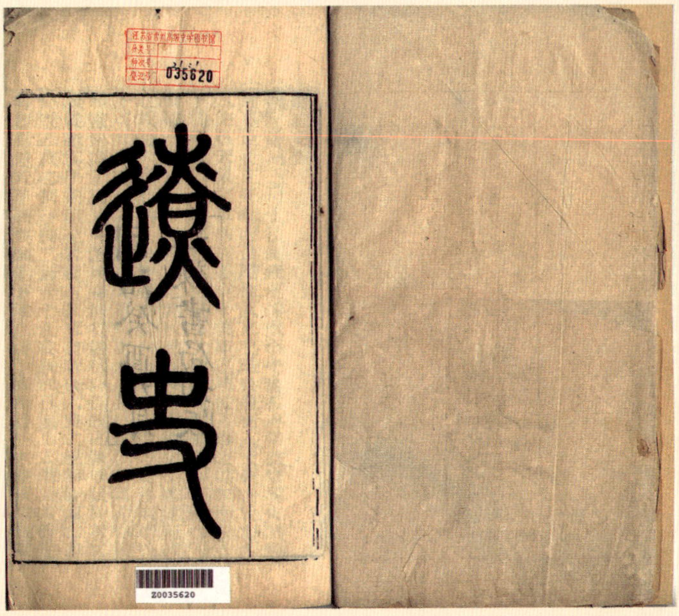

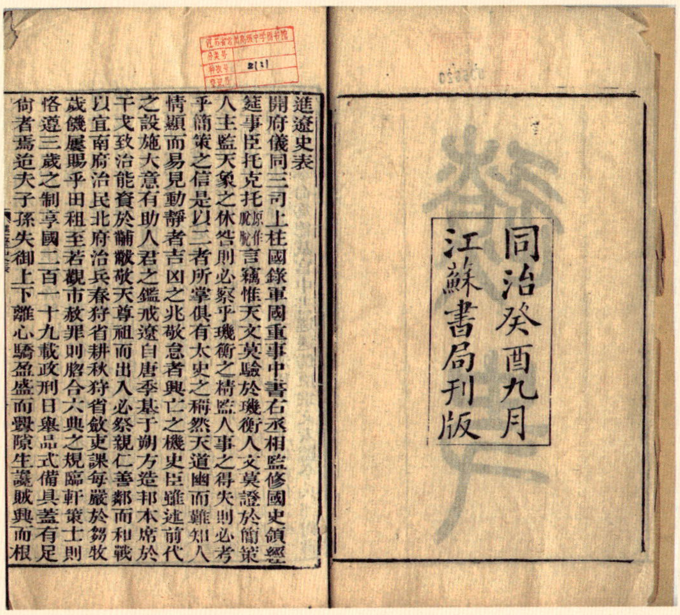

進遼史表
開府儀同三司上柱國錄軍國重事中書右丞相監修國史領經
筵事臣托克托原作脫脫言竊惟天文莫驗於璣衡人文莫證於簡策
人主監天象之休咎則必察乎璣衡之精監人事之得失則必考
乎簡策之信是以二者所掌俱有太史之稱然天道幽而難知人
情顯而易見動靜者吉凶之兆敬怠者興亡之機史臣雖述前代
之設施大意有助人君之鑑戒遼自唐季基于朔方造邦本席於
干戈致治能資於黼黻敬天尊祖而出入必祭親仁善鄰而和戰
以宜南府治民北府治兵春狩省耕秋狩省斂吏課每嚴於勠牧
歲儀屢賜乎田租至若觀市赦罪則脗合六典之規臨軒策士則
恪遵三歲之制享國二百一十九載政刑日舉品式備具蓋有足
尚者焉迨夫子孫失御上下離心驕盈盛而釁隙生讒賊興而根

同治癸酉九月
江蘇書局刊版

辽史

《辽史》，元朝末期政治家、军事家脱脱等奉敕纂修，共116卷。全书记载了辽代（907～1125）及其建国以前的契丹及西辽296年的历史。《辽史》的纂修主要以耶律俨实录、陈大任辽史为基础，参考《资治通鉴》、《契丹国志》及各史契丹传等，稍加修订编排撰成。

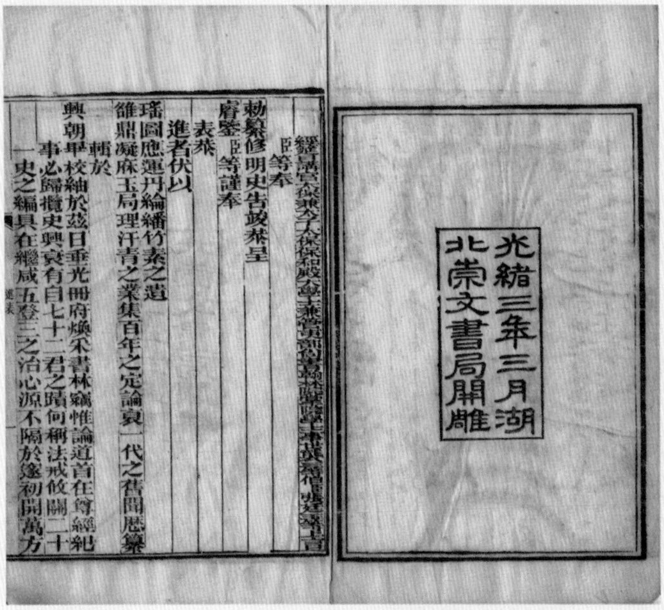

明史

《明史》，清朝保和殿大学士、三朝元老张廷玉总纂修，共332卷。全书记载了自朱元璋洪武元年（1368）至朱由检崇祯十七年（1644）大明帝国瓦解共277年的历史。《明史》经三次纂修，历时近百年。第一次为民间史学家万斯同审定的两种明史稿本；第二次为王鸿绪进呈的两种明史稿本；第三次为张廷玉为总裁，在王鸿绪明史稿的基础上进行了一些增损、考订和修改而成的《明史》正式本。

清光绪武进阳湖县志

保管单位：常州市档案馆、常州市武进区档案馆

内容及评价：

在我国历史上，区划变动频繁，江苏的武进和阳湖即是如此。武进始置于西晋太康二年（281）。清雍正四年（1726），析武进县东部，分立阳湖县。之后，有合有分。1912年，阳湖境域并入武进，一直保持至今。

武进、阳湖两县并存期间，共纂有官修志书5种，分别是：清乾隆《武进县志》、《阳湖县志》，均成书于乾隆三十年（1765）；清道光《武进阳湖合志》，始纂于道光十九年（1839）春，成稿于道光二十二年（1842），刊行于道光二十三年（1843）；清光绪《武进阳湖县志》，纂于光绪己卯年（1879）；清光绪《武进志馀》，始纂于光绪十二年（1886），成于光绪十四年（1888）。前两种为分修，后三种为合修。

常州市档案馆馆藏的《武进阳湖县志》，为清光绪己卯年（1879）重新修纂的合修县志，由知县吴康寿董理其事。全书设有舆地赋役、营建、礼祀、学校、兵防、节孝、官师、选举、人物、艺文、杂事等，共计30卷。

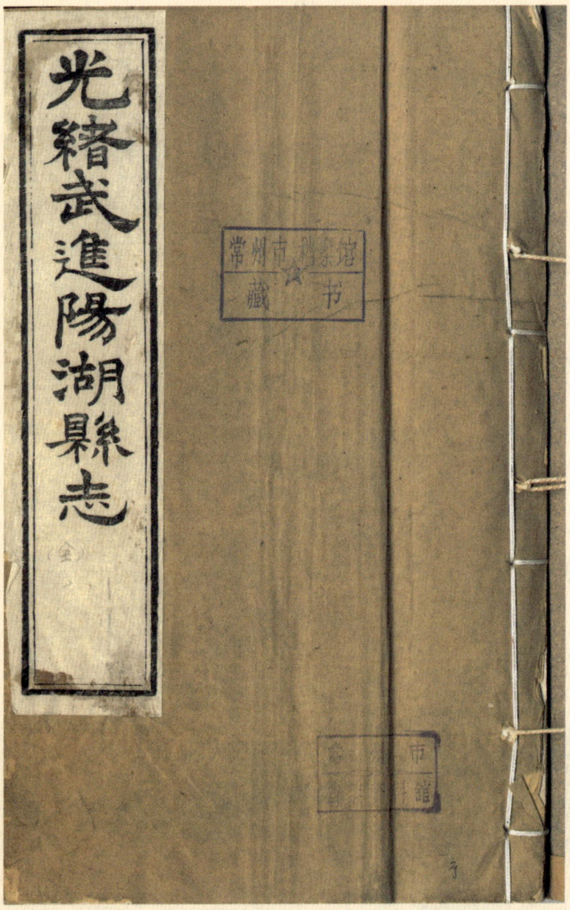

武进区档案馆馆藏的《武进阳湖合志》，为清光绪十二年（1886）由道光二十三年（1843）刻本聚珍版翻印的分合混修、以合为主的合志。全书设有舆地志、五行志、营建志、兵防志、赋役志、食货志、学校志、坛庙志、官师志、选举志、旌表志、人物志、艺文志、金石志、事略志、摭遗志等，共36卷。

两本县志的体例完整，资料取舍得当，编排严谨，内容丰富，图文并茂，比较全面、真实地反映了武进、阳湖地区自有文字记载以来至清道光年间的基本状况，是清代常州地区的大型历史文献古籍，同时也是研究武进、阳湖乃至整个常州地区历史发展演变状况的权威性文献之一，具有较高的存史、资政价值，在地方史志的编撰上也有较大影响和较高地位。

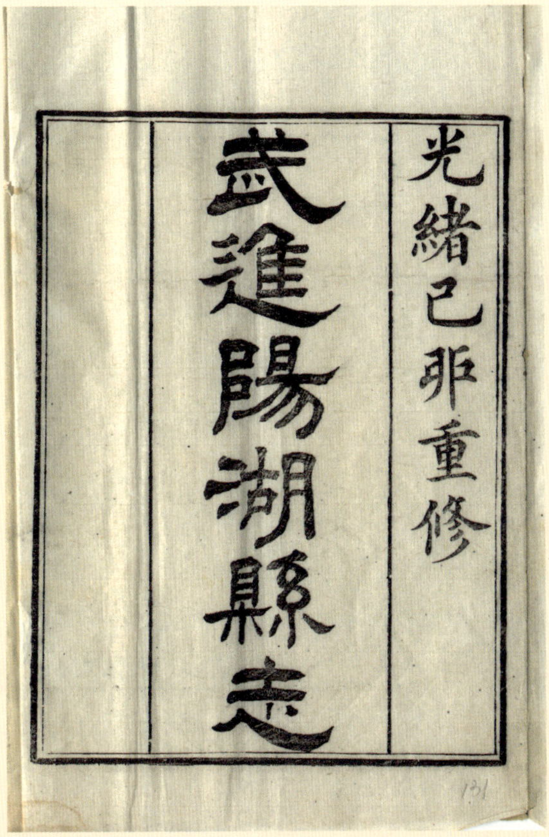

清光绪己卯年（1879）重修的《武进阳湖县志》

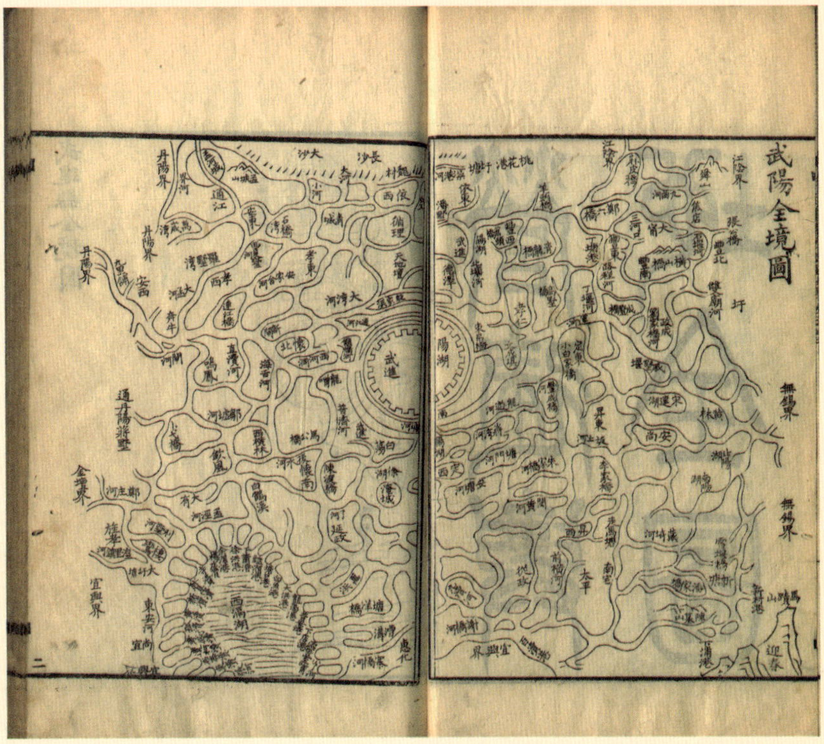

《武进阳湖县志》·武阳全境图

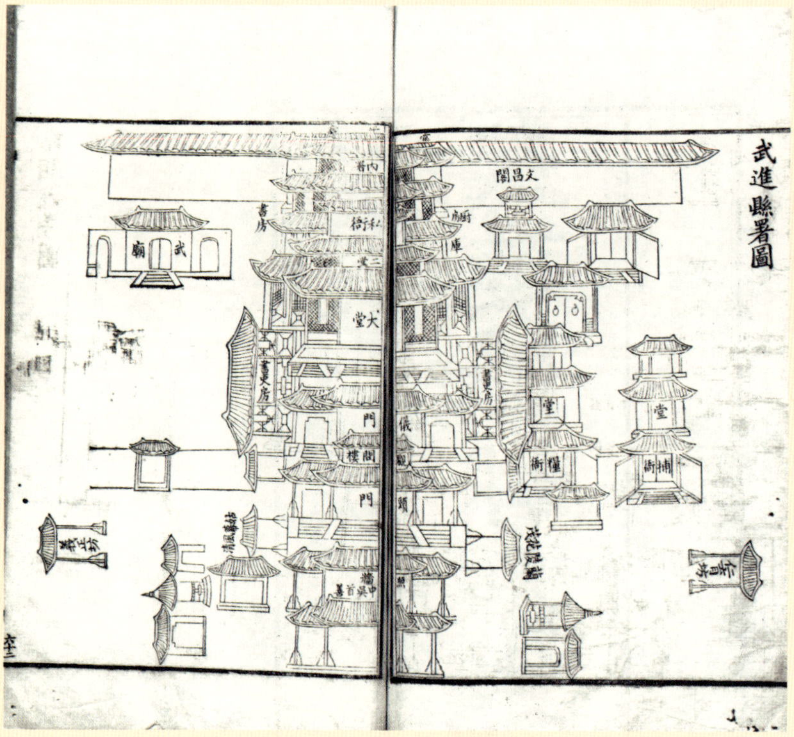

《武进阳湖县志》·武进县署图

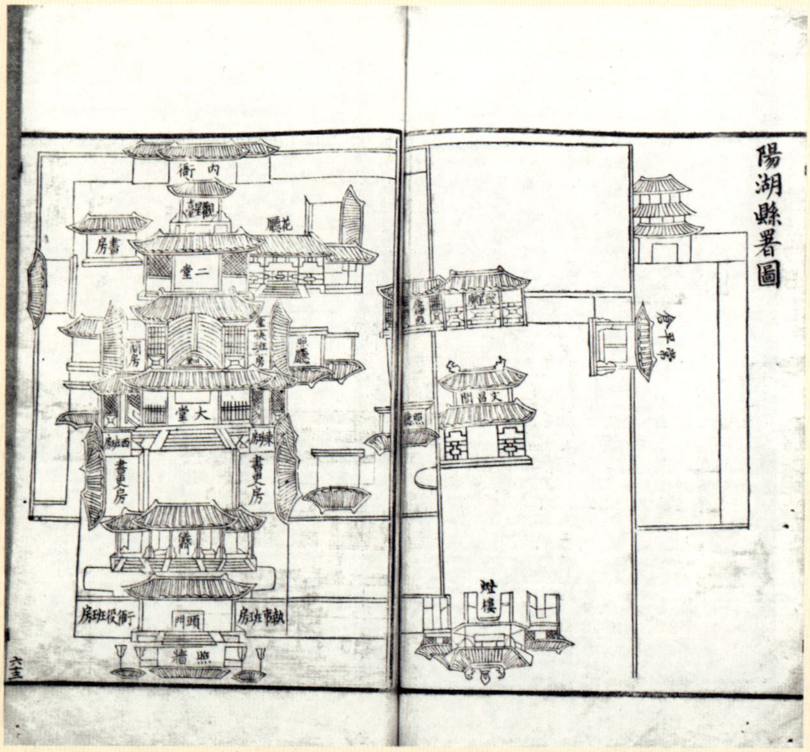

《武进阳湖县志》·阳湖县署图

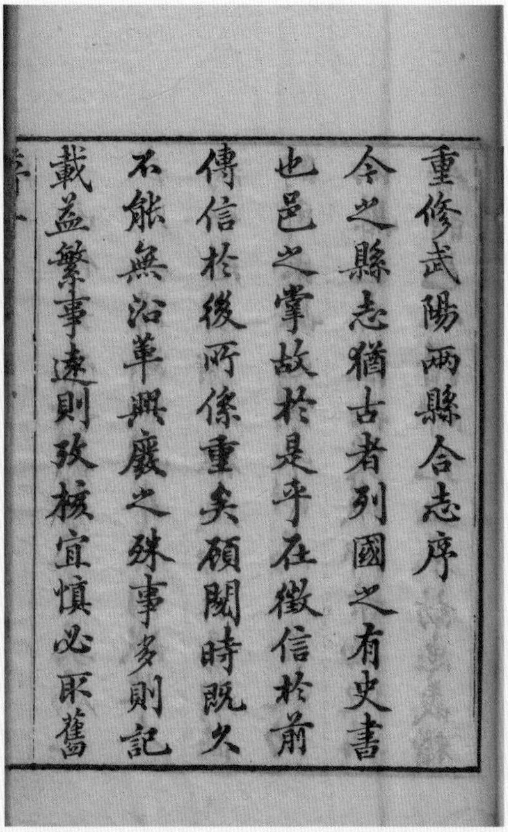
重修武陽兩縣合志序
今之縣志猶古者列國之有史書
也邑之掌故於是乎在徵信於前
傳信於後所係重矣頋閱時既久
不能無沿革興廢之殊事多則記
載益繁事遠則攷核宜慎必取舊

《武进阳湖县志》·重修武阳两县合志序

全文：

重修武阳两县合志序

今之县志，犹古者列国之有史书也，邑之掌故于是乎在征信于前、传信于后所系重矣。顾[故]阅时既久，不能无沿革兴废之殊，事多则记载益繁，事远则考核宜慎，必取旧志而修葺之。此固非史才莫属也。武进与阳湖两县，本系同城，故合为一志。康寿于往岁初莅阳湖任时，即求县志阅之，以为政令之助。而县邑自经兵燹，城乡景物迥异。昔时邑之缙绅先生，采访忠义，稽求实录，以垂令典，遂以光绪三年丁丑重修县志。繁者删之，新者增之。纂修诸公皆一时钜手，详审精密，归于至当，以五年冬月告成。茂矣！美矣！洵于信史之称，无所愧矣！真西山有言：“为此邦吏者，不可无是书。”康寿不才，得藉此编，以为考镜得失之资，诚大有裨益，而区区之意，更有希于邑之人者。夫以常郡人文之蔚起，忠孝之绵延，科甲之鼎盛，下至农工商贾，不乏高人谊士寄托其间，凡此姓名所登辉煌简册，吾知有志之士阅此书者，必当思已[以]往、励将来，躬行而实践之。庶几继美嗣徽与昔之人后，先辉映也，则是书之修其有系于邑之人心风俗者，岂浅鲜哉？光绪己卯仲秋，运同衔补用同知，调任青浦县知阳湖县事，石门吴康寿谨叙。

清光绪十二年（1886）翻印的《武进阳湖合志》·卷二·舆地志·乡都

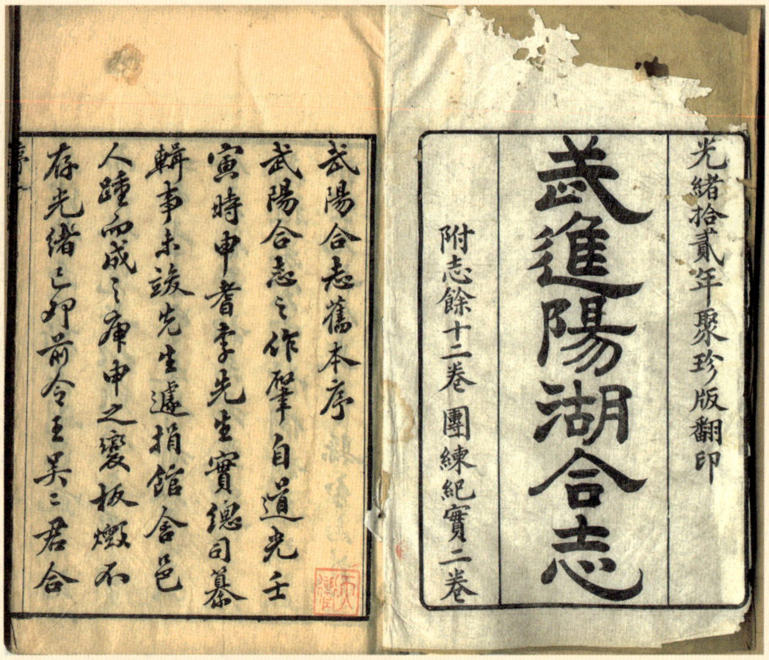

《武进阳湖合志》·武阳合志旧本序（图左）

全文：

武阳合志旧本序

武阳合志之作启自道光壬寅，时申耆李先生实总司纂辑，事未竣，先生遂捐馆舍，邑人踵而成之。庚申之变，板毁不存。光绪己卯前，令王、吴二君合力续修，名曰新志。删繁就简，约而未详，览者似难餍志。甲申之冬，予来守是，邦都人士有以合志旧本相示者，受而读之，见其搜采宏富，体例精严，损益惟宜，允称信史。且二县分志旧本散佚已久，得此，则文献之征渊源未坠。因仿聚珍板式排印，用广流传并以庄学博毓鋐、陆明经鼎翰所辑志余若干卷附诸卷末，珠联璧合，事博趣昭。此本一出，知与新志相得益彰，而读者之大快也。予乐观厥成，受泚笔而为之序。

光绪丙戌仲夏，知常州府事长白桐泽。

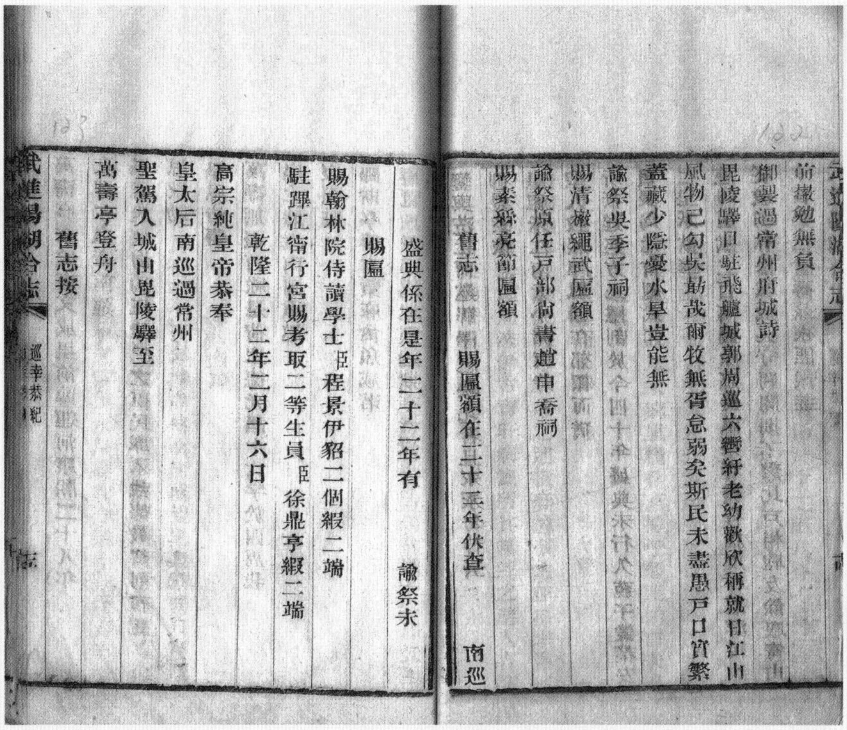

《武进阳湖合志》·巡幸恭纪

全文（节选）：

……前徽勉无负。

御制《过常州府城》诗。

毗陵驿口驻飞舻，城郭周巡六辔纡；老幼欢欣称就日，江山风物已勾吴。勖哉尔牧无胥怠，弱矣斯民未尽愚；户口实繁盖藏少，隐忧水旱岂能无。

谕祭吴季子祠，赐清徽绳武匾额。

谕祭原任户部尚书赵申乔祠，赐素丝亮节匾额。

（旧志◇赐匾额在二十二年佚。查◇南巡。盛典系在是年二十二年，有◇谕祭，未赐匾。）

赐翰林院侍读学士、臣程景伊貂二个、缎二端。

驻跸江宁行宫，赐考取二等生员、臣徐鼎亨缎二端。

（乾隆二十二年二月十六日。）

高宗纯皇帝恭奉皇太后南巡过常州。圣驾入城，由毗陵驿至万寿亭登舟。

（旧志按……）

…………

清光绪《常州赋》

保管单位：常州市档案馆

内容及评价：

《常州赋》是清乾隆皇帝于乾隆三十年（1765）第四次南巡途经常州时召士子献赋，褚邦庆为述乡邦典故，仿周紫芝《宣城赋》、葛沣《钱塘赋》而作，是一部以赋体撰写的常州地方志，反映了清乾隆时期常州府的概貌。原文总计16.27万字，其中赋文18212字，注释14.45万字。正文前有乾隆四十年王浩序和光绪七年王其淦序各一篇。正文部分则全文贯通，不分章节，按常州总述、武阳、锡金、江阴、宜荆、靖江、名宦、人物、流寓、方外、列女、物产、总结13个方面，以清丽的词句，详细记载了清乾隆盛世时期常州府及所属八县的建制沿革、疆域形胜、兴衰大略等，并将山水、祠庙、古迹等串连起来。通篇文章提纲挈领式地对地方志进行总成，同时又保留了赋体的语言和音韵之美，气势雄伟，堪称大家手笔，为人们研究当时常州府的状况提供了大量珍贵的史料，堪称文学版的常州“清明上河图”。

褚邦庆，江苏阳湖县三涡坝头里（今江苏常州市武进区三河村）人，字人荣，号容船，乾隆年间诸生。当时并不知名，现在亦未发现其传记资料。曾遍历名山大川，善为辞赋，一生著述颇丰，有《四时景物诗集唐诗》刊刻于世，并著有《四书名人考》《九翻千字文》《姓氏传芳录》《闲情集唐》《文选补注》《韵略补遗》等，惟有《常州赋》完整流传至今。

馆藏的清光绪七年（1881）《常州赋》版本稀有，保存完好，内容珍贵，具有很高的学术和收藏价值。

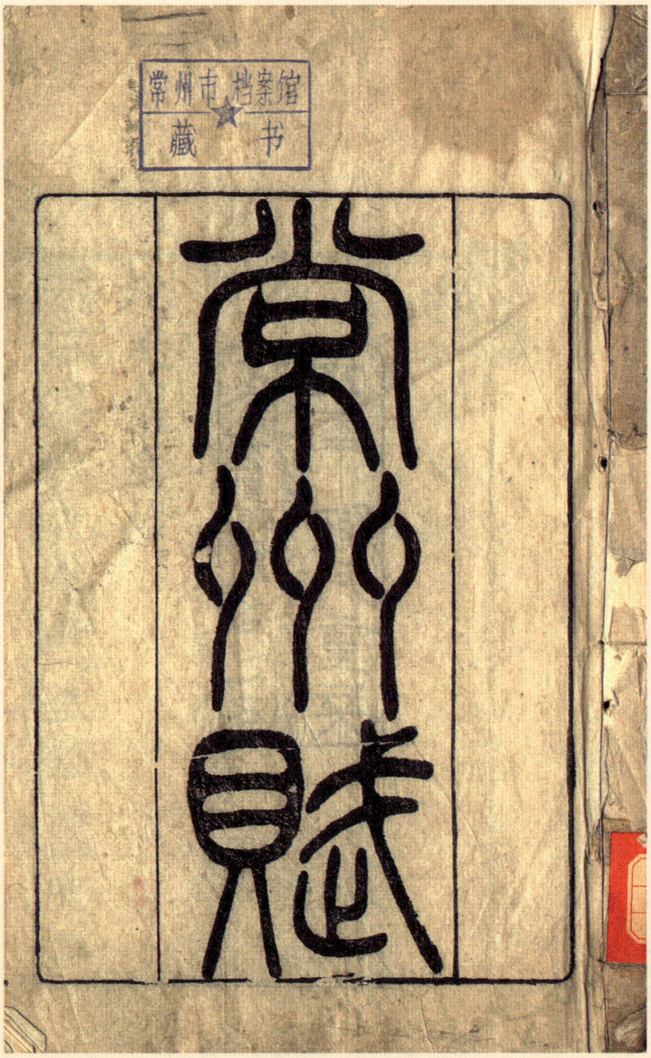

清光绪七年（1881）《常州赋》

全文：

重刊常州赋序

常州，自泰伯开基，春秋战国间，季札、春申之流，益开文治。厥后，忠臣孝子，学士才人，卓然相望于史策。迨我朝，涵濡雅化，尤号名邦。盖由江湖襟带，土厚水深，山灵气秀。圣祖仁皇帝、高宗纯皇帝南巡，皆屡驻跸。召士子赴行在，试以诗赋。故其时，胶庠俊彦，皆得歌咏太平，幸邀天听。至缙绅护跸梓里，及致仕在籍老臣，尤多有所献纳，洵赓扬盛事也。然求其述乡邦典故，发为宏篇巨制，以增皇舆润色者，缺焉未备。褚君容船，是州骚雅士也。壮游既久，遍历名山大川。凡可为考古之助者，大都寄之笔墨。追念钓游旧地，独萃东南之秀，于圣朝为彬彬礼乐之邦，不可不饵笔以鸣其盛。爰仿周紫芝《宣城赋》，葛澧《钱塘赋》例，作《常州赋》。于建置沿革、疆域形胜、户口赋税，及兴衰大略，开卷了然。其余山水、关梁、祠庙、陵墓、古迹，各以其类，分汇各邑，累如贯珠。至于仕宦、人物、流寓，则经之纬之，以合成一州之冠冕、系千载之慕思，于各邑不复分疆画界。旁及方外、列女、物产，莫不皆然。析之，则棋布星罗;总之，则珠联璧合。又其中各有起伏，有提挈，有感慨，有论断，既殊稗史之弇鄙，复异类书之琐碎，一归于丽则而不失乎赋体。夫土训、诵训，非生于其地者莫道。昔刘逵、张载分注《三都赋》，周世则、史铸注《会稽三赋》，皆耳闻目睹，言必有征，然犹同时之人耳。曷若容船自注，为尤得其要领，诚一郡之奇观而一时之杰构也！不佞承乏于兹，历有年所。每欲访先贤逸轨、列侯遗爱，及关塞险要、民风土俗之有关政治者，浏览志乘，日不暇给。获睹斯赋，如游异境幸得导师。遂觉数千百年文物声明之盛，悠然在目。窃叹造物，独钟美于是邦也。抑吾又异褚君，以彼其才，使居承明著作之班，必能研京炼都，黼黻国家之隆盛。乃听其坎坷以老，则造物之钟美是邦者，又未尝不扼塞斯人也！虽然，我朝列圣相承，皇上稽古右文，超轶前代。国史馆广搜文献，《皇清一统志》绍修有日，则褚君此赋，或藉輶轩，以达宸聪。又安知非造物者，故迟之以大显君于后也哉？修志告竣，庄子俊甫，旁求有禆风土之书，重刊剞劂，俾后儒有考焉，予乐得而序之。

光绪七年辛巳，仲夏之月，庐陵王其淦撰。

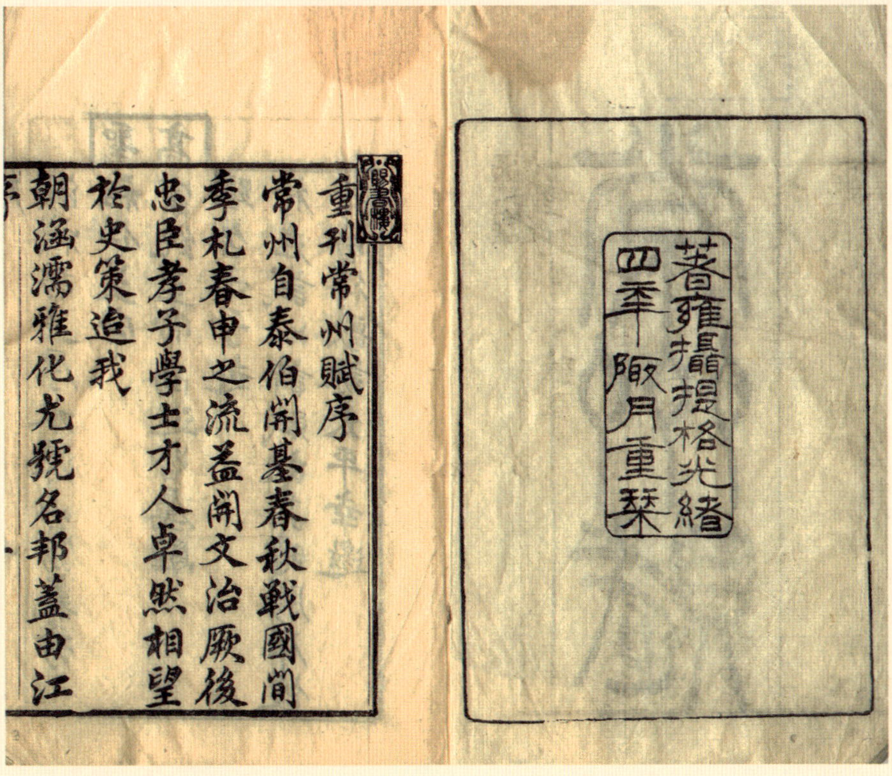
著雍攝提格光緒
四年陬月重槧

重刊常州賦序
常州自泰伯開基春秋戰國閒
季札春申之流益開文治厥後
忠臣孝子學士才人卓然相望
於史策迨我
朝涵濡雅化尤號名邦蓋由江

《常州赋》·重刊常州赋序

全文（节选）：

常州赋并序

郡人褚邦庆人荣编注

窃自舜分十二州，秦制卅六郡，而川原区别，畛域判如。

（五帝《纪》：舜分天下为十二州。《集仙录》：虞舜摄位，王母遣使，授舜、益地图，遂广黄帝九州为十二州。《尚书·舜典》：肇十有二州。《集传》：十二州：冀、兖、青、徐、荆、扬、豫、梁、雍、幽、并、营也。中古但为九州，舜即位，以冀、青地广，始分冀东恒山之地为并州，其东北医无闾之地为幽州，又分青之东北、辽东等处为营州。◇《广舆记》：秦始皇兼并天下，分天下为三十六郡：内史、北地、陇西、上郡、九原、三川、砀郡、颍川、南阳、邯郸、上谷、巨鹿、渔阳、左北平、河东、上党、太原、代郡、雁门、云中、辽东、辽西、东郡、齐郡、薛郡、琅琊、泗水、汉中、巴郡、蜀郡、会稽、九江、鄣郡、南郡、长沙、黔西。又，平取百粤，立四郡：闽中、南海、桂林、象郡。¤卅，音“飒”。）

渺渺方舆，直指八纮八极；茫茫裨海，周环九野九畡。

（束皙诗：“漫漫方舆”注：“方舆，地也。”《淮南子》：九州之外有八夤。八夤之外有八纮。八纮之外有八极。东方之纮，曰桑野。南方之纮，曰反户。西方之纮，曰沃野。北方之纮，曰委羽。八极，方隅极处。◇《韵略》：海，天池，所以纳百川者也。凡四海通谓“裨海”。《淮南子》：所谓一者，上通九天，下贯九野。高诱曰：“九天，八方、中央。九野，亦如之。”《楚语》：天子之田，九畡。《郑语》：王者居九畡之田，注曰：“九畡，九州之极数也。”按：畡，亦作“垓”。）

绿耳未骖，谁遍遨游之辙？青编坐拥，或穷丘索之奇。

（《穆天子传》：天子命驾八骏之乘：左服骅骝，而右绿耳；右骖赤骥，而左白义，天子主车，造父为御。次车之乘，右服渠黄，而左踰轮；右骖道骊，而左山子，伯夭主车，参伯为御，奔戎为右。东南翔行，驰驱千里。◇《后汉书·吴佑传》：杀青简以写书。《韵略》：编，次简也。《左传》：楚左史倚相，能读三坟、五典，八索、九丘。按：孔安国《尚书序》：八卦之说，谓之“八索”，求其义也。九州之志，谓之“九丘”。丘，聚也。言九州所有，皆聚此书也。又：贾景伯《周礼注》：八索，八王之法；九丘，亡国之戒。张平子曰：八索，八议之刑。九丘，《周礼》之九刑。索、丘，皆空也，言空设之。¤《左传》注：索，所白反，本又作“素”。）

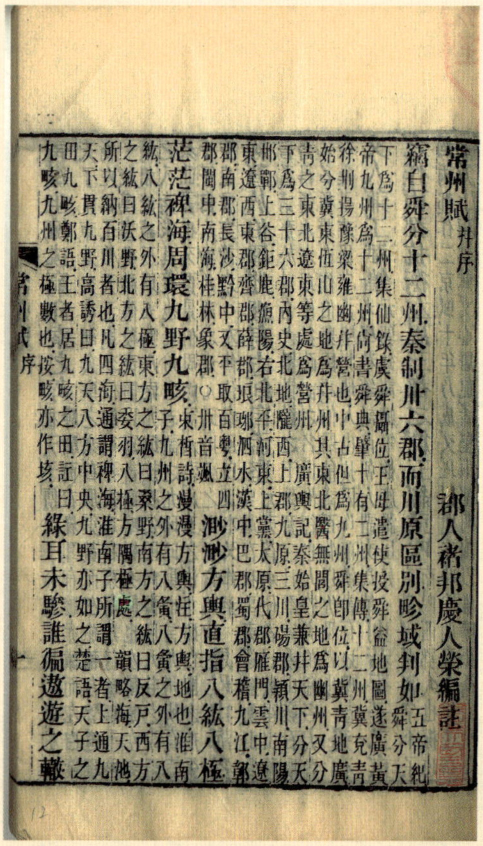

常州賦 并序

郡人褚邦慶人榮編註

竊自舜分十二州，秦制卅六郡，而川原區別，畛域判如。五帝紀舜分天下爲十二州集仙錄虞舜攝位王母遣使授舜益地圖遂廣黃帝九州爲十二州尚書舜典肇十有二州集傳十二州冀兖青徐荆揚豫梁雍幽并營也中古但爲九州舜即位以冀青地廣始分冀東恒山之地爲并州其東北醫無閭之地爲幽州又分青之東北遼東等處爲營州廣輿記秦始皇兼并天下分天下爲三十六郡內史北地隴西上郡九原三川碭郡潁川南陽邯鄲上谷鉅鹿漁陽右北平河東上黨太原代郡鴈門雲中遼東遼西東郡齊郡薛郡琅琊泗水漢中巴郡蜀郡會稽九江鄣郡南郡長沙黔中又平取百粵立四郡閩中南海桂林象郡○卅音颯

渺渺方輿，直指八紘八極；束皙詩漫漫方輿注方輿地也淮南子九州之外有八夤八夤之外有八

茫茫禆海，周環九野九畡。紘八紘之外有八極東方之紘曰桑野南方之紘曰反戶西方之紘曰沃野北方之紘曰委羽八極方隅極處○韻略海天池所以納百川者也凡四海通謂禆海淮南子所謂一者上通九天下貫九野高誘曰九天八方中央九野亦如之楚語天子之田九畡鄭語王者居九畡之田註曰九畡九州之極數也按畡亦作垓

綠耳未騄，誰徧遨遊之轍

常州賦序 一

《常州赋》正文部分内容

清光绪《皇清经解》

保管单位：常州市档案馆

内容及评价：

孔子的儒家思想及其载体——《易》、《书》、《诗》、《礼》、《春秋》等被尊奉为“经”的典籍，成为中国传统文化的核心。经学发展至清代，一些思想家痛感“天下生员，不能通经知古今，不明六经之旨，不通当代之务”，重视文治武功，加之文献资源和考据学风等的推动，清代经学的前期和中期“烂然如日中天”，经师辈出，著作众多。清代学者、文学家阮元就是其中的著名人物之一。

阮元（1764~1849），字伯元，号芸台，又号雷塘庵主，晚号怡性老人，江苏仪征人。1789年进士，翰林院庶吉士、编修，1791年任少詹事，入职南书房。历任山东、浙江学政，户部左侍郎，浙江、江西巡抚，两广、云贵总督，体仁阁大学士。先后加太子太保、太傅。

清道光初年，阮元为两广总督时，于广州粤秀山麓建立学海堂，罗致学者用自己所藏清代乾隆、嘉庆时期的经学名著编撰《皇清经解》（又名《学海堂经解》），共1400卷。该书由严杰负责编辑，阮福等人监刻，孙成彦等人管理复校，于道光五年（1825）八月始刻，道光九年（1829）九月刻成。以著者先后为序，收录了顾炎武、蒋廷锡、孙星衍等73人共183种著作。

清朝时期的经解著作共有三部：一是清康熙十九年（1680）纳兰成德主编、徐乾学辑刻的《通志堂经解》，二是清道光九年（1829）阮元主编的《皇清经解》，三是清光绪十四年（1888）王先谦主编的《皇清经解续编》。而《皇清经解》又有三个刊本：一是道光刊本，二是咸丰庚申补刊本，三是庚午续刊本。馆藏的24册清光绪十四年《皇清经解》，是上海点石斋用阮元主编的道光本修订而成的石印缩本。

《皇清经解》上承清初的《通志堂经解》，下启晚清的《皇清经解续编》，以丛书编纂的形式将清代前期的主要经学研究成果和著作汇编在一起，集中展示清乾隆、嘉庆时期的经学成就，是这一时期经学成就的总集萃，对于经学著作的流传和发展，发挥了承前启后的作用。《皇清经解》是研究中国传统文化不可或缺的重要文献，具有很高的学术和收藏价值。

清光绪十四年（1888）《皇清经解》

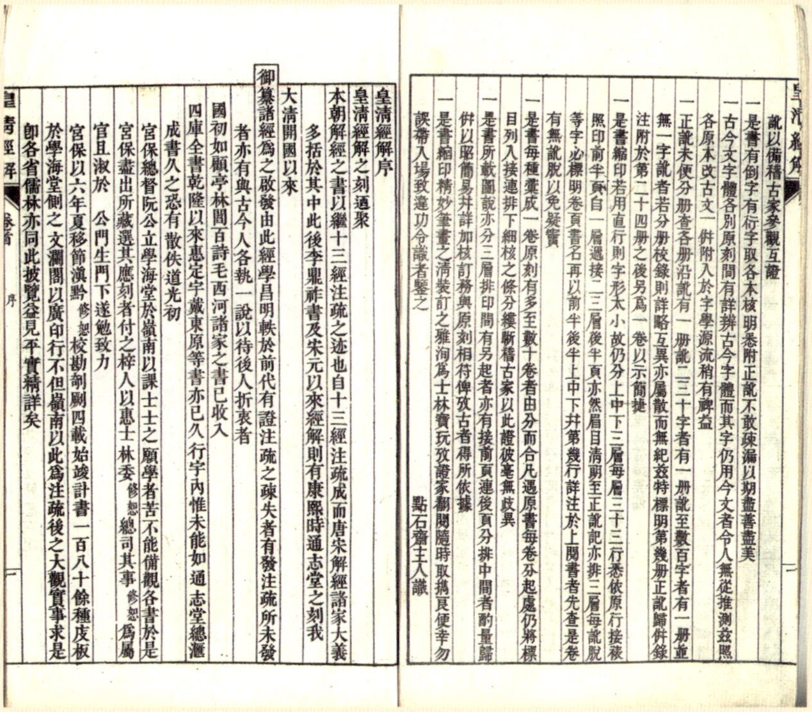

皇清經解序

皇清經解之刻適聚
本朝解經之書以繼十三經注疏之迹也自十三經注疏成而唐宋解經諸家大義多括於其中此後李鼎祚書及宋元以來經解則有康熙時通志堂之刻我
大清開國以來
御纂諸經爲之啟發由此經學昌明軼於前代有證注疏之疏失者有發注疏所未發者亦有與古今人各執一說以待後人折衷者
國初如顧亭林閻百詩毛西河諸家之書已收入
四庫全書乾隆以來惠定宇戴東原等書亦已久行宇內惟未能如通志堂總滙成書久之恐有散佚道光初
宮保總督阮公立學海堂於嶺南以課士士之願學者苦不能備觀各書於是
宮保盡出所藏選其應刻者付之梓人以惠士林委修恕總司其事修恕爲屬官且淑於 公門生門下遂勉致力
宮保以六年夏移節滇黔修恕校勘剞劂四載始竣計書一百八十餘種庋板於學海堂側之文瀾閣以廣印行不但嶺南以此爲注疏後之大觀實事求是即各省儒林亦同此披覽益見平實精詳矣

《皇清经解》·皇清经解序（左页）

全文：

皇清经解序

《皇清经解》之刻，乃聚本朝解经之书，以继《十三经注疏》之迹也。自《十三经注疏》成，而唐、宋解经诸家大义多括于其中。此后，李鼎祚书及宋元以来经解，则有康熙时《通志堂》之刻。我大清开国以来，御纂诸经为之启发，由此，经学昌明轶于前代。有证注疏之疏失者，有发注疏所未发者，亦有与古今人各执一说、以待后人折衷者。国初如顾亭林、阎百诗、毛西河诸家之书，已收入《四库全书》。乾隆以来，惠定宇、戴东原等书，亦已久行宇内，惟未能如《通志堂》总汇成书，久之，恐有散佚。道光初，宫保总督阮公立“学海堂”于岭南以课士。士之愿学者，苦不能备观各书，于是，宫保尽出所藏，选其应刻者，付之梓人以惠士林，委修恕总司其事。修恕为属官，且淑于◇公门生门下，遂勉致力。宫保以六年夏移节滇黔。修恕校勘剞劂，四载始竣，计书一百八十余种，庋板于“学海堂”侧之“文澜阁”，以广印行。不但岭南以此为注疏，后之大观，实事求是。即各省儒林亦同此披览，益见平实精详矣。

道光九年九月，广东督粮道，前翰林院检讨，新建夏修恕谨记。

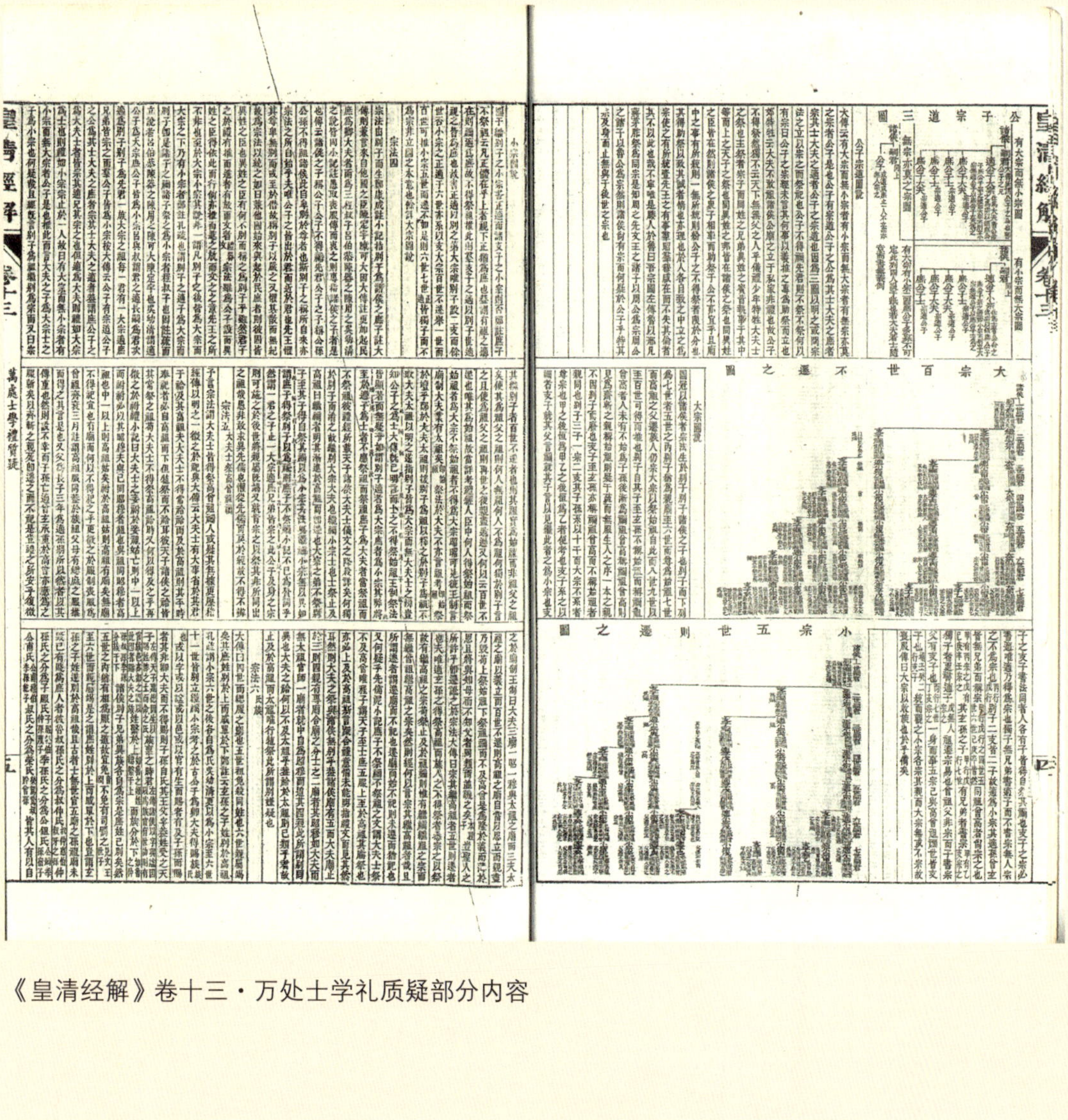

《皇清经解》卷十三·万处士学礼质疑部分内容

清宣统《常州府城坊厢字号全图》

保管单位：常州市档案馆

内容及评价：

“坊”，又叫“里”，或称“坊里”，是城市中街、市、里、巷的通称。从唐朝开始，把城邑划分为若干个“区”，这些“区”被通称为“坊”（城邑外称“村”），并作为城市街道最基本的居民组织单位。“厢”，本意是指在一户人家正房前面两旁的房屋。在北宋时期，将靠近城邑的地区（即现代城市的郊区）划分为若干个“区”，这些“区”被通称为“厢”，并作为城邑郊区最基本的居民组织单位。运用坊、厢组织，可以配置民生资源，刺激政治、经济、文化等事业的发展，在军事和城市管理中更发挥了非常重要的作用。

馆藏的《常州府城坊厢字号全图》，清光绪元年（1909）由常州邑人测量绘制，线装木刻版，宣纸印刷。包括全城总图一幅，城厢分段图50幅。分段图绘制了以城廓、城垣为标志的内子城、外子城、罗城、新城的格局，详细记载了每一块土地的编号、由谁使用以及街道、河流、桥梁、土墩、池塘、空地、重要建筑物等信息，比较全面地记录了晚清时期常州府的整体布局状况。所有分段图合拼起来，就是一副晚清时期的常州全城图。

《常州府城坊厢字号全图》比较真实、全面地反映了常州府城区的风貌，为了解和研究晚清时期常州城区地貌、人口、城市交通及组织管理等概况，以及一百多年来常州城区的发展变化情况提供了重要的参考依据，具有很高的史料和查考价值。

《常州府城坊厢字号全图》·图册

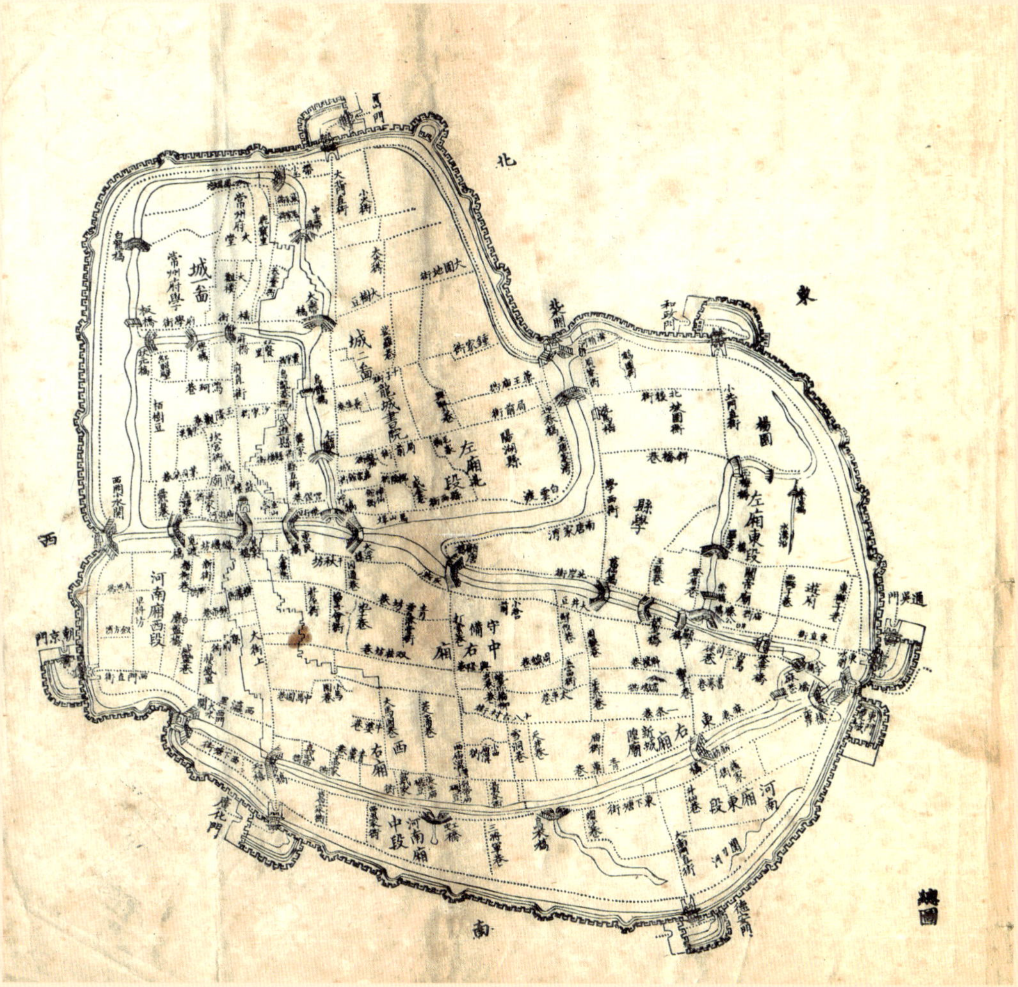

《常州府城坊厢字号全图》·全城图

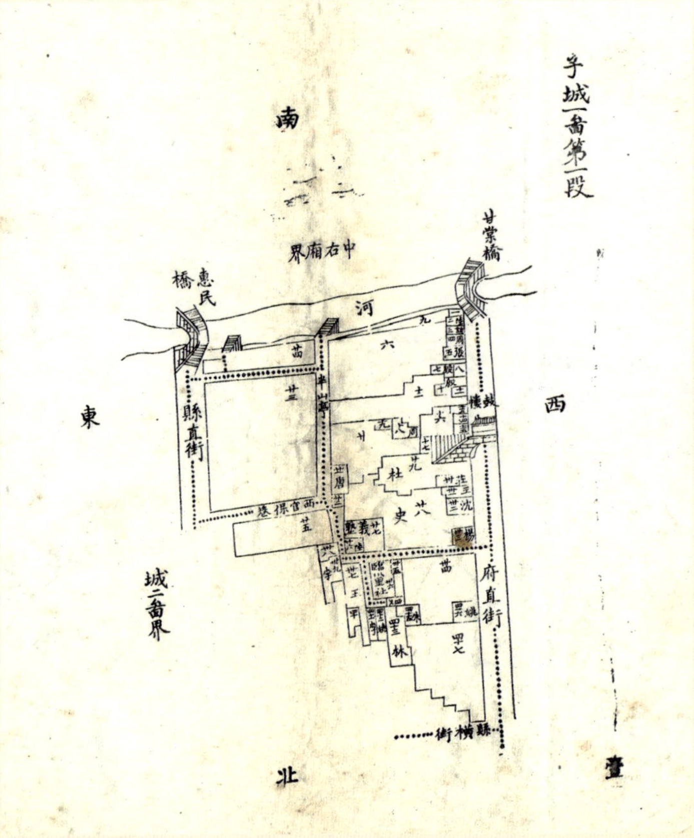

《常州府城坊厢字号全图》·子城一图第一段

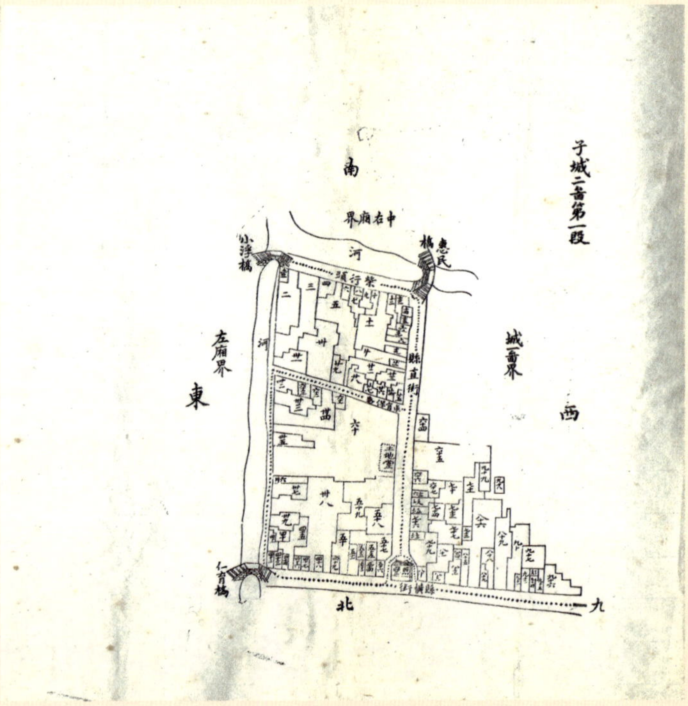

《常州府城坊厢字号全图》·子城二图第一段

民国《四部备要》

保管单位：常州市档案馆

内容及评价：

“四部备要”，就是依经、史、子、集四大类将民国以前我国历代学者的一些重要资料和书籍汇编成工具书，以满足人们学习、查阅和研究的需要。

《四部备要》由民国时期中华书局创办人陆费达发起并任总勘，高时显、吴汝霖辑校，丁辅之监造，荟要而选，收录民国以前我国历代学者著述336种编撰成书，用玉扣纸、丁氏聚珍仿宋版活字铅印，个别影印，线装本，共11305卷，2500册，于1920年至1936年陆续印行。《四部备要》的性质与上海商务印书馆影印的《四部丛刊》相仿。《四部丛刊》着眼于选择宋、元、明时期的珍本影印，而《四部备要》则偏重于实用，采用的底本多为精善校本和注释之本，并采录了《四部丛刊》著录所无的大量重要著作，体例更加完备，用聚珍排印，古朴典雅，清晰悦目，是学习和研究古代文献的常备书籍。《四部备要》的刊行，是我国丛书编撰史上的一个丰碑，对整理古代典籍、发扬民族文化作出了卓越的贡献。

馆藏的59册《四部备要》，经类著作3册5部、史类著作6册14部、子类著作10册21部、集类著作40册82部，虽然仅是2500册原著中很小的一部分，但仍然可以从这些史料中窥探和研究民国以前我国部分学者的思想和古代典籍中深厚的民族文化精神，具有极高的收藏和利用价值。

《四部备要》·经部·《尔雅义疏》

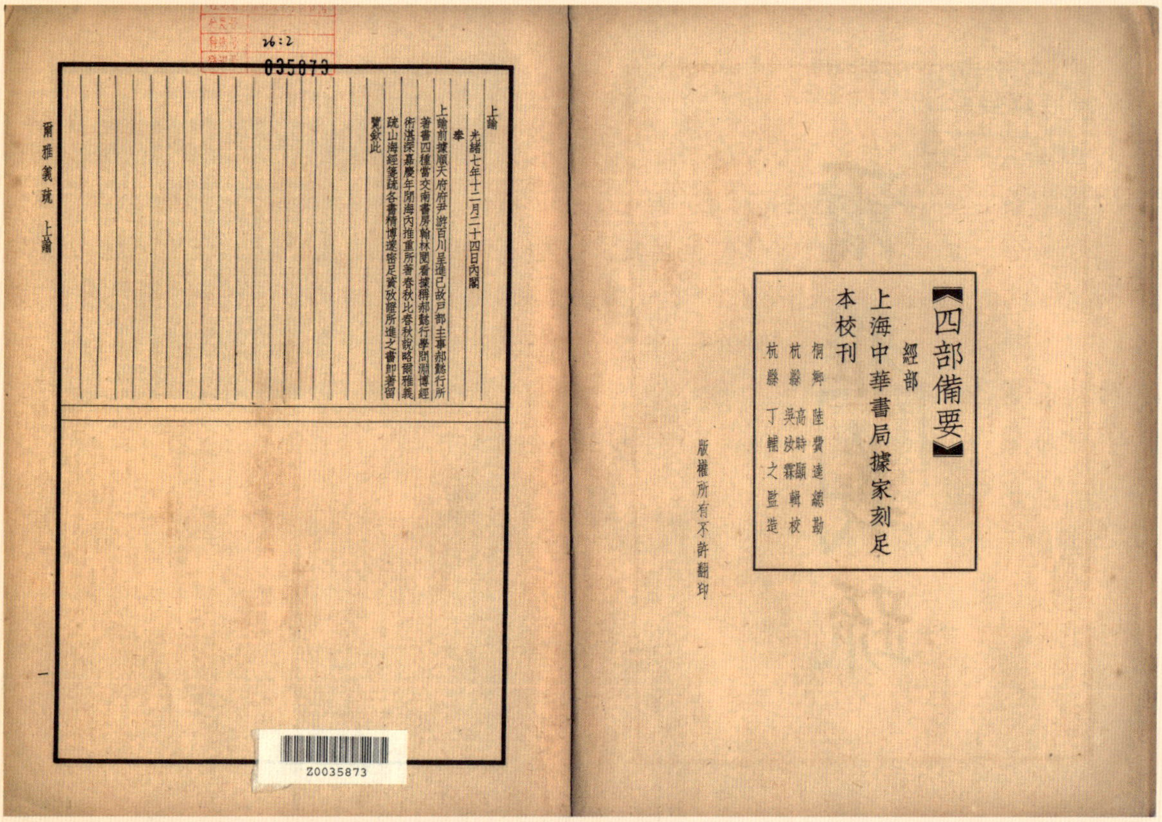

《四部備要》

經部

上海中華書局據家刻足本校刊

桐鄉陸費逵總勘

杭縣高時顯

吳汝霖輯校

杭縣丁輔之監造

版權所有不許翻印

上諭

光緒七年十二月二十四日內閣

奉

上諭前據順天府府尹游百川呈進已故戶部主事郝懿行所著書四種當交南書房翰林閱看據稱郝懿行學問淵博經術湛深嘉慶年間海內推重所著春秋比春秋說略爾雅義疏山海經箋疏各書精博邃密足資攷證所進之書即著留覽欽此

爾雅箋疏　上諭

一

《四部备要》·经部·《尔雅义疏》·上谕

全文：

上　谕

光绪七年十二月二十四日，内阁。

奉上谕。前据顺天府府尹游百川呈进已故户部主事郝懿行所著书四种，当交南书房翰林阅看。据称，郝懿行学问渊博，经述湛深，嘉庆年间，海内推重。所著《春秋》比《春秋说略》、《尔雅义疏》、《山海经笺疏》各书精博邃密，足资考证，所进之书即著留览。钦此。

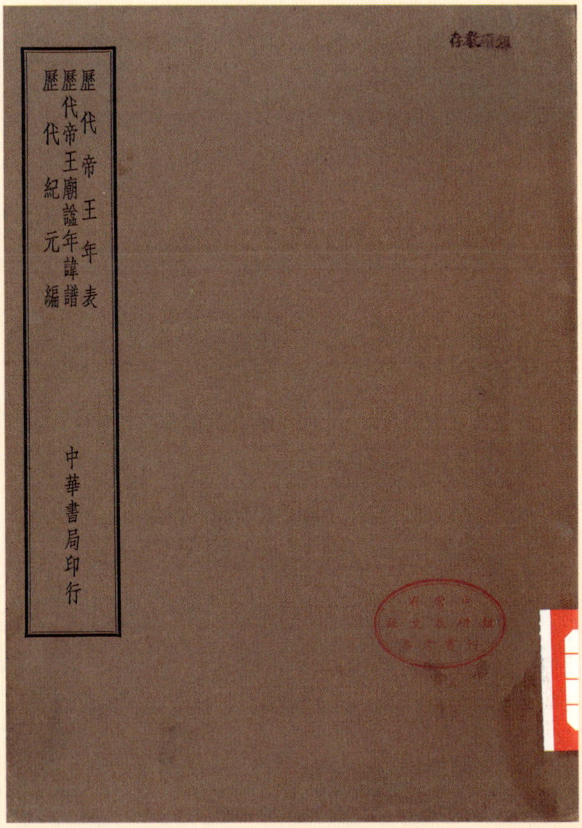

《四部备要》·史部·《历代帝王年表》
《历代帝王庙谥年讳谱》、《历代纪元编》

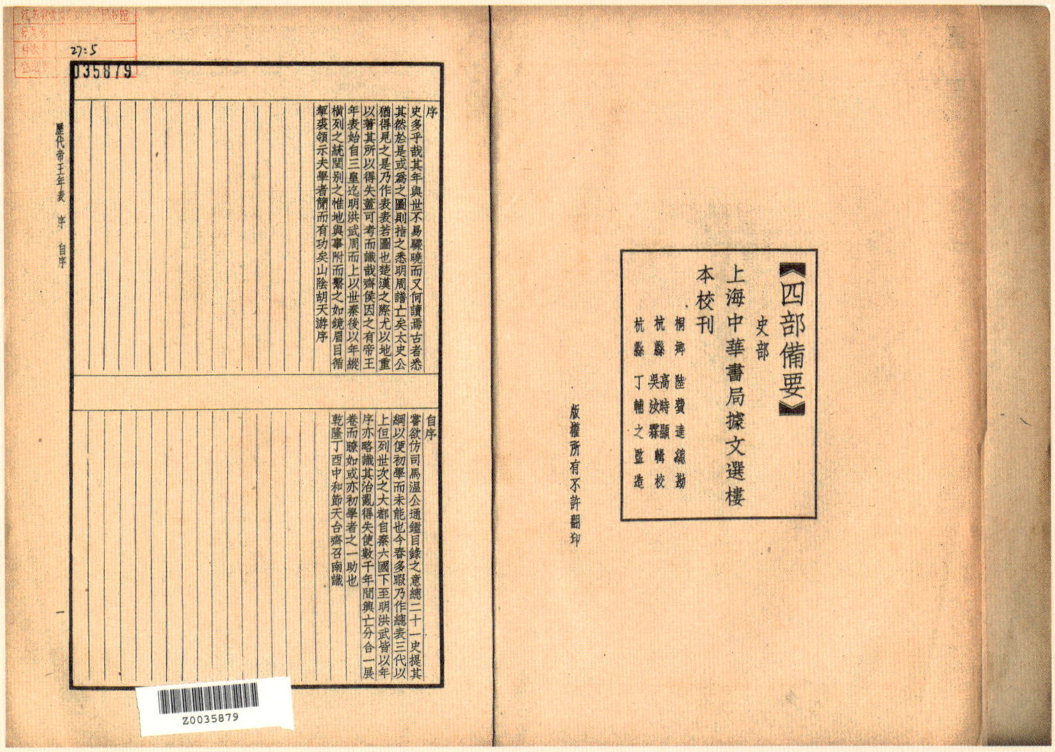

《四部备要》·史部·《历代帝王年表》·序及自序

全文：

序

史多乎哉！其年与世不易骤晓而又何读焉？古者悉其然，于是或为之图，则指之悉明。周谱亡矣，太史公犹得见之，是乃作表。表若图也。楚汉之际，尤以地重，以著其所以，得失盖可考而识哉。齐侯因之有《帝王年表》。始自三皇，迄明洪武；周而上以世，秦后以年，纵横列之，统闰别之。惟地舆事，附而系之，如镜眉目，循挈裘领。示夫学者，简而有功矣。山阴胡天游序。

自　序

尝欲仿司马温公《通鉴》目录之意，总二十一史，提其纲，以便初学而未能也。今春多暇，乃作总表。三代以上但列，世次之。大都自秦六国，下至明洪武，皆以年序，亦略识其治乱得失，使数千年间兴亡分合一展卷而了如，或亦初学者之一助也。

乾隆丁酉中和节，天台斋召南识。

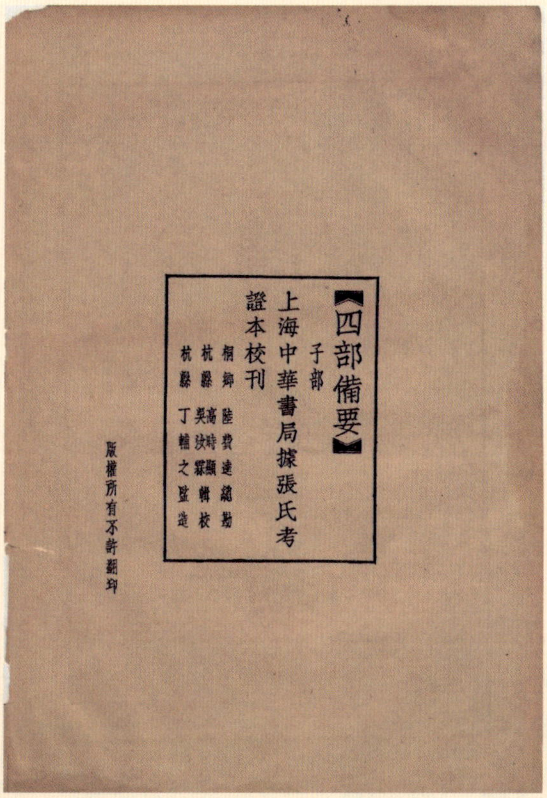
四部備要
子部
上海中華書局據張氏考證本校刊
桐鄉陸費逵總勘
杭縣高時顯 吳汝霖輯校
杭縣丁輔之監造
版權所有不許翻印

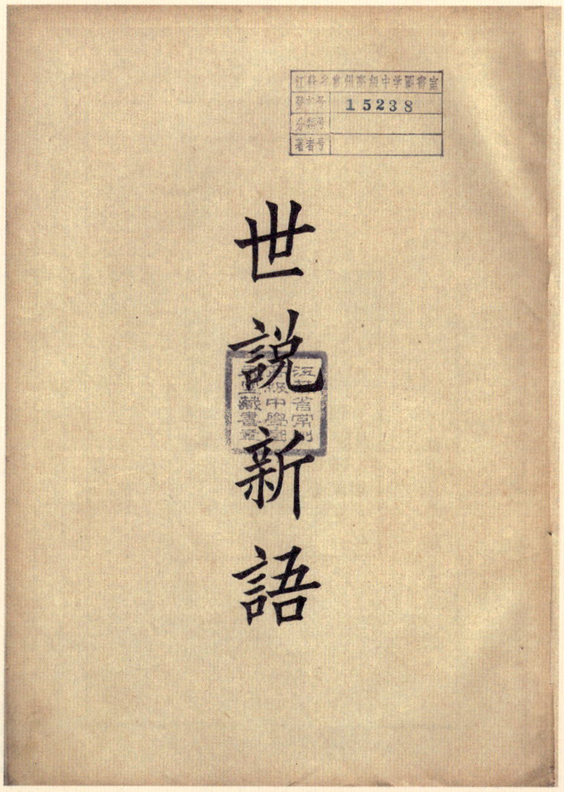

《四部备要》·子部·《世说新语》

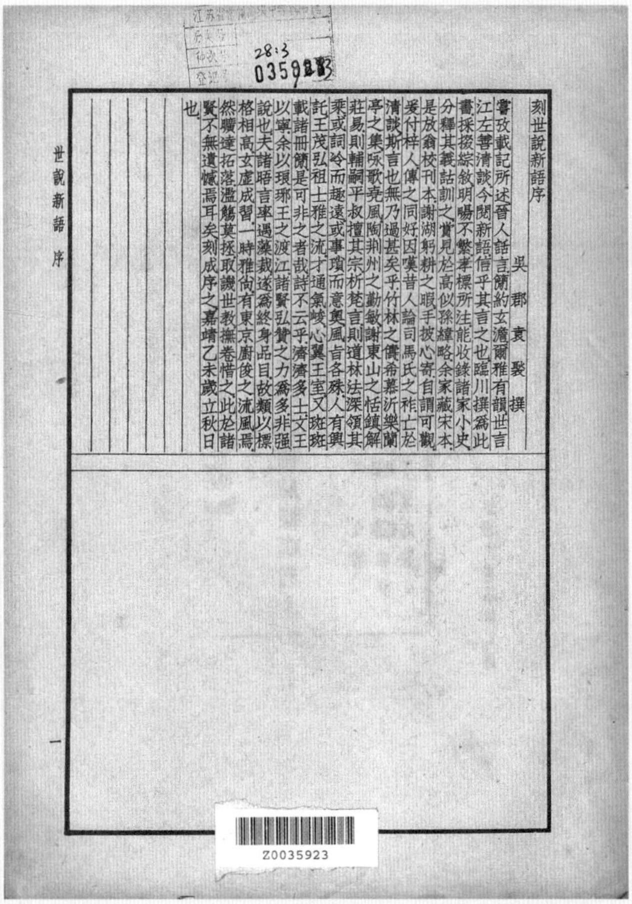
刻世說新語序

吳郡袁褧撰

嘗攷載記所述晉人話言簡約玄澹爾雅有韻世言江左善清談今閱新語信乎其言之也臨川撰爲此書採掇綜敘明暢不繁孝標所注能收錄諸家小史分釋其義詁訓之賞見於高似孫緯略余家藏宋本是放翁校刊本謝湖躬耕之暇手披心寄自謂可觀爰付梓人傳之同好因嘆昔人論司馬氏之祚亡於清談斯言也無乃過甚矣乎竹林之儔希慕沂樂蘭亭之集咏歌堯風陶荊州之勤敏謝東山之恬鎮解莊易則輔嗣平叔擅其宗析梵言則道林法深領其乘或詞冷而趣遠或事瑣而意奧風旨各殊人有興託王茂弘祖士雅之流才通氣峻心翼王室又斑斑載諸冊簡是可非之者哉詩不云乎濟濟多士文王以寧余以瑯琊王之渡江諸賢弘贊之力爲多非強說也夫諸晤言率遇藻裁遂爲終身品目故類以標格相高玄虛成習一時雅尚有東京廚俊之流風焉然曠達拓落濫觴莫拯取譏世教撫卷惜之此於諸賢不無遺憾焉耳矣刻成序之嘉靖乙未歲立秋日也

世說新語 序 一

《四部备要》·子部·《世说新语》·刻世说新语序

全文：

刻世说新语序

吴郡·袁褧撰

尝考载记所述，晋人话言，简约玄澹。《尔雅》有韵，世言江左善清谈。今阅《新语》，信乎其言之也。临川撰为此书，采掇综叙，明畅不繁；孝标所注，能收录诸家小史，分释其义诂训之，赏见于高似孙纬略。余家藏宋本，是放翁校刊本。谢湖躬耕之暇，手披心寄，自谓可观，爰付梓人，传之同好。因叹昔人论司马氏之祚亡于清谈，斯言也无乃过甚矣乎。竹林之俦，希慕沂乐；兰亭之集，咏歌尧风。陶荆州之勤敏，谢东山之恬镇。解壮易，则辅嗣平叔擅其宗；析梵言，则道林法深领其乘。或词冷而趣远，或事琐而意奥，风旨各殊，人有兴托。王茂弘、祖士雅之流，才通气峻，心翼王室，又斑斑载诸册简，是可非之者哉。诗不云乎："济济多士，文王以宁"。余以琅琊王之渡江诸贤弘赞之力为多，非强说也。夫诸晤言率遇藻裁，遂为终身品目。故类以标格相高，玄虚成习，一时雅尚，有东京厨俊之流风焉。然旷达拓落，滥觞莫拯，取讥世教，抚卷惜之，此于诸贤，不无遗憾焉耳矣。刻成序之。嘉靖乙未岁立秋日也。

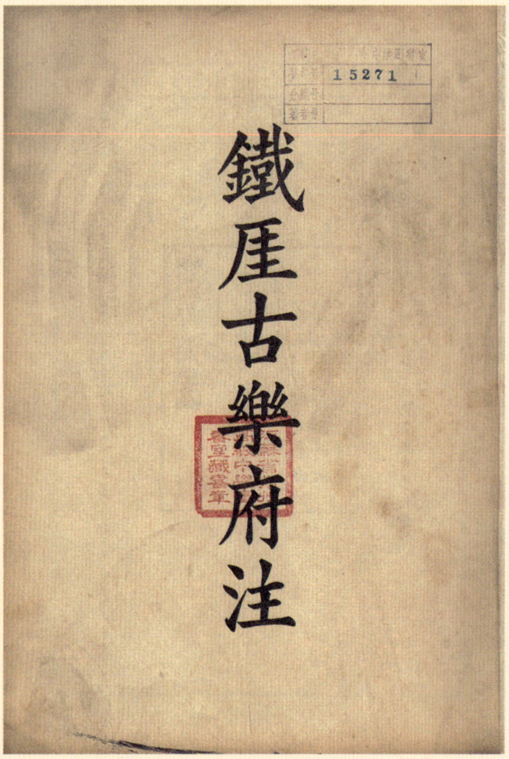
15271

鐵厓古樂府注

《四部备要》·集部·《铁崖古乐府注》

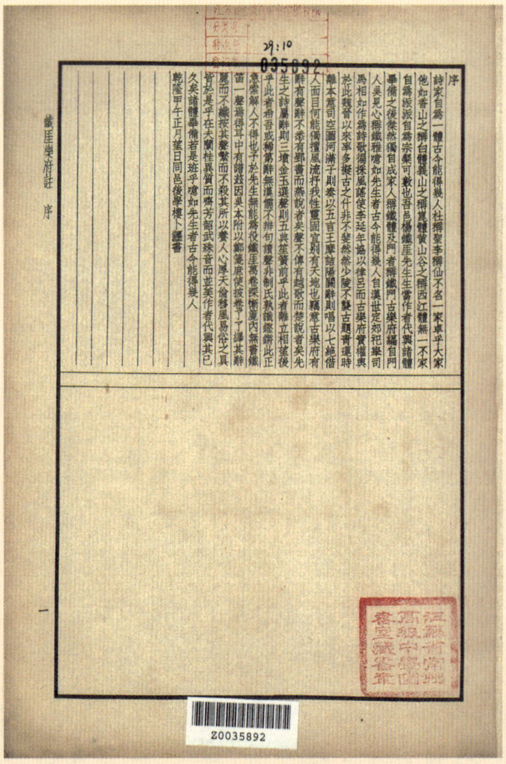
29:10
035892

序

詩家自爲一體古今能得幾人杜稱聖李稱仙不名一家卓乎大家他如香山之稱白體義山之稱崑體黃山谷之稱西江體無一不家自爲派派自爲宗槩可數也吾邑楊鐵厓先生當作者代興諸體畢備之後傑然獨自成家人稱鐵體及門者稱鐵門古樂府編自門人吳見心稱鐵雅噫如先生者古今能得幾人自漢世定郊祀舉司馬相如作爲詩歌得採風謠使李延年協以律呂而古樂府實權輿於此魏晉以來率多擬古之什非不斐然然少陵不襲古題青蓮時離本意司空圖河滿子則奏以五言王摩詰陽關辭則唱以七絕借人面目何能獨擅風流抒我性靈固宜別有天地也竊意古樂府有辭有聲辭不求有郢書而燕說者矣聲不傳有越歌而楚說者矣先生之詩屬辭則三墳金玉選聲則五典笙簧前乎此者難立相望後乎此者希吾或稱篇辭無讓儷不辨句讀聲非制氏孰識鏗鏘此正急索解人不得也予於先生無能爲役鐵厓萬卷探懷寬內無舊鐵笛一聲竊得耳中有譜跋因吳本附以鄭箋庶使披卷了了繹其辭麗而不繼按其聲繁而不殺其所以養人心厚天倫移風易俗之具胥於是乎在夫蘭桂異質而齊芳韶武殊音而並美作者代興其已久矣諸體畢備者是班乎噫如先生者古今能得幾人

乾隆甲午正月望日同邑後學樓卜瀍書

鐵厓樂府註　序

一

Z0035892

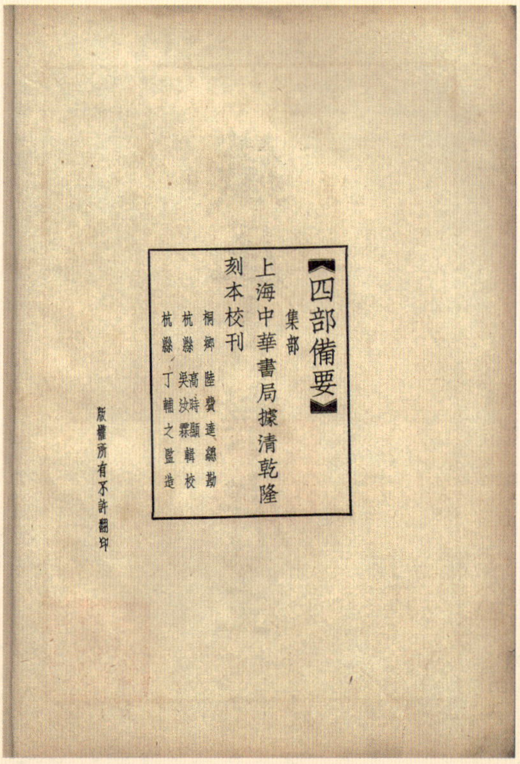
【四部備要】

集部

上海中華書局據清乾隆刻本校刊

桐鄉陸費逵總勘

杭縣高時顯 吳汝霖輯校

杭縣丁輔之監造

版權所有不許翻印

《四部备要》·集部·《铁崖古乐府注》·序

全文：

序

诗家自为一体，古今能得几人？杜称圣，李称仙，不名一家，卓乎大家。他如香山之称“白体”，义山之称“昆体”，黄山谷之称“西江体”，无一不家自为派、派自为宗，粲可数也。吾邑杨铁崖先生，生当作者，代兴诸体，毕备之后，杰然独自成家，人称“铁体”及门者称“铁门”。《古乐府》编自门人吴见心，称《铁雅》。噫！如先生者，古今能得几人？自汉世定，郊祀举，司马相如作为诗歌，遍采风谣，使李延年协以律吕。而《古乐府》实权舆于此。魏晋以来，率多拟古之什，非不斐然。然少陵不袭古，题《青莲》时离本意；司空图《河满子》，则奏以五言；王摩诘《阳关辞》，则唱以七绝。借人面目，何能独擅风流，抒我性灵？固宜别有天地也！窃意《古乐府》有辞有声，辞不悉，有郢书而燕说者矣；声不传，有越歌而楚说者矣。先生之诗属辞，则三坟金玉选声，则五典笙簧。前乎此者，离立相望；后乎此者，希吾或稀。第辞无汉，儒不辨句，读声非制氏，孰识铿锵？此正急索解人不得也。予于先生无能为役《铁崖》万卷，深惭簏内无书。铁笛一声，焉得耳中有谱。兹因“吴本”附以“郑笺”，庶使披卷了了，绎其辞丽而不纤，按其声繁而不杀。其所以养人心、厚天伦，移风易俗之具皆。于是乎，在夫兰桂异质而齐芳，韶武殊音而并美，作者代兴其已久矣。诸体毕备，若是班乎。噫！如先生者，古今能得几人？

乾隆甲午正月望日，同邑后学楼卜涯书。

民国《武进年鉴》

保管单位：常州市档案馆

内容及评价：

馆藏的两部《武进年鉴》，一部是1927年10月武进县实业局编辑出版发行的。全书共206页。主要有言论、地理、人事、农事、工商业、邑政、教育、交通、附刊等内容，以介绍全县实业为主。另一部是1928年7月武进县建设局编辑出版发行的。全书共526页。主要有插图、党刊、本刊言论、地理、人事、农林、工商、邑政、教育、交通及附刊等。两部年鉴都插入了大量的广告。

两部年鉴均有对政治、经济、文化、社会、时事等方面的言论，有对人、对事、对物的调查研究，有各行各业及名胜古迹的详细介绍，有常用知识的宣传推广，有交通运输信息的显示，有政策法规的公布，有风俗习惯和地理知识的普及，还有各种实景照片和插图，比较系统地对当时全县的县情作了较为全面的梳理和汇总，真实地反映了当时的社会历史状况，是研究这一时期武进历史的重要参考文献，具有较高的史料和佐证价值。

1927年10月出版的《武进年鉴》第一期

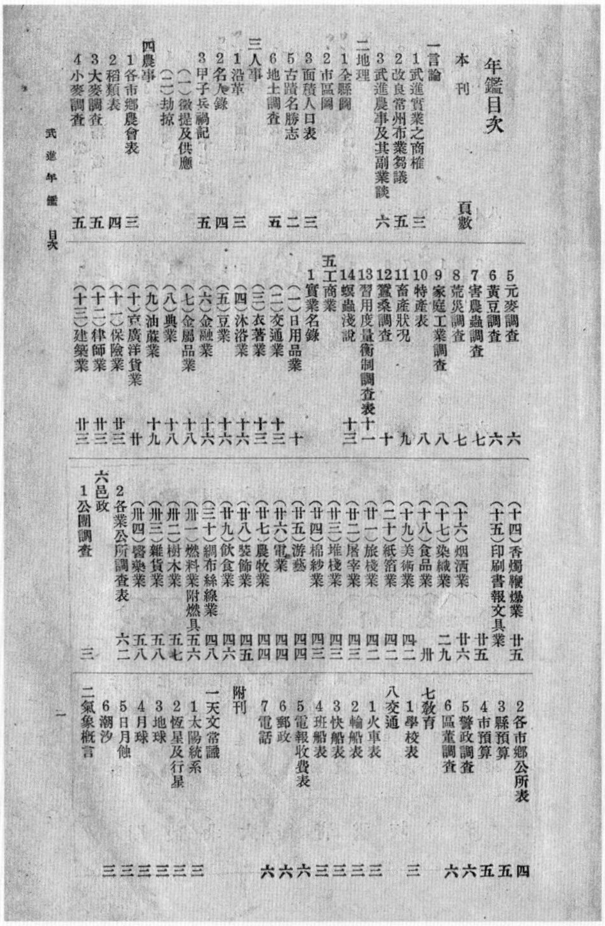

年鑑目次

本刊	頁數
一言論	
1武進實業之商榷	三
2改良常州布業芻議	五
3武進農事及其副業談	六
二地理	
1全縣圖	
2市區圖	
3面積人口表	三
5古蹟名勝志	二
6地土調查	五
三人事	
1沿革	三
2名人錄	四
3甲子兵禍記	五
(一)徵提及供應	
(二)劫掠	
四農事	
1各市鄉農會表	三
2稻類表	四
3大麥調查	五
4小麥調查	五
5元麥調查	六
6黃豆調查	六
7害農蟲調查	七
8荒災調查	七
9家庭工業調查	八
10特產表	八
11畜產狀況	九
12蠶桑調查	十
13習用度量衡制調查表	十一
14螟蟲淺說	十三
五工商業	
1實業名錄	
(一)日用品業	十
(二)交通業	十三
(三)衣著業	十三
(四)沐浴業	十六
(五)豆業	十六
(六)金融業	十六
(七)金屬品業	十八
(八)典業	十八
(九)油蔴業	十九
(十)京廣洋貨業	廿
(十一)保險業	廿三
(十二)律師業	廿三
(十三)建築業	廿三
(十四)香燭鞭爆業	廿五
(十五)印刷書報文具業	廿五
(十六)烟酒業	廿六
(十七)染織業	二九
(十八)食品業	卅
(十九)美術業	四二
(二十)紙箔業	四二
(廿一)旅棧業	四二
(廿二)屠宰業	四三
(廿三)堆棧業	四三
(廿四)棉紗業	四三
(廿五)游藝	四四
(廿六)電業	四四
(廿七)農牧業	四四
(廿八)裝飾業	四五
(廿九)飲食業	四六
(三十)綢布絲線業	四八
(卅一)燃料業附燃具	五六
(卅二)樹木業	五七
(卅三)雜貨業	五八
(卅四)醫藥業	五八
2各業公所調查表	六二
六邑政	
1公團調查	三
2各市鄉公所表	四
3縣預算	五
4市預算	五
5警政調查	六
6區董調查	六
七教育	
1學校表	三
八交通	
1火車表	三
2輪船表	三
3快船表	三
4班船表	三
5電報收費表	六
6郵政	六
7電話	六
附刊	
一天文常識	
1太陽統系	三
2恆星及行星	三
3地球	三
4月球	三
5日月蝕	三
6潮汐	三
二氣象概言	

武進年鑑 目次 一

《武进年鉴》第一期・目录

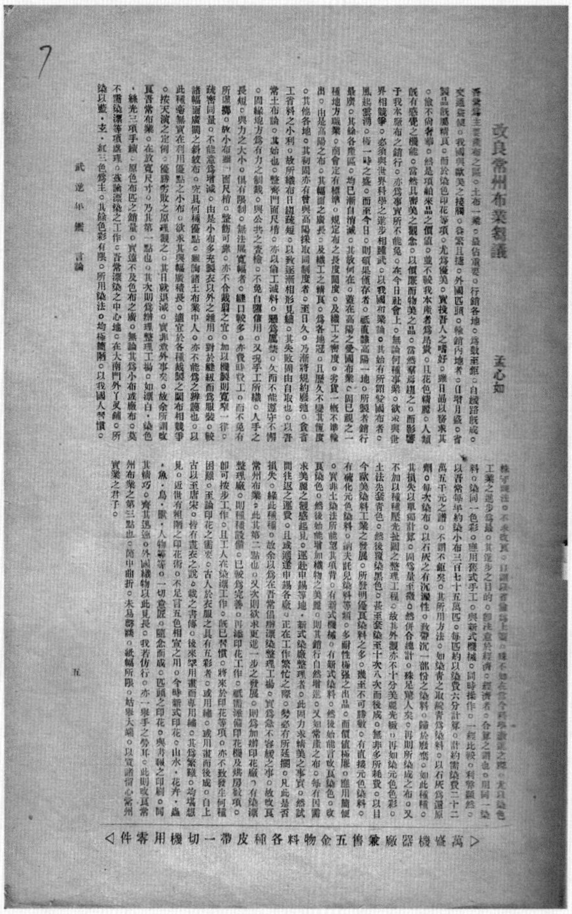

7

改良常州布業芻議

王心如

吾常[illegible]之區。土布一業。最佔重要。行銷各地。爲數至鉅。自鐵路既成。交通益便。我國與歐美之接觸。益繁且捷。外國匹頭。輸銷內地者。日增月盛。省製品既屬精良。而於染色印花等項。尤爲優美。實投吾人之嗜好。雖日謀以務求其。愉不尚奢華。然是項舶來品之價值。並不較我本產者爲昂貴。且花色精麗。人類既有審美之機能。當然具審美之觀念。以價廉而物美之品。當然羣焉趨之。而影響于我本廠布之銷行。亦爲事實所不能免。在今日社會上。無論何種事業。欲求與世界相競爭。必須與世界科學之進步相踵武。以我國布業論。其始有所謂愛國布者。風起雲湧。極一時之盛。而至今日。則碩果僅存者。祇直隸高陽一地。所製者銷行最廣。其餘各產區。均已漸自消滅。其故何在。蓋在高陽之愛國布業。固已視之一種地方職業。商會定有標準。規定布之長度闊度。及織工之嚮度。劣貨一概不準輸出。由是高陽之布。其幅面之廣長。及織工之精良。爲各地冠。且歷久不變其恆度。其他各地。其初固亦有曾與高陽採取同制度者。至日久。乃漸將規約廢弛。貪吝工省料之小利。故所織布日趨疏短。以致逐漸相形見絀。其失敗固由自取也。以吾常土布論。其始也。整齊門面尺埥。亦以偷工減料。懸爲厲禁。久而不能遵守不懈。因緣地方爲有力之制裁。與公共之查檢。不免自隳信用。又況手工所織。人手之長短。與力之大小。俱有限制。無法風寬幅者。縫口較多。亦費時費工。而不免有所虛擲。故小布雖[illegible]面尺埥。整飭可嘉。亦不合裁翦之宜。加以機製則寬窄一律。疏密同量。不能意爲增減。由是小布多充製衣以外之雜用。對於縫紉而爲服裝。較諸幅面廣闊之斜紋布。究具何種優點。雖陶諸土布業中人。亦不能爲之辨護也。以此種毫無實在利用優點之小布。欲求其與幅廣積長。適宜於各種裁製之闊布相競爭。按天演之定例。優勝劣敗之原理觀之。其日就狽減。實非意外事矣。故余所謂改良吾常布業。在放寬尺寸。乃其第一點也。其次則爲辦理整理工場。如漂白・染色・絲光三項手續。原色布匹之銷量。實遠不及色布之廣。無論其爲小布或廠布。莫不需染漂等項處理。蓋論漂染之工作。吾常漂染之中心地。在大南門外丫叉舖。所染以藍・玄・紅三色爲主。其餘色彩有限。所用染法。均極簡陋。以我國人習慣。株守舊法。不求改良。[illegible]尤以染色工業之進步爲最。其進步之目的。[illegible]注意於經濟。經濟者。合算之謂也。用同一染料。染同一色彩。應用舊式手工。與新式機械。同時操作。一經比較。利弊顯然。以吾常每年約染小布三百七十五萬匹。每匹約以染費六分計算。計約需染費二十二萬五千元之譜。不謂不鉅矣。其所用方法。如染青之取純青爲染料。以石灰爲還原劑。每次染布。以石灰之有沉澱性。致帶沉一部份之染料。歸於廢棄。如此種種。其損失以單獨計算。固爲量至微。然併合總計。殊足驚人矣。再則所染成之布。又不加以種種壓光扯闊之整理工程。故其外觀亦不十分美麗光輝。再如染元色色彩。土法先套青色。然後覆染黑色。甚至套染至十次八次而後成。無非多所耗費。以目今歐美染料工業之發展。所發明優良染料之多。幾至不可勝數。有直接元色染料。有硫化元色染料。納夫託兒染料等類。多耐性極強之出品。而價值極廉。應用簡便。實非土染法所能望其項背。有新式機械。有新式染料。然後始能晉改良染色。改良染色。然後始能增加織物之美麗。則其銷行自然增進。又如常產之布。每有因需求美麗之觀感起見。運赴申錫等地・新式染廠整理者。此固力求精美之事實。然試問往返之運費。且或適逢申錫各廠。正在工作繁忙之際。勢必有所延擱。凡此是否損失。緣此種種。故余以爲在吾常倡辦漂染整理工場。實爲急不容緩之事。故改良常州布業。此其第二點也。又次則欲求更進一步之發展。則爲加辦印花廠。有染漂整理廠。則種種設備。已較爲完善。再添印花工作。祇需添備印花機及烘房數項。卽可按步工作。且工人在染漂工作。既已習慣。將來於印花等項。亦不致發生何種困難。至論印花之需要。古人於衣服之具有五彩者。或用繡。或用畫而後成。自上古以至唐宋。皆有畫衣之說。織之書傳。後來舉用畫而專用繡。其爲繁難。均堪想見。近世有粗陋之印花術。不足盡五色相宜之用。今時新式印花。山水・花卉・蟲・魚・鳥・獸・人物等等。一切意匠。隨念而成。匹頭之印花。與書籍之印刷。同其精巧。齊其迅速。外國織物以此見長。我若仿行。亦一舉手之勞耳。此則改良常州布業之第三點也。簡中曲折。未易罄談。紙幅所限。姑舉大端。以質諸留心常州實業之君子。

武進年鑑 言論 五

《武进年鉴》第一期・言论

全文：

改良常州布业刍议

孟心如

吾常为主要产布之区，土布一业，最占重要，行销各地，为数至钜。自铁路既成，交通益便，我国与欧洲之接触，益繁且捷。外国匹头，输销内地者，日增月盛。省制品既属精良，而于染色印花等项，尤为优美，实投吾人之嗜好。虽日勖以务求其俭，不尚奢华，然是项舶来品之价值，并不较我本产者为昂贵，且花色精丽。人类既有感觉之机能，当然具审美之观念，以价廉而物美之品，当然群焉趋之。而影响于我本厂布之销行，亦为事实所不能免。

在今日社会上，无论何种事业，欲求与世界相竞争，必须与世界科学之进步相踵武。以我国布业论，其始有所谓爱国布者，风起云涌，极一时之盛。而至于今日，则硕果仅存者，只直隶高阳一地，所制者销行最广。其余各产区，均已渐自消灭。其故何在？盖在高阳之爱国布业，固已视之一种地方职业，商会定有标准，规定布之长度阔度，及织工之密度，劣货一概不准输出。由是高阳之布，其幅面之广长，及织工之精良，为各地冠，且历久不变其恒度。其他各地，其初固亦有曾与高阳采取同制度者，至日久，乃渐将规约废弛，贪省工省料之小利，故所织布日趋疏短，以致逐渐相形见绌。其失败固由自取也。

以吾常土布论，其始也，整齐门面尺梢，亦以偷工减料，悬为厉禁；久而不能遵守不懈，固缘地方为有力之制裁，与公共之查检，不免自堕信用。又况手工所织，人手之长短，与力之大小，具有限制。无法展宽幅者，缝口较多，亦费时费工，而不免有所虚掷。故小布虽门面尺梢，整饬可靠，亦不合裁剪之宜。加以机制则宽窄一律，疏密同量，不能意为增减，由是小布多充制衣以外之杂用。对于缝纫而为服装，较诸幅面广阔之斜纹布，究具何种优点，虽询诸土布业中人，亦不能为之辨护也。以此种毫无实在利用优点之小布，欲求其与幅广积长、适宜于各种裁制之阔布相竞争，按天演之定例、优胜劣败之原理观之，其日就退减，实非意外事矣。故余所谓改良吾常布业，在放宽尺寸，乃其第一点也。

其次则为办理整理工场，如漂白、染色、丝光三项手续。原色布匹之销量，实远不及色布之广。无论其为小布或厂布，莫不需染漂等项处理。兹论漂染之工作，吾常漂染之中心地，在大南门外丫叉铺，所染以蓝、玄、红三色为主，其余色彩有限。所用染法，均极简陋。以我国人习惯，株守陈法，不求改良，自谓以省俭为上策。殊不知在当今科学激进之际，尤以染色工业之进步为最。其进步之目的，即注意于经济。经济者，合算之谓也。用同一染料，染同一色彩，应用旧式手工，与新式机械，同时操作，一经比较，利弊显然。以吾常每年约染小布三百七十五万匹，每匹约以染费六分计算，计约需染费二十二万五千元之谱，不谓不钜矣。其所用方法，如染青之取靛青为染料，以石灰为还原剂，每次染布，以石灰之有沉淀性，致带沉一部份[分]之染料，归于废弃。如此种种，其损失以单独计算，固为量至微，然并合总计，殊足惊人矣。再则所染成之布，又不加以种种压光扯阔之整理工程，故其外观亦不十分美丽光致。再如染元色色彩，土法先套青色，然后覆染黑色，甚至套染至十次八次而后成，无非多所耗费。以目今欧美染料工业之发展，所发明优良染料之多，几至不可胜数。有直接元色染料，有硫化元色染料，纳夫托儿染料等类，多耐性极强之出品，而价值极廉，应用简便，实非土染法所能望其项背。有新式机械，有新式染料，然后始能言改良染色；改良染色，然后始能增加织物之美丽，则其销行自然增进。又如常产之布，每有因需求美丽之观感起见，运赴申锡等地、新式染厂整理者，此固力求精美之事实，然试问往返之运费，且或适逢申锡各厂，正在工作繁忙之际，势必有所延搁，凡此是否损失。缘此种种，故余以为在吾常倡办漂染整理工场，实为急不容缓之事。故改良常州布业，此其第二点也。

又次则欲求更进一步之发展，则为加办印花厂。有染漂整理厂，则种种设备，已较为完善，再添印花工作，只需添备花机及烘房数项，即可按步工作。且工人在染漂工作，既已习惯，将来于印花等项，亦不致发生何种困难。至论印花之需要，古人于衣服之具有五彩者，或用绣，或用画而后成。自上古以至唐宋，皆有画衣之说，载之书传。后来罕见用画而专用绣，其为繁难，均堪想见。近世有粗陋之印花术，不足言五色相宣之用。今时新式印花，山水、花卉、虫、鱼、鸟、兽、人物等等，一切意匠，随念而成。匹头之印花，与书报之印刷，同其精巧，齐其迅速。外国织物以此见长。我若仿行驶，亦一举手之劳耳。此则改良常州布业之第三点也。

个中曲折，未易罄谈。纸幅所限，姑举大端，以质诸留心常州实业之君子。

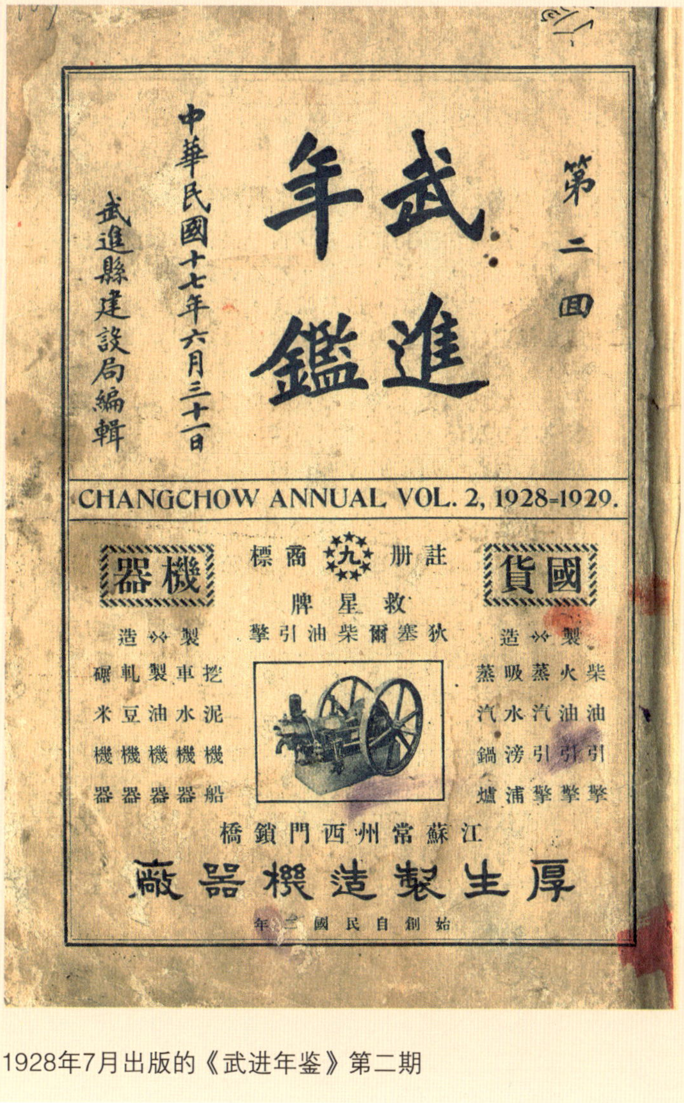

1928年7月出版的《武进年鉴》第二期

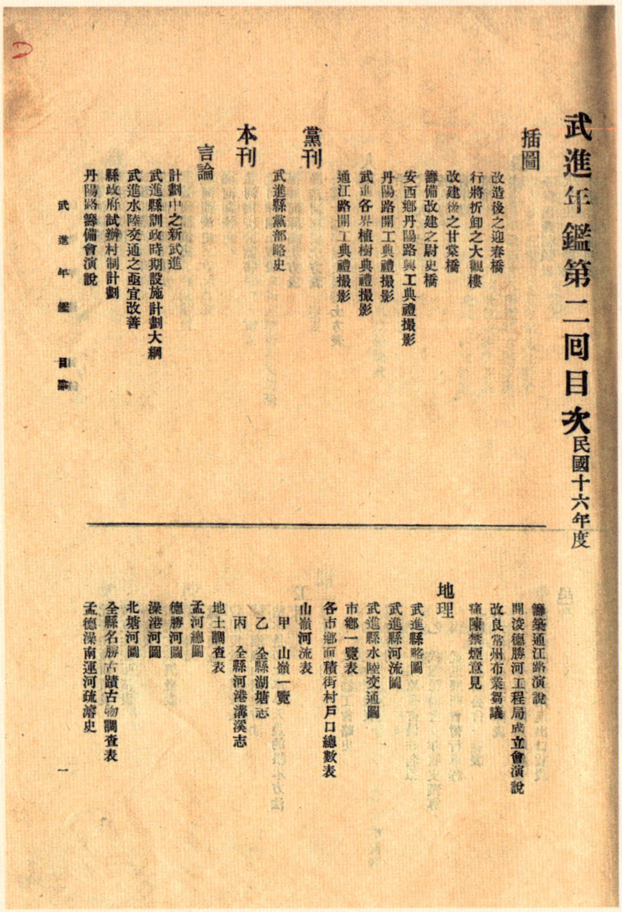

武進年鑑第二回目次 民國十六年度

插圖

黨刊

本刊

言論

地理

武進年鑑 目錄 一

《武进年鉴》第二期・目录

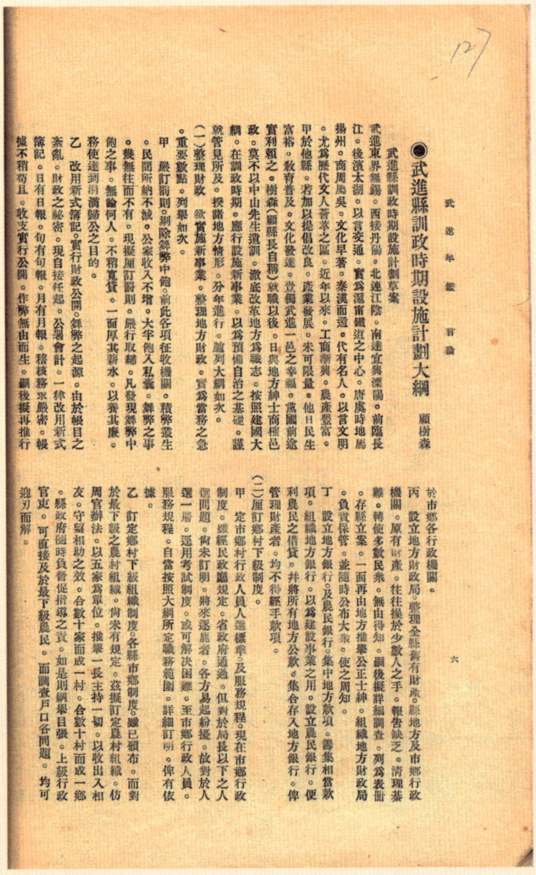

武進年鑑 言論

◉武進縣訓政時期設施計劃大綱

顧樹森

武進縣訓政時期設施計劃草案

武進東界無錫。西接丹陽。北達江陰。南達宜興溧陽。前臨長江。後濱太湖。以言交通。實爲滬甯鐵道之中心。唐虞時地屬揚州。商周屬吳。文化早著。秦漢而還。代有名人。以言文明。尤爲歷代文人薈萃之區。近年以來。工商漸興。農產豐富。甲於他縣。若加以提倡改良。產業發展。未可限量。他日民生富裕。教育普及。文化發達。豈獨武進一邑之幸福。黨國前途實利賴之。樹森(顧縣長自稱)就職以後。日與地方紳士商榷邑政。莫不以中山先生遺訓。澈底改革地方爲職志。按照建國大綱。在訓政時期。應行設施新事業。以爲預備自治之基礎。謹就管見所及。揆諸地方情形。分年進行。臚列大綱如次。

(一)整理財政　欲實施新事業。整理地方財政。實爲當務之急。重要缺點。列舉如次。

甲　嚴訂罰則。剔除舞弊中飽。前此各項征收機關。積弊叢生。民間所納不減。公家收入不增。大半飽入私囊。舞弊之事。幾無往而不有。現擬厘訂罰則。嚴行取締。凡發現舞弊中飽之事。無論何人。不稍寬貸。一面厚其薪水。以養其廉。務使達到涓滴歸公之目的。

乙　改用新式簿記。實行財政公開。舞弊之起源。由於帳目之紊亂。財政之祕密。現自接任起。公署會計。一律改用新式簿記。日有日報。旬有旬報。月有月報。稽核務求嚴密。帳據不稍苟且。收支實行公開。作弊無由而生。嗣後擬再推行於市鄉各行政機關。

丙　設立地方財政局。整理全縣舊有財產。縣地方及市鄉行政機關。原有財產。往往操於少數人之手。報告缺乏。清理綦難。轉使多數民衆。無由得知。嗣後擬詳細調查。列爲表冊。存縣立案。一面再由地方推舉公正士紳。組織地方財政局。負責保管。並隨時公布大衆。使之周知。

丁　設立地方銀行。及農民銀行。集中地方款項。籌集相當款項。組織地方銀行。以爲建設事業之用。設立農民銀行。便利農民之借貸。并將所有地方公款。集合存入地方銀行。俾管理財產者。均不得經手款項。

(二)厘訂鄉村下級制度。

甲　定市鄉村行政人員人選標準。及服務規程。現在市鄉行政制度。雖經民政廳規定。省政府通過。但對於局長以下之人選問題。尙未訂明。將來逐鹿者。各方易起紛擾。故對於人選一層。逕用考試制度。或可解決困難。至市鄉行政人員。服務規程。自當按照大綱所定職務範圍。詳細訂明。俾有依據。

乙　訂定鄉村下級組織制度。各縣市鄉制度。雖已頒布。而對於最下級之農村組織。尙未有規定。茲擬訂定農村組織。仿周官辦法。以五家爲單位。推舉一長主持一切。以收出入相友。守望相助之效。合數十家而成一村。合數十村而成一鄉。縣政府隨時負督促指導之責。如是則綱舉目張。上級行政官吏。可直接及於最下級農民。而調查戶口各問題。均可迎刃而解。

六

《武进年鉴》第二期・言论

全文（节选）：

武进县训政时期设施计划大纲

顾树森

武进县训政时期设施计划草案

武进东界无锡，西接丹阳，北连江阴，南达宜兴、溧阳；前临长江，后滨太湖。以言交通，实为沪宁铁道之中心。唐虞时地属扬州，商周属吴，文化早著；秦汉而远，代有名人。以言文明，尤为历代文人荟萃之区。近年以来，工商渐兴，农产丰富，甲于他县。若加以提倡改良，产业发展，未可限量。他日民生富裕，教育普及，文化发达，岂独武进一邑之幸福。党国前途实利赖之。树森（顾县长自称）就职以后，日与地方绅士商榷邑政，莫不以中山先生遗训，彻底改革地方为职志。按照建国大纲，在训政时期，应行设施新事业，以为预备自治之基础。谨就管见所及，揆诸地方情形，分年进行。胪列大纲如次。

（一）整理财政◇欲实施新事业，整理地方财政，实为当务之急。重要数点，列举如次。

甲◇严订罚则，剔除舞弊中饱。前此各项征收机关，积弊丛生，民间所纳不减，公家收入不增，大半饱入私囊。舞弊之事，几无往而不有。现拟厘订罚则，严行取缔。凡发现舞弊中饱之事，无论何人，不稍宽贷。一面厚其薪水，以养其廉，务使达到涓滴归公之目的。

乙◇改用新式簿记，实行财政公开。舞弊之起源，由于账目之紊乱，财政之秘密。现自接任起，公署会计，一律改用新式簿记，日有日报，旬有旬报，月有月报。稽核务求严密，账据不稍苟且，收支实行公开，作弊无由而生。嗣后拟再推行于市乡各行政机关。

丙◇设立地方财政局，整理全县旧有财产。县地方及市乡行政机关，原有财产，往往操于少数人之手，报告缺乏，清理綦难，转使多数民众，无由得知。嗣后拟详细调查，列为表册，存县立案。一面再由地方推举公正绅士，组织地方财政局，负责保管，并随时公布大众，使之周知。

丁◇设立地方银行，及农民银行，集中地方款项。筹集相当款项，组织地方银行，以为建设事业之用。设立农民银行，便利农民之借贷。并将所有地方公款，集合存入地方银行。俾管理财产者，均不得经手款项。

（二）厘订乡村下级制度。

甲◇定市乡村行政人员人选标准，及服务规程。现在市乡行政制度，虽经民政厅规定，省政府通过，但对于局长以下之人选问题，尚未订明，将来逐鹿者，各方易起纷扰，故对于人选一层，适用考试制度，或可解决困难。至市乡行政人员，服务规程，自当按照大纲所定职务范围，详细订明，俾有依据。

乙◇订定乡村下级组织制度。各县市乡制度，虽已颁布，而对于最下级之农村组织，尚未有规定。兹拟订定农村组织，仿周官办法，以五家为单位，推举一长主持一切，以收出入相友、守望相助之效。合数十家而成一村，合数十村而成一乡，县政府随时负督促指导之责，如是则纲举目张。上级行政官吏，可直接及于最下级农民，而调查户口各问题，均可迎刃而解。

…………

民国《毗陵集》

保管单位：常州市武进区档案馆

内容及评价：

《毗陵集》的编纂者为独孤及的门生、唐代散文家梁肃（753～793）。独孤及（725～777），字至之，河南洛阳人，唐代散文家，古文化运动先驱之一，在唐代大历前期“堪称文坛盟主”，在古文运动中起到了承前启后的作用。梁肃稽览独孤及的故志，“以公茂德映乎当世，美化加乎百姓，若发扬秀气，磅礴古训，则在乎斯文；斯文之盛，不可以莫之纪也。于是缀其遗草三百篇为二十卷，以示后嗣”。

馆藏的《毗陵集》为1919年上海“涵芬楼”（商务印书馆）初编、1929年出版的《四部丛刊》集部收录书种之一，影印线装本，分为4册20卷（其中诗3卷，文17卷，另有“附录”1卷，“补遗”1卷），是唐朝大历时期惟一留存至今的以原貌传世的唐人文集。“涵芬楼”版《毗陵集》对两《唐书》的资料进行了补充，纠正了有关记载的缺遗失误，而且有关一些重大事件、天灾人祸的记载，也比两《唐书》及其他唐代史籍要详备得多，因而具有很高的历史和文献价值。

1919年出版的《四部丛刊》·集部·《毗陵集》

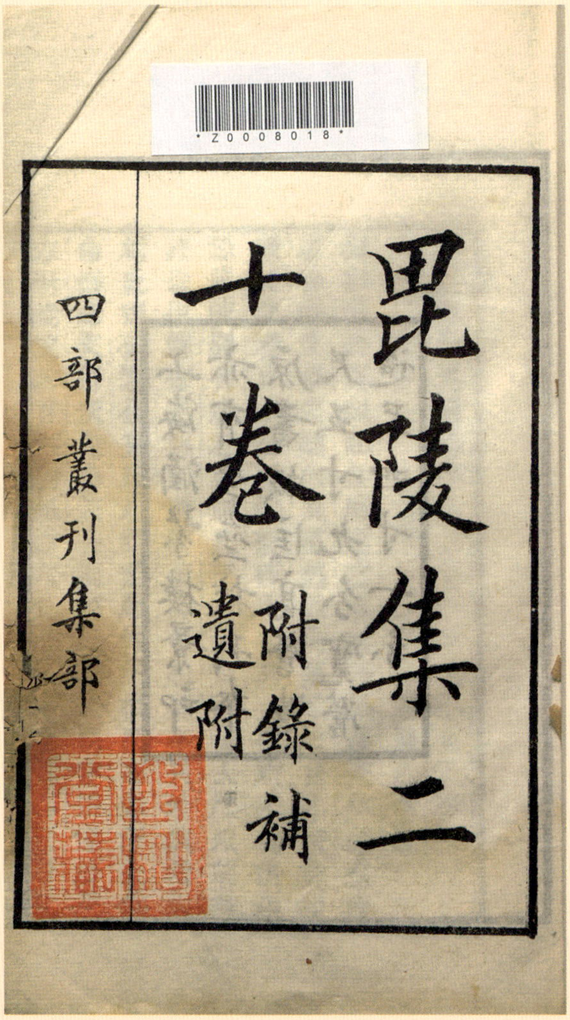

毘陵集二十卷
附錄補遺附
四部叢刊集部

《毗陵集》·扉页

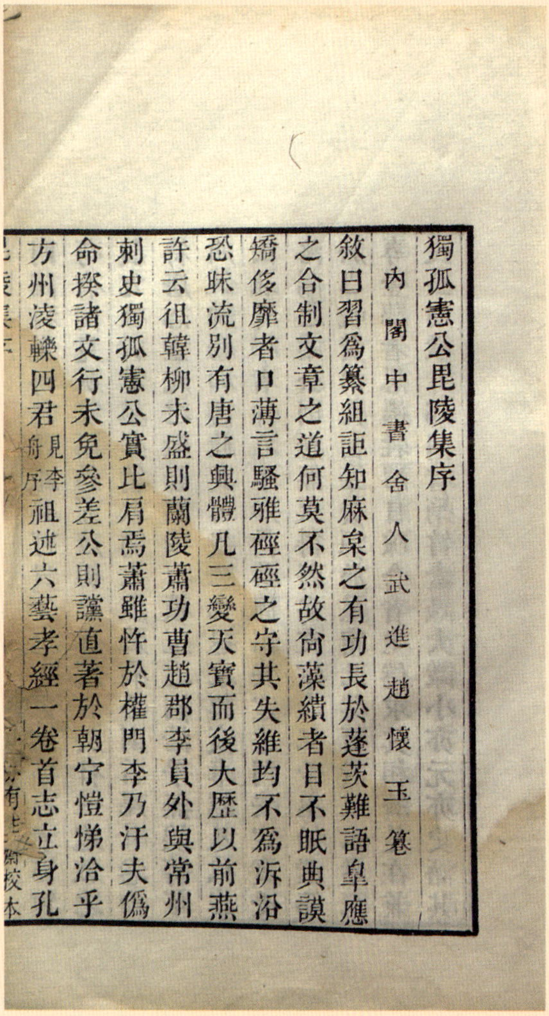

獨孤憲公毘陵集序
內閣中書舍人武進趙懷玉篹
敘曰習爲纂組詎知麻枲之有功長於蓬茨難語皐應
之合制文章之道何莫不然故尙藻繢者目不眡典謨
矯侈靡者口薄言騷雅硜硜之守其失維均不爲泝沿
恐昧流别有唐之興體凡三變天寶而後大歷以前燕
許云徂韓柳未盛則蘭陵蕭功曹趙郡李員外與常州
刺史獨孤憲公實比肩焉蕭雖忤於權門李乃汙夫僞
命撰諸文行未免參差公則讜直著於朝宁愷悌洽乎
方州淩轢四君見李舟序祖述六藝孝經一卷首志立身孔

《毗陵集》·独孤宪公毗陵集序

全文：

独孤宪公毗陵集序

内阁中书舍人·武进赵怀玉纂

叙曰：习为纂组，讵知麻枲之有功；长于蓬茨，难语皋应之合。制文章之道，何莫不然。故尚藻缋者，目不视典；谟矫侈靡者，口薄言骚。雅硁硁之守，其失维均，不为溯沿，恐昧流别。有唐之興体，凡三变。天宝而后，大历以前，燕许云徂韩柳未盛，则兰陵萧公曹、赵郡李员外，与常州刺史独孤宪公实比肩焉。萧虽忤于权门，李乃汙夫伪命，揆诸文行未免参差。公则谠直，著于朝宁，恺悌洽乎。方州凌轹四君（见李舟序），¤述六艺孝经一卷，首志立身孔门，诸科几得具体。此其可贵一也。唐世文字，存者廖廖，苟有闻见，亟宜购访。而茂挺之作，廑收于什一。遐叔之制，九掇于零星残篇轶简，人以为病公，则首尾廿卷尚符《唐志》。灵光之殿，岿然独存，积玉之圃浩乎，无涘菁华所钟，神物加护。此其可贵二也。退之起衰，卓越八代，泰山北斗，学者仰之。不知昌黎固出安定（编者按：即梁肃）之门，安定实受洛阳（编者按：即独孤及）之业。公则悬然天得，蔚为文宗。大江千里，始滥觞于巴岷；黄河九曲，肇发源于星宿。此其可贵三也。琴瑟专一，听者思迁；牲醪日陈，食者生倦；求其相济，是在兼长。公则猷升邦国，言炳竹素，识大识小，亦元亦史，语其矜贵，明堂清庙之仪迹。彼翛远青山白云之概，惟昭斯融，虽淡不厌。此其可贵四也。然宋椠既失，未闻续雕，石渠之外，世罕传本。是集从歙县鲍君廷博假得，为长洲叶氏奕所藏明吴文定宽在东阁时录出之本也，叶[业]以赵氏吴岫本、冯氏曹甲本互相参校，自诩完书。披览甫周，讹舛百出，病余多暇。悉意勘雠，落叶渐扫，珠船屡获。原集之外，复得公杂文，如干首其谥议，诔传有涉于公。足资考镜者，并附篇后。于是，已三免讹夏五少阙。永嘉本出，人无¤读之劳，宏农帐深，客见不传之秘矣。夫浚仪社古形图，去官岘山，碑高涕陨，行路秉彝，攸好靡间。今昔维公盛德，克绍前轨，故植桧已朽，见蔽芾而如逢召公降露，无庭对膏雨而犹思郇伯。矧夫撰述，弥足珍焉，余之为是刻也，亦使人知遗爱勿替、廉吏可为；身登九列，不若没世有称；装累万金，不若名山藏业；后之司土同致瓣香，学优仕优咸有所劝。匪徒表章篇翰，搜辑业残，苟侈山渊，以恣采伐而已。乾隆五十六年岁次，辛亥秋八月。

民国《蒙兀儿史记》

保管单位：常州市档案馆

内容及评价：

《蒙兀儿史记》由屠寄（1856～1921）自清光绪二十四年（1898）起开始编撰，随写随刊随订，全书未完而卒。生前有八册本、十四册本刊行。其遗稿由其三子屠孝实继续整理。屠孝实因病去世后，由其四子屠孝宧重编整理，汇总已刊、未刊稿本，1932年由常州天宁禅寺雕版刊行增刊本，共28册，160卷，为正史纪传体专史。其中本纪18卷，列传129卷，表12卷，志1卷，另有14卷有目无文，为行世最全本。

《蒙兀儿史记》记载了蒙古族祖先从兴起到北元政权衰亡期间的历史以及漠北三大汗国的世系，偏重忽必烈以前的史事和大汗国史迹，对西北的地理沿革考证尤为详尽。除博采各种汉文、蒙文古史籍、元人文集、金石志、方志资料外，还利用了当时能收集到的外文史料，对《元史》纪传中散见的史实进行收搜、考证、充实，自撰自注，纠正了《元史》中的不少错误，是一部以蒙古族活动历程为纲的史记，以其较高的史学价值赢得了中外史学家的高度赞誉，被称为“中国自有《元史》以来之杰作”。

因战争等祸乱，该书大部分散佚，馆藏的《蒙兀儿史记》现仅存5册，尤为珍贵。从这5册书中，可以略探蒙古族的部分活动情况，是研究蒙古族历史的重要史料，具有较高的文献和收藏价值。

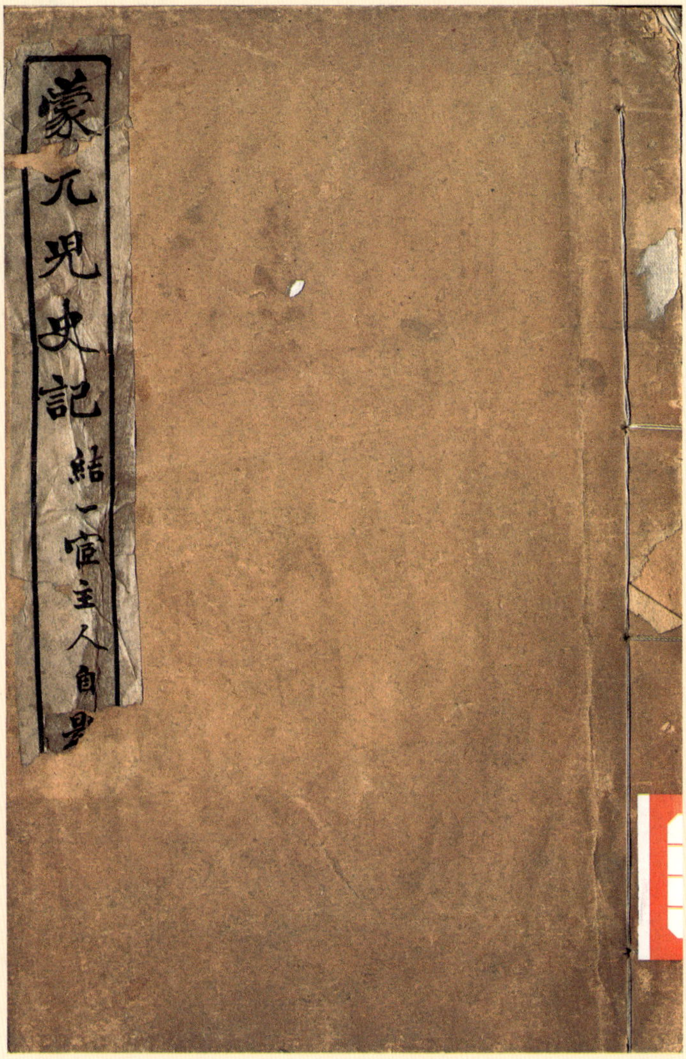

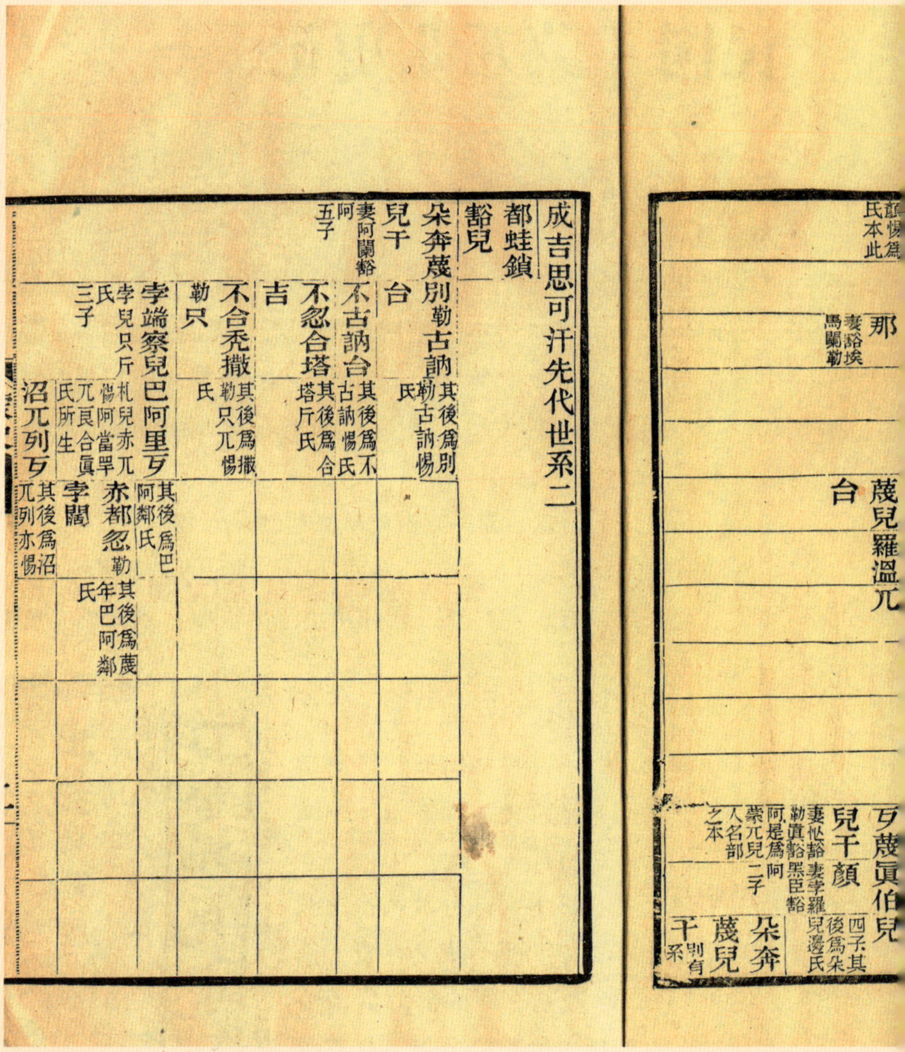

《蒙兀儿史记》·宗室世系表第一

全文（节选）：

宗室世系表第一

蒙兀儿史记卷第¤

武进屠寄纂

自昔帝王之兴，莫不众建子弟，以蕃王室，所以崇本支、隆国势也。观其玉牒，大统小宗，秩乎不紊，盖亦慎矣。然以唐室之盛，自玄宗后，诸王不出阁而史已失其世次。况蒙兀先世，本无文字。自成吉思以上，世系事迹，口相传述。其子弟封国，东西南北数万里。左手诸王经乃颜哈丹之乱，太半诛

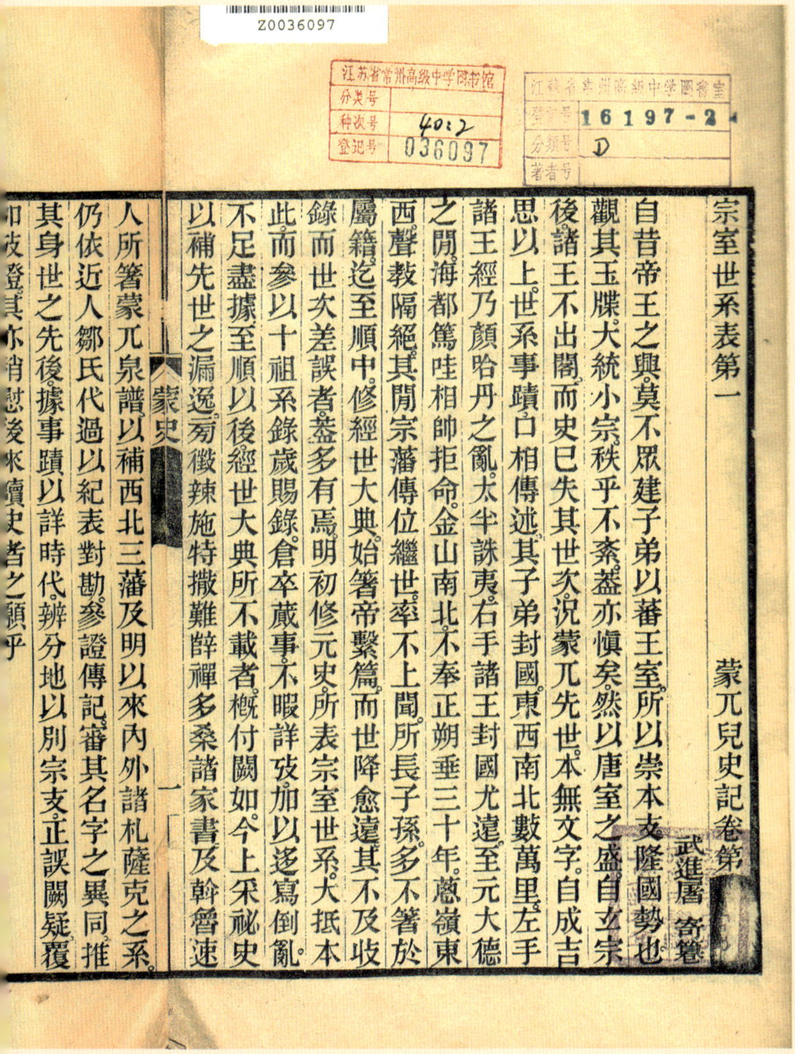

宗室世系表第一　　蒙兀兒史記卷第　武進屠寄撰

自昔帝王之興莫不眾建子弟以蕃王室所以崇本支隆國勢也觀其玉牒大統小宗秩乎不紊蓋亦慎矣然以唐室之盛自玄宗後諸王不出閤而史已失其世次況蒙兀先世本無文字自成吉思以上世系事蹟口相傳述其子弟封國東西南北數萬里左手諸王經乃顏哈丹之亂太半誅夷右手諸王封國尤遠至元大德之閒海都篤哇相帥拒命金山南北不奉正朔垂三十年葱嶺東西聲教隔絕其閒宗藩傳位繼世率不上聞所長子孫多不箸於屬籍迄至順中修經世大典始箸帝繫篇而世降愈遠其不及收錄而世次差誤者蓋多有焉明初修元史所表宗室世系大抵本此而參以十祖系錄歲賜錄倉卒蕆事不暇詳攷加以迻寫倒亂不足盡據至順以後經世大典所不載者概付闕如今上采祕史以補先世之漏逸旁徵辣施特撒難薛禪多桑諸家書及斡魯速

蒙史　一

人所箸蒙兀泉譜以補西北三藩及明以來內外諸札薩克之系仍依近人鄒氏代過以紀表對勘參證傳記審其名字之異同推其身世之先後據事蹟以詳時代辨分地以別宗支正誤闕疑覆加攷證其亦稍慰後來讀史者之願乎

夷；右手诸王封国尤远。至元大德之间，海都笃哇相帅拒命，金山南北，不奉正朔垂三十年。葱岭东西，声教隔绝，其间宗藩传位继世，率不上闻。所长子孙，多不箸[著]于属籍。迄至顺中，修《经世大典》，始箸[著]帝系篇。而世降愈远，其不及收录而世次差误者，盖多有焉。明初修《元史》，所表宗室世系，大抵本此。而参以《十祖系录》、《岁赐录》，仓卒蒇事，不暇详考。加以移写倒乱，不足尽据。至顺以后，《经世大典》所不载者，概付阙如。今上采《秘史》，以补先世之漏逸，旁征辣施特撒难薛禅多桑诸家书，及斡鲁速人所箸[著]《蒙兀泉谱》，以补西北三藩及明以来内外诸札萨克之系，仍依近人邹氏代过以纪表对勘，参证传记，审其名字之异同，推其身世之先后，据事迹以详时代，辨分地以别宗支。正误阙疑，覆加考证。其亦稍慰后来读史者之愿乎。

…………

全文（节选）：

世纪第一

蒙兀儿史记卷第一

武进屠寄纂

蒙兀儿者，室韦之别种也，其先出于东胡。楚汉之际，东胡王为匈奴冒顿单于所破杀，余众迸走。保险以自固，或为鲜卑，或为乌桓，或为室韦、契丹。在南者为契丹，在北者曰室韦。室韦依胡布山以居（胡布山名见《后魏书》，声转为安巴，满洲语大之义，即今黑龙江之兴安岭），分布难水（水名见《后魏书》，又作难河，《唐书》作那河，又作狃越河，《旧史》那江猱木连恼木连纳兀江，蒙文《秘史》纳兀沐涟，《明史》脑温江，蒙兀谓碧曰脑温，即今嫩江也）、完水（水名见《北史》，太平环宇记作乌桓水，即今黑龙江也）、深末怛水之间（水名见《后魏书》，今俄属阿穆尔省之结雅河也。此水二源，东源曰昔林木迪，蒙兀语黄曲水；西源曰精奇里乌剌，索伦语黄色大水。按：昔林木迪，即深末怛之异文。古时此水通上下游，东西源均称深末怛水也）。后魏分五部，曰南室韦、北室韦（以上二部，当在今黑龙江之黑水府墨尔根布特哈及内蒙古杜尔伯特旗、郭尔罗斯后旗、札赉特旗、科尔沁右翼中旗、前旗、后旗、乌珠穆沁左翼旗，大抵当兴安岭之阳）、钵室韦（《唐书》婆萵室韦。《金史·宗浩传》，北方有婆速火部，即此种人之转徙至呼伦贝尔者。按：洪侍郎所译中俄界图，黑龙江副都统所驻爱珲城西北乌道六百里伊勒呼里山之阴，有苹果河，一作潘家河，北流入黑龙江。苹果，即婆萵之异文。古婆萵室韦所居之水，婆萵疾呼成钵音）、深末怛室韦（居精奇里乌剌之东源昔林木迪水一带）、大室韦（《后魏书》曰："北有大山，山外曰大室韦。"所谓大山，即胡布山，亦即今之兴安岭，蒙古称伊克古克达），至唐部分愈众。而蒙兀室韦北傍望建河（《旧唐书·北狄传》：其北大山之北有大室韦部落，其部落傍望建河居。其河源出突厥西北界俱轮泊，屈曲东流，经西室韦界，又东经大室韦界，又东经蒙兀室韦之北，落俎室韦之南，又东流与那河、忽汗河合，又东经南黑水靺鞨之北、北黑水靺鞨之南，东流注于……

…………

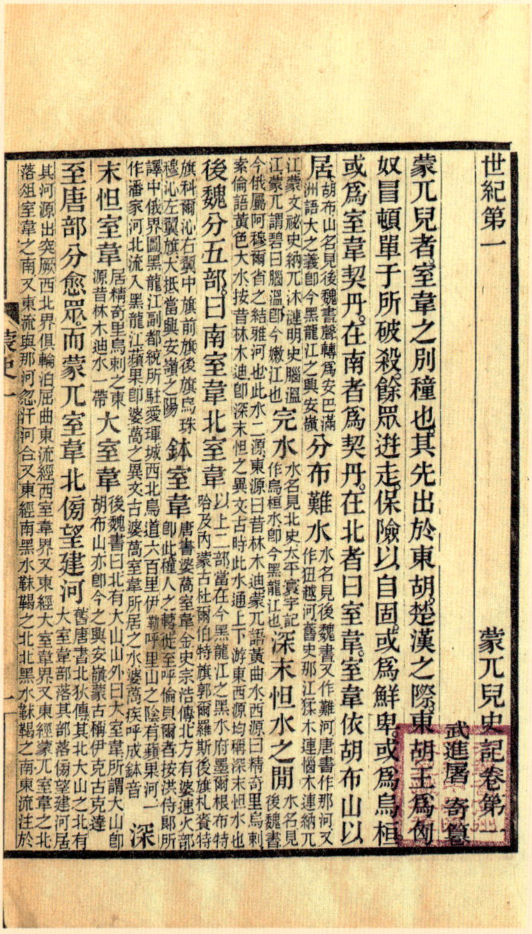
世紀第一　蒙兀兒史記卷第一
武進屠寄
蒙兀兒者。室韋之別種也。其先出於東胡。楚漢之際。東胡王爲匈奴冒頓單于所破殺。餘衆迸走。保險以自固。或爲鮮卑。或爲烏桓或爲室韋契丹。在南者爲契丹。在北者曰室韋。室韋依胡布山以居（胡布山名見後魏書聲轉爲安巴滿洲語大之義卽今黑龍江之興安嶺）分布難水（水名見後魏書又作難河唐書作那河又作狃越河舊史那江猱木連惱木連納兀江蒙文祕史納兀沐漣明史腦溫江蒙兀謂碧曰腦溫卽今嫩江也）完水（水名見北史太平寰宇記作烏桓水卽今黑龍江也）深末怛水之閒（水名見後魏書今俄屬阿穆爾省之結雅河也此水二源東源曰昔林木迪蒙兀語黃曲水西源曰精奇里烏剌索倫語黃色大水按昔林木迪卽深末怛之異文古時此水通上下游東西源均稱深末怛水也）後魏分五部。曰南室韋北室韋（以上二部當在今黑龍江之黑水府墨爾根布特哈及內蒙古杜爾伯特旗郭爾羅斯後旗札賚特旗科爾沁右翼中旗前旗後旗烏珠穆沁左翼旗大抵當興安嶺之陽）鉢室韋（唐書婆萵室韋金史宗浩傳北方有婆速火部卽此種人之轉徙至呼倫貝爾者按洪侍郎譯中俄界圖黑龍江副都統所駐愛琿城西北烏道六百里伊勒呼里山之陰有蘋果河一作潘家河北流入黑龍江蘋果卽婆萵之異文古婆萵室韋所居之水婆萵疾呼成鉢音）深末怛室韋（居精奇里烏剌之東源昔林木迪水一帶）大室韋（後魏書曰北有大山山外曰大室韋所謂大山卽胡布山亦卽今之興安嶺蒙古稱伊克古克達）至唐部分愈衆。而蒙兀室韋北傍望建河（舊唐書北狄傳其北大山之北有大室韋部落其部落傍望建河居其河源出突厥西北界俱輪泊屈曲東流經西室韋界又東經大室韋界又東經蒙兀室韋之北落俎室韋之南又東流與那河忽汗河合又東經南黑水靺鞨之北北黑水靺鞨之南東流注於）

《蒙兀儿史记》·世纪第一

民国《清代毗陵名人小传稿》

保管单位：常州市武进区档案馆

内容及评价：

常州历来人文荟萃，文化氛围浓郁，学术风气浓厚。龚自珍在《常州高才篇》如是称赞：“天下名士有部落，东南无与常匹俦。”清代以来，常州更是产生了常州学派、阳湖文派、常州词派、常州画派、孟河医派五个重要的学术团体和庄存与、洪亮吉、张惠言、张琦、恽敬、黄景仁等十多位杰出的学术领袖、作家和诗人。

清末民初，当地学人大力总结地方文化成果，多有著述，张维骧的《清代毗陵名人小传稿》即是在此种情形下完成的。他“采辑该洽，叙述详略得宜”，忠孝、名臣、逸士以及经学家、史学家、理学家、小学家、文选学家、算学家、校勘学家、金石学家、古文家、骈体文家、诗家、词家、曲家、经济家、书家、画家、琴家、棋家、医家、列女等都作为写作对象，综论生平行谊。所写人物数量众多，全书共收录了631位名人，能在常州被称为“家”的就达435人。其中，诗家最多，达87人；其次是画家，达52人；再次是词家，达46人；第四是经学家，达40人。充分说明常州是一个崇文重教、名人辈出的礼仪之邦。

馆藏的两册《清代毗陵名人小传稿》，张维骧编纂，蒋维乔等补，铅印本，1944年11月初版，常州旅沪同乡会印刷兼发行。该书对于研究清代常州名人、弘扬常州历史文化、传承崇文重教的理念，具有较高的参考和利用价值。

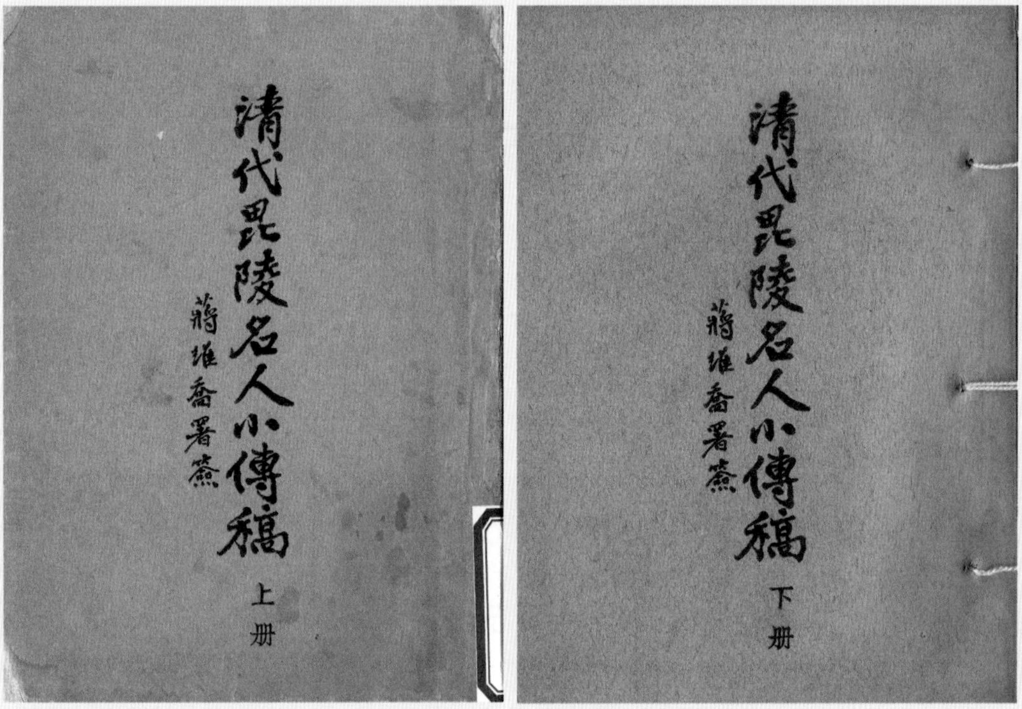

1944年11月初版《清代毗陵名人小传稿》

全文：

序

昔闽县郑荔乡先生方坤，辑名家诗抄小传，首施宛陵闰章，迄郑石幢方城，凡一百零四家，而以联句诗抄终焉。海监吴子修先生，修辑昭代名人尺牍七百余通，分为二十四卷。吴氏书虽以书家为主，而于理学、忠孝、名臣、逸士与经、史、金石、诗、古文家、词曲家、画家所见，无不采辑，更于简首辑小传，以资考核。又如渔洋《感旧集》，于身后四十年始由卢雅雨校刊。雅雨于运使署中，延张孝廉《榆村采集》，故实仿遗山以下各诗选之例人，系之以小传。王兰泉《湖海诗传》亦有小传，一名《蒲褐山房诗话》。可见小传之作，关系綦重。余于二十年前选辑道、咸、同、光四朝诗史甲、乙集，曾撰各家小传，及辛亥国变，仓卒付刊。集中小传尚缺十之三四。嗣又拟辑《清代诗人小传》及《清人别集目录》，均以卷帙浩繁、纂集匪易，又困于谋食，时作时辍。年逾周甲，精力就衰，岁不吾与，恐终无杀青之望，良用自愧。同社武进张君季易，锐意著书，勇猛精进，昨岁所辑《疑年录汇编》、《帝王疑年录》及《明清巍科姓氏录》，余均序而行之。顷又以《清代毗陵名人小传》十卷及《清代毗陵书目》八卷见示。小传初名《献征》，后改今名。采辑该洽，叙述详略得宜，闺秀列最后之第十卷。前九卷中，若理学、忠孝、名臣、逸士与夫经、史、金石、诗、古文家、词曲家、书画家，靡不甄列，与吴予修氏《昭代名人尺牍小传》用意相同，而更推广及于琴、棋、医术，以至镌印、刻竹、鉴赏、板本诸家，以见艺进乎、道曲成不遗之意。且吴氏小传仅详姓、字、爵、里、科分著述。此则综论生平行谊，并采及诗文集。序中要语，盖兼有郑荔乡卢雅雨、张榆村、王兰泉诸家小传之长，而又不限于诗人网罗旧闻、嘉惠来学，贻高曾之规矩示后，进以准绳。洵可云："不朽盛业矣。"今之少年，习于谚诞动谓；昔之人，无闻知吾知季易之。孳孳矻矻，成此巨编，其用意盖至深且远。《系辞传》有云："作易者，其有忧患乎。吾请为季易诵之。"毗陵为吴中大郡，六朝、唐宋以来，代有闻人。近岁盛杏、孙尚书曾刊《常州先哲遗书》，由缪艺风师主其事。盛氏又刊有《续经世文》，编闻系吕幼舲舍人景端所辑，于毗陵近代名人文牍书札采录尤多。吴孟桀、孝廉、翊寅、屠敬山、太史寄，又有《常州骈文》之辑，亦复裒然成帙，是皆留心乡邦文献、能尽后死之责者。诚使茫茫禹域通都大邑，下至蕞尔偏隅，皆如毗陵之考献，稽文原原本本，又安有数典忘祖、杞宋无征之慨乎？《清代毗陵书目》第一、二、三卷，为经、史、子三部。集部书较多，析为二卷，列第四、第五。其第六卷为校刊之书，第七卷、第八卷为已佚之书，仍各依四部分列，不与自著之书及现存已刊之书相混，条分缕析，朗若列眉俟。异世之蒐亡，存旧德之名氏，其思来述往之，盛心尤有不可没者，余故乐为序之。至于智者千虑，必有一失，轶闻坠简，荟萃为艰，岂能以一人之力、数载之劳遽臻于完密，尽善之域则。季易固云："订讹补缺俟，诸方闻之，君子矣。"昌黎氏有云："怠者不能修，而忌者畏人修。"阅者幸勿以吹毛刻舟之见轻加指摘[责]，而反助不学者以张目也。共和十有六年，岁在丁卯夏正孟夏之月，常熟孙雄师郑氏序。

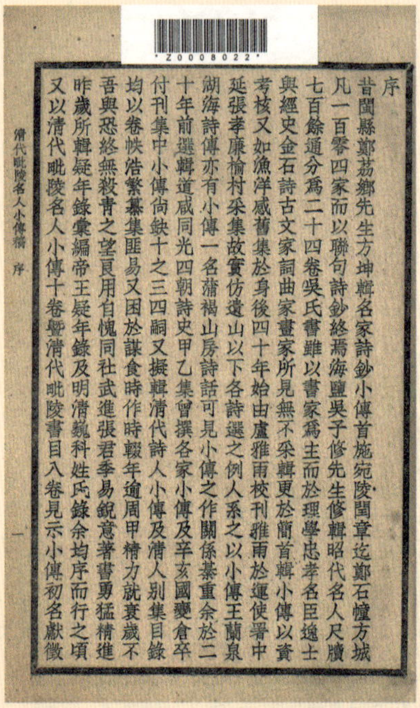

序

昔閩縣鄭荔鄉先生方坤輯名家詩鈔小傳首施宛陵閏章迄鄭石幢方城凡一百零四家而以聯句詩鈔終焉海鹽吳子修先生修輯昭代名人尺牘七百餘通分爲二十四卷吳氏書雖以書家爲主而於理學忠孝名臣逸士與經史金石詩古文家詞曲家畫家所見無不采輯更於簡首輯小傳以資考核又如漁洋感舊集於身後四十年始由盧雅雨校刊雅雨於運使署中延張孝廉榆村采集故實仿遺山以下各詩選之例人系之以小傳王蘭泉湖海詩傳亦有小傳一名蒲褐山房詩話可見小傳之作關係綦重余於二十年前選輯道咸同光四朝詩史甲乙集曾撰各家小傳及辛亥國變倉卒付刊集中小傳尚缺十之三四嗣又擬輯清代詩人小傳及清人別集目錄均以卷帙浩繁纂集匪易又困於謀食時作時輟年逾周甲精力就衰歲不吾與恐終無殺青之望良用自愧同社武進張君季易銳意著書勇猛精進昨歲所輯疑年錄彙編帝王疑年錄及明清巍科姓氏錄余均序而行之頃又以清代毗陵名人小傳十卷暨清代毗陵書目八卷見示小傳初名獻徵

清代毗陵名人小傳稿 序 一

《清代毗陵名人小传稿》·序

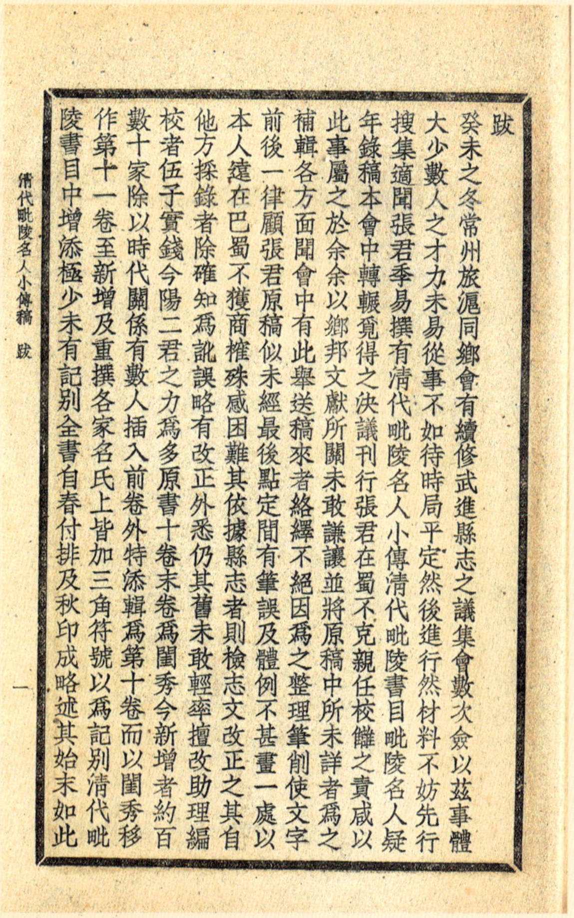
跋

癸未之冬常州旅滬同鄉會有續修武進縣志之議集會數次僉以茲事體大少數人之才力未易從事不如待時局平定然後進行然材料不妨先行搜集適聞張君季易撰有清代毗陵名人小傳清代毗陵書目毗陵名人疑年錄稿本會中轉輾覓得之決議刊行張君在蜀不克親任校讎之責咸以此事屬之於余余以鄉邦文獻所關未敢謙讓並將原稿中所未詳者爲之補輯各方面聞會中有此舉送稿來者絡繹不絕因爲之整理筆削使文字前後一律顧張君原稿似未經最後點定間有筆誤及體例不甚畫一處以本人遠在巴蜀不獲商榷殊感困難其依據縣志者則檢志文改正之其自他方採錄者除確知爲譌誤略有改正外悉仍其舊未敢輕率擅改助理編校者伍子寶錢今陽二君之力爲多原書十卷末卷爲閨秀今新增者約百數十家除以時代關係有數人插入前卷外特添輯爲第十卷而以閨秀移作第十一卷至新增及重撰各家名氏上皆加三角符號以爲記別清代毗陵書目中增添極少未有記別全書自春付排及秋印成略述其始末如此

清代毗陵名人小傳稿　跋　一

《清代毗陵名人小传稿》·跋

全文：

跋

癸未之冬，常州旅沪同乡会有续修《武进县志》之议。集会数次，佥以兹事体大、少数人之才力未易从事，不如待时局平定，然后进行。然材料不妨先行搜集。适闻张君季易撰有《清代毗陵名人小传》、《清代毗陵书目》、《毗陵名人疑年录》稿本，会中转辗觅得之，决议刊行。张君在蜀，不克亲任校雠之责，咸以此事嘱之于余。余以乡邦文献所关，未敢谦让，并将原稿中所未详者，为之补辑。各方面闻会中有此举，送稿来者络绎不绝。因为之整理笔削，使文字前后一律，顾[故]张君原稿似未经最后点定，间有笔误及体例不甚划一处，以本人远在巴蜀，不获商榷，殊感困难。其依据县志者，则检志文改正之；其自他方采录者，除确知为讹误略有改正外，悉仍其旧，未敢轻率擅改。助理编校者伍子宝、钱今阳二君之力为多。原书十卷，末卷为“闺秀”，今新增者约百数十家，除以时代关系有数人插入前卷外，特添辑为第十卷，而以“闺秀”移作第十一卷。至新增及重撰各家名氏上，皆加三角符号以为记别。《清代毗陵书目》中增添极少，未有记别。全书自春付排，及秋印成。略述其始末如此。

中华民国三十三年九月 蒋维乔识。

民国《蓉湖胡氏宗谱》

保管单位：常州市档案馆

内容及评价：

古代记述氏族世系的史籍称谱牒。谱牒是宗谱、玉牒的总称。宗谱又称家谱、家集、世谱、族谱、房谱等；玉牒是皇族的宗谱。唐代以前，谱牒称《世本》，唐代称族谱，宋代称家谱。

历史上的蓉湖，现为常州市武进区芙蓉镇属地。蓉湖经义堂历代胡姓人士，均尊文昭公为一世祖。馆藏的10册《蓉湖胡氏宗谱》，为1949年3月由蓉湖本宗世系三十一世孙胡萃文协修。该宗谱详细记载了胡氏世家上古世表、上世世表、统宗世表、蓉湖本宗世系表及胡氏迁入蓉湖后代代相传的基本情况等。除此之外，宗谱中还有不少人物传记、墓志铭、赋、文等人文资料。该宗谱对于开展常州地区人口学、社会学、民俗学、经济学、人物传记、宗族制度等问题的研究，对于后人的教育感化和寻根问祖，都具有较高的参考和利用价值。同时，具有较高的文物收藏价值。

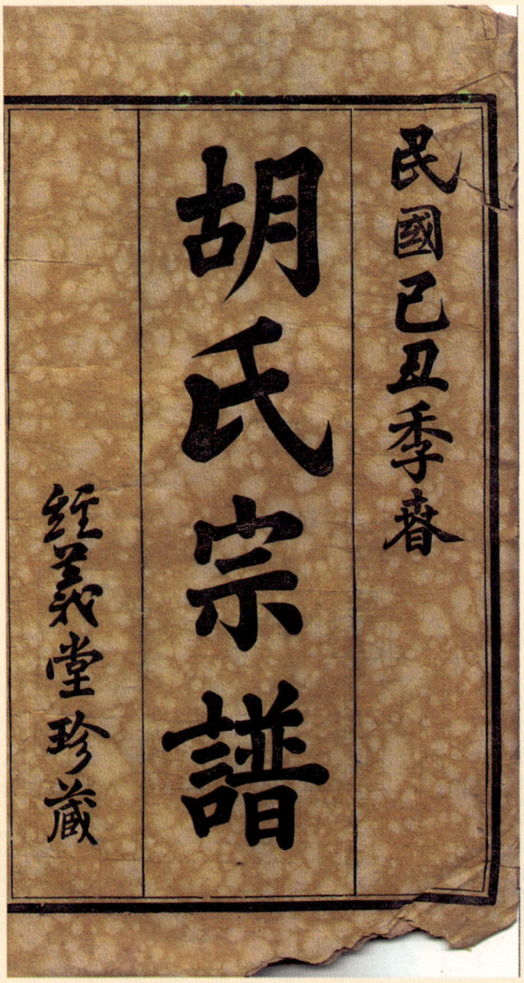

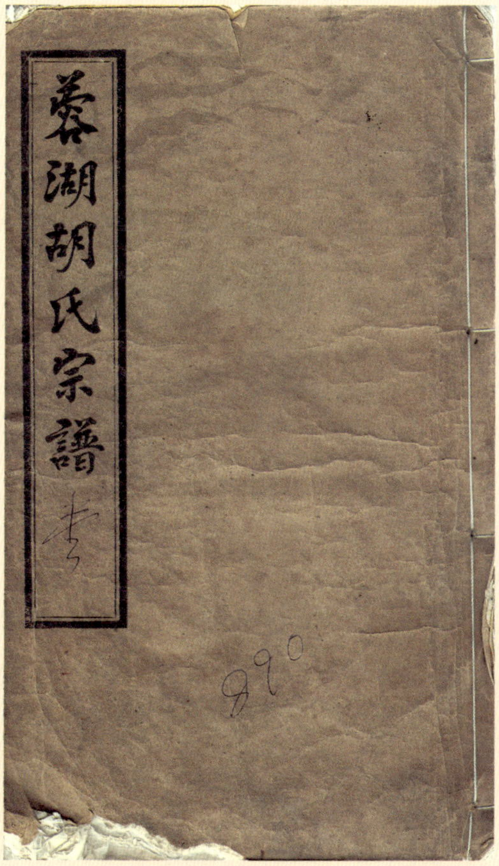

蓉湖胡氏宗谱

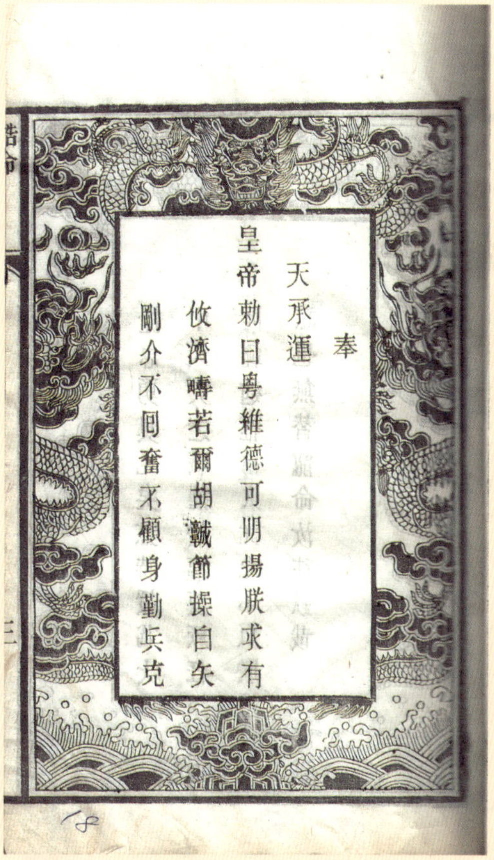

《蓉湖胡氏宗谱》·诏书

全文：

奉天承运，皇帝敕曰：粤维德可，明扬朕求，有攸济畴，若尔胡¤，节操自矢，刚介不回，奋不顾身，勤兵克捷，忠勇具见矣。兹特授为大中大夫之职。擢居枢要，厥任匪轻，迪惟前人，光允不负，朕意也。无替宠命，汝往。钦哉！

敕命。

大汉二年十月五日

之宝

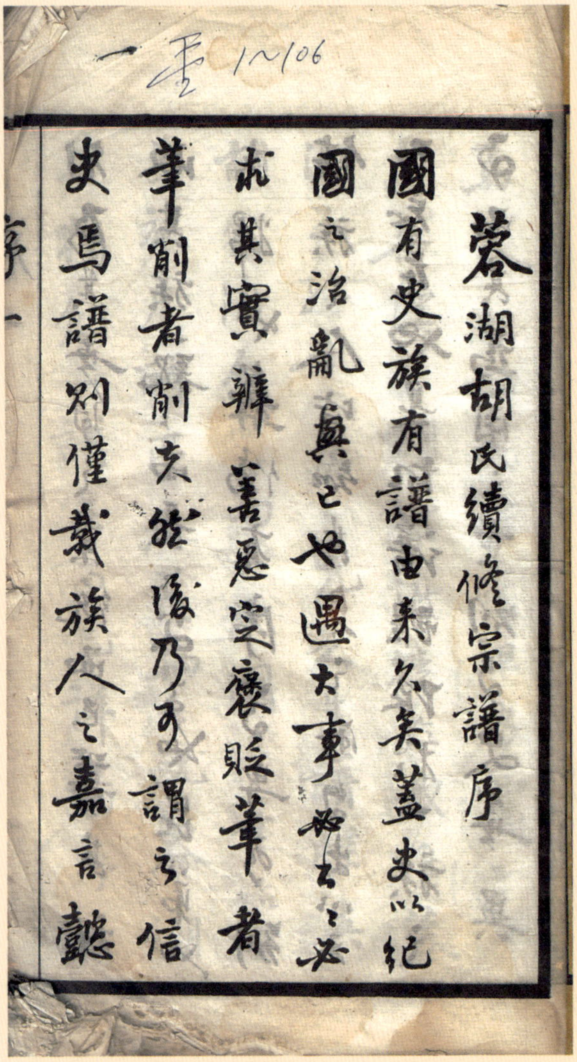
蓉湖胡氏續修宗譜序
國有史族有譜由來久矣蓋史以紀
國之治亂興已也遇大事必書書之必
求其實辨善惡定褒貶筆者
筆削者削夫然後乃可謂之信
史焉譜則僅載族人之嘉言懿

《蓉湖胡氏宗谱》·蓉湖胡氏续修宗谱序

全文：

蓉湖胡氏续修宗谱序

国有史，族有谱，由来久矣。盖史以纪国之治乱兴已也。遇大事必书，书必求其实、辨善恶、定褒贬，笔者笔、削者削，夫然后乃可谓之信史焉。谱则仅载族人之嘉言懿行及其世传之系统而已。尊其祖，收其族亲，亲而长，长父子也、昆弟也、夫妇也，彝伦有序，尊卑为别，使族之人皆知其身之所与出，以示不忘本也。是故，谱虽限于一族之事，而其为用之重，则与史无异焉。蓉湖胡氏，始迁祖为霭公者，与梁溪之胡家渡徙于武进蓉湖子孙，世世居之。先是其谱牒与胡家渡合而为一，民国三年，始由其族彦醉亭、廷美两公就蓉湖支独创一谱。其事已详前序，兹不赘。然纂辑以来，迄今又三十余年矣。己丑之春，其族尊瑞全及廷荣、逸芳、子良、子山、锡勋、瑞生、志嘉等，恐历久而世次，年表有舛误挂漏也，佥谋续修，乃搜集各支派之稿，参互考订草创，成付剞劂。两阅月而蒇事，盖在局赞里。以助其成者，富全、福荣、浩忠、炳元、林甫诸君也。余尝考之，有宋胡安定先生，实为胡氏世祖。先生讲学苏湖间，其苗□蔓延于大江南北。所设经义、治事二斋，实为千古讲学之法式。上承孔孟，下启程朱，使吾道大行于天下。所诏为往圣、继绝学，为前世开太平者也。其功岂浅鲜哉！且夫先生之道德学问，非特杰出于有宋一代已也。百世而下，闻其风者，莫不兴起焉。胡氏子孙，必有继先生之志、以昌明其学者矣。虽然时至今日，非所诏圣王，不□处士横议之时乎，甚至倡为邪说，将吾国数千年固有之旧礼教尽举而摧残澌灭之于父子、昆弟、夫妇之纲常。且不讲遑论家乘之修与不修乎，胡氏诸君能于此舛季之世，毅然以修谱为当务之急，其识已超出于流俗人之上。胡氏子孙必有炽昌其后者矣，是可以操左倦而待也。

民国岁次，己丑孟春，谷旦。

里人　许翰飞　拜撰

奚南薰　敬书

救亡情報

九七叟　相伯

第二十一期

本期共一大張　每份售價一分

發行及編輯

上海文化界救國會
上海婦女界救國會
上海職業界救國會
上海各大學教師救國會
上海國難教育社

本期要目

全國各界救國聯合會

為團結禦侮告全國同胞

對於日本帝國主義的侵略，我們過去曾經不斷的指出：不抗戰，就只有滅亡。目下，敵人也已經很明白的告訴我們：不投降就只有戰爭了！

日本帝國主義在最近期內，在成都、北海、漢口、上海四處，連續激動以至造成殺害日本人民的慘案；在豐台，它還挑撥起來中日軍隊的衝突。它就在這種慘案和衝突之後，向我國續派大批的海陸軍。也剛就在這時候，日本駐華大使川越向我國開始解決整個中日問題的交涉。這種時間上的緊湊和巧合，表現出來敵人一貫的陰謀，那就是：以海陸軍力的威脅，作為交涉勝利的保證，而以慘案和衝突的藉口作為提出要求和增派海陸軍的理由。

×　×　×　×

這次日本帝國主義提出的要求，因為外交上依然採取祕密方式，所以我們還不能知道詳細的內容。但是，據外報所載，下列四項已[illegible]在要求當中：

一，華北五省——河北、察哈爾、山東、[illegible]西、綏東——的自主；

二，中日經濟合作，包括減低進口稅[illegible]礦、交通、農業、工業等部門，[illegible]戶開放政策的放棄；

三，日本得在長江流域和海南島駐兵；

四，日本有權審查教科書，並觀察各[illegible]，制止反日教育。

此外傳聞所得的，還有取締國民黨，取締[illegible]團體，合作防共，聘用日本軍事顧問，以[illegible]成都及北海為通商口岸等項。

×　×　×　×

很顯明的，這是亡國滅種的條件，[illegible]對奴隸的命令。凡是稍有血氣的人，[illegible]做奴隸的人，對於這種條件，是萬萬[illegible]。我們曾經誓死反對廣田三原則，然[illegible]求的狠毒，卻已經遠超過了廣田三原[illegible]

在今年七月十三日的二中全會當中，行政院長蔣介石先生代表主席團報告救亡禦侮的步驟和限度，中間有一段：

「……中央對外交所抱的最低限度，就是保持領土主權的完整。任何國家要來侵害我們的領土主權，我們絕對不能容忍。我們絕對不訂立侵害我們領土主權的協定，並絕對不容忍任何侵害我們領土主權的事實。再明白些說，假如有人強迫我們承認偽國等損害領土主權的時候，就是我們所不能容忍的時候，就是我們最後犧牲的時候，這是一點。其次，自從去年十一月全國代表大會以後，我們如遇有領土主權再被人侵害，如用盡政治外交方法還不能排除這個侵害，就是要危害到我們國家民族之根本的生存，這就是為我們所不能容忍的時候，到這時候，我們一定作最後之犧牲。……」

我們在國難迫在眉睫的今天，對於上述的文件，決不願再作字句上的吹求，也決不忍再算過去的舊帳。我們只是很堅決的要求政府實踐其諾言，很誠意的協助政府實踐其諾言。

×　×　×

在要求政府實踐諾言的時候，我們不能不指出：雖然當局聲明絕對不能容忍任何侵害領土主權的事實，然而，東北四省的被佔，已經容忍到四五年之久。就說自從去年十一月念三日全國代表大會閉幕以後，念四日便有冀東偽組織的成立，念六日便有日軍佔據豐台之舉；到今年一月初，復有察北六縣的被佔，最近更有上海閘北一帶的被佔。此外，武裝走私，橫行全國；在華北駐兵，已超過了條約的限度；而最近在成都非法設[illegible]，亦擅自進行。這種種的侵害，我們決不能藉[illegible]政治外交手段的運用，而任其無限制的拖延；我們應該認定這次的交涉，是政治外交手[illegible]用的終點。

說得更具體一些，我們認為這次中日間的交涉，應該是中國無條件的爭取回來一部份領土主權的時候，而決不是再放棄尺寸領土和絲毫權利的時候。我們也決不能用新的退讓和屈辱，去交換回來一部份已喪失的領土主權；更絕對不能因為要收回一小部份的領土主權，而默認更大部份領土主權的損害。我們絕不能接受「尊重已成事實」的原則；我們要毫不猶豫的堅持「領土主權完整」的原則；我們絕對不能像滿清官僚一樣，屈服在敵人的砲艦政策之下，也絕對不能像過去時代的官僚外交一樣，用領土主權去賠償外人生命的損失。但是，如果我們的外交是依照着這樣的條件，那和敵人的要求，又是萬難融洽的。因此，我們不能不很確切的認定：如果當局決心實踐其諾言，無疑的犧牲已經到了最後的關頭，無疑的抗戰已經成為唯一的手段。

在協助政府實踐諾言的意義之下，我們得指出：救國陣線的唯一要求，為保持領土主權的完整，而我們過去和當局意見的參差，主要的不過是犧牲最後關頭之一點。現在，只要當局能夠實踐其諾言，對於最後關頭的認定，也完全一致了。救國陣線裏的戰士，只要政府能為保持領土主權的完整而抗戰。自然大家都會破涕為笑，在歡聲雷動中，奮起為政府後盾。每一個救國陣線裏的戰士，早就已經準備把生命貢獻給國家。為要表示救國陣線的至誠，我們現在很坦白的向四萬萬五千萬的同胞聲明：救國陣線在政府佈置抗戰的一個階段當中，願把組織下的羣衆，按照戰時的需要，分配後方工作，加緊技術訓練。此外，我們還要努力推進防空防毒等運動，為政府後盾。我們重申六月一日宣言中的意旨，所有一切羣衆行動，都和當局取開誠協商的態度，而決不願增加當局的憂慮。同時我們也要求當局隨時宣布外交的經過，以紓人民迫切的期望，並以坦白至誠的態度，對付人民。

×　×　×　×

在過去十個月中間，救國陣線磊落光明的態度和和平合理的行動，已經使政落後的民衆，也一改其過去對于羣衆運動的冷淡態度，而給我們以極大的同情。我們更隨時竭力避免一切足以被認為和政府對立的態度，制止一切過高的口號。這種種的事實，都是有目共見的，而絕對不是[illegible]所能抹煞的。我們所日夜苦心集思的，一面在以「溫和合理」四字團結更廣大的羣衆，一面在以「仁至義盡」四字祛除當局的顧慮，使它可以毫不猶豫的下最後的決心。

中國對日本帝國主義的抗戰，軍人是最前線的力量，而民衆最基本的力量，這是誰都不能否認的。救國陣線在喚起羣衆與組織羣衆上的努力，目的是很單純的：那就是：在戰爭以前是督促政府抗日，而在戰爭以後，是擁護政府抗日。

從日本帝國主義看來，國民黨和救國陣線同樣的是眼中釘；它所提出的條件，國民黨和救國陣線同在取締之列。國民黨一想到抗敵戰爭中民衆組織的重要，對于救國陣線，應該是如何的愛護有加，甚至應該是如何的熱烈參加合作。它一想到同受敵人的蹂躪和摧殘，對于救國陣線，應該是如何的惺惺相惜，應該是如何的手攜手心印心的合力去反抗共同的敵人。國民黨對于政權的把握上，也絲毫不必顧忌救國陣線的擴大；我們已經一再聲明，救國陣線決不奪取政權。我們眞不明白，為甚麼國民黨對于救國陣線，依然是那樣的不了解。國民黨過去對于政敵的剷除，消耗了極大的民族力量，而未能得很大的效果；倘使再要進一步，而想消滅黨外的愛國份子，那恐怕不單是不應該，而且是絕對的不可能。我們希望國民黨從今天起，能把過去消極防範民衆的力量，移轉到領導民衆，共同抗敵的任務上；能把所有的特務工作力量，集中到剷除漢奸的任務上去，不要再來摧殘救國陣線。我們希望大家捐棄前嫌，開誠合作。

最後，我們還要重申停止內戰和釋放政治犯的要求，團結全國力量，共赴國難。我們要痛哭流涕大聲疾呼的對全國同胞，重申『兄弟鬩牆，外禦其侮』的呼籲。

民國二十五年十月二日

寫給婦救各級同志一封公開信

齊進

婦救的各級同志們！

從各方面的傳說和事實看來，最近婦救內部的工作似乎的確有不甚健全的樣子。這不僅是表現在組織工作上，同樣也表現在宣傳和總務各方面的：這是多麼嚴重的一個問題啊！記得上期的「救情」上已經有一位中隊長對婦救工作提出六點意見，這意見是提得一些不錯；然而我認為她還提得不夠具體，而且也沒有抓住婦救問題的核心。現在且把我個人的意見提出來和大家討論：

婦救不健全的原因究竟在什麼地方呢？

第一，我認為：決定婦救工作「不但不能進展而且向後退步」的主要因素是在婦救陳舊的不能適應客觀需要的組織形態——即大中小隊長的明顯的莫如：（一）工作檢查不能徹底進行；（二）隊長一旦有事或者發生問題使全部羣衆關係跟着脫離或中斷；

第二個原因是婦救會員，可以說大多數的會員，在工作上把自己的大門關得太緊了。這點最明顯的表現在：（一）發展會員太注重個別爭取，像提白魚似的一個一個；（二）不能把工作中心移轉到有廣大羣衆的團體里去；（三）忽視了佔中國女性最大多數又是最落後的家庭婦女的工作。

第三，是幹部人員不能正確地運用統一戰線的策略，缺乏互相敬愛寬容和坦白的合作精神，和缺乏自我批判的精神。因此，我們時常看到幹部與幹部之間有：意工，相當互懷疑等缺點。

第四，上層理事與幹部聯係得不夠——這點也許是上層理事太信任幹部的緣故，在平時理事會只聽取幹部的口頭報告，却沒有按期召開聯席會議或派代表參加到下層去實地指導工作和檢查工作。同時幹部也認理事會祗是專門通過組織部行動提案的一個形式機關，因此理事會便形成了官僚化。

這四點，是比較重要的原因。

那麼我們該怎樣來克服這許多的缺點和怎樣來促進婦救的工作呢？我認為：——

第一，要肅清關門主義的作風。我們必須立刻糾正這種錯誤，一方面對自己同志們立刻公開起來，並大胆地深入到各種落後的婦女集團里去擴大我們婦救的羣衆基礎，另一方面在我們內部——即中下級幹部當中，要立刻迅速地廣泛地展開『怎樣加强和開展聯合戰綫』等實踐問題的

上海事件的必然性

元貞

本月廿三日傍晚本埠吳淞路海寧路口，有日水兵三名遭人狙擊，結果田港身死，其餘二名微傷。此即所謂上海事件。

據附近目擊者談，槍聲一起，附近崗位巡捕隨即趕至，而該處已被日陸戰隊包圍，兇手不知去向矣。

隨後發生的一陣騷亂，就是陸戰隊的橫行，七路電車曾被陸戰隊兵車衝出軌道，幾釀禍事。

事後不十分鐘，公共租界與華界交界處及閘北一帶已成了日本兵營。

事實證明對方於事前，一切都有佈置，為帝國而喪生之田港，亦丟慘矣！

或有人曰：我們的敵人為什麼常常殺害自己的同胞？我可解答道，中國當局既不實行抗敵，而又不便完全投降，則敵人像這樣為取得極大利益而犧牲幾個無辜同胞的事件，將後還要層出不窮。

凡事偶然性中定有必然性，上海事件和北海漢口等事件而發生，自有其一定的因果關係。

乾脆地說，成都事件的結果，犧牲了倍於敵害者的「兇手」，並默允領了；北海事件的結果，已允予登岸橫行了；漢口事件的結果，日本乃強化長江陸戰隊的目的，也差不多已經達到了？還有豐台事件的結果，更是要什麼給了它（敵人）什麼。中國不屈下「馴良」，還能有什麼口，實現其滅亡我們那四大要求呢？於是，上海事件便發生了。

上海事件的必然性，要從敵人滅亡中國的目

民国常武地区地方报纸

保管单位：常州市档案馆

内容及评价：

民国时期，常州、武进地区的报业相当发达。这一时期的报纸多达数十种，既有官方报纸，又有私营报纸；既有政治类报纸，又有商业类报纸，各种报纸齐头并举，一片繁荣兴旺的景象。

馆藏的23种民国时期常武地区地方报纸，共有3000余张。分别为《晨钟报》《常州日报》《正谊日报》《商报》《霞光》《新武进》《新正谊》《武进民国日报》《武进商报》《武进中山日报》《武进夜报》《武进晨报》《常州新闻》《新民日报》《武进新闻》《快报》《武进中山日报》《武进日报》《武进新闻》《武进正报》《武进报》《常州新闻夜报》《民声日报》等。其中，馆藏最早的报纸为1918年2月21日编印的《晨钟报》，最晚的报纸为1949年编印的《民声日报》。数量最多、内容比较齐全、时间跨度最长的报纸为《武进中山日报》，起止时间为1927年至1949年常州解放前夕。这些报纸是记录和反映民国时期常州、武进地区政治、经济、军事、文化、教育及社会事业等各方面状况的珍贵资料，内容广泛，包罗万象，具有极高的佐证和研究价值。

晨鐘報

常州交通銀行遷移新屋廣告

唐拾義咳丸

陸爾鉢律師通告

律師姚元道告

1918年2月1日出版的《晨钟报》

1917年12月7日，《晨钟报》在常州创刊，初为四开一张半，翌年扩版为对开日刊。社址先设常州小马园巷20号，后迁至常州小河沿9号。当时报社主要经济来源依赖广告收入，惨淡经营。该报与梁启超、林长民为主导的政治派系“研究系”的官方报纸《晨钟报》（后改名《晨报》）同名。

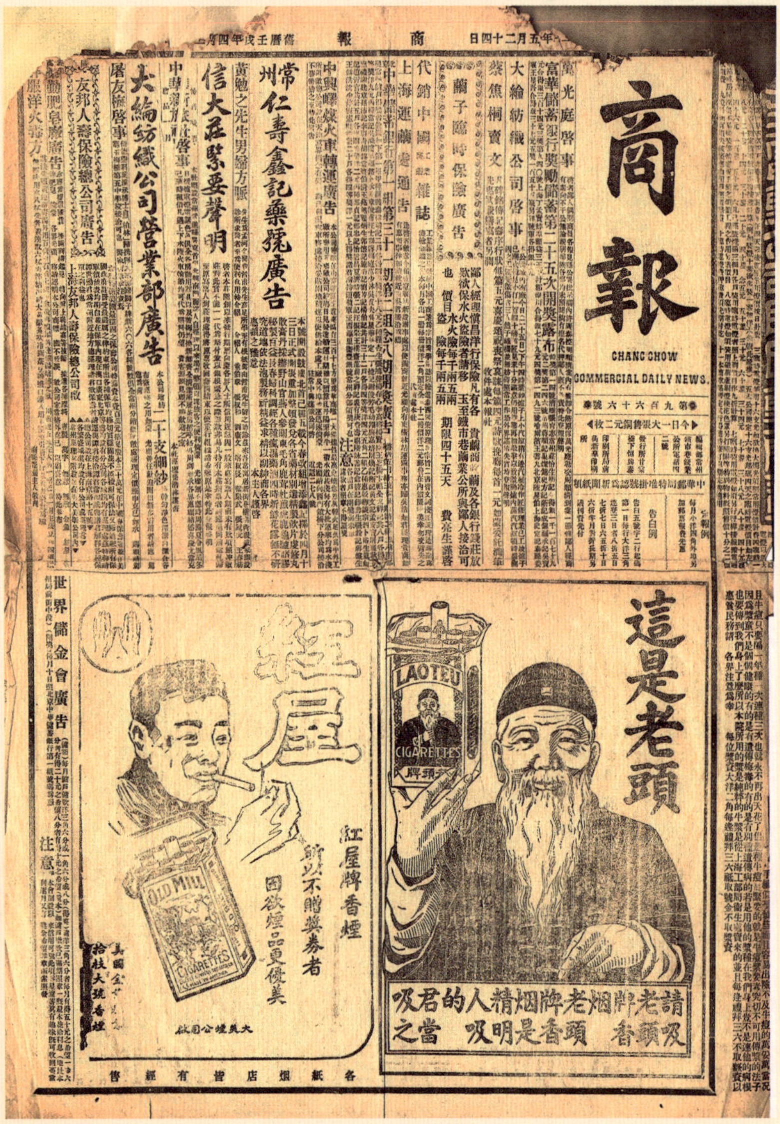

商報

CHANG CHOW

COMMERCIAL DAILY NEWS

大綸紡織公司啓事

常州仁壽鑫記藥號廣告

信大莊緊要聲明

大綸紡織公司營業部廣告

友邦人壽保險總公司廣告

世界儲金會廣告

1922年5月24日出版的《商报》

1921年1月1日，《商报》在上海创刊出版。创办人汤节之，是做信托股票生意的商人。总编辑为陈屺怀，主笔为陈布雷（屺怀弟）、潘公弼，编辑为潘公展、潘更生、冯柳堂等。此报注重向商界推销，并创设《商业金融栏》，发表关于商业金融的评论和阐述经济思想的文章，是国内报业最早的经济专栏，后为各报所仿效。该报也重视政治宣传，陈布雷以“畏垒”的笔名发表言论，受到广泛注意。潘公展的简明分类编辑法，给读者留下了深刻的印象。

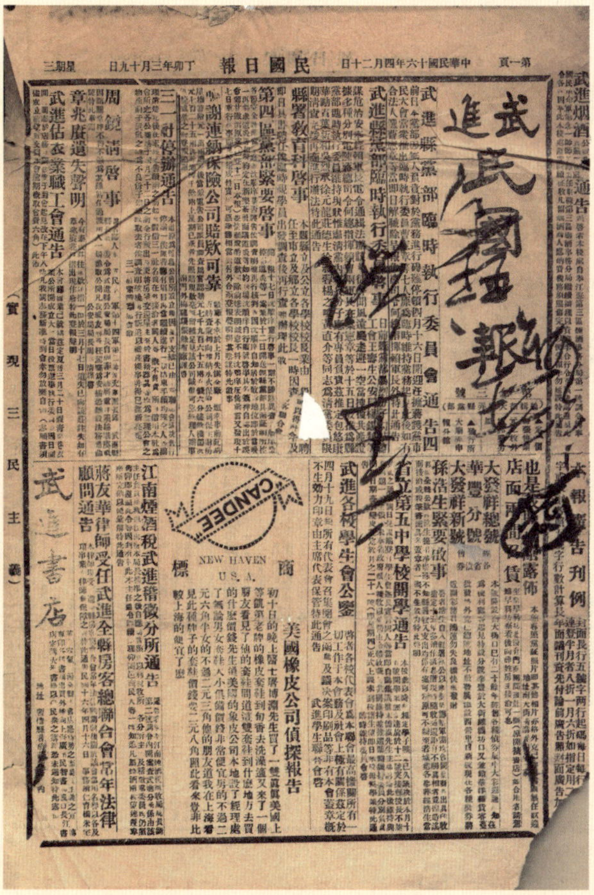

民國日報

武進縣黨部臨時執行委員會通告四

第四區黨部緊要啓事

江南煙酒税武進稽徵分所通告

美國橡皮公司偵探報告

周鏡清啓事

章兆庸遺失聲明

蔣友華律師受任武進全縣房客總聯合會常年法律顧問通告

武進書店

1927年4月20日出版的《武进民国日报》

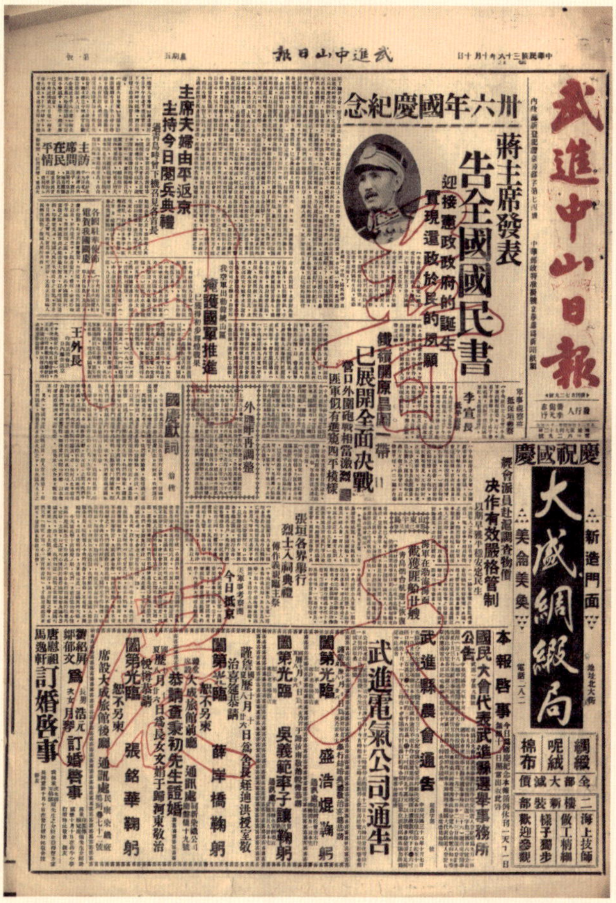

武進中山日報

卅六年國慶紀念

蔣主席發表告全國國民書

主席夫婦由平返京 主持今日閱兵典禮

大盛綢緞局

本報啓事

武進電氣公司通告

武進縣農會通告

訂婚啓事

1947年10月10日出版的《武进中山日报》

1927年3月20日，北伐军队——国民革命军17军进驻常州，除《常州晚报》外，其余各报均奉令停刊整顿。当时，国民党县党部创办的《武进民报（临时刊）》，事实上由加入国民党的共产党人王真、杨锡类等人执编，大力宣传“联俄、联共、扶助农工”三大政策。发行8期后，更名为《武进民国日报》。“4·12政变”后，该报被国民党右派接管，于同年7月1日改名为《武进中山日报》，由李守之任社长，知名作家李涉世担任总编，副刊名《短炬》。1937年11月常州沦陷前夕停刊。抗日战争胜利后，国民党武进复员委员会接管汪伪政府的《武进日报》，于1945年9月1日复刊《武进中山日报》，由吴敬恒（吴稚晖）题书报头，社址设在半山亭4号，出版至1949年4月常州解放前夕终刊。此报停而又复，先后共出版13年多，为民国时期常州出版时间最长的报纸。

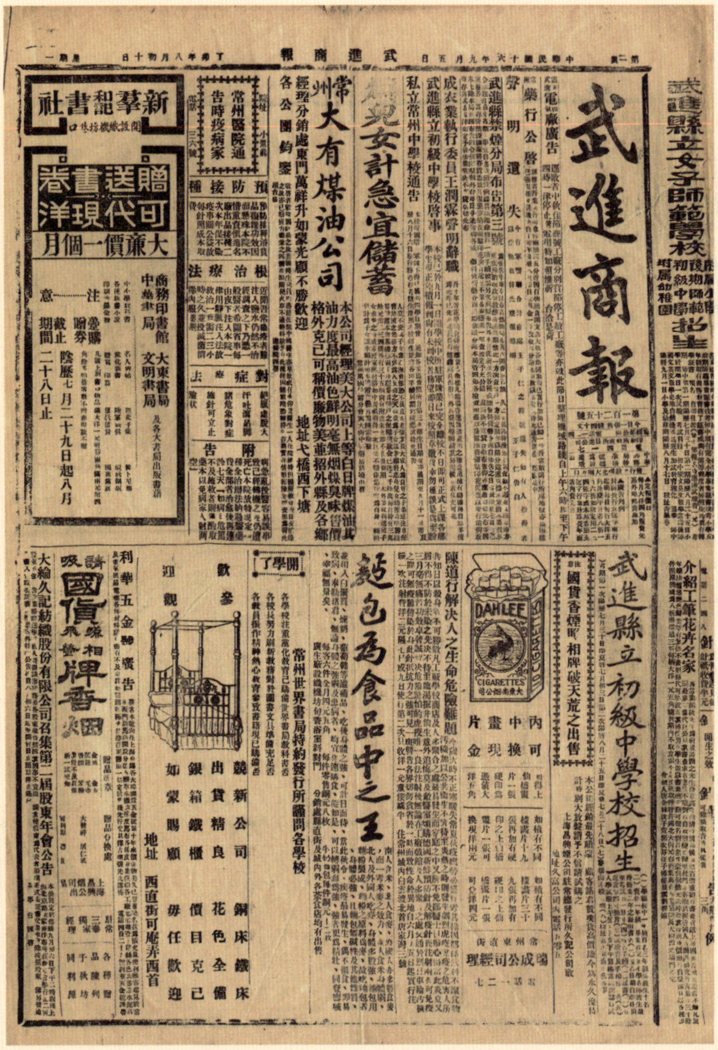
武進商報

武進縣立女子師範學校招生

新華記書社

贈送書卷 可代現洋 大廉價一個月

常州大有煤油公司

武進縣立初級中學校招生

1927年9月5日出版的《武进商报》

《武进商报》于1927年5月3日由原被国民党县党部通令停刊的《新武进》和《商报》同人联合重新申请出版，商界巨子钱琳叔、郭次汾等集资创办，县商会文牍（即秘书）郭文轨任社长。其取名“商报”，意味着是商界的报纸，是商界的舆论工具。该报初创时为对开四版一大张，统体以老五号字付排（竖排大型报格式）。一版为整版广告；二版为国内外时事新闻；三版为本埠新闻，下方辟市场商情动态；四版上半版为“俱乐部”副刊，由文坛耆宿董覞庵主编。出版不久，即开始改革版面，打破过去一律以通版横线等分成若干栏、各类文字均在各栏中按自右至左自上而下顺序排列、标题几乎均为单行的传统模式，文字开始有长短栏之别，多行标题逐渐增多；新闻开始以标题大小和安放位置区别主次，文体用白话的增多，并开始采用新式标点，但仅有逗号和句号两种。该报社又聘请名票张肖伧、郑过宜合编“戏剧旬刊”在“俱乐部”园地刊登，内容丰硕，版面新颖，图文并茂，更为商报生色添彩，颇受读者欢迎。1936年，该报又增辟“青年周刊”，由赵颐年编辑，投稿的多系高、初中学生，稿酬为“购书券”。《武进商报》以新闻、特别是以副刊取胜，销路不恶，连续发行达九年。该报延续至抗战爆发，1937年11月武进沦陷前夕终刊。

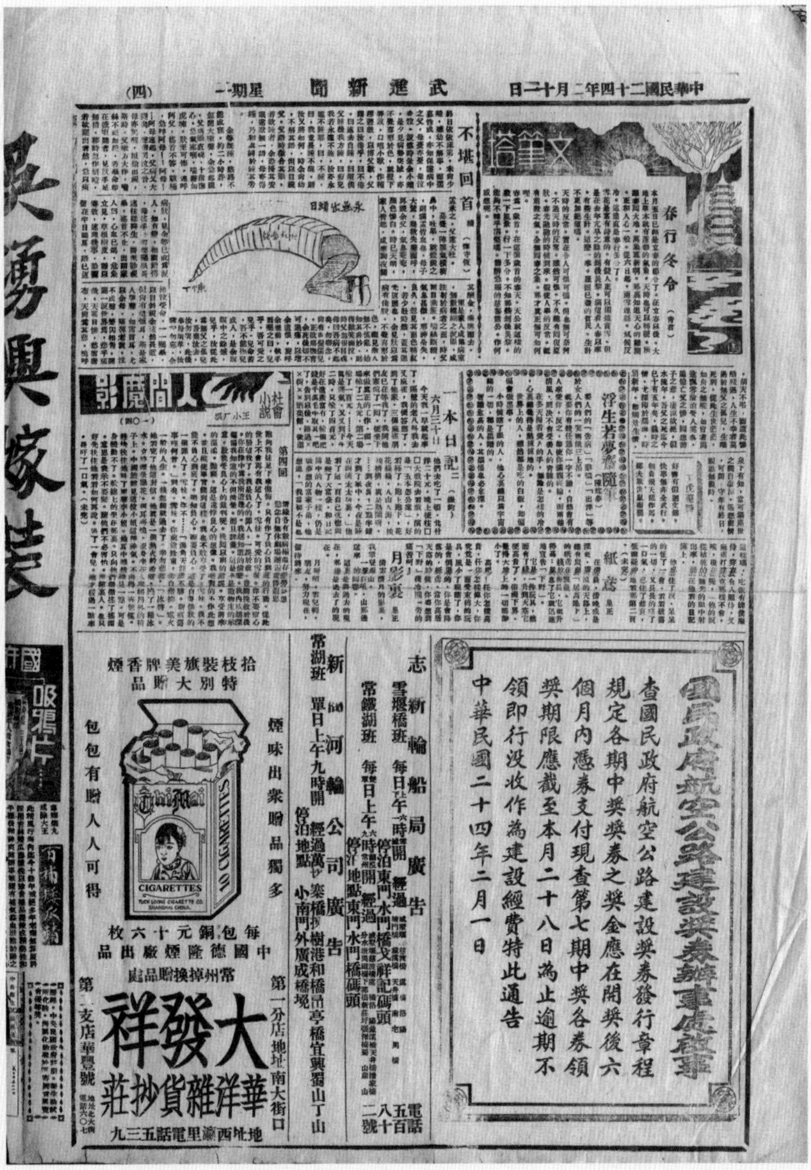
中華民國二十四年二月十一日 武進新聞 星期一 (四)

文筆塔

春行冬令

不堪回首

人間魔影

浮生若夢

一本日記

月影裏

紙鳶

國民政府航空公路建設獎券辦事處啓事

查國民政府航空公路建設獎券發行章程規定各期中獎獎券之獎金應在開獎後六個月內憑券支付現查第七期中獎各券領獎期限應截至本月二十八日為止逾期不領即行沒收作為建設經費特此通告

中華民國二十四年二月一日

志新輪船局廣告

雪堰橋班 每日午前十時開

常馥湖班 每日上午六時開

停泊東門水門橋文祥記碼頭

電話五百八十二號

新河輪公司廣告

常湖班 單日上午九時開

香煙牌美旗裝枝拾 特別大贈品

煙味出衆 贈品獨多

包包有贈 人人可得

每包銅元十六枚

中國德隆煙廠出品

常州撣換贈品處

大發祥華洋雜貨抄莊

第一分店地址南大街口

第二支店華豐號

地址西瀛里電話五三九

1935年2月11日出版的《武进新闻》

《武进新闻》由原《武进中山日报》记者、嗣因犯错误而被辞退的范拜竹创办，创办日期不详。范拜竹的妻子是电影明星范雪朋，因而该报在沪、常等地小有名气；副刊“快哉亭”由张松庵编辑，文稿适合小市民口味。“卢沟桥事变”后，该报大量刊登抗敌救亡稿件，鼓动人们的爱国热情。

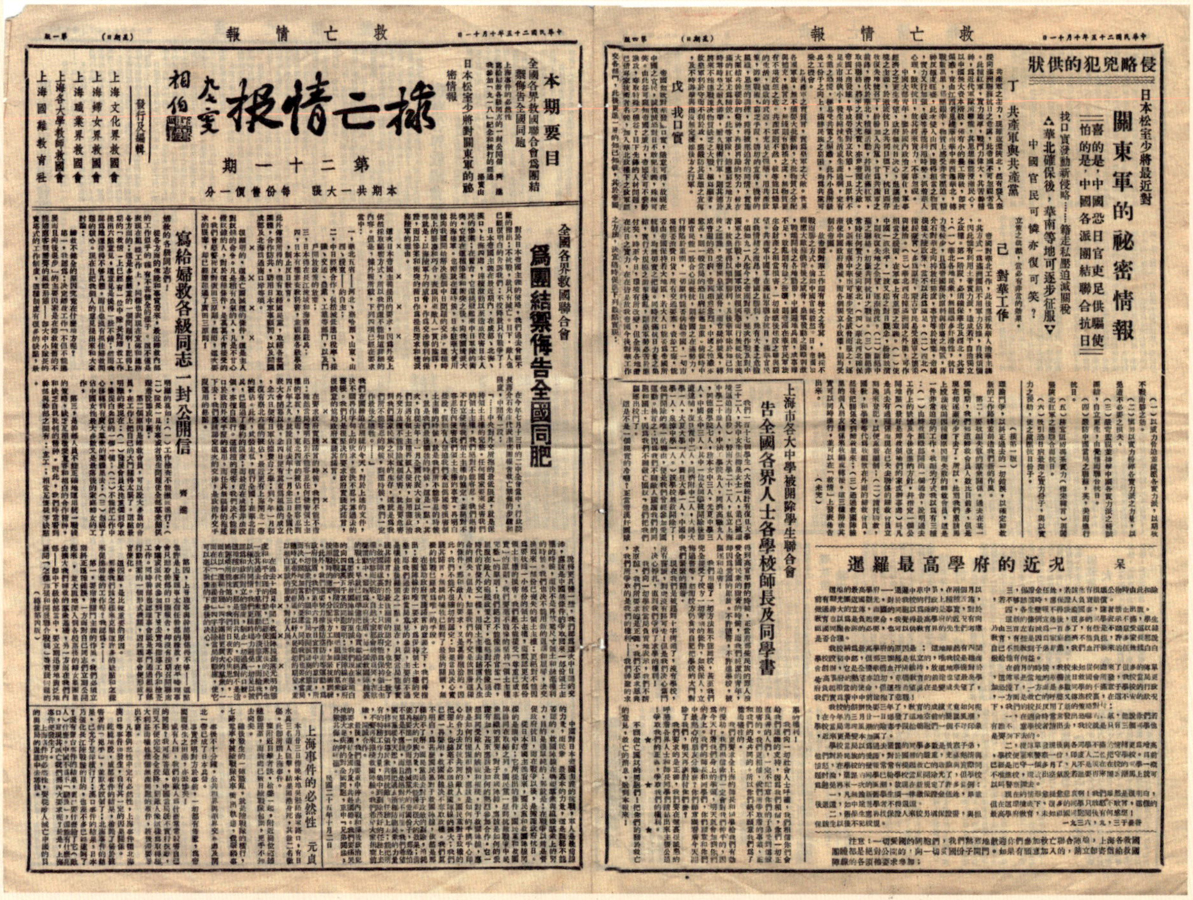
救亡情報

第二十一期

本期要目

為團結禦侮告全國同胞

寫給婦救各級同志一封公開信

上海事件的必然性

侵略犯兇的供狀

日本松室少將最近對關東軍的秘密情報

上海市各大中學被開除學生聯合會告全國各界人士各學校師長及同學書

最高學府的近況

1936年10月11日出版的《救亡情报》

1935年一二·九运动爆发后，申城（上海）掀起救亡热潮，各界群众纷纷成立救国会。1936年初，上海各界救国联合会应运而生。为广泛开展抗敌斗争宣传，由上海文化界救国会、妇女界救国会、职业界救国会、各大学教授救国会、国难教育社等5家发起并合办《救亡情报》。该报于1936年5月6日出版发行，为全国各界救国联合会的机关报。该报的主要栏目有：时事批判、救亡意见箱、死亡线上、救亡言论、亡国消息、救亡消息、救亡通讯、时事一周、侵华血债、记者专访等。通过这些栏目，及时报道了日本侵略者在东北、华北等地的侵略罪行，表达出民众请求政府立即停止内战、一致对外、对日宣战的呼声。宋庆龄、何香凝、章乃器等知名人士在该报发表了许多重要文章。因拒绝接受国民党当局的“新闻检查”，该报只能处于半公开状态发行，没有固定办公地点，社址从不挂牌，通讯由“五大救国团体常务委员处转”。为免遭破坏，还必须频繁调换印刷所。该报属民间报纸，经费完全靠自筹，未得当局分文资助。由于资金拮据，于同年12月25日停刊。该报虽然仅存世七个多月，但它曾是上海乃至全国救亡运动的重要喉舌和主要宣传阵地，在复杂的历史时期，翔实地记录了包括日军增兵华北、东北义勇军抗战、鲁迅逝世、“救国七君子”事件以及“西安事变”等重大历史事件。它在中华民族面临危亡的历史关头，竭尽全力发出了救亡的怒吼，一篇篇报道和文章如一声声号角，警醒着同胞投入救亡的战斗；像一支支匕首投向敌阵，留下了血与火的历史见证。

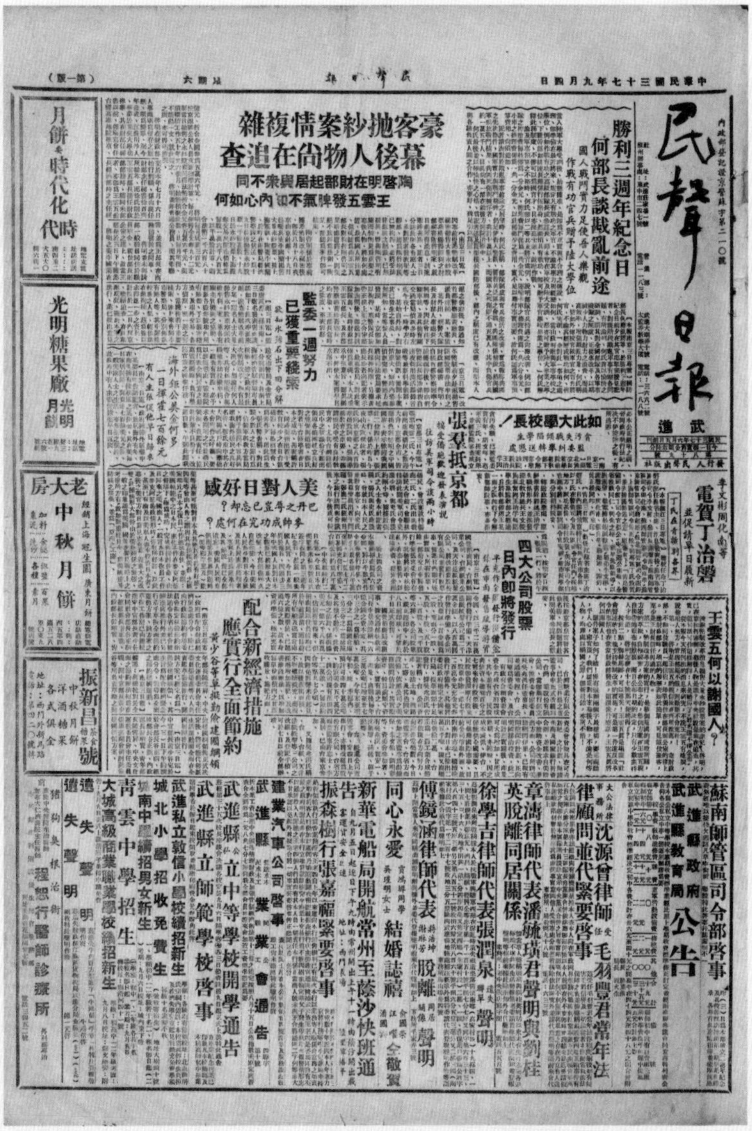
中華民國三十七年九月四日 星期六 民聲日報 (第一版)

民聲日報 武進

勝利三週年紀念日 何部長談戡亂前途

豪客抛紗案情複雜 幕後人物尚在追查

陶啓明在財部起居與衆不同 王雲五發牌氣不如內心如何

監委一週努力 已獲重要線索

如此大學校長

張群抵京都

美人對日好感

四大公司股票日内即將發行

配合新經濟措施 應實行全面節約

王雲五何以謝國人?

電賀丁治磐

月餅與時代化 時代

光明糖果廠 光明月餅

老大房 中秋月餅

振新昌號

蘇南師管區司令部啓事

武進縣政府 武進縣教育局 公告

沈源會律師受任毛羽豐君常年法律顧問並代表緊要啓事

章濤律師代表潘琬璜君聲明與劉桂英脫離同居關係

徐學吉律師代表張潤泉聲明

傅錫涵律師代表 脫離聲明

同心永愛 結婚誌禧

新華電船局開航常州至蕩沙快班通告

振森木行張嘉爾緊要啓事

建業汽車公司啓事

武進縣 業 會通告

武進縣立中等學校開學通告

武進縣立師範學校啓事

武進私立敦信小學校續招新生

城北小學招收免費生

南中學續招男女新生

青雲中學招生

大城高級商業職業學校招生

遺失聲明

遺失聲明

程恩行醫師診療所

1948年9月4日出版的《民声日报》

《民声日报》创刊于1939年5月6日，由归侨黄振志、何敬捷、施华德、吴慕容、叶非英等发起创办。社长为何敬捷，兼任发行人。董事会由菲律宾的35位有名望的侨领组成，设立总代理，负责在菲律宾的发行事宜。最初报名为《民声报》，翌年改为《民声日报》，报头由当时的国民党政府立法院院长孙科题写。该报以“沟通侨情、为侨服务”为办报宗旨，是一张以发行于菲律宾等海外华侨社区和沿海侨乡为主的民间报纸。该报于1949年9月2日终刊，共出版发行一千四百多期。馆藏的《民声日报》为其武进版。

中国社会主义青年团《先驱》报

保管单位：常州市武进区档案馆

内容及评价：

1920年8月，为了发动广大青年更好地实现社会改造和宣传社会主义，中国共产党首先在上海建立了社会主义青年团。同年10月至12月，北京、湖南、武汉等地相继建立起社会主义青年团。1921年，在上海成立了中国社会主义青年团临时中央局。

为了加强团的思想建设，北京社会主义青年团于1922年1月15日创办了《先驱》报，为北京社会主义青年团的机关报。编辑部设在北京大学文学院内，由北京社会主义青年团书记邓中夏以及团员刘仁静等主编。原本定为半月刊，每期四开四版一大张。出版三期后，被北京军阀政府查禁，编辑部转到上海，改由中国社会主义青年团临时中央局主办出版，由施存统任主编。1922年3月15日，《先驱》报出版了第4期，并定为中国社会主义青年团临时中央局机关刊物。1922年5月，中国社会主义青年团建立了正式的中央机关，《先驱》报从第8期起，转由团中央执行委员会主办，成为中国社会主义青年团的机关刊物。1923年8月15日，该报停刊，共出25期。该报主要刊登中国青年政治运动纲领、世界共产主义运动形势和中国进步青年学生运动宣言，以及中国共产党早期领导人的有关文章，在工农群众中传播马克思主义，促进了工农群众的觉醒和中国进步青年由激进的民主主义者向共产主义者转变。

馆藏的22份《先驱》报，是中国社会主义青年团革命运动的重要历史记录和见证，对研究中国青年运动史有着极为重要的参考价值。

（版一第）　九月年一十國民　（日期星）

先驅

THE PIONEER

第二期

每份銅元二枚

評論

共產主義者所應取的態度

論著

資本主義與共產主義

1922年1月30日出版的《先驱》报·第二期

全文（节选）：

评　论

共产主义者所应取的态度

凯旋

先驱出了创刊号之后，很得着几个朋友的批评。有的说："态度不大好。"有的说："树敌太众。"平时又常听见人说："不要谈主义，先谈人格。"……因为这许多的原因，所以我今天把共产主义者所应取的态度说出来，一方面以解除一般误会，一方面以勉励我们的同志们！

第一，我先说一说我们共产主义者对于无政府主义者所应取的态度。本来马克斯[思]与克鲁泡特金在目的上是一致的。这一点由马克斯[思]的最后的著作《哥达纲领批评》中，已经可以证明。如若无政府主义者能采取初步共产主义的手段，那末[么]，不只是我们的朋友，而且是我们的一家子。所以，共产主义者对于无政府主义者，实在没有同室操戈的道理。无政府主义者的革命精神，牺牲态度，我们是异常佩服的。无政府主义在中国，比较历史长一点，对于运动上经验也一定多一点，所以我很希望无政府主义者——不只是无政府主义者——改变空想的、盲目的态度，同我们携手，一致对敌。

第二，那主张以政治支配经济的人，我们知道他在经济学上的根据是错误了。不过，说法虽然不同，步骤却是一样。我们为集中且增大力量起见，也希望他们赶速纠正自己的错误，来同我们联合起来一致进行。

第三，我们共产主义者所反对的是什么呢？我们的惟一反对者就是专讲进化（Evolution）、不讲革命（Revolution）的，冒着社会主义的招牌，缓和阶级斗争以使资本家间接收利益的人们。就是基尔特社会主义者。不过，在现在诱惑的世界中，青年一时受的迷惑，是可能的。所以一方面虽不喜欢他们，但一方面却希望他们启发良心，即叫◇向左转◇，受革命的洗礼，和我们同向光明道上奋斗去。

我们看一看现在的社会唉！得到最小限度生活费的人有多少？经济逼得人虚伪、狡诈、堕落、……。资本主义把人们的幸福生活剥夺尽了，私有制度把维系人类的"爱"打的[得]粉碎了。我们眼中看见许多的文化运动者、社会改造家，沦陷在浊恶的害人坑中，甘为官僚、军阀、资本家所利用。中国的需要改革已经是很急了！在现在的时候万不容我们自己再彼此闹意见了。一条路上的奋斗者！我们都是本着良心为社会而运动的。我们不同之处，没有不可以开诚布公的商量的。我们似不必再闹意气以资敌人呀！我们醒来罢[吧]！

现在我来说一说共产主义者的修养。革命是何等重大的一件事情！社会革命更是何等重大的一件事情！此后共产社会创造的责任，完全要我们ㅁ一肩承荷，我们的责任，何等伟大呀！革命家有革命家的人生观，革命家有革命家的特质特操。革命第一个条件，是"牺牲"。我不入地狱，谁入地狱？为主义牺牲一切，什么刀锯鼎镬，枪弹刺刀，……管他哩！革命家的第二个条件是"纯洁"。分子的行为，可以影响团体，有时分子不好，使人家连团体所信奉的主义也不信任了。故须修养一个高尚的人格。共产主义是何等清白一个名词，到了中国不要再把他弄污秽了。革命家第三个条件是“血诚”。什么生命牺牲尚不放在心中，何况外人的无意味谩骂与讥评呢？无论他们怎样的瞎说，我们总当谒[竭]诚和他们相见。我们的活动是“水银式”的，无孔不入，我们决不要只作表面上的，可以出风头的……的事情。这是我受刺激的而生出来的反应，并且也认为是我们必要应取的态度。质之一般社会革命家以为何如？

一九二二，一，三十。

论　著

资本主义与共产主义

凯旋

现在的中国是很黑暗的，生活于现在的中国社会中是很困苦的，这话无论是谁恐怕也都是承认的。至于所以黑暗、所以生活困苦的原因，则不外乎内部的穷乏与外部的侵掠[略]。这外部的侵掠[略]和内部的穷乏是一种原因下的产儿，想解决这两种问题只用一个手段就可以了。

…………

《太湖报》

保管单位：常州市武进区档案馆

内容及评价：

抗战时期，无锡、宜兴、武进三县是新四军在江南开辟的重要敌后战场，由我新四军第六师部队驻防（师长兼政委谭震林，参谋长罗忠毅）。这里既有日军重兵的“大扫荡”，又有国民党军队的“大清剿”，新四军在四面受敌的情况下，既坚持敌后游击战，又广泛开展抗日民主运动，为争取抗日战争的全面胜利发挥了积极的作用。

《太湖报》由中国共产党的江苏省锡、宜、武三县抗日武装（具体机构不详）编印，每五日发行一期，手工刻版油印，二开四版。馆藏的1941年5月6日第十四期《太湖报》，共有3张（其中一张为阅读版，二开四版；另两张为张贴版，单面油印，二开二版，可以张贴）。主要报导中国共产党领导全国抗日军民开展抗日活动的情况，锡、宜、武三县军民积极抗战情况、开展民主运动情况以及锡、宜、武三县抗日武装的工作动态等。该报是研究锡、宜、武三县抗日战争历史的重要文献资料，具有较高的史料价值和文物价值。

中華民國三十年五月六日 太湖報 第一版

太湖報 惟新題

第十四期 五日刊

廣泛開展民主運動 各鄉鎮組參政座談會

協助實施民主政治督促鄉鎮工作 予人民以民主的誘導啟發和便利

宜三區塘濱鄉改選新鄉長

行政會動員科 民運工作隊業已成立

扶后夏三鄉自衛團 改編為常備三分隊

宜×保青年 頭腦想得清 去當新四軍

新四軍第六師 譚師長來宜視察 各界均熱烈歡迎

求中課罷風潮已平 校方重新接受學生要求

1941年5月6日第十四期《太湖报》

全文（节选）：

广泛开展民主运动　各乡镇组参政座谈会

协助实施民主政治督促乡镇工作

予人民以民主的诱导启发和便利

宜三区塘渎乡改选新乡长

（本报讯）锡、宜、武三县行政委员会为广泛开展民主运动，实施民主政治与建立敌后抗日政权，决定成立宜兴县参议会。在参议会筹备期间，各乡镇组织参政座谈会。该参政座谈会之首要任务，除研究并协助实施民主政治、研究行政会参政方针，及督促改进乡镇工作外，并且给予人民以民主的诱导、启发和便利，以冀充分发挥民主精神，运用民主权力［利］，而达民主政治之实施。据行政会发言人谈，宜属二、三两区各乡镇座谈会，业经该会〔批准〕分别召开。除乡镇保长、地方士绅一致出席外，各地学校教员、群众团体负责人一致踊跃参加，并对参政座谈会有迫切之要求。行政会特订定参政座谈会组织条例公布施行，并通令所属限五月十三日前一律成立，并定期举行会议。兹采录参政座谈会组成[组织条例]刊布于后：

（一）本条例依据参政会之基本精神，及锡、宜、武地区实际情形拟定之。

（二）乡镇参政座谈会为全乡抗日人民研究民主宪政，及督促乡镇工作之组织。

（三）乡镇参政座谈会参加人员：乡保长，抗日的地方公正士绅，小学校长，各群众团体负责人（如各业工会、农抗会、妇抗会等）。

（四）各乡镇各保民众选举代表一人参加之。

（五）各该乡镇民众，可出席旁听，并有发言权、询问权。

（六）参政座谈会设正、副主席各一人，负召集会议及主持会务之责。

（七）参政座谈会之权限如下：

1. 研究并协助实施民主宪政。
2. 研究行政会施政方针。
3. 对行政会、区公所工作有建议权。
4. 对乡镇工作有建议及督促实施之权利。
5. 参政座谈会开会时，有听取乡镇长之工作报告之权，并有询问之权。
6. 有检查乡镇经费收支之权。

（八）乡镇参政座谈会每月举行一次。

（九）有下列情形之一者，得召集临时座谈会：

1. 经行政会、区公所之决定。
2. 座谈人员三分之一之请求。
3. 全乡民众三分之一之请求。
4. 各群众团体之请求。

（十）本条例在乡镇参议会未成立前适用之。

（十一）本条例经行政会通过后颁布施行，如有未尽善事宜，得呈请行政会酌量修改之。

（本报讯）行政会为调整乡行政机构，并充分发扬民主精神起见，对不健全之乡镇长加以改选。兹悉宜二区塘渎乡于◇月三十日举行改选乡长，由各保民众推派代表出席选举云。

行政会动员科民运工作队业已成立

扶后夏三乡自卫团改编为常备三分队

（本报特讯）三县行政委员会动员科，为动员各地抗战青年，积极参加抗战，特于动员科成立民运工作队，并于前日登报招收队员。前往报名之青年，颇形［为］踊跃。兹闻该队业已成立，全体队员十余名，一面学习，一面工作，每日生活颇为紧张。

（又讯）行政委员会动员科自登报招收队员后，各地青年尚未周知，该科为加强抗战力量……

…………

《江苏省立第五中学校杂志》与《常州教育半年鉴》

保管单位： 常州市档案馆

内容及评价：

江苏省立第五中学校的前身为始建于唐肃宗至德年（756）的常州府学。清光绪三十一年（1905），常州知府许星璧与士绅恽祖祁等人发起创设“常州府学堂”，清政府经费支绌，只得由府属武进、阳湖、金匮、无锡、宜兴、荆溪、江阴、靖江等八县集资四万八千两，加上其他来源共六万四千余两银子作为购置地基、设备和建造校舍之用，择定常州东门内玉梅桥旁的护国寺旧址为基地，于当年十月动工，一年后校舍落成，光绪三十三年（1907）十一月十五日正式开学，定名为“常州府中学堂”。江苏巡抚陈夔龙在建校时所写《常州府中学堂记》刻石立碑于校门南侧，至今保存完整。1913年7月，学校改归省办，易名为“江苏省立第五中学”。1929年9月，改称“江苏省立常州中学”。建国后，曾改称“苏南常州中学”、“江苏省常州中学”、“江苏省常州高级中学”、“市十二中”等，1978年4月恢复“江苏省常州中学”名称，现名为“江苏省常州高级中学”。是国家级示范高中，被誉为江苏省中学“四大名旦”之一，桃李满天下。声名显赫的有中共早期领袖瞿秋白、张太雷，还有两院院士、省部级领导及解放军将领数十人，专家、教授、学者不胜枚举。

馆藏的两本中文版《江苏省立第五中学校杂志》与英文版《常州教育半年鉴》合订本，为校办综合性内部半年期刊，一本为1915年9月出版的《江苏省立第五中学校杂志》与《常州教育半年鉴》第二期，一本为1917年4月出版的《江苏省立第五中学校杂志》与《常州教育半年鉴》第五期。“杂志”采用旧本右翻式竖排版，“半年鉴”采用新本左翻式横排版。两本“杂志”的主要内容有论文荟萃、学术研究、艺术展示、英文翻译、大事记载、疑问解答、各种杂记、教职员名册、学业教授程序、教科图书以及各种插图等；两本“半年鉴”的主要内容有社论、总结、毕业生及各年级学生作品、地理及理化练习、三角几何练习、英语语法及翻译练习、科学知识、悬赏题及答案、杂集、公告等。两本“杂志”与“半年鉴”合订本图文并茂，生动形象，充分展现出浓厚的治学氛围，从一个侧面反映了该校的治学情况和基本概况，是研究民国初期常州教育工作发展状况的重要参考资料，具有较高的学术价值。

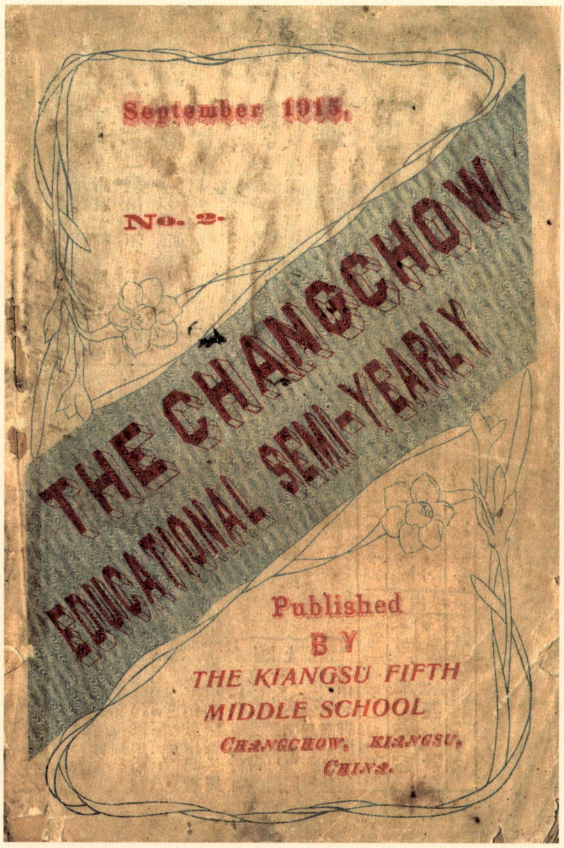

1915年9月出版的《江苏省立第五中学校杂志》与《常州教育半年鉴》合订本第二期（正面英文版、反面中文版）

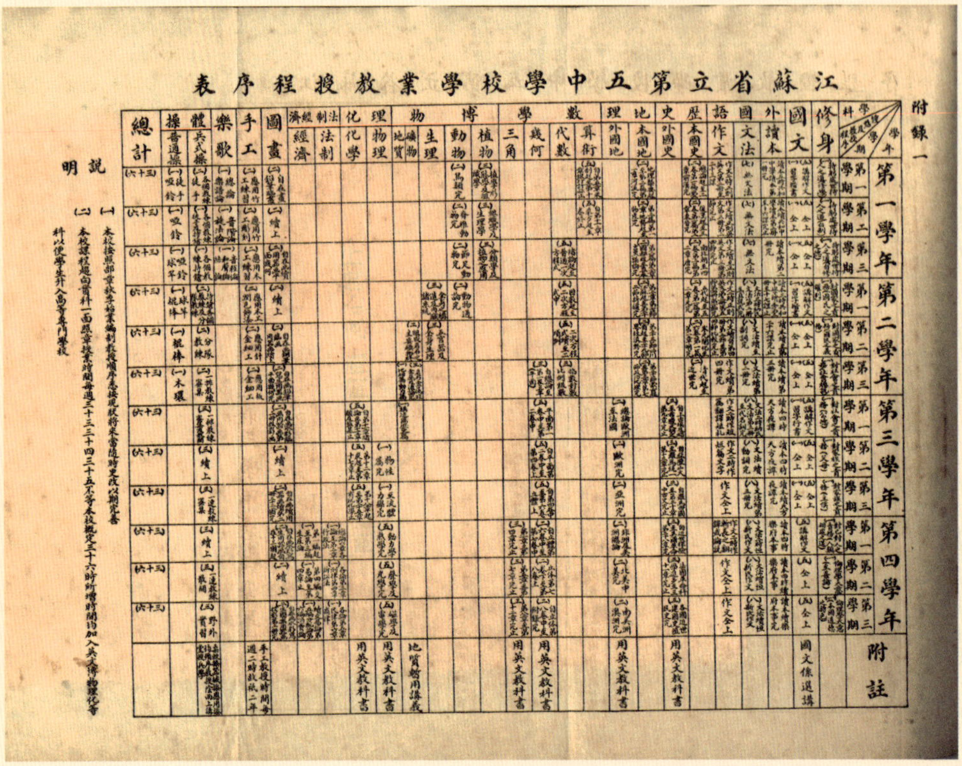

附録一

江蘇省立第五中學校學業教授程序表

學年學期	修身	國文	外國語·讀本	外國語·文法	外國語·作文	歷史·本國史	歷史·外國史	地理·本國地	地理·外國地	數學·算術	數學·代數	數學·幾何	數學·三角	博物·植物	博物·動物	博物·生理	博物·礦物/地質	理化·物理	理化·化學	法制經濟·法制	法制經濟·經濟	圖畫	手工	樂歌	體操·兵式操	體操·普通操	總計
第一學年第一學期	[illegible]	[illegible]	[illegible]	[illegible]	[illegible]	[illegible]		[illegible]		[illegible]				[illegible]	[illegible]							[illegible]	[illegible]	[illegible]	[illegible]	[illegible]	（三十六）
第一學年第二學期	[illegible]	[illegible]	[illegible]	[illegible]	[illegible]	[illegible]		[illegible]		[illegible]				[illegible]	[illegible]							[illegible]	[illegible]	[illegible]	[illegible]	[illegible]	（三十六）
第一學年第三學期	[illegible]	[illegible]	[illegible]	[illegible]	[illegible]	[illegible]		[illegible]		[illegible]	[illegible]			[illegible]	[illegible]							[illegible]	[illegible]	[illegible]	[illegible]	[illegible]	（三十六）
第二學年第一學期	[illegible]	[illegible]	[illegible]	[illegible]	[illegible]	[illegible]		[illegible]			[illegible]			[illegible]	[illegible]	[illegible]						[illegible]	[illegible]	[illegible]	[illegible]	[illegible]	（三十六）
第二學年第二學期	[illegible]	[illegible]	[illegible]	[illegible]	[illegible]	[illegible]		[illegible]			[illegible]					[illegible]	[illegible]					[illegible]	[illegible]	[illegible]	[illegible]	[illegible]	（三十六）
第二學年第三學期	[illegible]	[illegible]	[illegible]	[illegible]	[illegible]	[illegible]		[illegible]			[illegible]	[illegible]					[illegible]					[illegible]	[illegible]	[illegible]	[illegible]	[illegible]	（三十六）
第三學年第一學期	[illegible]	[illegible]	[illegible]	[illegible]	[illegible]		[illegible]		[illegible]			[illegible]							[illegible]			[illegible]		[illegible]			（三十六）
第三學年第二學期	[illegible]	[illegible]	[illegible]	[illegible]	[illegible]		[illegible]		[illegible]			[illegible]						[illegible]	[illegible]			[illegible]		[illegible]			（三十六）
第三學年第三學期	[illegible]	[illegible]	[illegible]	[illegible]	[illegible]		[illegible]		[illegible]			[illegible]						[illegible]	[illegible]					[illegible]			（三十六）
第四學年第一學期	[illegible]	[illegible]	[illegible]	[illegible]	[illegible]	[illegible]			[illegible]				[illegible]					[illegible]		[illegible]	[illegible]			[illegible]			（三十六）
第四學年第二學期	[illegible]	[illegible]	[illegible]	[illegible]	作文仝上	[illegible]			[illegible]				[illegible]					[illegible]		[illegible]	[illegible]			[illegible]			（三十六）
第四學年第三學期	[illegible]	[illegible]	[illegible]	[illegible]	作文仝上	[illegible]			[illegible]				[illegible]					[illegible]		[illegible]	[illegible]			[illegible]			（三十六）
附註		國文係選講					用英文教科書		用英文教科書			用英文教科書	用英文教科書				地質暫用講義	用英文教科書	用英文教科書			[illegible]		[illegible]			

說明

(一)本校按照部章狀學始業編制教授順序悉按現狀將來當隨時更改以期完善

(二)本校課程趨向實科一面照章授業時間每週三十三三十四三十五不等本校概定三十六時所增時間均加入英文博物理化等科以便學生升入高等專門學校

《江苏省立第五中学校杂志》第二期·附录·学业教授程序表

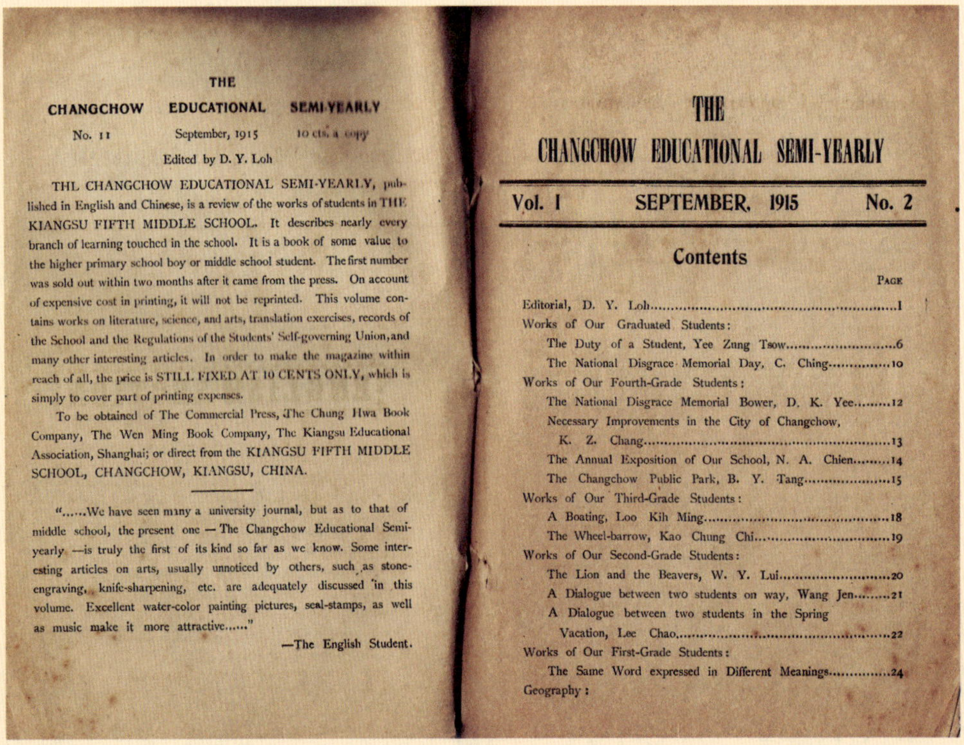

THE

CHANGCHOW EDUCATIONAL SEMI-YEARLY

No. 11 September, 1915 10 cts. a copy

Edited by D. Y. Loh

THL CHANGCHOW EDUCATIONAL SEMI-YEARLY, published in English and Chinese, is a review of the works of students in THE KIANGSU FIFTH MIDDLE SCHOOL. It describes nearly every branch of learning touched in the school. It is a book of some value to the higher primary school boy or middle school student. The first number was sold out within two months after it came from the press. On account of expensive cost in printing, it will not be reprinted. This volume contains works on literature, science, and arts, translation exercises, records of the School and the Regulations of the Students' Self-governing Union, and many other interesting articles. In order to make the magazine within reach of all, the price is STILL FIXED AT 10 CENTS ONLY, which is simply to cover part of printing expenses.

To be obtained of The Commercial Press, The Chung Hwa Book Company, The Wen Ming Book Company, The Kiangsu Educational Association, Shanghai; or direct from the KIANGSU FIFTH MIDDLE SCHOOL, CHANGCHOW, KIANGSU, CHINA.

"......We have seen many a university journal, but as to that of middle school, the present one — The Changchow Educational Semi-yearly —is truly the first of its kind so far as we know. Some interesting articles on arts, usually unnoticed by others, such as stone-engraving, knife-sharpening, etc. are adequately discussed in this volume. Excellent water-color painting pictures, seal-stamps, as well as music make it more attractive......"

—The English Student.

THE

CHANGCHOW EDUCATIONAL SEMI-YEARLY

Vol. I SEPTEMBER, 1915 No. 2

Contents

PAGE

《常州教育半年鉴》第三期·目录及社论

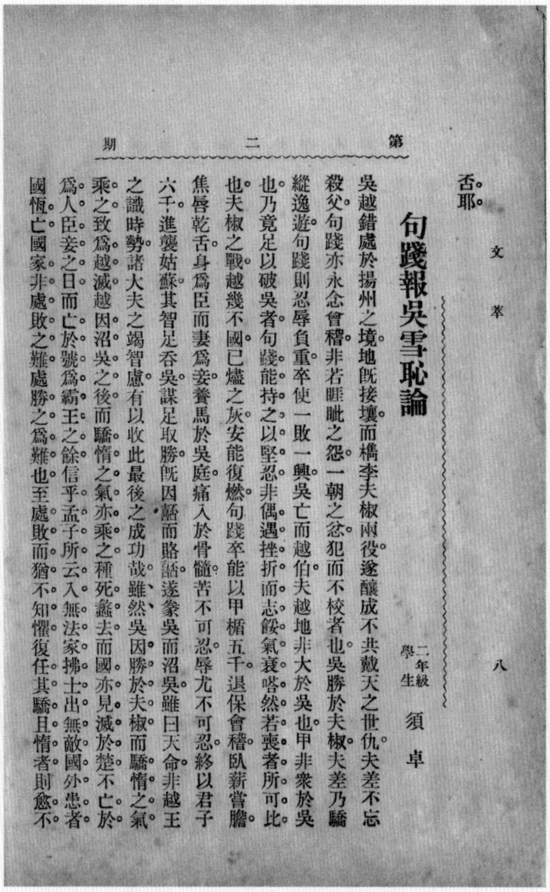
否耶

文萃　八

第　二　期

句踐報吳雪恥論

二年級學生　須卓

吳越錯處於揚州之境地既接壤而檇李夫椒兩役遂釀成不共戴天之世仇夫差不忘殺父句踐亦永念會稽非若睚眦之怨一朝之忿犯而不校者也吳勝於夫椒夫差乃驕縱逸遊句踐則忍辱負重卒使一敗一興吳亡而越伯夫越地非大於吳也甲非衆於吳也乃竟足以破吳者句踐能持之以堅忍非偶遇挫折而志餒氣衰嗒然若喪者所可比也夫椒之戰越幾不國已燼之灰安能復燃句踐卒能以甲楯五千退保會稽臥薪嘗膽焦脣乾舌身爲臣而妻爲妾養馬於吳庭痛入於骨髓苦不可忍辱尤不可忍終以君子六千進襲姑蘇其智足吞吳謀足取勝既因嚭而賂嚭遂豢吳而沼吳雖曰天命非越王之識時勢諸大夫之竭智慮有以收此最後之成功哉雖然吳因勝於夫椒而驕惰之氣乘之致爲越滅越因沼吳之後而驕惰之氣亦乘之種死蠡去而國亦見滅於楚不亡於爲人臣妾之日而亡於號爲霸王之餘信乎孟子所云入無法家拂士出無敵國外患者國恒亡國家非處敗之難處勝之爲難也至處敗而猶不知懼復任其驕且惰者則愈不

《江苏省立第五中学校杂志》第二期・文萃・勾践报吴雪耻论

全文：

勾践报吴雪耻论

二年级学生・须卓

吴、越错处于扬州之境，地既接壤。而槜李、夫椒两役，遂酿成不共戴天之世仇。夫差不忘杀父，勾践亦永念会稽。非若睚眦之怨，一朝之忿，犯而不校者也。吴胜于夫椒，夫差乃骄纵逸游，勾践则忍辱负重，卒使一败一兴。吴亡而越伯，夫越地非大于吴也，甲非众于吴也。乃竟足以破吴者，勾践能持之以坚忍，非偶遇挫折而志馁气衰、嗒然若丧者所可比也。夫椒之战，越几不国，已烬之灰，安能复燃。勾践卒能以甲楯五千，退保会稽，卧薪尝胆，焦唇干舌，身为臣而妻为妾，养马于吴庭，痛入于骨髓，苦不可忍，辱尤不可忍。终以君子六千，进袭姑苏。其智足吞吴，谋足取胜。既因嚭而赂嚭，遂豢吴而沼吴。虽曰天命，非越王之识时势，诸大夫之竭智虑，有以收此最后之成功哉！虽然吴因胜于夫椒而骄惰之气乘之，致为越灭。越因沼吴之后而骄惰之气亦乘之，种死蠡去，而国亦见灭于楚。不亡于为人臣妾之日，而亡于号为霸王之余，信乎？孟子所云："入无法家拂士、出无敌国外患者，国恒亡。"国家非处败之难，处胜之为难也。至处败而尤不知惧，复任其骄且惰者，则愈不知亡之日矣，可不戒哉！

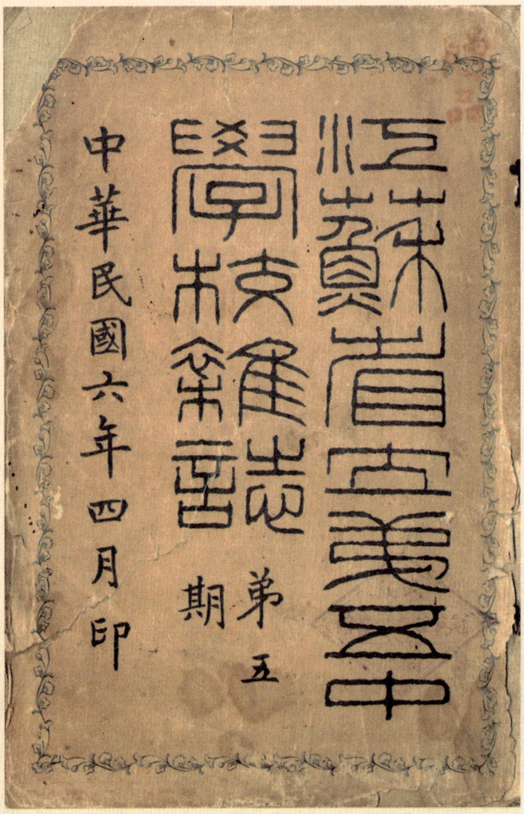

1917年4月出版的《江苏省立第五中学校杂志》与《常州教育半年鉴》合订本第五期（正面英文版、反面中文版）

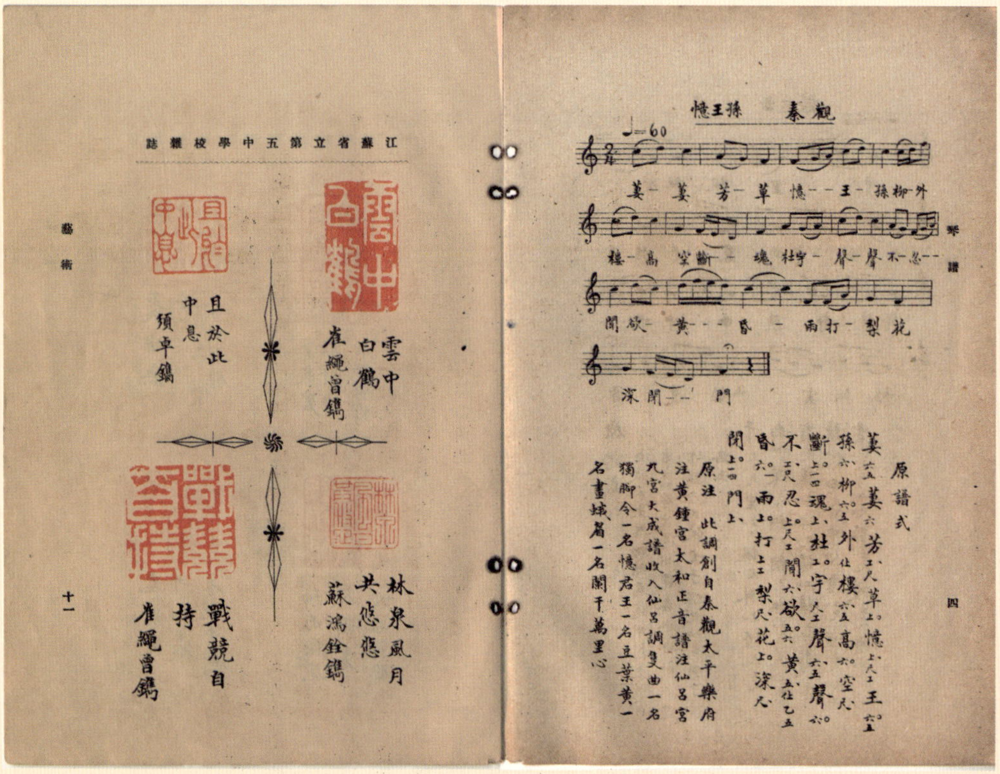

江蘇省立第五中學校雜誌

藝術

雲中白鶴 崔繩曾鐫

且於此中息 須卓鐫

林泉風月共悠悠 蘇鴻銓鐫

戰競自持 崔繩曾鐫

十一

憶王孫　秦觀

琴譜

萋萋芳草憶王孫 柳外樓高空斷魂 杜宇聲聲不忍聞 欲黃昏 雨打梨花深閉門

原譜式

萋萋芳草憶王孫 柳外樓高空斷魂 杜宇聲聲不忍聞 欲黃昏 雨打梨花深閉門

原注　此調創自秦觀太平樂府 注黃鐘宮 太和正音譜注仙呂宮 九宮大成譜收入仙呂調隻曲 一名獨腳令 一名憶君王 一名豆葉黃 一名畫蛾眉 一名闌干萬里心

四

《江苏省立第五中学校杂志》第五期・艺术

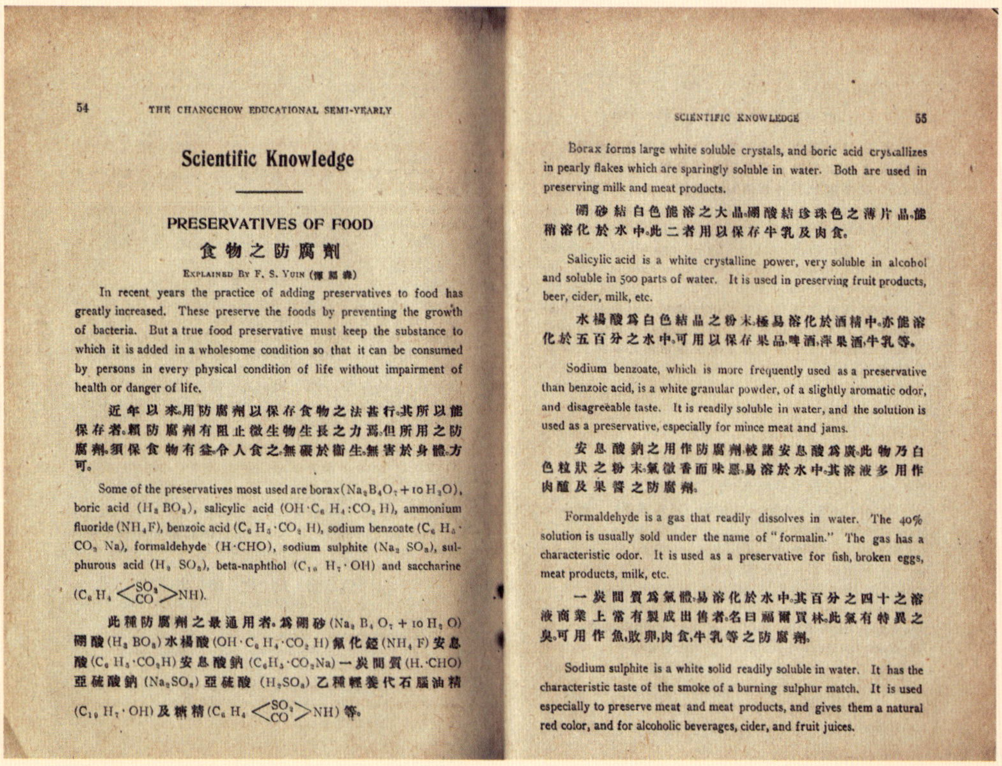

54　THE CHANGCHOW EDUCATIONAL SEMI-YEARLY

Scientific Knowledge

PRESERVATIVES OF FOOD
食物之防腐劑

EXPLAINED BY F. S. YUIN (惲福森)

In recent years the practice of adding preservatives to food has greatly increased. These preserve the foods by preventing the growth of bacteria. But a true food preservative must keep the substance to which it is added in a wholesome condition so that it can be consumed by persons in every physical condition of life without impairment of health or danger of life.

近年以來。用防腐劑以保存食物之法甚行。其所以能保存者。賴防腐劑有阻止微生物生長之力焉。但所用之防腐劑。須保食物有益。令人食之。無礙於衛生。無害於身體。方可。

Some of the preservatives most used are borax ($Na_2B_4O_7+10H_2O$), boric acid (H_3BO_3), salicylic acid ($OH\cdot C_6H_4:CO_2H$), ammonium fluoride (NH_4F), benzoic acid ($C_6H_5\cdot CO_2H$), sodium benzoate ($C_6H_5\cdot CO_2Na$), formaldehyde ($H\cdot CHO$), sodium sulphite (Na_2SO_3), sulphurous acid (H_2SO_3), beta-naphthol ($C_{10}H_7\cdot OH$) and saccharine ($C_6H_4<^{SO_2}_{CO}>NH$).

此種防腐劑之最通用者。爲硼砂($Na_2B_4O_7+10H_2O$)硼酸(H_3BO_3)水楊酸($OH\cdot C_6H_4\cdot CO_2H$)氟化錏($NH_4F$)安息酸($C_6H_5\cdot CO_2H$)安息酸鈉($C_6H_5\cdot CO_2Na$)一炭間質($H.\cdot CHO$)亞硫酸鈉($Na_2SO_3$)亞硫酸($H_2SO_3$)乙種輕養代石腦油精($C_{10}H_7\cdot OH$)及糖精($C_6H_4<^{SO_2}_{CO}>NH$)等。

SCIENTIFIC KNOWLEDGE　55

Borax forms large white soluble crystals, and boric acid crystallizes in pearly flakes which are sparingly soluble in water. Both are used in preserving milk and meat products.

硼砂結白色能溶之大晶。硼酸結珍珠色之薄片晶。能稍溶化於水中。此二者用以保存牛乳及肉食。

Salicylic acid is a white crystalline power, very soluble in alcohol and soluble in 500 parts of water. It is used in preserving fruit products, beer, cider, milk, etc.

水楊酸爲白色結晶之粉末。極易溶化於酒精中。亦能溶化於五百分之水中。可用以保存果品、啤酒、萍果酒、牛乳等。

Sodium benzoate, which is more frequently used as a preservative than benzoic acid, is a white granular powder, of a slightly aromatic odor, and disagreeable taste. It is readily soluble in water, and the solution is used as a preservative, especially for mince meat and jams.

安息酸鈉之用作防腐劑。較諸安息酸爲廣。此物乃白色粒狀之粉末。氣微香而味惡。易溶於水中。其溶液多用作肉醢及果醬之防腐劑。

Formaldehyde is a gas that readily dissolves in water. The 40% solution is usually sold under the name of "formalin." The gas has a characteristic odor. It is used as a preservative for fish, broken eggs, meat products, milk, etc.

一炭間質爲氣體。易溶化於水中。其百分之四十之溶液商業上常有製成出售者。名曰福爾買林。此氣有特異之臭。可用作魚、敗卵、肉食、牛乳等之防腐劑。

Sodium sulphite is a white solid readily soluble in water. It has the characteristic taste of the smoke of a burning sulphur match. It is used especially to preserve meat and meat products, and gives them a natural red color, and for alcoholic beverages, cider, and fruit juices.

《常州教育半年鉴》第五期・科学知识

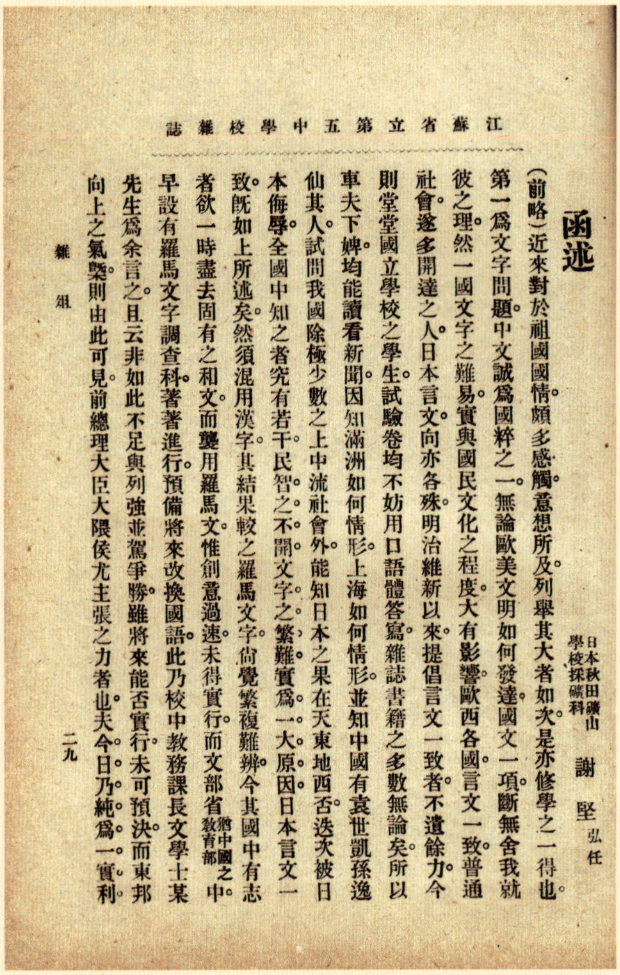

江蘇省立第五中學校雜誌

函述

日本秋田鑛山學校採礦科 謝堅 弘任

(前略)近來對於祖國國情頗多感觸意想所及列舉其大者如次是亦修學之一得也

第一爲文字問題中文誠爲國粹之一無論歐美文明如何發達國文一項斷無舍我就彼之理然一國文字之難易實與國民文化之程度大有影響歐西各國言文一致普通社會遂多開達之人日本言文向亦各殊明治維新以來提倡言文一致者不遺餘力今則堂堂國立學校之學生試驗卷均不妨用口語體答寫雜誌書籍之多數無論矣所以車夫下婢均能讀看新聞因知滿洲如何情形上海如何情形並知中國有袁世凱孫逸仙其人試問我國除極少數之上中流社會外能知日本之果在天東地西否迭次被日本侮辱全國中知之者究有若干民智之不開文字之繁難實爲一大原因日本言文一致既如上所述矣然須混用漢字其結果較之羅馬文字尙覺繁複難辨今其國中有志者欲一時盡去固有之和文而襲用羅馬文惟創意過速未得實行而文部省(猶中國之中教育部)早設有羅馬文字調查科著著進行預備將來改換國語此乃校中教務課長文學士某先生爲余言之且云非如此不足與列強並駕爭勝雖將來能否實行未可預決而東邦向上之氣槩則由此可見前總理大臣大隈侯尤主張之力者也夫今日乃純爲一實利

雜俎 二九

《江苏省立第五中学校杂志》第五期·杂俎·函述

全文：

函 述

日本秋田矿山学校采矿科

谢坚（弘任）

（前略）近来对于祖国国情，颇多感触。意想所及，列举其大者如次，是亦修学之一得也。

第一为文字问题。中文诚为国粹之一，无论欧美文明如何发达，国文一项，断无舍我就彼之理。然一国文字之难易，实与国民文化之程度大有影响。欧西各国，言文一致，普通社会，遂多开达之人。日本言文，向亦各殊。明治维新以来，提倡言文一致者，不遗余力。今则堂堂国立学校之学生，试验卷均不妨用口语体答写，杂志书籍之多数无论矣。所以车夫、下婢均能读看新闻，因知满洲如何情形，上海如何情形，并知中国有袁世凯、孙逸仙其人。试问我国除极少数之上中流社会外，能知日本之果在天东地西否？迭次被日本侮辱，全国中知之者究有若干？民智之不开，文字之繁难实为一大原因。日本言文一致，既如上所述矣。然须混用汉字，其结果较之罗马文字，尚觉繁复难辨。今其国中有志者欲一时尽去固有之和文，而袭用罗马文，惟创意过速，未得实行。而文部省（犹中国之教育部）中，早设有罗马文字调查科，着着进行，预备将来改换国语。此乃校中教务课长文学士某先生为余言之，且云非如此不足与列强并驾争胜。虽将来能否实行，未可预决，而东邦向上之气慨，则由此可见。前总理大臣大隈侯尤主张之力者也。夫今日乃纯为一实利之世界，适者存，不适者亡，人民技能苟不切于实利者，即无补于国。我国国文，去实利太远，愚谓宜将现行文体大加修改，务使之与口语体相近。虽词句稍涉冗长，亦所不计。杂志、新闻及论述、科学、实业等书，皆用此体，不独初学者易于理会，且使各界中人因此得随意下笔，发表意见，互相讨论，此事于社会进化上影响甚大。（余在秋田，见其地杂货店同业有同业杂志，理发同业有理发杂志，其外各大事业无论矣。至家庭妇女杂志一门，种类数十，大部分均系妇女投稿，发表意见。因此，各界事业之进步甚速。我国文章太难，虽抱有伟大识见而无由发表者，所在多有；盖识见高者未必皆能文，则其见因不能自达也）我国实业兴盛之景运，必将于文字易中得之。尝私自祈想，谓苟有人尽力研求言文一致之法，立全国标准，使全国收实利振兴之效，其功决不在周孔下也。

第二为人心互相猜疑，不能和衷共济。此种现象不仅政界中见之，即团体与团体、个人与个人，甚至最亲之家庭，亦往往见之。此乃我国民心性中之一大弱点。夫彼此不能坦怀共白，必口蜜腹剑，暗事中伤，实道德上之一大罪恶。其波流所及，足使四万万人各离心，互相仇视，互助防备，无人无日不居楚歌四面之中，因是而全国中遂无一团体事业之可观。此果成何景象欤？此风之来，渊源酝酿，莫可究诘。欲湔除之，非自教育及政治两方同时致力，恐不易改革也。生留东数载，见其国人民不论何等阶级，均各守本分，当行则行，当止则止，于社交间几若有一定程式之可循，彼此释然，决无容猜疑芥蒂于其间，羡慕不置。孔子曰："自古皆有死，民无信不立我国。"民不但上下相疑，而且至于各不相信，其何以立国？设一旦外人强以迫压施我，则我之互相防忌者，适为彼所利用，此急宜挽救者也。

其三则为体魄及精神问题。生自偕诸同学买棹东渡以来，迄去春四月，足满三载。此三载中，曾未一睹中国社会情状。见闻所及，皆日人状态也。耳目所习，几全易矣。四月间回国，抵上海，一睹本国同胞，乃大有所感触，觉在日本所习见之精神勇悍、行走迅速者，一转瞬间尽变为气息恹倦、精神懒散之人。相隔仅一衣带水，气体强弱之差见于表面者如此，生以为大足注意者也。夫国本之兴盛，全仗民气之坚强；而民气之坚强，寓于其健全之精神。所以，养畜其精神者，又赖有壮硕之体魄。故锻炼体魄一事，较之学习工课，尤为重要。日本各高小以上均于正课中设有柔道、击剑二科，寓意深远，迥非仅习皮相者可比。且彼国人视健康尤重，患肺病而陷于悲观遂行自杀者，报章上时有所闻，宜其以武士道大和魂自豪也。今在内则百度维新，实业发达尤速；外则与列强周旋，着着成功，其势力之增殖，已足耸动世界之视听。此无他，皆民气之磅礴坌涌所表见而已。我国非有健全体魄、健全精神之国民，虽被万辱，亦决无雪耻之一日。以复仇敌忾为口头禅者，固不足论。即真有其心，亦适以发挥其懦夫之本色耳。试观欧战法国之终为德人所蹂躏者，非其报复之心不挚，实力之不容勉强也。生在校三年，日与日人相往返，校中华人仅生而已，故除日人外无交际，因知其内情甚审，于以见一国之强，自有其根深蒂固之原因，几无丝毫假借。我国欲图自强，非从根本着力不可。否则天演公理所在，无从幸逃也。

（下略）

《武进教育汇编》

保管单位：常州市武进区档案馆

内容及评价：

馆藏的两册《武进教育汇编》，由中华民国武进县教育会、武进县知事公署、武进县教育款产处等编印出版。一本为第三期，1917年出版；另一本为第四期，1917年6月出版。

《武进教育汇编》每一期大体上都由图画、言论、研究、著述、公文、报告、规程、经费、调查及纪载等十个部分组成，其主要内容有各种文件、呈文、研究性文章、调查报告、演讲辞、大事记及会议记录，教育系统各类人员照片、开展各种活动的照片及合影，学校的各种设施设备及场景照片等，此外还有一些插图，比较全面地反映了民国初期武进地区的教育改革、发展和管理情况，是研究民国初期武进地区教育情况的重要资料。

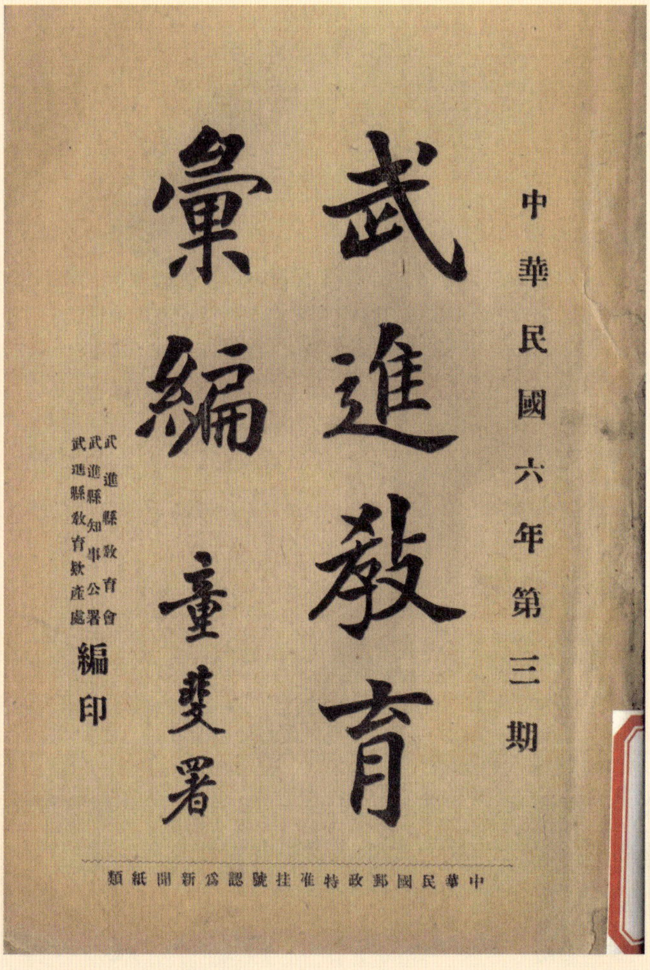

1917年出版的《武进教育汇编》第三期

《武进教育汇编》第三期图画·武进县通俗教育陈列室（二）

《武进教育汇编》第三期插画·武进县立第三高等小学校（原名冠英）值日生服务式

全文（节选）：

公文·省令·训令

江苏省长公署训令·第一千五百四十四号

（准教育部咨中等各学校招考学生应取严格主义以防冒滥一体遵照）

令各道尹、省立各中学校校长：

案：准教育部咨。开：据全国教育行政会议呈送议决案，内有“请限制中等学校招生资格”一案。内称：定章“中等学校学生入学资格，除高等小学及与高小同等之学校毕业升学外，有程度相等亦得考录入校”之规定。细绎规定，此项资格之意义，原为招生困难者稍予以伸缩之地步，及自修素裕者宽图进学之阶，意本甚善。乃近来各中等学校招生，往往有滥收之弊，不特程度未齐，教授必多窒碍。且中学为普通学校与专门学校之枢纽，此时根抵[底]不固，毕业以后影响于将来人才教育前途固大，而当中等学校招生时，现在肄业高等小学者，或至违章跨考，躐等而升，则各高等小学校之编制学级亦必受其牵动，殊失部章规定之本意。查教育部令，有“高等专门各学校招收新生时，未经中学及中学同等学校毕业之学生，不得逾定额十分之二之规定。现在各省高等小学毕业之学生，为数渐多，供事给求，以前中学招生困难之问题业经解决，拟即比照高等专门学校招生办法，略加限制。凡中等学校招收新生，未经高等小学及高小同等学校毕业之学生，不得逾定额十分之二。而此十分之二之学生，尤必从严取录，庶可稍杜滥收之弊。是一面整顿中等学校，一面即以维持高等小学，一举两得，与高等专门限制招生之意相吻合”等语。查部章，中等学校学生入学资格有“高等小学毕业同等学力[历]者亦得考录之规定，原以学生中有平时自修、虽未经学校毕业而程度实属相当者，自不得不与以升学之阶借资深造。乃近察各省中等学校所招学生，合格者固居多数，其借口相当。一语：‘任意滥收。’种种流弊如该原案内所述者，正复不少。长此以往，殊于教育实施方面诸多窒碍。现虽暂不比照高等专门加以一定之限制，但收考之时，务须确核程度，从严录取，不得稍事迁就，以重学业而杜冒滥。相应咨请贵公署查照，转饬所属中等各校，一律遵行是为至要”等因。查本省对于中等学校招收新生，向取严格主义。前于订定中学校学则时并经规定：“志愿入学者，须先呈验高等小学毕业证书，试以入学试验”等语，咨由教育部核准有案，准咨前因。嗣后，各中学校仍应遵照中学校学则规定办理。其余各中等学校虽暂时未加以一定之限制，并应取严格主义，必将合格学生期副大部、防杜冒滥之意。除咨后外，合行训令：该道尹分令各县知事，转行所属省立各中等学校校长一体遵照。此令。

中华民国六年四月十一日，江苏省长齐耀琳。

…………

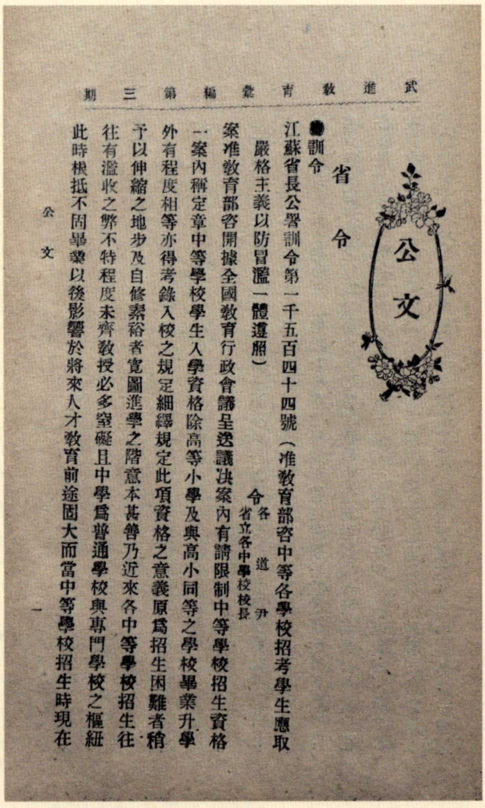
武進教育彙編第三期

公文

省令

訓令

江蘇省長公署訓令第一千五百四十四號（准教育部咨中等各學校招考學生應取嚴格主義以防冒濫一體遵照）

令各道尹 省立各中學校長

案准教育部咨開據全國教育行政會議呈送議決案內有請限制中等學校招生資格一案內稱定章中等學校學生入學資格除高等小學及與高小同等之學校畢業升學外有程度相等亦得考錄入校之規定細繹規定此項資格之意義原爲招生困難者稍予以伸縮之地步及自修素裕者寬圖進學之階意本甚善乃近來各中等學校招生往往有濫收之弊不特程度未齊教授必多窒礙且中學爲普通學校與專門學校之樞紐此時根抵不固畢業以後影響於將來人才教育前途固大而當中等學校招生時現在

公文 一

《武进教育汇编》第三期·公文·省令·训令

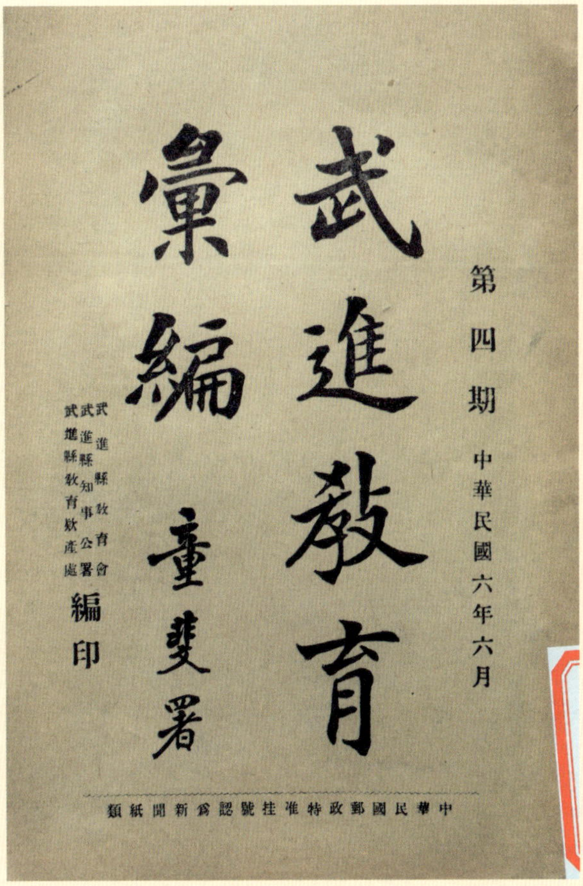

第四期

中華民國六年六月

武進教育彙編

童斐署

武進縣教育會
武進縣知事公署
武進縣教育款產處
編印

中華民國郵政特准掛號認爲新聞紙類

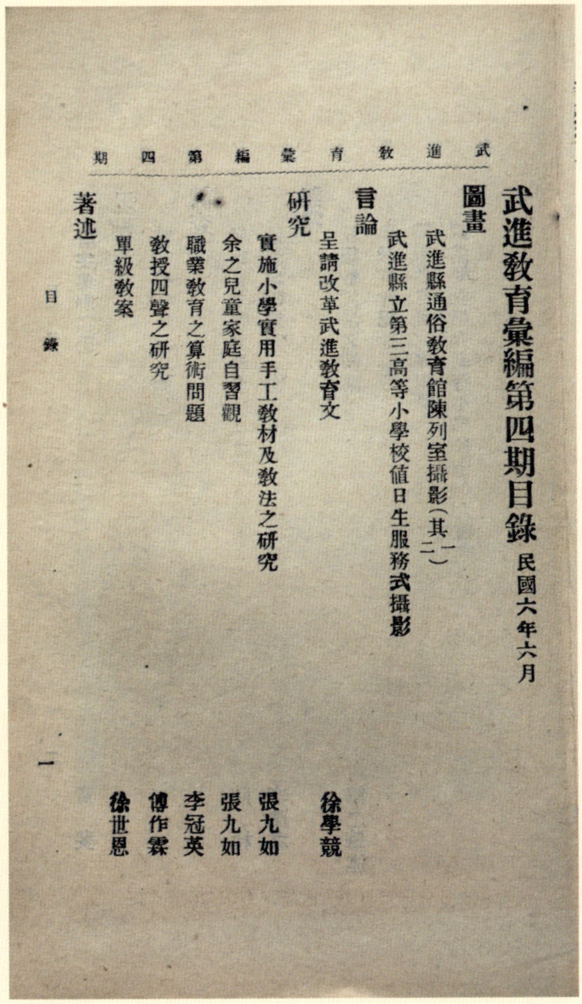

武進教育彙編第四期

武進教育彙編第四期目錄 民國六年六月

目錄 一

1917年6月出版的《武进教育汇编》第四期及目录

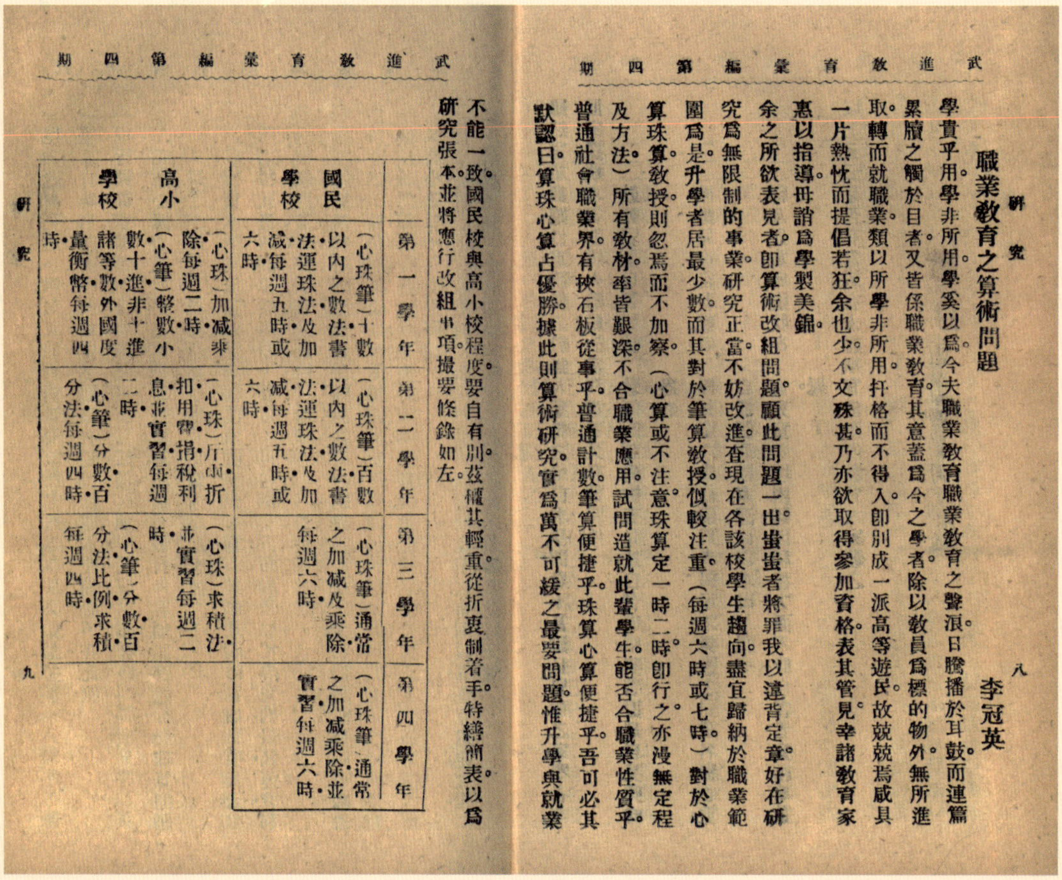

研究

職業教育之算術問題

李冠英

學貴乎用。學非所用。學奚以爲。今夫職業教育職業教育之聲浪。日騰播於耳鼓。而連篇累牘之觸於目者。又皆係職業教育。其意蓋爲今之學者。除以教員爲標的物外。無所進取。轉而就職業類以所學非所用。扞格而不得入。卽別成一派高等遊民。故兢兢焉咸具一片熱忱而提倡若狂。余也少不文殊甚。乃亦欲取得參加資格。表其管見。幸諸教育家惠以指導。毋誚爲學製美錦。

余之所欲表見者。卽算術改組問題。顧此問題一出。蚩蚩者將罪我以違背定章。好在研究爲無限制的事業。研究正當。不妨改進。查現在各該校學生趨向。盡宜歸納於職業範圍爲是。升學者居最少數。而其對於筆算教授。似較注重(每週六時或七時)對於心算珠算教授。則忽焉而不加察。(心算或不注意珠算定一時二時。卽行之。亦漫無定程及方法)所有教材。率皆艱深。不合職業應用。試問造就此輩學生。能否合職業性質乎。普通社會職業界。有挾石板從事乎普通計數。筆算便捷乎。珠算心算便捷乎。吾可必其默認曰。算珠心算占優勝。據此則算術研究。實爲萬不可緩之最要問題。惟升學與就業

不能一致。國民校與高小校程度。要自有別。茲權其輕重。從折衷制着手。特繕簡表。以爲研究張本。並將應行改組事項。撮要條錄如左。

	第一學年	第二學年	第三學年	第四學年
國民學校	(心珠筆)十數以內之數。法書法。運珠法。及加減。每週五時或六時。	(心珠筆)百數以內之數。法書法。運珠法。及加減。每週五時或六時。	(心珠筆)通常之加減及乘除。每週六時。	(心珠筆)通常之加減乘除。並實習。每週六時。
高小學校	(心珠)加減乘除。每週二時。(心筆)整數。小數。十進。非十進諸等數。外國度量衡。幣。每週四時。	(心珠)斤兩。折扣。用利。捐稅。利息。並實習。每週二時。(心筆)分數。百分法。每週四時。	(心珠)求積法。並實習。每週二時。(心筆)分數。百分法。比例。求積。每週四時。	

研究

《武进教育汇编》第四期·研究·职业教育之算术问题

全文：

职业教育之算术问题

李冠英

学贵乎用，学非所用，学奚以为。今夫职业教育、职业教育之声浪，日胜播于耳鼓。而连篇累牍之触于目者，又皆系职业教育。其意盖为今之学者，除以教员为标的物外，无所进取。转而就职业类以所学非所用，捍格而不得入，即别成一派高等游民，故兢兢焉咸具一片热忱而提倡若狂。余也少，不文殊甚，乃亦欲取得参加资格，表其管见。幸诸教育家惠以指导，毋诮为学制美锦。

余之所欲表见者，即算术改组问题。顾此问题一出，蚩蚩者将罪我以违背定章。好在研究为无限制的事业，研究正当，不妨改进。查现在各该校学生趋向，尽宜归纳于职业范围为是。升学者居最少数，而其对于笔算教授，似较注重（每周六时或七时），对于心算、珠算教授，则忽焉而不加察（心算或不注意，珠算定一时二时，即行之，亦漫无定程及方法）。所有教材率皆艰深，不合职业应用。试问造就

此辈学生，能否合职业性质乎？普通社会职业界，有挟石板从事乎？普通计数，笔算便捷乎？珠算、心算便捷乎？吾可必其默认曰："算珠[珠算]、心算占优胜。"据此则算术研究，实为万不可缓之最要问题。惟升学与就业不能一致，国民校与高小校程度要自有别，兹权其轻重，从折衷制着手。特缮简表，以为研究张本，并将应行改组事项，撮要条录如左。

高小学校	国民学校	
（心珠）加减乘除，每周二时；（心笔）整数、小数、十进、非十进诸等数、外国度量衡币，每周四时。	（心珠笔）十数以内之数法、书法、运珠法，及加减，每周五时，或六时。	第一学年
（心珠）斤两、折扣、用费、捐、税利息，并实习，每周二时；（心笔）分数、百分法，每周四时。	（心珠笔）百数以内之数法、书法、运珠法，及加减，每周五时，或六时。	第二学年
（心珠）求积法，并实习，每周二时；（心笔）分数、百分法、比例、求积，每周四时。	（心珠笔）通常之加减及乘除，每周六时。	第三学年
	（心珠笔）通常之加减乘除，并实习，每周六时。	第四学年

现在社会利用心算、珠算，则改组算术教授，当然认心算、珠算为主要。

笔算有时可证明心、珠算，当然认为次要。但无关本问题者，不在此例。

现行国民算本，颇不合用，急宜完全取缔，重行编制。其取材须合后列各项。

（甲）心算为珠算之准备，笔算为珠算之证明，教材内容须同等进行。如珠算问题为二十加二十，笔算即为20+20，心算亦为二十加二十。

（乙）算本编为珠算、笔算两种，预备假均先心算（异形式，同内容，如甲项云云）。

（丙）冗繁数码，艰深问题，一概勿入。但从职业方面着想，如忙漕完纳、银钱、运费、利息、度量衡、币等类，酌量简单编制之。

（丁）加减宜用圆周互习法编制。如第一题为二十加二十，第二题即为四十减去二十，余类推。乘、除同。应用题，循次参入。

高小珠算、笔算，分途进行，但有时可联络。余见前条。

又高小笔算本，宜酌量删减。

注重实习，如丈尺、秤戥、斗斛、账簿、单票，及新闻纸登载之市价核算，概宜规定实习。

以上所举，不过一斑，其间尚待研究者颇多。谨此奉闻，借当抛砖云尔。

《武进公立局前街小学三十周年纪念刊》

保管单位：常州市档案馆

内容及评价：

武进公立局前街小学（简称局小，下同）的前身是明隆庆六年（1572）由常州知府施观民创建的龙城书院，为常州城区规模最大、最为著名的书院。清光绪二十八年（1902），龙城书院改名为“武阳公立二等小学堂”。不久，学校制定了常州历史上第一首校歌。1913年，学校确立了“勤、勇、朴、诚”之校训。1950年10月，经常州市人民政府决定，校名改称“常州市局前街小学”，一直沿用至今。二十世纪五六十年代，局小率先成为常州市的实验小学。1997年，被评为首批省级模范学校。百年辉煌，桃李芬芳，清代著名经学家兼文学家洪亮吉、著名诗人黄仲则、全国政协副主席刘靖基、我国第一位女外交官兼书画家袁晓园、资深外交官江承宗大使、北京政法大学校长屠孝实等就是其中的杰出代表。

馆藏的《武进公立局前街小学三十周年纪念刊》，是1932年5月局小为纪念建校30周年而刊印的专刊，由于右任题写刊名。内容主要有民国政要、文化名人为该校的题词、学校校训、校歌、序言、摄影、统计图表、校史、组织及行政、教学概况、训育概况、今后计划、现任教职员一览及学校设施、面貌等，较为全面地展示了局小当时的风貌。这本纪念刊是了解局小当时历史状况的珍贵史料，同时也是研究民国时期常州地区教育史的重要参考资料，具有较高的史料价值。

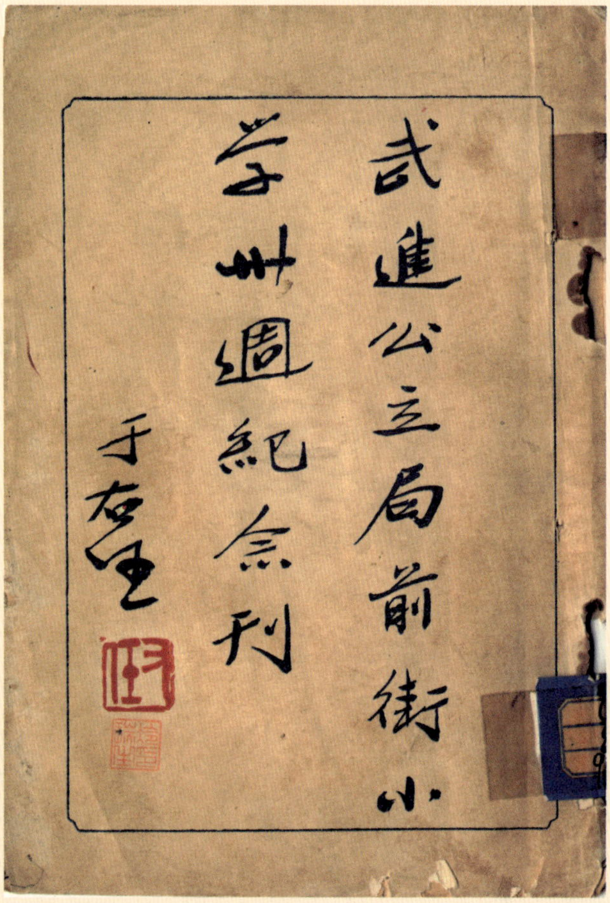

1932年5月，武进公立局前街小学出版的《武进公立局前街小学三十周年纪念刊》。

《武进公立局前街小学三十周年纪念刊》·校歌

全文：

校 歌

东南人士，莫与常俦，惟武阳屈指首；龙城声望，炳焉千秋，与东林并不朽。辟经学与文辞，萃人才之渊薮；步武先哲，作育新民，光吾桑梓震神州。

吾校发轫，当癸卯春，乡父老著辛勤；共和告成，第一名正，新教育铸群英。蕲国民资格全，在小学端基本；相期他日，蔚成大器，一堂济济尽干城。

高曾矩镬，我其念兹，讲堂毋忘传是；先贤祠宇，巍然东峙，灵爽实式凭之。经正命意惟何，负荷赖吾小子；祭海先河，数典从祖，歌有尽兮思靡止。

国兮可爱，尤爱吾乡，好湖山堪自壮；横山蜿蜒，太湖汪洋，钟灵秀惟此邦。勤勇以律身，朴诚励修养；躬行实践，努力前进，勖哉吾党。

《武进公立局前街小学三十周年纪念刊》·三十周纪念会歌

全文：

三十周纪念会歌

时维五月，日丽风和，值吾校纪念良辰。胜会宏开，嘉宾莅止，一堂济济集群英。听歌声嘹亮，看旗影飘扬，成绩多般色色新。喜十年树木、百年树人，满城桃李早成荫。

卅载经营，艰难辛苦，后先学子赖栽成。黉舍崇巍，人文蔚起，武阳公学旧知名。愿吾曹今后，更开来继往，发扬蹈厉见精神。祝校祚绵长、千秋万岁，如日之升月之恒。

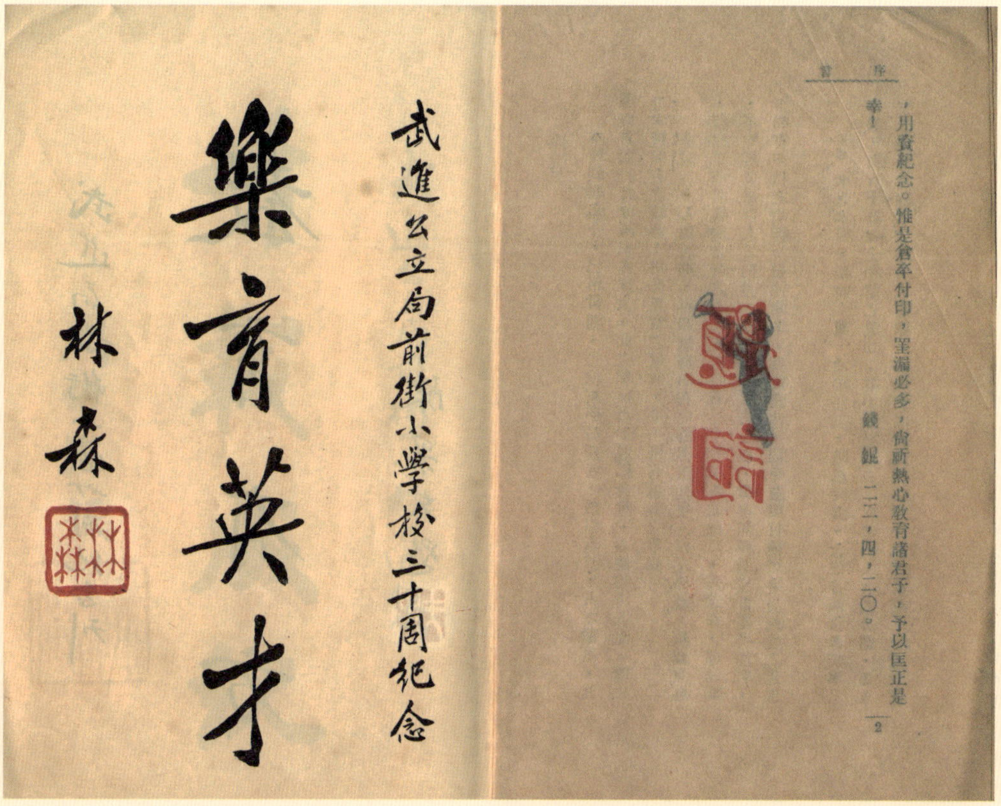

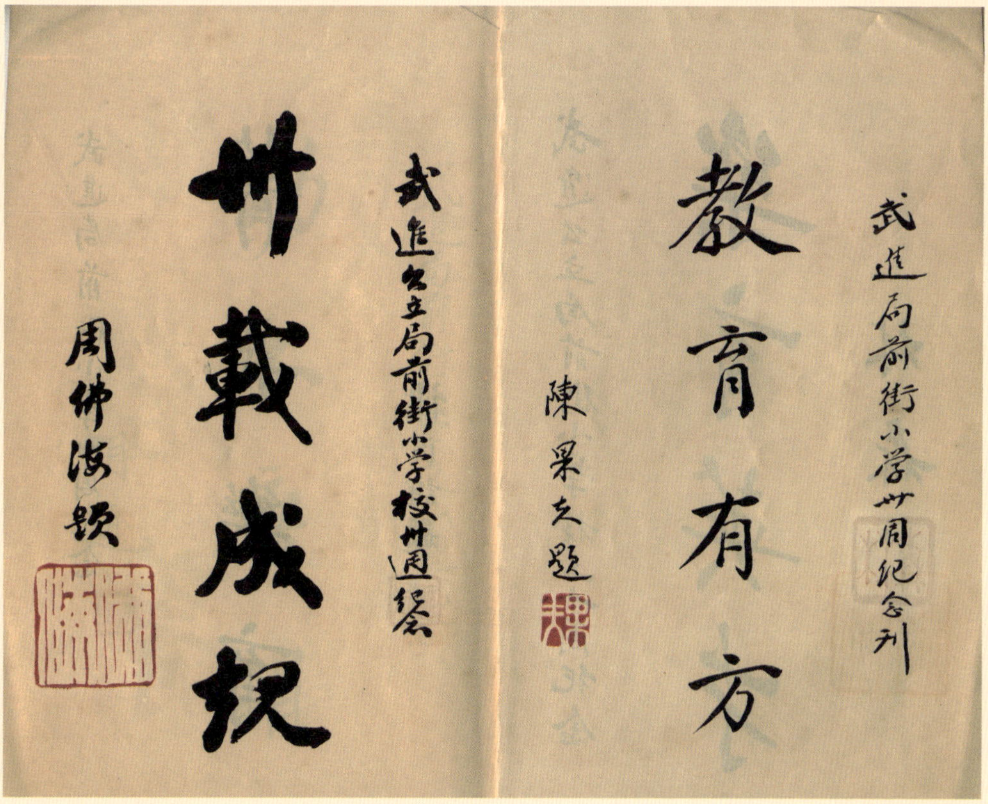

《武进公立局前街小学三十周年纪念刊》·题词

第一公園
（校景之一）

第二公園
（校景之二）

校景——公园

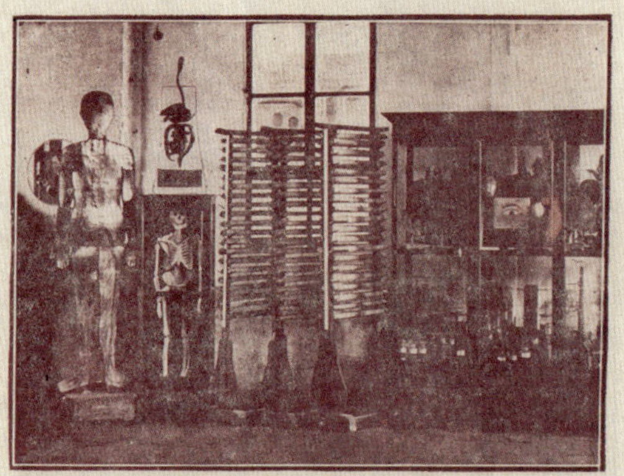

教具室
（設備之一）

圖書室
（設備之二）

设备——教具室、图书室

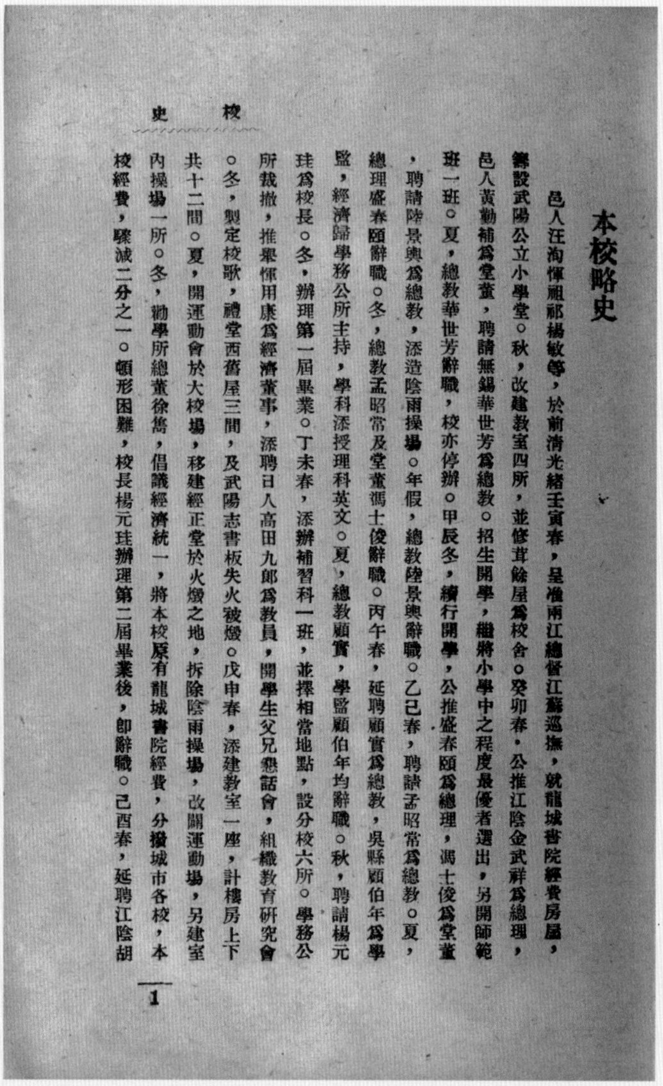

校史

本校略史

邑人汪洵惲祖祁楊敏等，於前清光緒壬寅春，呈准兩江總督江蘇巡撫，就龍城書院經費房屋，籌設武陽公立小學堂。秋，改建教室四所，並修葺餘屋爲校舍。癸卯春，公推江陰金武祥爲總理，邑人黃勤補爲堂董，聘請無錫華世芳爲總教。招生開學，繼將小學中之程度最優者選出，另開師範班一班。夏，總教華世芳辭職，校亦停辦。甲辰冬，續行開學，公推盛春頤爲總理，馮士俊爲堂董，聘請陸景輿爲總教，添造陰雨操場。年假，總教陸景輿辭職。乙巳春，聘請孟昭常爲總教。夏，總理盛春頤辭職。冬，總教孟昭常及堂董馮士俊辭職。丙午春，延聘顧實爲總教，吳縣顧伯年爲學監，經濟歸學務公所主持，學科添授理科英文。夏，總教顧實，學監顧伯年均辭職。秋，聘請楊元珪爲校長。冬，辦理第一屆畢業。丁未春，添辦補習科一班，並擇相當地點，設分校六所。學務公所裁撤，推舉惲用康爲經濟董事，添聘日人高田九郎爲教員，開學生父兄懇話會，組織教育研究會。冬，製定校歌，禮堂西舊屋三間，及武陽志書板失火被燬。戊申春，添建教室一座，計樓房上下共十二間。夏，開運動會於大校場，移建經正堂於火燬之地，拆除陰雨操場，改闢運動場，另建室內操場一所。冬，勸學所總董徐雋，倡議經濟統一，將本校原有龍城書院經費，分撥城市各校，本校經費，驟減二分之一。頓形困難，校長楊元珪辦理第二屆畢業後，即辭職。己酉春，延聘江陰胡

1

《武进公立局前街小学三十周年纪念刊》· 本校略史

全文：

本校略史

邑人汪洵、恽祖祁、杨敏等，于前清光绪壬寅春，呈准两江总督江苏巡抚，就龙城书院经费房屋，筹设武阳公立小学堂。秋，改建教室四所，并修葺余屋为校舍。癸卯春，公推江阴金武祥为总理，邑人黄勤补为堂董，聘请无锡华世芳为总教，招生开学。继将小学中之程度最优者选出，另开师范班一班。夏，总教华世芳辞职，校亦停办。甲辰冬，续行开学，公推盛春颐为总理，冯士俊为堂董，聘请陆景兴

为总教，添造阴雨操场。年假，总教陆景兴辞职。乙巳春，聘请孟昭常为总教。夏，总理盛春颐辞职。冬，总教孟昭常及堂董冯士俊辞职。丙午春，延聘顾实为总教，吴县顾伯年为学监，经济归学务公所主持，学科添授理科、英文。夏，总教顾实、学监顾伯年均辞职。秋，聘请杨元圭为校长。冬，办理第一届毕业。丁未春，添办补习科一班，并择相当地点，设分校六所，学务公所裁撤，推举恽用康为经济董事，添聘日人高田九郎为教员，开学生父兄恳话会，组织教育研究会。冬，制定校歌，礼堂西旧屋三间，及武阳志书板失火被毁。戊申春，添建教室一座，计楼房上下共十二间。夏，开运动会于大校场，移建经正堂于火毁之地，拆除阴雨操场，改辟运动场，另建室内操场一所。冬，劝学所总董徐隽，倡议经济统一，将本校原有龙城书院经费，分拨城市各校，本校经费，骤减二分之一，顿形困难，校长杨元圭办理第二届毕业后，即辞职。己酉春，延聘江阴胡馥元为校长，停办分校，复设师范一班，一年毕业。冬，办理第三届毕业，校长胡馥元辞职，改聘杨游继任，未就。庚戌春，聘请杨同颖为校长，更名武阳公立高等小学校。夏，添设简易识字学塾一班。冬，办理第四届毕业。辛亥春，始行早会式，樊提学使传语嘉奖，称："管理整肃，教法不苟，成绩卓著，可为各校矜式。"秋，武汉起义，年长学生，加入学生军团。冬，办理第五届毕业。民国元年春，县议会议决，本校属于县教育范围，改名武进县立高等小学校，附设初等，划入市区，名为市立第十三小学校，聘卜中为校长。十月十日，全体至小校场欢祝国庆，及夕，提灯返校。冬，武进县民政长屠，照会称："是校设备编制、教授卫生各事，最为完善，堪当模范之选。"江苏都督令准指定本校为模范小学，办理第六届毕业。二年春，定校训曰"勤、勇、朴、诚"，创办军乐队，市立十三小学，迁往白云渡，徇学生家属之请，杨校长同颖，出资附设初等小学校。呈请县知事交县议会，提议收回先贤祠房屋，经议会议决，谓"该校学生，既称日形发达，所有房屋，不敷周转，拟收回先贤祠房屋，藉以扩充校舍，甚属正当云云"。先就先贤祠院内，开辟学校园，连同操场四周，种植花木。夏，举行十周纪念，在小校场开运动会。秋，县教育扩充，将各市乡高等小学校，收归县立，编定次序，以本校为武进县立第一高等小学校。冬，办理第七届毕业。三年夏，省视学视察附属初等小学校，成绩优良，令县拨归市立，名为市立第十初等小学校，校长由杨同颖兼任。冬，办理第八届毕业。四年春，组织学生课余俱乐部。五年夏，改建校门，并翻造原教室前房屋四间，扩充教室。秋，校长杨同颖辞职，县委教员蔡晋成代理。冬，县委朱而圭为校长；办理第九届毕业。六年春，变更学制，市公所将本校附设初等小学，改名市立第八国民学校，校长由朱而圭兼任。夏，校长朱而圭辞职，县委濮豹文为校长。七年夏，办理第十届毕业。八年春，成立童子军。夏，办理第十一届毕业。冬，办理第十二届毕业。九年春，始行早操。夏，办理第十三届毕业。秋，教学时间改用分数制。冬，办理第十四届毕业。十年春，始行周会，由教职员轮值训话。夏，办理第十五届毕业。秋，国民部废国文，授国语。冬，呈请修改呈报毕业表式，由教育厅核准，通令各校照办，办理第十六届毕业。十一年春，组织课外国技部。夏，办理第十七届毕业。秋，成立小图书馆，订定经济公开规约，呈报教育厅饬令仿行。冬，办理第十八届毕业。十二年春，组织校务会，教育研究会，及学生自治会演讲会等，举行第二十周纪念会，办理第十九届毕业。秋，学制更新，将附设初级小学，合而为一，改称武进县公立第一小学校。十三年夏，办理第二十届毕业，校长濮豹文辞职，县委钱浩为校长，组织校务教务训育等会。夏，省教育指导员马昌期，称："校长钱浩，任事甫及一年，整理已著成效，应予传令嘉奖。"办理第二十一届毕业。此次毕业学生，新旧制百余人，彼等自行捐资，就经正堂后，建筑来雨亭，藉留纪念。秋，为便利女子就学计，高级亦兼收女生。冬，省视学夏承枫称："本校地点适中，办理认真，各科分期举行成绩展览会，引起学生兴味，尤属可以取法。"十五年春，实行校外管理，提倡课余作业，先贤祠第二进房屋，暂允教育局商借，设立通俗教育馆。夏，小博物馆成立，办理第二十二届毕业。秋，扩充初级学额，施行弹性制。十六年夏，办理第二十三届毕业，校长钱浩辞职。秋，教育局委钱银为校长；一年级实行设计教学。十七年一月，修葺先贤祠享堂，装设板壁，辟为教室二，并整理校园，广植花木。三月，组织武阳市市政府，成立整个的儿童自治。五月，举行二十五周纪念会。七月，办理二十四届毕业。八月，教育局变更校名，称武进公立局前街小学校。修葺校门，添开三、四年级各一班。十八年二月，将原有油印室、校工室修葺，改辟教室，又划出操场西面一部分房屋，改为童子军室及女教员寝室，添开二、四年级各一班。四月，中央大学区视学尹志仁来校视察，谓："办理认真，成绩优良，应予传令嘉奖。"七月，办理二十五届毕业。十一月，操场东南平屋六间，翻造楼房，楼上为教员寝室，楼下添辟教室二。十九年七月，办理二十六届毕业。八月，添开五、六年级各一班。九月，实行实施教学交互参观研究。十月，县督学孟毓琪来校视察，称："全体教职员均能合作，学校精神美满。应即传知嘉奖！"十二月，省督学相菊潭来校视察，谓："全体教职员，对于校务之进行，均极努力；应传知嘉奖，以昭激励！"二十年三月，学生宿舍东首空基，建筑浴室，操场四周，开辟阴沟。四月，参加武进小学校党义演说竞进会，获第一名奖。五月，参加武进县立学校联合运动会，成绩第一，得奖锦标，举行二十八周立校纪念会。七月，办理二十七届毕业。八月，因学生激增，有人满之患，呈准定期招生，甄别录取。十月，参加江苏省第四区小学教育研究会常识成绩展览会，得优良评语。二十一年一月，办理二十八届毕业，校长因经费锐减，难于维持，辞职未准。五月，举行二十九周立校纪念会。七月，办理二十九届毕业。八月，实行国语、算术能力分组教学。十月，参加四区教育研究会健康成绩展览会，成绩优良，得评判者之嘉许。十一月，省督学金宗华来校视察，称："校长钱银，服务勤劳，热心改进，殊堪嘉许！教员朱锦荣，授春五国语，选材、教法、改订，均颇优良！武阳市市长壮国祥应对敏捷有条，颇堪嘉许，均得传知嘉奖！"二十二年一月，办理三十届毕业。毕业学生，遵令参加教育局会考，国语、算术总分，名列第一。二月，收回仓巷房屋二廨，雇工修理，建筑操场东面走廊，添开三年级一班。添辟教具室。五月，开三十周立校纪念会，教职员及同中两级毕业生捐资建筑纪念馆塔于学校园中央，并陈列成绩，表演游艺，任人观瞻。本校三十年来之情形，大略如此。

《武进党务》

保管单位：常州市档案馆

内容及评价：

《武进党务》为民国时期中国国民党江苏省武进县执行委员会秘书处印发的内部刊物，第一二期（原文中“一”和“二”不在一条线上，是“一、二”或“一二”，还是“一十二”的意思，已无从考证，编者按照“一二”表述）记载的是国民党武进县执行委员会在1929年3月8日到4月31日的重大事件以及一些文书资料的公布，刊印时间为1929年6月1日。全书分卷首语、全体工作人员一览表、组织系统表、会议录、法规、工作方案、收支计算书、收发文件统计表、文书摘要、宣言、表格等11个章节，从中可以大致了解国民党武进县执行委员会在1929年3、4月份的主要工作情况。

民国时期中国国民党江苏省武进县执行委员会的档案资料现存不多，因而馆藏的这本《武进党务》较为珍贵，是研究国民党地方党务工作的重要参考文献，具有较高的查证价值。

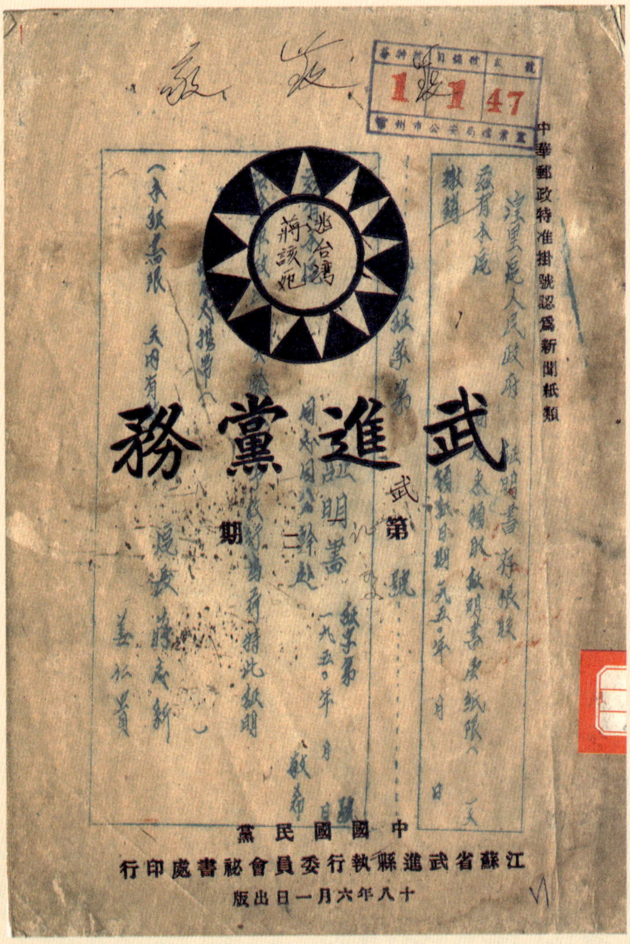

1929年6月出版的《武进党务》第一二期

《武进党务》第一二期扉页 · 总理遗嘱

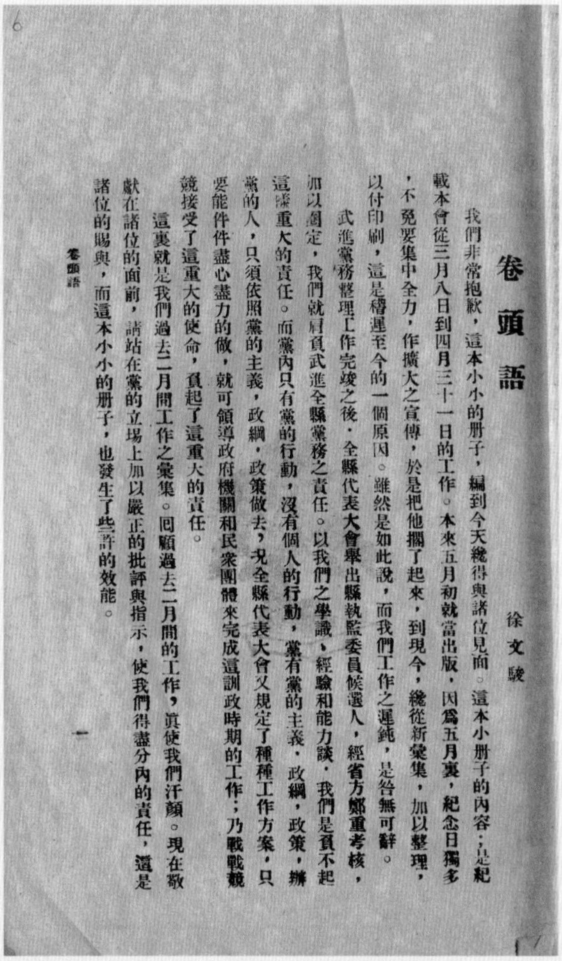

卷頭語

徐文駿

我們非常抱歉，這本小小的冊子，編到今天纔得與諸位見面。這本小冊子的內容，是紀載本會從三月八日到四月三十一日的工作。本來五月初就當出版，因爲五月裏，紀念日獨多，不免要集中全力，作擴大之宣傳，於是把他擱了起來，到現今，纔從新彙集，加以整理，以付印刷，這是稽遲至今的一個原因。雖然是如此說，而我們工作之遲鈍，是咎無可辭。

武進黨務整理工作完竣之後，全縣代表大會舉出縣執監委員候選人，經省方鄭重考核，加以圈定，我們就肩負武進全縣黨務之責任。以我們之學識，經驗和能力談，我們是負不起這樣重大的責任。而黨內只有黨的行動，沒有個人的行動，黨有黨的主義，政綱，政策，辦黨的人，只須依照黨的主義，政綱，政策做去，況全縣代表大會又規定了種種工作方案，只要能件件盡心盡力的做，就可領導政府機關和民衆團體來完成這訓政時期的工作；乃戰戰競競接受了這重大的使命，負起了這重大的責任。

這裏就是我們過去二月間工作之彙集。回顧過去二月間的工作，眞使我們汗顏。現在敬獻在諸位的面前，請站在黨的立場上加以嚴正的批評與指示，使我們得盡分內的責任，還是諸位的賜與，而這本小小的冊子，也發生了些許的效能。

卷頭語 一

《武进党务》第一二期·卷头语

全文：

卷头语

徐文骏

我们非常抱歉，这本小小的册子，编到今天才得与诸位见面。这本小册子的内容，是纪[记]载本会从三月八日到四月三十一日的工作。本来五月初就当出版，因为五月里，纪念日独多，不免要集中全力，作扩大之宣传，于是把他[它]搁了起来，到现今，才从［重］新汇集，加以整理，以付印刷。这是稽迟至今的一个原因。虽然是如此说，而我们工作之迟钝，是咎无可辞。

《武进党务》整理工作完竣之后，全县代表大会〔选〕举出县执监委员候选人，经省方郑重考核，加以圈定，我们就肩负武进全县党务之责任。以我们之学识、经验和能力谈，我们是负不起这样重大的责任。而党内只有党的行动，没有个人的行动，党有党的主义、政纲、政策，办党的人，只须依照党的主义、政纲、政策做去；况〔且〕全县代表大会又规定了种种工作方案，只要能件件尽心尽力的［地］做，就可领导政府机关和民众团体来完成这训政时期的工作，乃战战兢兢接受了这重大的使命，负起了这重大的责任。

这里就是我们过去二月间工作之汇集。回顾过去二月间的工作，真使我们汗颜。现在敬献在诸位的面前，请站在党的立场上加以严正的批评与指示，使我们得尽份内的责任。这是诸位的赐与。而这本小小的册子，也发生了些许的效能。

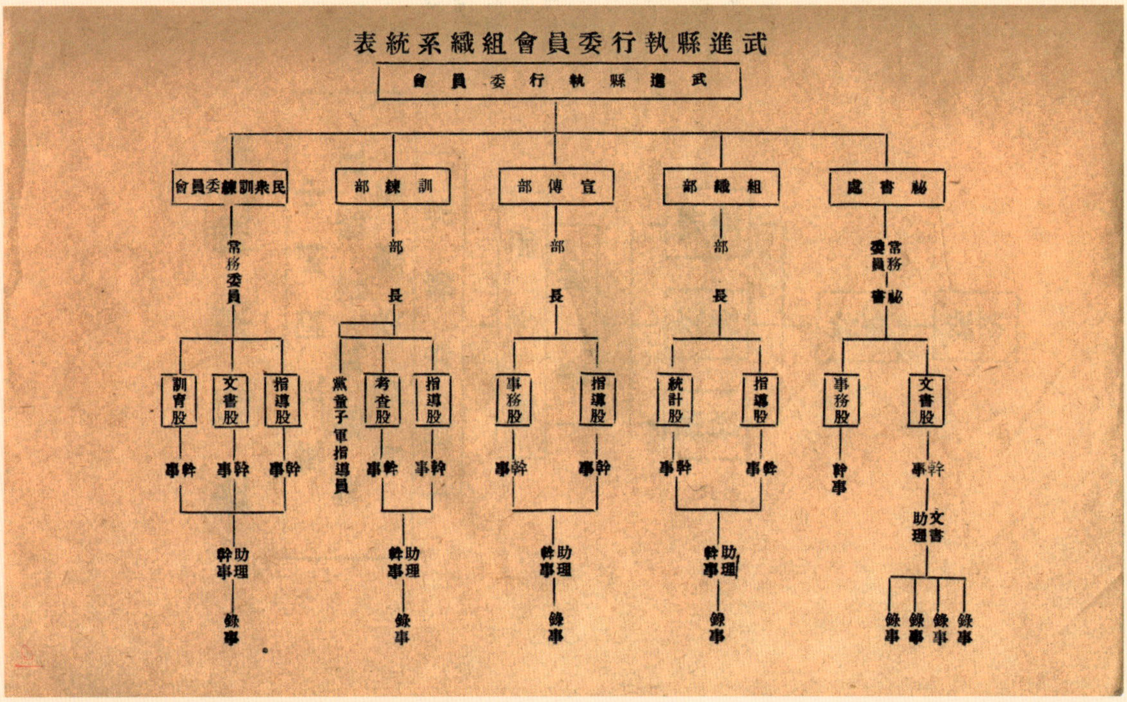

中国国民党武进县执行委员会组织系统表

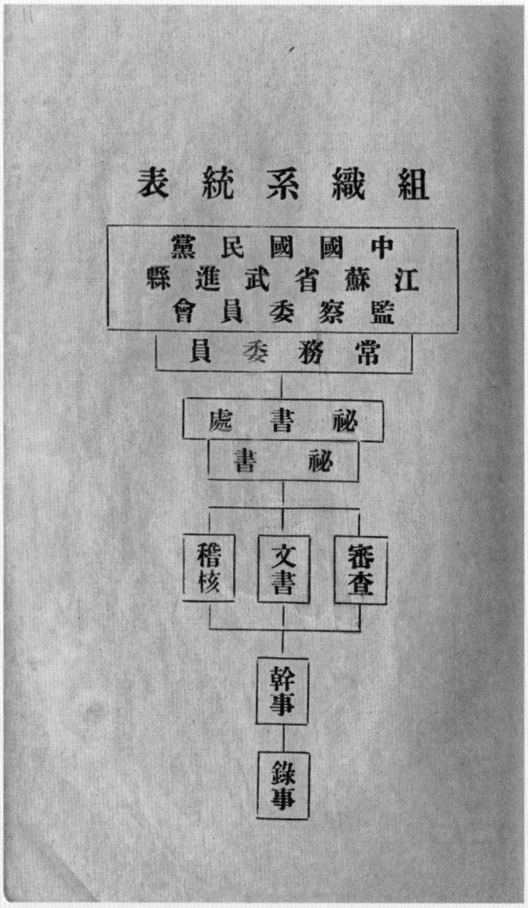

中国国民党江苏省武进县监察委员会组织系统表

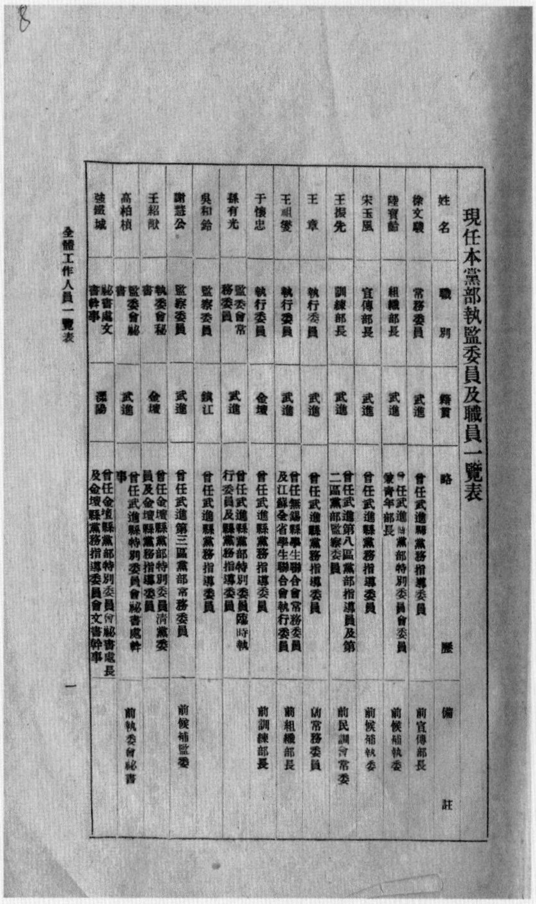

8

現任本黨部執監委員及職員一覽表

姓名	職別	籍貫	略歷	備註
徐文駿	常務委員	武進	曾任武進縣黨務指導委員	前宣傳部長
陸寶齡	組織部長	武進	曾任武進縣黨部特別委員會委員兼青年部長	前候補執委
宋玉風	宣傳部長	武進	曾任武進縣黨務指導委員	前候補執委
王振先	訓練部長	武進	曾任武進第八區黨部指導員及第二區黨部監察委員	前民訓會常委
王章	執行委員	武進	曾任武進縣黨務指導委員	前常務委員
王祖燮	執行委員	武進	曾任無錫縣學生聯合會常務委員及江蘇全省學生聯合會執行委員	前組織部長
于懷忠	執行委員	金壇	曾任武進縣黨務指導委員	前訓練部長
孫有光	監委會常務委員	武進	曾任武進縣黨部特別委員臨時執行委員及縣黨務指導委員	
吳和鈴	監察委員	鎮江	曾任武進縣黨務指導委員	
謝慧公	監察委員	武進	曾任武進第三區黨部常務委員	前候補監委
王紹猷	執委會秘書	金壇	曾任金壇縣黨部特別委員清黨委員及金壇縣黨務指導委員	
高柏楨	監委會秘書	武進	曾任武進縣特別委員會秘書處幹事	前執委會秘書
張鐵城	秘書處文書幹事	溧陽	曾任金壇縣黨部特別委員會秘書處長及金壇縣黨務指導委員會文書幹事	

全體工作人員一覽表

一

中国国民党江苏省武进县现任本党部执监委员及职员一览表

全文（节选）：

武进县党部执行委员会第一次临时会议

日期：三月七日下午二时。

地址：武进县党部。

出席者：于怀忠、王祖燮、王章、潘觉民、徐文骏、王建今、王振先。

列席者：黄公望。

主席：于怀忠。

记录：黄公望。

（一）分配工作案

议决：选举方式用票选法选举之。

选举结果：

常务委员。

潘觉民一〔票〕、王振先三〔票〕、王章三〔票〕。

决选结果：王振先三〔票〕、王章四〔票〕。王章得四〔票〕，当选为常务委员。

组织部长。

潘觉民一〔票〕、王祖燮三〔票〕、王振先三〔票〕。

决选结果：王祖燮四〔票〕、王振先三〔票〕。王祖燮得四〔票〕，当选为组织部长。

宣传部长。

徐文骏三〔票〕、于怀忠二〔票〕、王建今二〔票〕。

徐文骏得三〔票〕，当选为宣传部长。

训练部长。

王振先四〔票〕、于怀忠五〔票〕、王建今一〔票〕。

于怀忠得五〔票〕，当选为训练部长。

民训会常务委员。

王振先四〔票〕、潘觉民一〔票〕、……

…………

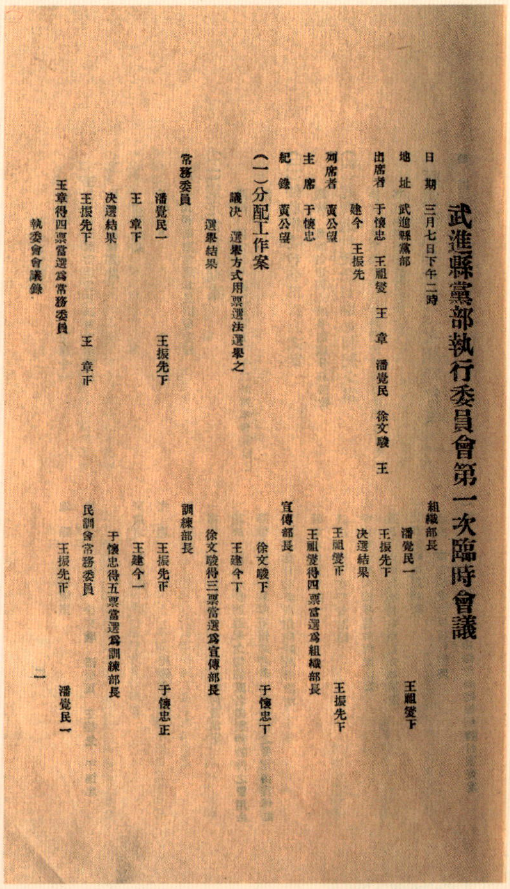
武進縣黨部執行委員會第一次臨時會議

日期 三月七日下午二時

地址 武進縣黨部

出席者 于懷忠 王祖燮 王章 潘覺民 徐文駿 王建今 王振先

列席者 黃公望

主席 于懷忠

紀錄 黃公望

(一)分配工作案

議決 選舉方式用票選法選舉之

選舉結果

常務委員

潘覺民一 王振先下

王章下

決選結果

王振先下 王章止

王章得四票當選爲常務委員

執委會會議錄

組織部長

潘覺民一 王祖燮下

王振先下

決選結果

王祖燮止 王振先下

王祖燮得四票當選爲組織部長

宣傳部長

徐文駿下 于懷忠丅

王建今丅

徐文駿得三票當選爲宣傳部長

訓練部長

王振先止 于懷忠正

王建今一

于懷忠得五票當選爲訓練部長

民訓會常務委員

王振先止 潘覺民一

二

（编者注：图片重用于计票的“正”字符号，原文照录时正文用汉字代替，并在其后括住了计量单位。）

《武进党务》第一二期·执委会会议录

《武进指南》

保管单位：常州市档案馆

内容及评价：

馆藏的《武进指南》为1948年由常州地方文化人士张澹庵编写、武进建设协会发行的介绍常州、武进地区概况的小册子。全册有沿革形势、交通、食宿娱乐、名胜古迹、教育、机关团体、慈善事业、自由职业、著名物产、风俗习惯及附录等11个章节，每个章节前有常州的名人为该章节题字；另有序言、武进地图、风景照片和各种广告等，将常州、武进地区的大致概况介绍得一目了然，是方便市民查阅的小册子。该指南是了解和研究民国时期常州、武进地区政治、军事、文化、教育及工商业等历史状况的珍贵资料。

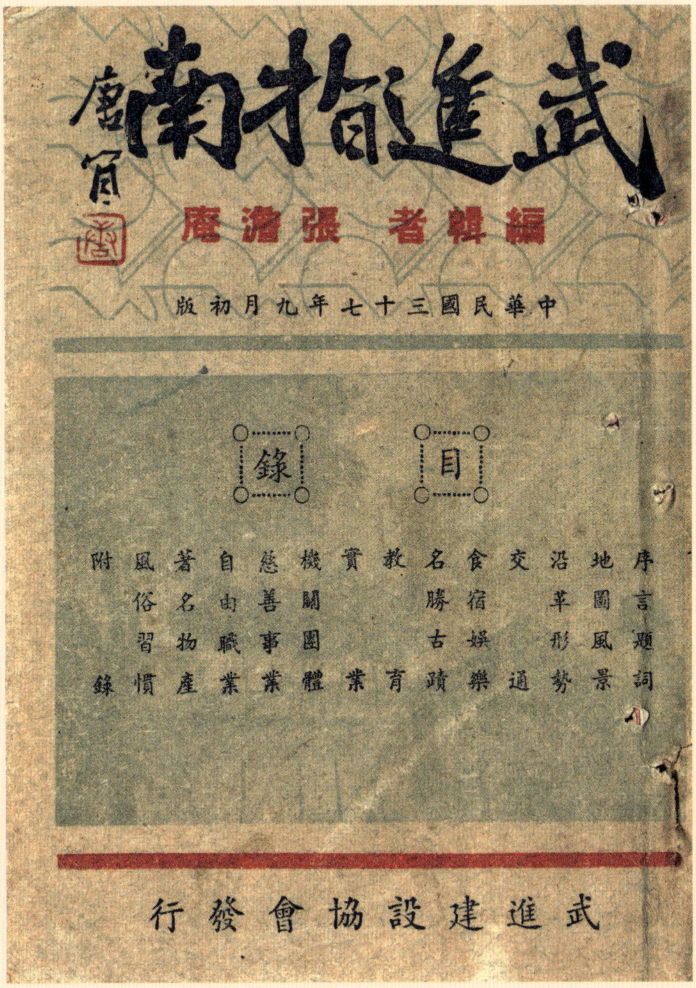

1948年出版的《武进指南》

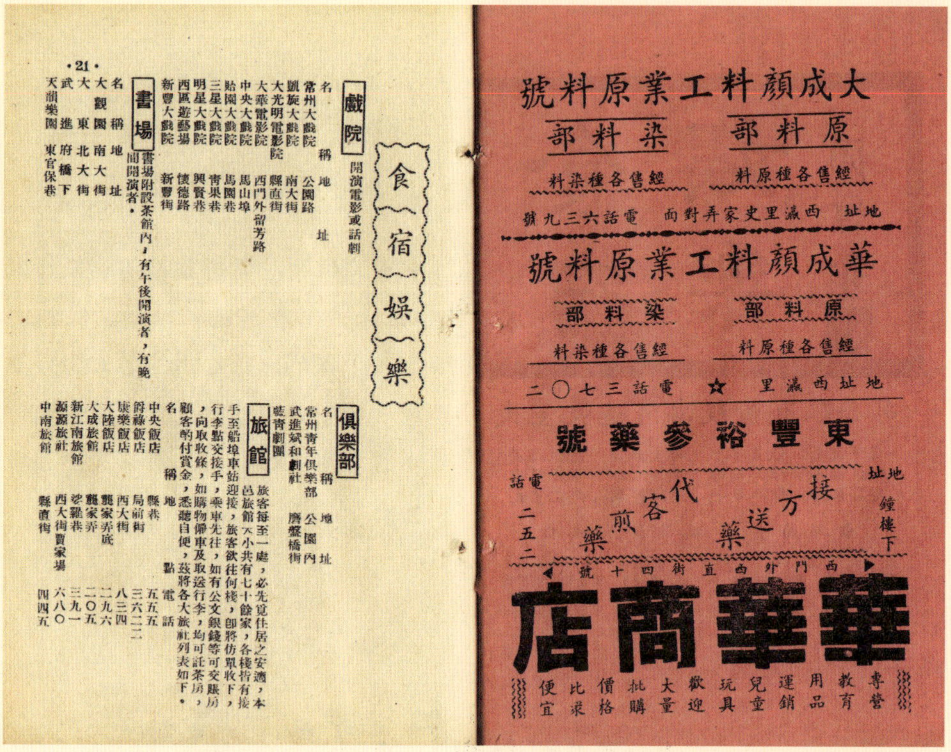

《武进指南》·食宿娱乐

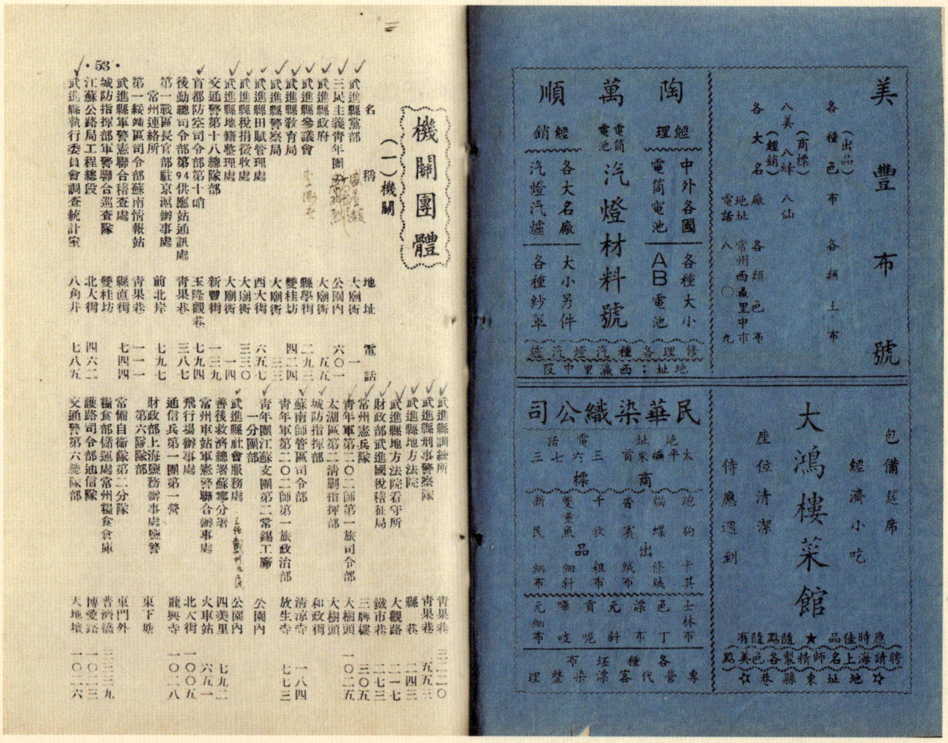

《武进指南》·机关团体

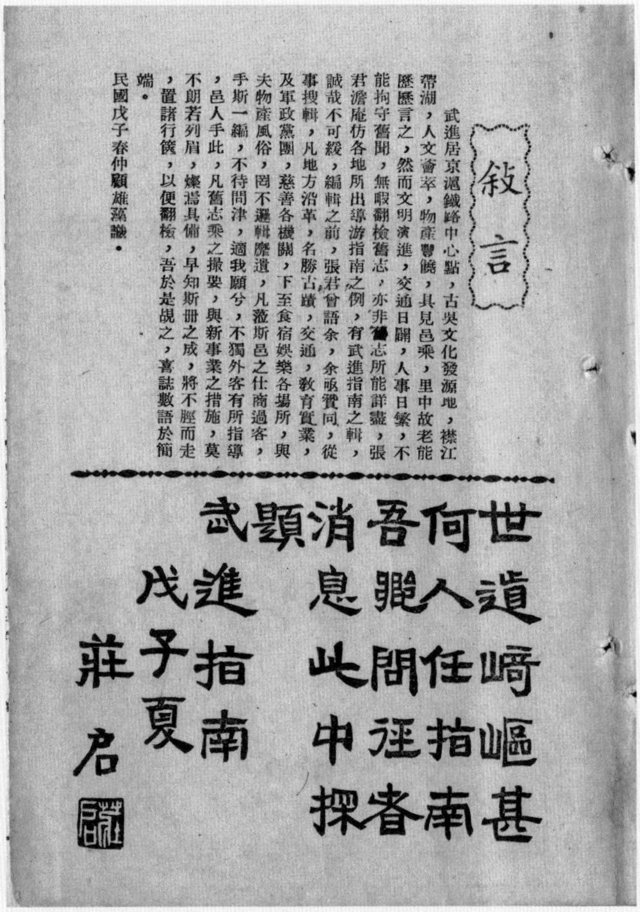

敘言

武進居京滬鐵路中心點，古吳文化發源地，襟江帶湖，人文薈萃，物產豐饒，具見邑乘，里中故老能歷歷言之，然而文明演進，交通日闢，人事日繁，不能拘守舊聞，無暇翻檢舊志，亦非舊志所能詳盡，張君澹庵仿各地所出導游指南之例，有武進指南之輯，誠哉不可緩，編輯之前，張君曾語余，余亟贊同，從事搜輯，凡地方沿革，名勝古蹟，交通，教育實業，及軍政黨團，慈善各機關，下至食宿娛樂各場所，與夫物產風俗，罔不邏輯靡遺，凡蒞斯邑之仕商過客，手斯一編，不待問津，適我願兮，不獨外客有所指導，邑人手此，凡舊志乘之撮要，與新事業之措施，莫不朗若列眉，燦焉具備，早知斯册之成，將不脛而走，置諸行篋，以便翻檢，吾於是覘之，喜誌數語於簡端。

民國戊子春仲顧雄藻識。

世道崎嶇甚　何人任指南　吾邑問徑者　消息此中探

題武進指南　戊子夏　莊啓

《武进指南》·叙〔序〕言

全文：

叙〔序〕言

武进居京沪铁路中心点，古吴文化发源地，襟江带湖，人文荟萃，物产丰饶，具见邑乘，里中故老能历历言之。然而文明演进，交通日辟，人事日繁，不能拘守旧闻，无暇翻检旧志，亦非旧志所能详尽。张君澹庵仿各地所出《导游指南》之例，有《武进指南》之辑。诚哉不可缓，编辑之前，张君曾语余，余亟赞同，从事搜辑。凡地方沿革、名胜古迹、交通、教育实业，及军政党团、慈善各机关，下至食宿娱乐各场所，与夫物产风俗，罔不逻辑靡遗。凡莅斯邑之仕商过客，手斯一编，不待问津，适我愿兮，不独外客有所指导。邑人手此，凡旧志乘之撮要，与新事业之措施，莫不朗若列眉，灿焉具备。早知斯册之成，将不胫而走，置诸行箧，以便翻检，吾于是觇之，喜志数语于简端。

民国戊子春仲，顾雄藻识。

世道崎岖甚，何人任指南；吾邑问径者，消息此中探。

题《武进指南》

戊子夏，庄启

全文（节选）：

沿革形势

沿革：春秋属吴，名延陵邑。秦置延陵县，汉改曰毗陵。晋于县之西北境分置武进县，改毗陵为晋陵。梁改武进曰兰陵。隋置常州，并兰陵于曲阿，又改常州为毗陵郡。唐复置武进县于今治，又置常州治之。宋曰常州毗陵郡，元升常州路，明初曰常春府，改晋陵曰京临，改武进县曰永定。寻又改常春府为常州府，省京临入永定，改永定曰武进。清又分置阳湖县，同为常州府治。民国初废常州府，并阳湖入武进县，别称兰陵或毗陵，又号姑幕，皆以古名为称也。

疆域：邑境东界无锡、江阴，南濒太湖，交宜兴界，西接丹阳、金坛，北濒大江，与江阴、扬中接壤。

面积：本邑东西相距五十一公里，南北相距六十九公里，全面积计二·四五九方公里[原文如此，应为二千四百五十九平方公里]，乡村面积占绝对多数，计二·四五六公里[原文如此，应为二千四百五十六平方公里]强。

人口：全县共一千八百五十五保，一万九千六百五十九甲，二十四万一千八百七十七户，男五十四万二千六百七十六口，女五十万零六千二百六十五口，共计一百零四万八千九百四十一人。

河流：大江在县北，沿江港口以孟河、小河、德胜河三口为最要。运河自丹阳入县西境，东流绕县治，而果南至戚墅堰，为长江水域、太湖水域分界处，东南流入无锡县界。孟河亦名孟渎河，自奔牛镇承运河而北流六十里入大江。德胜河旧名烈塘河，亦在县西，分运河而北流四十三里入大江。澡江一名灶子港，在县东北境，亦南分运河而北流入大江。漕河由县治而南沿滆湖东岸入宜兴县界。网头河亦名北商河，在县东分运河而北流，折东入江阴县界。南商河在县南，西承漕河东流，合太湖雪堰桥河，为东南诸水入湖之干流。溯河而上，一由南北阳湖通印马河，一由戴溪塘通戚墅堰，一由华渡通采菱港，皆北承运河。西出者通宜兴县，东出者通无锡县，所谓“雪堰通津”也。太湖即古之震泽，在治南八十里，面积广至三万六千顷，与无锡、吴县、吴江、宜兴四县共之。滆湖在西南三十里半入宜兴县，阳湖即雪堰通津上游之一段，在东南五十里，以近阳山而名。清置阳湖县，即取名于此。

山脉：孟城山，在西北八十里，俯瞰大江。相传，晋孟嘉常隐于此。黄山，在孟城山东南，有支山迤逦入江，名曰吴尾。世称为江防要津之黄山门即此。巴斗山屹立江中，旧多盗贼出没。固山在孟河镇西，连丹阳县界。治东有芳茂山与横山相连，南峰曰横山，北峰曰芳茂。冈阜联属，延袤十余里。舜山在焦溪北，半入江阴界。东南七十里有陈墓山，峰峦回合，绵亘十余里，而止于太湖。其峰有黄公山、张山、四墩山、龟山、章山、梅园岭、蒋冈岭、小茅山等。马迹山盘亘太湖中，有二十三崦，俗呼二十三湾，其南有二小……

…………

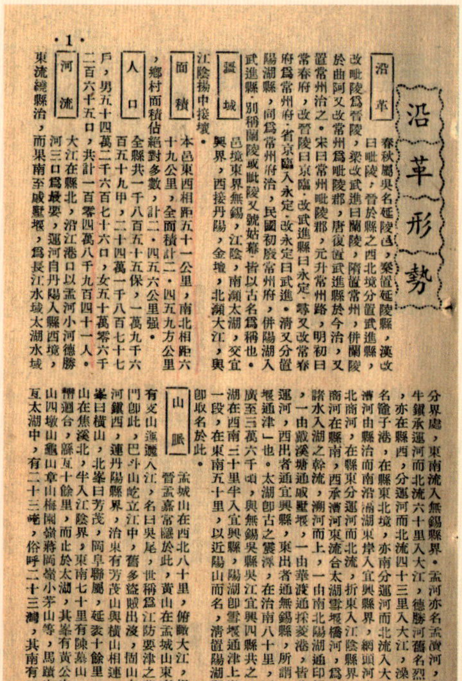
·1·

沿革形勢

沿革 春秋屬吳名延陵邑，秦置延陵縣，漢改曰毗陵，晉於縣之西北境分置武進縣，改毗陵爲晉陵，梁改武進曰蘭陵，隋置常州，併蘭陵於曲阿又改常州爲毗陵郡，唐復置武進縣於今治，又置常州治之。宋曰常州毗陵郡，元升常州路，明初曰常春府，改晉陵曰京臨，改武進縣曰永定，尋又改常春府爲常州府，省京臨入永定，改永定曰武進。清又分置陽湖縣，同爲常州府治，民國初廢常州府，併陽湖入武進縣，別稱蘭陵或毗陵又號姑幕，皆以古名爲稱也。

疆域 邑境東界無錫，江陰，南瀕太湖，交宜興界，西接丹陽，金壇，北瀕大江，與江陰揚中接壤。

面積 本邑東西相距五十一公里，南北相距六十九公里，全面積計二·四五九方公里，鄉村面積佔絕對多數，計二·四五六公里強。

人口 全縣共一千八百五十五保，一萬九千六百五十九甲，二十四萬一千八百七十七戶，男五十四萬二千六百七十六口，女五十萬零六千二百六十五口，共計一百零四萬八千九百四十一人。

河流 大江在縣北，沿江港口以孟河小河德勝河三口爲最要，運河自丹陽入縣西境，東流繞縣治，而果南至戚墅堰，爲長江水域太湖水域分界處，東南流入無錫縣界。孟河亦名孟瀆河，自奔牛鎭承運河而北流六十里入大江，德勝河舊名烈塘河，亦在縣西，分運河而北流四十三里入大江，澡江一名竈子港，在縣東北境，亦南分運河而北流入大江。漕河由縣治而南沿滆湖東岸入宜興縣界，網頭河亦名北商河，在縣東分運河而北流，折東入江陰縣界，南商河在縣南，西承漕河東流，合太湖雪堰橋河，爲東南諸水入湖之幹流，溯河而上，一由南北陽湖通印馬河，一由戴溪塘通戚墅堰，一由華渡通採菱港，皆北承運河，西出者通宜興縣，東出者通無錫縣，所謂「雪堰通津」也。太湖即古之震澤，在治南八十里，面積廣至三萬六千頃，與無錫吳縣吳江宜興四縣共之，滆湖在西南三十里半入宜興縣，陽湖即雪堰通津上游之一段，在東南五十里，以近陽山而名，清置陽湖縣，即取名於此。

山脈 孟城山在西北八十里，俯瞰大江，相傳晉孟嘉常隱於此，黃山在孟城山東南，有支山迤邐入江，名曰吳尾，世稱爲江防要津之黃山門即此，巴斗山屹立江中，舊多盜賊出沒，固山在孟河鎭西，連丹陽縣界，治東有芳茂山與橫山相連，南峯曰橫山，北峯曰芳茂，岡阜聯屬，延袤十餘里，舜山在焦溪北，半入江陰界，東南七十里有陳墓山，峯巒迴合，綿亙十餘里，而止於太湖，其峯有黃公山，張山四墩山龜山章山梅園嶺蔣岡嶺小茅山等，馬蹟山盤亙太湖中，有二十三崦，俗呼二十三灣，其南有二小

《武进指南》·沿革形势

碑铭书画

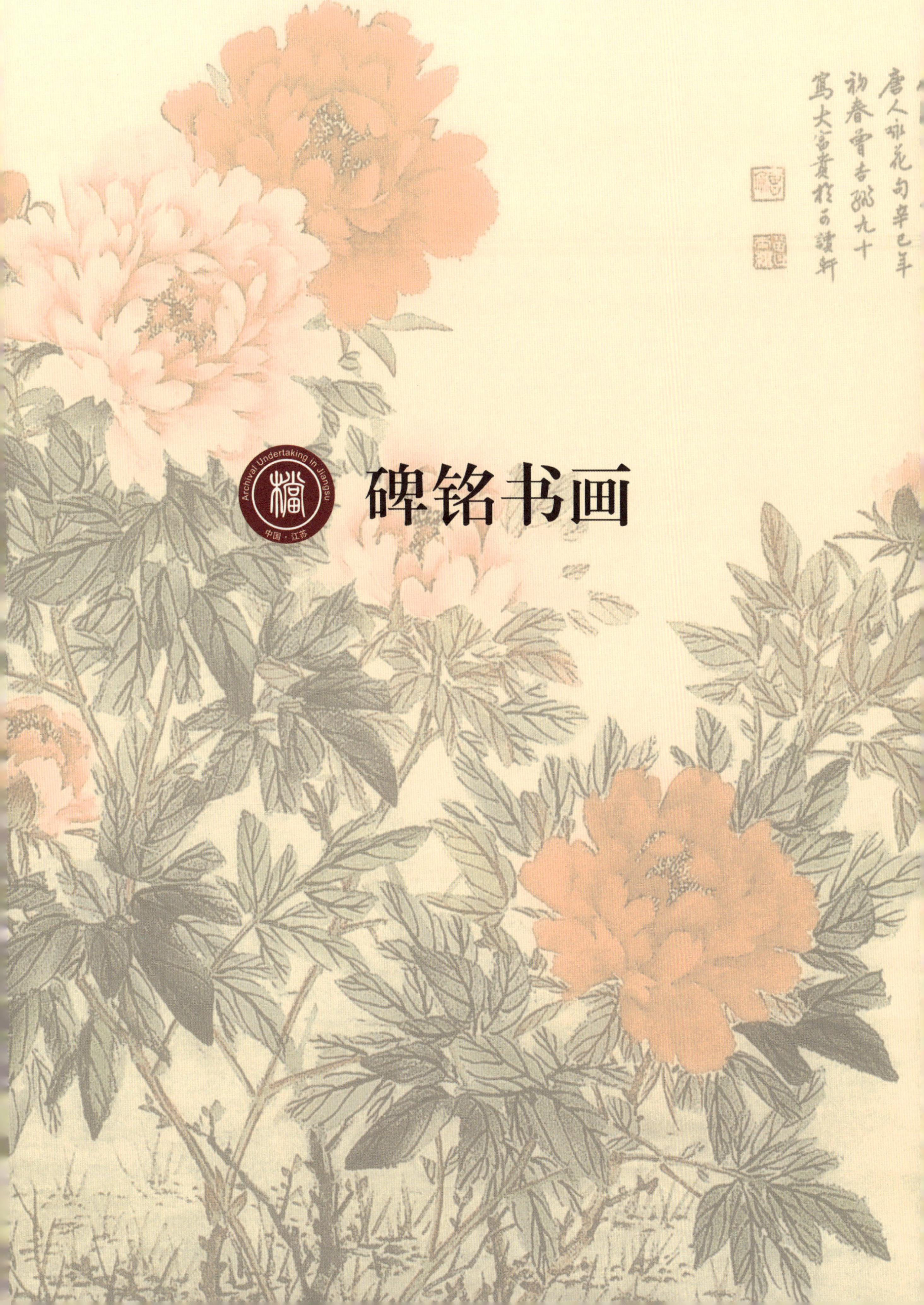
唐人咏花句辛巳年
初春曾杏邨九十
寫大富貴於石讀軒

清雍正唐执玉墓志铭

保管单位：常州市档案馆

内容及评价：

唐执玉（1669～1733），字益功，号蓟门。江苏武进人，清康熙四十二年（1703）进士，授浙江德清知县。历任官户科给事中、奉天府府丞、大理寺少卿、督察院左督御史、兵部尚书、刑部尚书等职。雍正七年（1729）六月以左都御史署理直隶总督，雍正九年（1731）九月病免。署理两年零三个月。雍正十一年正月（1733）又以刑部尚书带病署理直隶总督，三月病逝在任上。署理两个月。

唐执玉最被人称道的是他的“勤”和“廉”，自己亲自手书“将勤补拙，以俭养廉”作为座右铭挂在墙上。唐执玉以“厚民生，澄吏治”为己任，身体力行，一心为民；秉公执法，不畏权贵，敢于惩治豪强贿吏；勤政廉政，革除弊端，治理河道，做了许多有益的事情，得到百姓的爱戴。与皇帝的关系非常融洽，深得皇帝的器重，其所上的奏折几乎未受到驳回，即使在他病重期间，雍正仍坚持让他署理直隶总督。雍正八年（1730），雍正赐给他“福”字，之后还赐他“恪恭首牧”匾额，赞扬他“公勤不懈”，被时人称之为“明良相遇，千载一时者也。”

唐执玉一生节俭，平时布衣粗食，尝曰：“吾才拙，政事不如人，可自力者勤耳。勤必自俭始。”他八年的养廉银只用去三分之一，其余交回省库。在他病逝之后，继任总督顾琮发现他竟“箧无一物”，无法成殓。后来雍正下令拨发银两，加上僚属们凑钱相助，才将其遗体运回原籍安葬。

馆藏的《唐执玉墓志铭》石碑，是从私人手中收购得来的。因年代久远，石碑风化严重，其墓志铭大部分已经模糊不清，难以辨认，由何人撰写，已无从考证。但是从模糊的字迹中可以看出，墓志铭对唐执玉的一生作了概括性的总结。这块墓志铭石碑对于了解和研究唐执玉的生平、学习他“将勤补拙，以俭养廉”的职业操守，是不可多得的参考史料和教材，具有较高的收藏价值。

唐执玉墓志铭

全文：

公讳执玉，字益功，号蓟门，常州武进人。曾祖¤可¤学¤，待赠光禄大夫，兵部尚书。祖¤¤，¤¤戊辰¤贡进士，待赠光禄大夫，兵部尚书。孝子¤¤诰，¤¤¤大夫，大理寺左少卿，待赠光禄大夫，兵部尚书。公以康熙己酉年二月十三日生，¤康熙己卯顺天¤人，癸未进士，初授¤州德清知县，¤工部¤田司主事，¤户科掌印给事中。¤¤¤¤奉天府丞，大理寺左少卿，太¤寺¤宗人府府丞，礼部左侍郎，督察院左都御史，署理直隶总督印，务理兵部尚书。移病回京，旋管理刑部尚书，复署印直隶总督。雍正十一年三月十六日卯时，薨于位。¤钦赐祭葬，以雍正十二年二月二十日卯时，葬¤塘乡光¤穆穴。夫人杨¤秀，授州同知廷¤¤女。先公三十七季，卒别¤查¤¤祖茔穆穴，子甥二长孝¤¤¤¤子举人，泉州同安知县，次少游。雍正己酉¤，钦赐¤人后，公雨丹¤女二长适，康熙丙辰进士，直隶顺德知府墓穴，可子多赐次未字。

清嘉庆石刻《五百罗汉像》

保管单位：常州市天宁禅寺档案室

内容及评价：

清嘉庆三年（1798），安徽庐江人胡观澜任常州府太守，在拜读太上皇帝乾隆亲自撰写的《万寿山五百罗汉堂记》后，顿时领悟，自发愿心，要为本邑百姓行善积德，便恭请一流画师仿摹杭州净慈寺五百罗汉雕塑像，绘制成五百罗汉平面画像，然后汇集工匠勒石镌刻。胡观澜与时任天宁禅寺住持净德了月大师过往甚密，嘉庆四年（1799），胡观澜会同武进县令和阳湖县令，将刻成的五百罗汉像石像送到天宁禅寺的罗汉堂，敬供壁间，由十方信众瞻仰观赏、顶礼膜拜。咸丰十年（1860），天宁禅寺遭受兵灾，锲石、像碑损毁过半。光绪年间，经天宁禅寺寺主和监事主管承办，按原拓片画像补刻残损，复位成就。“文革”期间破“四旧”，寺僧用智慧加以保护，幸免于难，比较完好地保存至今。现存锲石、像碑共计136方，太湖石石质。每一方像碑的高度及厚度规格大致相等，高约31厘米，厚约10厘米；因每一方像碑中有2尊、4尊、6尊不等数量的罗汉像，因而长度尺寸长短不一。每一尊罗汉像上方为横排式从右至左书写有的隶书体阴刻罗汉次第名号。

该石刻《五百罗汉像》为国家重点保护文物。其构图优美，线条流畅，刀法纤细，神采生动，充分表现了罗汉的各种形态、表情和个性，富有较高的文化艺术价值，亦是国内极为罕见的佛教艺术精品，对佛教文化的传播起着巨大的推动作用。现藏于北京故宫博物馆、由天津人民美术出版社出版的《清拓五百罗汉像》和由浙江古籍出版社出版的《清刻佛教五百罗汉像》，以及现今全国各地印制流传的罗汉图像，均以天宁禅寺石刻本为惟一蓝本。

供奉于天宁禅寺庙宇屋檐下墙壁上的五百罗汉像

石刻《五百罗汉像》拓本之一

石刻《五百罗汉像》拓本之二

石刻《五百罗汉像》图书

常州画派精品书画

保管单位： 常州市档案馆

内容及评价：

“常州画派”，亦称“毗陵画派”、“武进画派”，中国画流派之一。以恽南田为代表的常州画派与苏南区域文化有机地融为一体，并互为借鉴和影响，形成了在中国绘画史上声名卓著的“常州画派”。恽南田在清代与王时敏、王鉴、王翚、王原祁、吴历一起，被称为“四王吴恽”，又被称为“清六家”。恽南田在前人的基础上创造出笔法透逸、设色明净、笔调简洁、格调清雅、自成一格的“恽体”花卉画风，被尊为“没骨花卉”技法，给传统的中国画坛注入了新的生机，对中国画的振兴与发展产生了极其深远的影响。恽南田的诗格超逸、书法俊秀、画笔生动，被人们誉之“南田三绝”。“常州画派”以其影响深远、名家辈出而名扬海内外，近现代大师刘海粟、谢稚柳等，更以深厚的学识、高超的艺术造诣，将常州的绘画艺术推向了一个新的、被世人普遍认可的新高度。

馆藏的二百三十多幅“常州画派”精品书画，为清代至当代“常州画派”代表人物的字画。其中，有清代“常州画派”的代表人物汤贻汾的夫人董琬贞作于清朝嘉庆元年（1796）的蝇头小楷扇面；有清代道光年间常州书画名家朱渊、李以谦、王光裕的画作和清末江苏都督庄蕴宽、清朝末科进士钱振锽及著名诗人谢玉岑、费念慈、张仕鋆等人的精品力作31件；有当代“常州画派”书画家吴青霞、房虎卿、曾杏绯、戴元俊、钱小山、房师田等的代表力作近二百件。当今有一定成就的常州籍书画家的代表作品也已基本收藏进馆。他们的精品力作是中国书画艺术殿堂的一朵美丽奇葩，是常州文化的瑰宝，弥足珍贵。

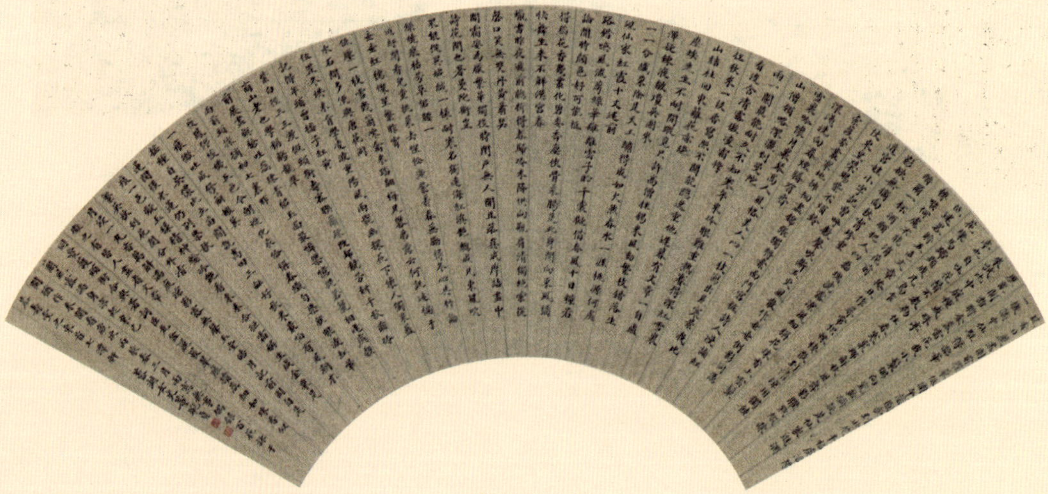

董婉贞作品

董婉贞（1776~1849），字双湖，号蓉湖，清代著名画家汤贻汾的夫人，原籍江苏常州，浙江海盐人，清代著名女文学家、书画家。秉承家学，夙娴诗画；受汤贻汾影响，诗文书画益进，山水花卉、书法篆刻皆长。尤善墨梅，题词亦佳。

费念慈作品

费念慈（1855～1905），字屺怀，一署峐怀，号西蠡，又号君直，晚署艺风老人、归牧散人，江苏常州人，清代书法家、藏书家。出身书香门第，就读于龙城书院（今常州局前街小学），清光绪十五年（1889）进士，会试后任馆阁职，授翰林院编修。因论及朝廷之事被撤职遣归，旋即回到吴中，以诗文、书画、藏书为业。擅鉴赏和诗，兼工山水，精畴擅人术，金石目录之学冠绝一时。工书法，其书法通欧、褚两家，兼通魏碑遗风，临摹甚勤，着笔坚凝厚重。小楷出色，尤以楷书著名。

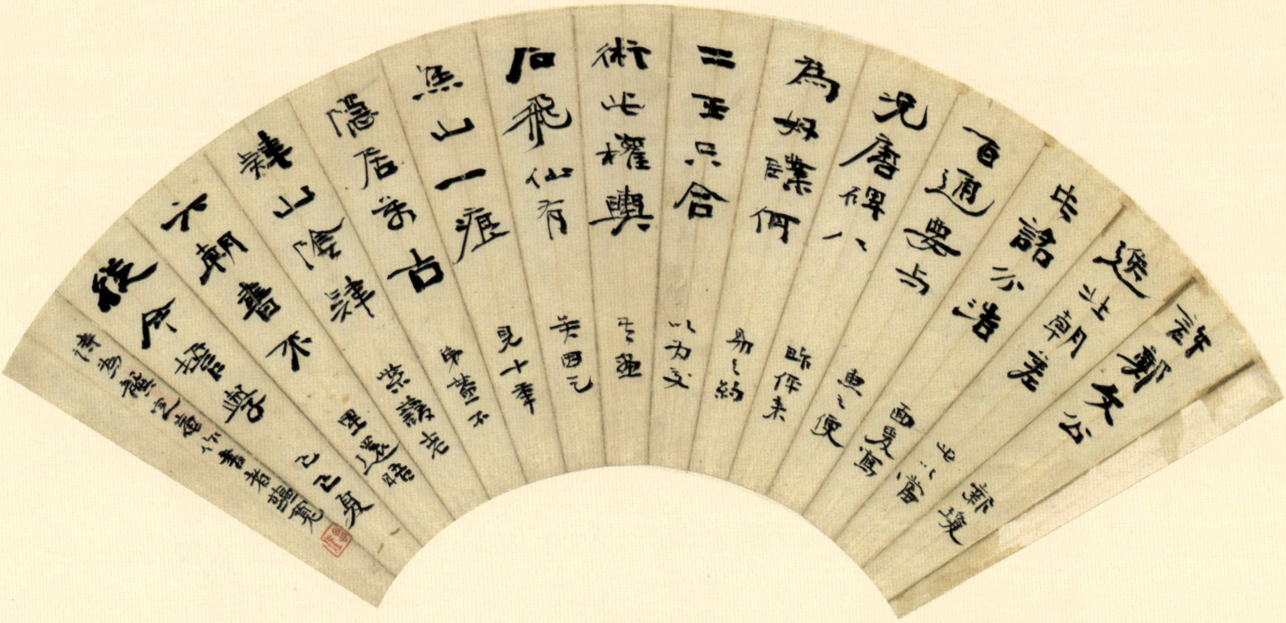

庄蕴宽作品

庄蕴宽（1867～1932），曾用名惜抱，字绒三，又字思缄，号抱闳，又号云南，晚年称无碍居士，江苏常州人，清光绪辛卯年（1890）中副贡，中国近代政治家、书画家，故宫博物院卓越的创建和领导人之一，故宫图书馆馆长。擅长书法，沉潜北魏，参以汉隶，用笔豪放爽利、洒脱天真，结体、行款十分凝炼庄重、古拙豪放，有碑的形式、帖的气质，变幻莫测的碑刻结体加上帖学之功所具备的精妙笔法，蕴涵了温文尔雅、穆若清风的气息，相摩相荡，遂成新格。尤善草书，痛快潇洒、豪放纵横，以书写心。晚年或戏笔画梅，宗王冕，骨韵清劲，超逸致趣。画不多作，偶一为之。

钱名山作品

钱名山（1875～1944），名振锽，字梦鲸，号谪星，后更号名山，并以号行，晚年又别署藏之、庸人等，晚署海上羞客，江苏常州人。世居江苏常州菱溪，人称其为“江南大儒”。有闲章“海上羞客”，是因为其寓居上海时，抗战爆发，上海沦陷。又有一枚闲章“癸卯进士”，凡不相识人求字，具钤此印。

钱名山为清光绪二十九年（1903）进士，任工部主事，后因服父丁忧而不求仕进，终身以读书、著书、教书为业。治学严谨，教学认真，其学生谢觐虞、谢稚柳、程沧波、郑曼青、马万里、唐玉虬、羊牧之等人均成为文化名人。

钱名山对诗词、散文、书法无所不能。诗词尤为突出，一生写下了一千一百余首。书法有独特风格，早年书法以帖学为基础，后融入了碑书，用笔及运笔皆体现了一个痛快的效果，铁画银钩、斩钉截铁，既有颜书的宽绰、雄强，又有碑的古拙方正，气度、气势均博大高远。

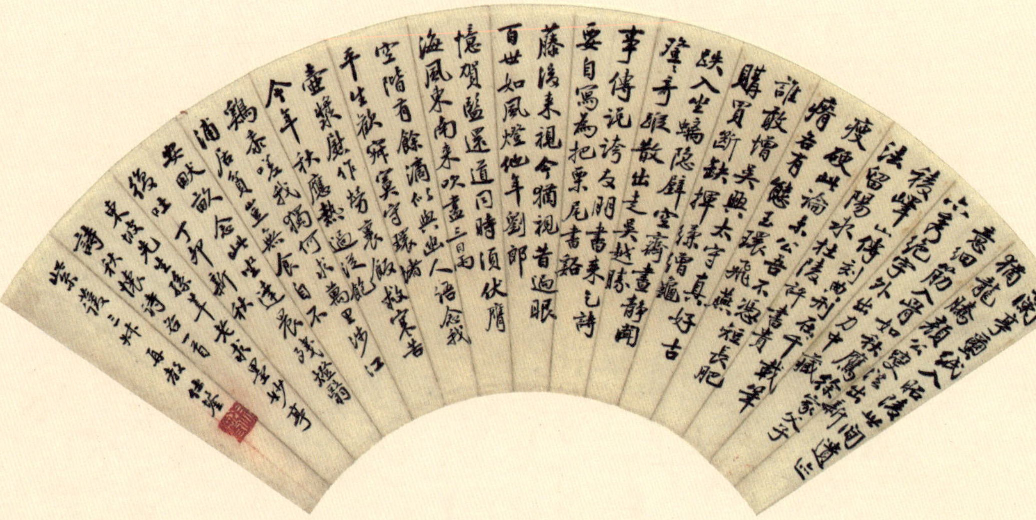

张仕鋆作品

张仕鋆（1878~1961），字仲青，号石侪，晚清江苏武进（今江苏常州）人。善书，书学米；擅山水，得四王遗韵。工山水松石。曾经担任蒋介石的文牍秘书。

房虎卿作品

房虎卿（1889～1979），初名毅，号房山，善画龙虎，遂以虎卿为名，江苏武进（今江苏常州）夏溪人，海上画派重要画家，擅长山水、松石、蔬果、花卉，尤擅画墨龙和虎，令人叹绝，名噪国内。

房虎卿以画龙、尤以墨龙最为著名。他画的墨龙，较传统的画龙法有较大的突破，这来自他对大自然细微的观察，以“积墨法”画出云层的深邃壮观，风雨变幻，受到了国内外书画家的重视。根据他的原作画稿绣成的“乱针绣”作品，远销国外。长期研究中国山水画，注重写生、实践，形成独特画风。长期担任省画院山水进修班教师，编绘《山水基础画稿》，对历代山水画流派代表作的画法作了较系统的总结和阐述，为培养江苏省中国画创作力量做出了贡献。

谢觐虞作品

谢觐虞（1899～1935），初名子楠，字玉岑，号孤鸾、白菡萏室主，室名菡萏香室、青山草堂，江苏常州人，词人兼书画家，工辞赋，善书画，诗词、书法均造诣精深，亦能骈文。其词名大于书名，书名大于画名。书法以篆隶最工，钟鼎金文作品被誉为“可胜缶翁（吴昌硕）”。书法上自甲骨坠简，下及晋帖汉碑，尤善钟鼎款识，是较早的汉简隶法书家。其书法用笔凝而不滞，有古逸朴茂之美姿，直率随意而气韵高古，开创一代简牍之风。擅长画松梅山水，能融感情于一炉，并长于绘画理论。其画多逸笔，水墨清淡，极疏简之致，被张大千推为“海内当推玉岑第一”。著作以词集为多，著有《孤鸾词》《白菡萏香室词》等。

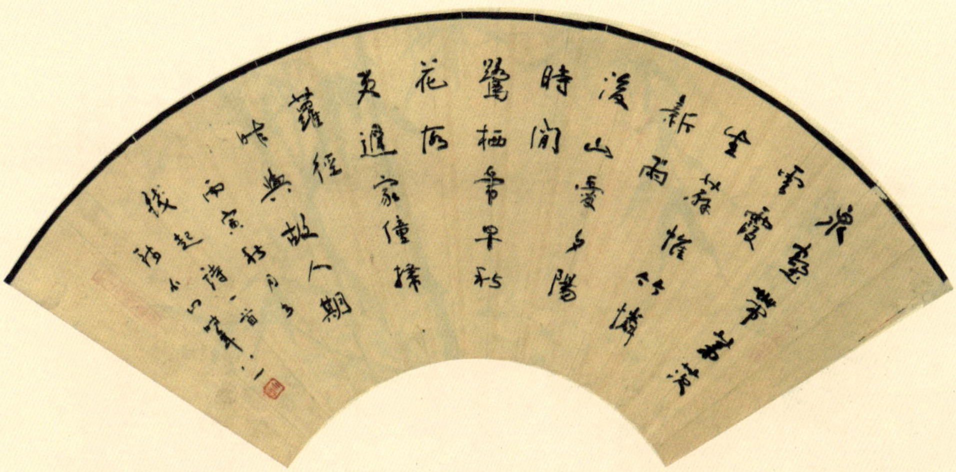

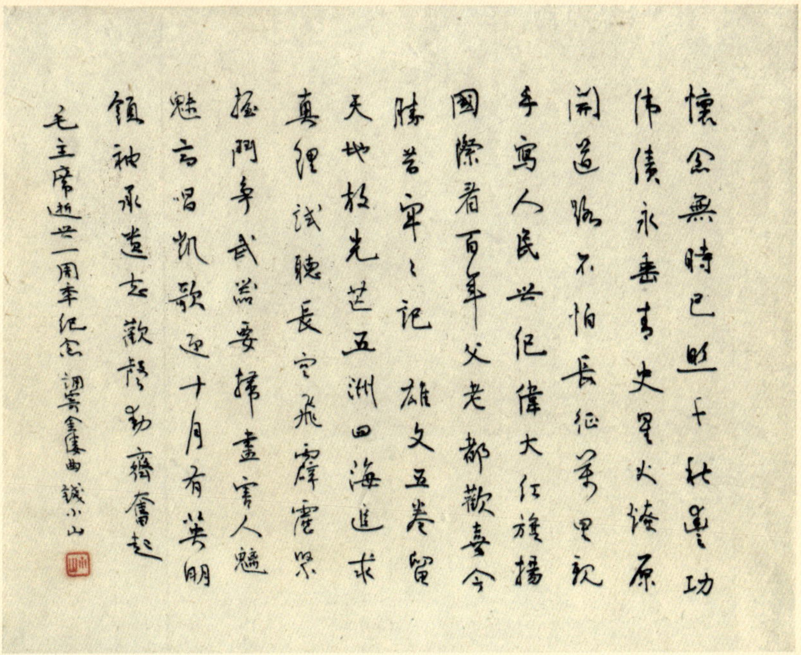

钱小山作品

钱小山（1906～1991），名伯威，亦作伯畏，字任远，又字汉卿，号小山，后以号行，自号天目山人，别号丛桂留人，晚年又号眉叟，江苏常州人，“东南大儒”钱振锽（名山）之长子。常州著名诗人和书法家，擅行书，旁及诗词。幼承家学，以父为师，学习诗词书法。他的书法，有诗的气质、诗的韵味。早年学汉康，后学李邕（李北海），也受到翁方纲（覃溪）的影响，既有刚强、雄健的一面，也有秀丽、柔韧的一面。后期则承其父刚健、苍劲的书风，但又有所变化，追求“端庄杂流丽，刚健含婀娜”的艺术风格，工中见秀，柔中有刚，自成一体，极富书卷气、文人气，逐渐形成自己“苍润洒脱，神完气充”的独特风格。行楷古拙雅隽，涩而不滞，具有谆厚之味。从十五岁编《结网吟》诗稿起，写作七十年，先后创作诗词近万首。其诗风格清新隽永、明快流畅。

曾杏绯作品

曾杏绯，女，原名曾瑜，江苏常州人，生于1911年3月26日，1947年迁居宁夏银川，回族名阿依舍。幼年酷爱绘画，师从著名没骨花卉大师恽南田派画家蒋志明，以工笔没骨花卉见长，尤其擅长牡丹。曾任中国美术家协会宁夏分会主席、中国美术家协会第二、三、四届理事，国家一级美术师，享受国务院特殊津贴。她的画是一种心灵的象征，一种表现心灵意识的判断和体会。她笔下的画，用色浓淡有序，处处高雅。尤其是一些细部的用笔和着色，恰到好处。就连那些主体花卉周围的附生小草和灌木，都逼真如活。无论一枚花瓣、一片叶子，都精微到位，使人望之舒服。她笔下的牡丹，富丽典雅，雍容大方，色彩丰富，层次分明。圆润的花瓣，饱满的花头，衬以俯仰多姿的新枝老叶，和似在颤动的花蕊，清香扑鼻，栩栩如生，无限娇媚，天姿国色跃然纸上，表现了画家高度的创造力、耄耋之年的惊人创作活力和勇于探索的精神。从她的作品中可以读到心性、情趣，能使人得到美的享受，受到积极向上的鼓舞。从她的画里，我们还可读出中国传统女性的贤淑、温馨、谦和、容让等美德。

戴元俊作品

戴元俊（1912~1982），斋号坚白斋，寓所称“剡溪别墅”，江苏常州人，精擅中医，近现代著名海派画家，著名花鸟画家。髫龄即喜绘画，继承“恽派”没骨法，创新钻研，擅长小写意。凡举山水、花卉、蔬果、虫鱼、飞禽草虫、走兽、梅兰竹菊，无所不画。画作笔劲墨畅，形成工中带写、工写结合、形神兼备、雅俗共赏的独特风格。工花鸟，其画取法陈淳、徐渭、恽南田，设色明秀，情趣生动，笔墨清丽。尤精牡丹，人送雅号“戴牡丹”。早年从孟城医派费子彬之游，精岐黄术，集有侍诊脉案处方，医名几为画名所掩。

房师田作品

房师田（1926～），女，江苏常州人。自幼随父房虎卿学画，后师从郑午昌，为入室弟子。擅山水，兼作人物、花鸟、走兽。作品笔墨生动，潇洒隽永。现为中国美协会员，曾任常州美协主席、常州画院副院长。

后记

常州源远流长的厚重历史为后人留下了众多的档案资料，属于精品的档案资料很多。为集中公布并展示常州市档案资源建设的丰硕成果，按照省档案局的要求，我们坚持尊重历史、维护历史、求真务实的原则，以全市各级综合档案馆（室）所藏原始档案资料为主要素材，按照彰显档案资料的价值、影响和厚重历史文化底蕴的要求，广泛挖掘各种档案资源，严格调查论证，去伪存真，精心挑选每一件档案资料，最后确定56组（件、份）档案资料入选《江苏省明清以来档案精品选·常州卷》一书。限于篇幅和征集能力所限，收入该书的档案资料仅仅是清代以来常州众多档案资料的部分代表，还有许多精品档案资料没有收入该书。在此，敬请大家谅解！

本书的编纂工作得到了市档案局（馆）的高度重视，市各级综合档案馆（室）、相关部门和有关人士的积极支持与配合。市档案局成立了《江苏省明清以来档案精品选·常州卷》编纂委员会，多次召开专题会议研究编纂方案，局（馆）领导为本书的编纂工作给予了大力支持；市各级综合档案馆（室）、相关部门和有关人士在原始档案资料素材、图片的提供和内容及评价的撰写等方面给予了鼎力帮助；常州大学外国语学院陆瑛副教授为本书的目录作了英文翻译；中华第一字痴文字工作室李延良同志对全书进行了校刊。省档案局朱子文对本书进行了审阅，薛春刚主任、刘鸿浩同志对本书提出了宝贵的修改意见；在此，一并致谢！

蒋大春同志负责本书的策划、设计和统筹工作，任总撰稿，并对全书进行了通览和审改；档案资料由熊大海、王鹤鸣、于苏华、陈娟、邵雅搜集整理；内容及评价由蒋大春、熊大海、王鹤鸣撰写；原文由王鹤鸣、陆亚婷录入；闾英姿、王鹤鸣负责校对。

囿于档案资料查证困难和编者的能力水平所限，书中难免存在疏漏和失误之处，恳请广大读者批评指正。

编　者

2013年9月

图书在版编目（CIP）数据

江苏省明清以来档案精品选·常州卷 / 江苏档案精品选编纂委员会编. --南京：江苏人民出版社，2013.10
ISBN 978-7-214-10840-1

Ⅰ.①江… Ⅱ.①江… Ⅲ.①档案资料—汇编—常州市 Ⅳ.①K295.3

中国版本图书馆CIP数据核字（2013）第240137号

书　　名	江苏省明清以来档案精品选·常州卷
编　　者	江苏档案精品选编纂委员会
责任编辑	韩鑫　朱超　石路
责任监制	王列丹
出版发行	凤凰出版传媒股份有限公司 江苏人民出版社
出版社地址	南京市湖南路1号A楼，邮编：210009
出版社网址	http://www.jspph.com http://jspph.taobao.com
经　　销	凤凰出版传媒股份有限公司
照　　排	江苏凤凰制版有限公司
印　　刷	江苏凤凰新华印务有限公司
开　　本	880毫米 × 1230毫米　1/16
总 印 张	227.5　插页56
总 字 数	1800千字
版　　次	2013年10月第1版　2013年10月第1次印刷
标准书号	ISBN 978-7-214-10840-1
总 定 价	1500.00元（全14卷）